FÉDÉRATION NATIONALE

DES

# COOPÉRATIVES DE CONSOMMATION

Siège social : 13, Rue de l'Entrepôt, PARIS-Xᵉ

# HUITIÈME CONGRÈS

## TENU A LYON

### SALLE ÉTIENNE-DOLET

4, Rue Marc-Antoine-Petit, 4

Les 5, 6, 7 et 8 Mai 1921

**PRIX : 3 fr. 75**

PARIS

L'ÉMANCIPATRICE (IMPRIMERIE COOPÉRATIVE)

3, Rue de Pondichéry, 3

—

1921

# HUITIÈME CONGRÈS

Tenu à LYON

SALLE ÉTIENNE-DOLET

4, Rue Marc-Antoine-Petit

Les 5, 6, 7 et 8 Mai 1921

FÉDÉRATION NATIONALE

DES

## COOPÉRATIVES DE CONSOMMATION

Siège social : 13, Rue de l'Entrepôt, PARIS-Xᶜ

# HUITIÈME CONGRÈS

## TENU A LYON

### SALLE ÉTIENNE-DOLET

4, Rue Marc-Antoine-Petit, 4

Les 5, 6, 7 et 8 Mai 1921

■■■■■■■■■■■■■■■■■■■■■■■■■

**PRIX : 3 fr. 75**

PARIS

L'ÉMANCIPATRICE (IMPRIMERIE COOPÉRATIVE)

3, Rue de Pondichéry, 3

—

1921

**Fédération Nationale des Coopératives de Consommation**

*13, Rue de l'Entrepôt, PARIS*

# HUITIÈME CONGRÈS

## Tenu à Lyon

### PREMIÈRE SÉANCE DU JEUDI 5 MAI 1921

La séance est ouverte à 9 heures 30, salle Etienne-Dolet, 4, rue Marc-Antoine-Petit.

## OUVERTURE DU CONGRÈS

Poisson. — Au nom du Conseil central, je déclare ouvert le Congrès.

Le Conseil central vous propose comme président, pour la réunion de ce matin, notre camarade Charles Gide, aujourd'hui professeur au Collège de France pour la coopération.

Comme assesseurs, le Conseil central vous propose notre camarade Wilks, secrétaire de la Fédération Coopérative de la Région Lyonnaise, et notre camarade Jouhannet, secrétaire de la Fédération des Coopératives de la Région de Roanne.

Voulez-vous accepter ce bureau?

Il n'y a pas d'opposition?... Je prie les camarades désignés de venir prendre place au bureau.

### Discours de Charles GIDE, Président,

Charles Gide. — Ce n'est pas sans émotion qu'un homme de mon âge revit les jours de sa jeunesse, et ce Congrès m'en fournit une occasion unique, parce qu'il me rappelle la date déjà si lointaine du Congrès de 1886, à Lyon, où j'eus le même honneur qu'aujourd'hui, celui de prononcer le discours d'ouverture. Je me rappelle même que mon discours dura une heure et demie; c'était l'intempérance de la jeunesse! Vous n'avez rien à craindre de semblable aujourd'hui; je sais que la séance doit être consacrée tout entière aux délégués étrangers, et d'ailleurs notre vigilant secrétaire général a eu soin de mettre une montre devant moi.

Ce Congrès de Lyon, dont je parlais tout à l'heure, fut un très beau Congrès. Il se tint dans un théâtre qui peut-être n'existe plus aujourd'hui à Lyon, le Théâtre des Variétés; il était présidé par le maire de Lyon, qui était alors le docteur Gailleton, et réunissait les coopérateurs les plus éminents des pays étrangers, Angleterre, Italie et Suisse. C'était le second Congrès de notre histoire coopérative. Le premier, en 1885, avait été convoqué à Paris, par mon vénéré ami M. de Boyve.

Déjà, à cette époque, la ville de Lyon, que je dois saluer dans mes premières paroles, était depuis longtemps la cité du travail, depuis des siècles que le monde entier entendait ses métiers battre sur la Croix-Rousse; et après avoir été la cité du travail, elle était devenue la cité de la Coopération, puisque c'est chez elle qu'avait pris naissance la première Coopérative, qu'on va commémorer par un monument que nous sommes appelés à inaugurer demain. On pouvait donc espérer à ce moment-là qu'il y aurait à Lyon un grand essor coopératif.

Il y a eu quelques déceptions. Pendant longtemps, on a vu naître ici beaucoup de petites sociétés, trop, mais pas de grandes sociétés qui fussent en rapport avec la population et le rang de cette magnifique cité.

Mais depuis quelques années, vous savez que, grâce à quelques coopérateurs fervents, le mouvement a repris à Lyon et que bientôt sans doute nous pourrons saluer ici une Société Coopérative qui sera une des premières de France et digne des glorieuses origines de la Coopération lyonnaise.

Sans doute, ce retard dans la constitution des Sociétés coopératives, à Lyon, tient-il à des nécessités économiques; peut-être à ce caractère d'indépendance que la pratique de l'industrie à domicile a développé chez les travailleurs lyonnais, peut-être aussi à la configuration topographique de votre grande cité, qui la divise en quartiers distincts les uns des autres.

Ce n'est pas seulement à Lyon, c'est en France aussi que le mouvement coopératif a subi quelque retard. Sans doute, si nous comparons les chiffres d'alors, de cette date lointaine à laquelle je me reporte, où il y avait 300 ou 400 sociétés seulement avec peut-être 100.000 sociétaires, et les chiffres d'aujourd'hui, environ 4.000 sociétés avec 1.500.000 sociétaires, nous pouvons éprouver un certain sentiment de fierté; mais il ne faudrait pas trop se laisser aller à cette fierté-là, car en somme le mouvement coopératif aurait pu grandir plus encore. Même en englobant les membres de chaque famille et en arrivant ainsi à quelques 5 ou 6 millions de coopérateurs, nous sommes encore fort loin d'être à la veille de faire de la France la République Coopérative que notre camarade Poisson et moi-même avons anticipée et attendons depuis si longtemps!

Il y a bien des explications à cela, et notamment le schisme du mouvement coopératif français qui, vous le savez, de 1895 à 1912, a paralysé notre mouvement par des querelles intestines.

Permettez à un vétéran qui a connu les souffrances et les humiliations de cette époque, et qui a fait tout son possible pour y mettre un terme en réalisant l'unité, permettez-lui d'exprimer le vœu que cette expérience-là ne se renouvelle plus jamais *(Applaudissements.)*

Mais si le mouvement coopératif en France laisse peut-être un peu à désirer comme nombre d'associés, il a tout de même, dans ces derniers temps, singulièrement grandi en influence, en autorité, en crédit. Crédit auprès des pouvoirs publics et aussi auprès de ceux qui ont la charge de l'enseignement public. De cet accroissement d'influence, je ne veux d'autre preuve que le fait qui, à mon avis, restera l'événement coopératif le plus important de l'année écoulée, je veux parler de l'adhésion de 200 professeurs des Universités françaises, l'élite de notre enseignement supérieur, au manifeste coopératif que vous connaissez tous : nos journaux l'ont publié. Je dois dire que le succès et le nombre même de ces adhésions a dépassé mes espérances. Je sais bien qu'il y a bon nombre de ces signatures qui sont plutôt des marques de sympathie que des adhésions effectives au mouvement; mais, tout de même, c'est là un résultat dont je tiens à remercier ici celui de mes jeunes collègues qui en a été l'initiateur, Bernard Lavergne, aujourd'hui professeur à la Faculté de Droit de Nancy, et qui, depuis longtemps, a été un coopérateur militant. Permettez-moi de rappeler aussi que M. Lavergne est de Nîmes et que, par conséquent, il appartient à cette « Ecole de Nîmes » qui a joué un si grand rôle dans notre mouvement coopératif, mais dont les lauriers commençaient à se faner un peu quand l'initiative de M. Lavergne est venu les faire reverdir.

Ce manifeste a naturellement suscité des contradictions de part et d'autre, comme nous nous y attendions; il n'a pas passé inaperçu.

Nous avons eu, d'un côté, la critique des industriels qui, dans un article très bien fait d'ailleurs, ont dénoncé, comme je l'ai entendu faire depuis tant d'années, les prétentions exagérées des coopératistes à vouloir supprimer la concurrence et le profit. Comment pourraient-elles le faire, nous dit-on, puisqu'elles ne pourraient vivre sans distribuer elles-mêmes des bonis et que, par conséquent, du jour où, par hypothèse, la Coopération aurait fait disparaître de ce monde la concurrence et le profit, elle n'aurait plus de raison d'être!

L'argument est excellent et j'accepte d'avance cette perspective-là, mais elle ne nous effraye nullement. On pourrait dire aussi que du jour où le salariat et le patronat auront disparu, le syndicat qui lutte contre le patronat n'aura plus de raison d'être; ou que du jour où la maladie aura disparu, le médecin n'aura plus qu'à disparaître aussi! Eh bien! le jour où, grâce à la généralisation de la Coopération, la concurrence et la lutte pour le profit auront disparu, ce jour-là, si nous devons disparaître, ce sera avec joie, puisque nous serons ensevelis dans notre propre triomphe, et ce jour-là, d'ailleurs, les Fédérations des industriels auront disparu aussi, avec cette différence qu'elles auront été ensevelies dans leur défaite.

Du côté opposé, nous avons eu des critiques aussi : celles des coopérateurs communistes, qui nous ont dit que, dans notre manifeste, nous dégradions le travail. Nous ne dégradons pas le travail. Nous sommes tous des travailleurs ici, et nous n'avons pas la pensée de déprécier son importance et son rôle économique. Nous disons seulement que toute entreprise doit être faite non pas dans l'intérêt de ceux qui travaillent dans l'entreprise, mais dans l'intérêt de ceux qui doivent en bénéficier; que les chemins de fer sont faits pour les voyageurs, non pour les cheminots, de même que l'école est faite pour les écoliers et non pour les instituteurs. Il faut donc que ce soit les représentants de l'intérêt public qui aient le dernier mot. Ce n'est pas offenser le travail, c'est au contraire l'élever que de le considérer comme étant un service public, fonctionnant dans l'intérêt de tous et sous le contrôle de tous.

J'ajoute que l'exposition du programme coopératif est venue à un moment d'autant plus opportun que nous voyons en ce moment une forte poussée de la part des industriels pour accaparer les intellectuels.

J'ai sous les yeux un appel d'un Comité qui porte ce titre magni-

fique : « La Confédération de l'Intelligence et de la Production françaises. » La Confédération de l'Intelligence et de la Production!
pense-t-on que nous allons laisser l'intelligence lier partie seulement avec la production? Nous entendons qu'elle soit associée avec
la consommation aussi!

Cette Confédération a pour secrétaire et directeur un économiste
distingué, M. Georges Valois, auteur d'un livre qui porte ce beau
titre: « L'Economie Nouvelle. » Cette économie nouvelle ce serait
l'économie organisée par les producteurs, non pas seulement les
producteurs ouvriers mais les producteurs chefs d'industries. Nous
ne méconnaissons pas — du moins je ne suis pas de ceux qui mécon-
naissent — le rôle éminent qui doit appartenir, dans l'organisation
économique de demain, aux grands industriels, aux grands producteurs. Mais ce que je peux dire c'est que ce ne serait pas là « une
économie nouvelle », et que c'est au contraire l'économie qui a
existé de tout temps, celle des producteurs et des industriels — nous
n'en avons pas connu d'autre jusqu'à présent — et c'est au contraire l'économie des consommateurs qui serait vraiment « l'économie nouvelle » !

Et cette économie-là serait plus pacifique que l'autre, car je suis
bien obligé de me rappeler que si les producteurs ont joué un rôle
héroïque, ils n'ont pas joué un rôle pacifiste. Il est de l'essence
de l'industrie d'être belliqueuse. Ce sont les industriels qui ont hé-
rissé les frontières de tous pays de fils de fer barbelés. Et même
en ce moment, les délégués belges qui sont ici savent quelles difficultés ont surgi entre la France et notre amie la Belgique, en raison
d'une question de surtaxe d'entrepôt; et nos amis de Genève, qui
ont également un représentant ici, savent aussi quel pénible conflit
est né de la question des zones franches. Et ainsi avec chaque pays!

Eh bien! nous avons l'espoir, au contraire, que si le gouvernement était remis aux mains des consommateurs, ces conflits économiques cesseraient parce que les consommateurs ne connaissent
pas de frontières, parce que dans la personne des étrangers ils
voient non point des concurrents mais des associés, parce que nos
Congrès de consommateurs sont les seuls dans lesquels nous pouvons vraiment, en toute sincérité et en toute fraternité, tendre la
main aux délégués des pays étrangers, en leur disant : Nous n'avons
qu'un même idéal, qui est le bien de tous et la paix du monde.

Et c'est dans cette pensée que je vais leur donner la parole.

### Discours de WILKS, Secrétaire de la Fédération Lyonnaise

WILKS. — C'est avec une sincère émotion que j'ai l'honneur de vous
souhaiter à tous la bienvenue dans notre Ville, au nom de la Fédération lyonnaise.

Nous sommes heureux de retrouver ici tous les délégués étrangers
et français venus pour discuter les grandes directives qui doivent
guider notre marche vers l'idéal unique que nous poursuivons.

C'est un honneur pour notre vieille cité qui vit se fonder la première Coopérative française de consommation.

Et ce n'est pas sans un peu d'orgueil que nous constatons aujour-
d'hui, que dans la grande famille coopérative, la Fédération lyonnaise
est devenue une des plus puissantes.

Ce résultat, nous le devons en partie à toutes les Sociétés qui, fidèles à l'esprit d'unité, ont su se grouper autour de nous et nous ont ainsi permis d'intensifier la propagande dans notre région.

Nous le devons également à la Fédération nationale sur qui nous avons pu nous reposer sûrement dans les moments difficiles, et aussi à ses secrétaires, nos sympathiques camarades Poisson, Daudé-Bancel et Camin, dont le dévouement inlassable a su donner au mouvement coopératif un élan qu'aucun obstacle ne saurait arrêter.

Permettez-moi, en passant, de les remercier de leur collaboration éclairée qui ne nous a jamais fait défaut; nous recueillons aujourd'hui le fruit de leur labeur.

En dehors des travaux que le Congrès national va entreprendre, nous avons mis tout en œuvre pour que vous gardiez un bon souvenir de votre séjour parmi nous. Vous avez tous sous les yeux l'ordre du jour et le programme du Congrès.

Je vous ai dit tout à l'heure, que c'est à Lyon que fut créée la première Coopérative française de consommation. En effet, c'est en 1835 que Michel Derrion, secondé par Joseph Reynier, créa dans notre ville, 6, montée de la Grande-Côte (aujourd'hui le 95), le premier magasin coopératif sous la dénomination « Commerce véridique et social ».

Nous avons voulu commémorer ce fait en élevant un monument à ceux qui nous ont montré la route que nous suivons. Ce monument sera inauguré solennellement en votre présence.

Nous voulions faire apposer, sur la maison même où fut ouvert ce premier magasin, une plaque commémorative; mais nous nous sommes heurtés au mauvais vouloir d'un propriétaire et nous devrons nous contenter de saluer en passant devant cette maison, la mémoire de nos devanciers.

Nous avions projeté une promenade en bateau avec banquet de clôture à Villefranche, mais, à notre grand regret, nous avons dû y renoncer par suite d'impossibilités matérielles.

Nous remplacerons cette partie du programme par une excursion aux environs de Lyon et, pour avoir changé de direction, nous espérons que cette sortie n'en sera pas moins agréable à tous.

Enfin, pour que vous puissiez conserver un souvenir matériel de votre séjour parmi nous, notre éminent camarade Gaumont a bien voulu nous prêter sa collaboration éclairée et a écrit spécialement à l'occasion du Congrès national, un opuscule sur le « mouvement ouvrier d'association et de coopération à Lyon », où dans quelques pages, nous suivons les étapes d'un passé de travail et d'étude.

Les sous-mains que nous vous offrons seront, pour les coopérateurs, un vivant souvenir de nos idées.

La Coopération est représentée à la gauche du dessin tenant un flambeau à la main et vidant aux consommateurs sa corne d'abondance; à droite, elle unit les travailleurs de l'industrie et des champs; à ses pieds, le mercanti terrassé tremble devant sa force; au centre, le soleil éclairant de sa lumière les six départements de notre Fédération lyonnaise.

Nous avons fait également frapper une médaille qui vous rapellera que Lyon est la patrie de notre bon et joyeux « Guignol », et vous aurez ce soir, le plaisir de l'écouter et de connaître son histoire.

Enfin, une série de cartes postales a été imprimée spécialement pour évoquer les grands souvenirs coopératifs. Vous y trouverez, entre autres, un groupe des Pionniers de Rochdale, dont nous suivons les principes.

Je m'excuse d'avoir, bien malgré moi, été un peu long. Le temps nous est précieux, car nous avons de la belle et utile besogne à faire.

Laissez-moi donc vous dire encore un profond merci, et au travail pour le triomphe de la Coopération!

## Les Organisations étrangères excusées

LE PRÉSIDENT. — La parole est à Poisson, pour donner connaissance des excuses de différentes organisations étrangères.

POISSON. — Je vais donner lecture des différentes lettres et télégrammes que nous avons reçus: Voici d'abord la lettre de nos amis suédois:

Stockholm, le 18 mars 1921.

CHERS COOPÉRATEURS,

Nous avons reçu votre aimable invitation de prendre part au Congrès de la Fédération nationale des Coopératives de consommation. Nous regrettons de ne pas avoir l'occasion de l'accepter.

Nous espérons pourtant que vous voudrez exprimer au Congrès nos salutations cordiales.

Recevez, chers Coopérateurs, l'assurance de nos sentiments fraternels.

*Le Secrétaire,* Anders OERNE.

Nos amis suisses s'excusent en ces termes:

Bâle, le 22 mars 1921.

MESSIEURS ET CHERS COOPÉRATEURS,

Nous sommes en possession de votre aimable invitation du 15 février 1921 par laquelle vous nous priez de vouloir bien assister à votre Congrès qui aura lieu à Lyon les 5, 6, 7 et 8 mai 1921 et pour laquelle nous vous remercions très sincèrement. C'est très volontiers que nous assisterions à ce Congrès, mais par suite de circonstances spéciales, et du fait qu'aura lieu au mois d'août prochain, à Bâle, le Congrès coopératif international où nous comptons pouvoir saluer les coopérateurs de tous pays, nous nous voyons contraints de renoncer à votre invitation.

Nous faisons néanmoins nos vœux les plus sincères concernant la parfaite réussite et le plein succès de votre manifestation souhaitant vivement que votre mouvement ira toujours grandissant dans votre pays.

Veuillez bien agréer, Messieurs et chers Coopérateurs, nos fraternelles salutations.

La Ligue coopérative américaine nous a adressé la lettre suivante

7 mars 1921.

CHER CAMARADE COOPÉRATEUR,

Nous avons l'avantage de vous accuser réception de votre aimable invitation d'envoyer un représentant de la Ligue pour assister à votre huitième Congrès à Lyon, en mai.

Nous regrettons qu'il ne soit pas possible à des délégués de notre organisation de se rendre au Congrès, mais nous espérons que votre réunion donnera de bons résultats dans l'intérêt du mouvement coopératif.

Cependant, le Président et le Secrétaire du Comité d'éducation de la Ligue ont le dessein de se rendre à la Conférence internationale d'août et ils verront alors les avantages de l'opportunité de faire connaissance avec les coopérateurs français.

Avec nos meilleurs vœux pour le succès de votre Congrès, nous restons cordialement vôtres.

Egalement, nos amis norwégiens se sont excusés par la lettre suivante:

Christiana, le 12 mars 1921.

CHERS COOPÉRATEURS,

Nous sommes en possession de votre honorée du 15 février.

En vous portant nos meilleurs remerciements de votre aimable invitation à assister au Congrès annuel coopératif à Lyon, nous regrettons d'être obligés de vous informer que nous n'avons pas d'occasion d'être représentés à ce Congrès.

Nous vous prions, chers Coopérateurs, de vouloir bien porter au Congrès nos remerciements à l'invitation et nos meilleurs vœux pour la Coopération française.

Recevez, chers Coopérateurs, l'assurance de nos sentiments fraternels.

Nos camarades finlandais nous ont écrit ce qui suit :

Helsingfors, le 9 avril 1921.

MESSIEURS,

En nous référant à notre lettre du 25 février dernier, nous avons l'honneur de vous faire savoir que votre invitation aimable contenue dans votre lettre honorée du 15 du même mois de février, d'envoyer des représentants au Congrès de votre Fédération à Lyon les 5-8 du mois prochain, fut rapportée à la dernière assemblée de notre Conseil d'administration, la première séance qui eut lieu après l'arrivée de votre lettre. Pour des causes pratiques, le Conseil d'administration ne voit cependant pas cette fois de possibilité d'envoyer des représentants à votre Congrès.

En même temps que nous exprimons nos regrets du retard de notre réponse, et de ce que nous n'ayons pas pu accepter votre aimable invitation, nous vous prions, Messieurs, de vouloir bien recevoir nos vœux sincères pour un bon succès de votre Congrès et d'agréer l'assurance de notre considération distinguée.

Le Magasin de Gros des Coopératives d'Ecosse nous a adressé la lettre suivante :

Glasgow, le 4 mars 1921.

CHER MONSIEUR,

Nous avons bien reçu votre aimable invitation du 15 février à nous faire représenter au huitième Congrès de la Fédération nationale des Coopératives qui doit se tenir à Lyon les 5, 6, 7 et 8 mai, et nous vous en remercions. La proposition a été prise en considération par les administrateurs, mais ils n'ont pas l'intention de se faire représenter à cette occasion.

Nous espérons que votre Congrès aura du succès et avec nos fraternels vœux, nous restons vos dévoués.

L'Union polonaise, qui avait pensé envoyer un délégué, nous a fait parvenir au dernier moment ce télégramme:

*Varsovie.* — Notre délégué empêché arriver, envoyons Coopération française nos meilleurs souhaits. Salutations fraternelles.

*Union polonaise.*

Enfin, le délégué des Coopératives ukrainiennes vient de télégraphier, en s'excusant:

*Paris.* — Etant en retard pour commencement du Congrès, j'envoie au nom Coopération ukrainienne meilleures salutations et souhaits de succès dans son œuvre. Coopérateurs ukrainiens qui suivent toujours la vie coopérative française et étudient votre Charles Gide, pourront aussi utiliser bons effets de votre travail. — SERBINENKO.

# LA RÉCEPTION DES DÉLÉGUÉS ÉTRANGERS

Le Président. — Je donne la parole à M. H.-J. May, secrétaire général de l'Alliance coopérative internationale.

## Discours de H.-J. MAY,
### Secrétaire de l'Alliance Coopérative Internationale

May. — Je veux essayer de vous dire quelques mots en français.

C'est pour moi un grand honneur d'avoir, encore un fois, l'occasion d'apporter à votre Congrès le salut fraternel et les bons vœux de l'Alliance coopérative internationale. Ce fut également avec un vif regret que, par suite de circonstances inévitables, je fus empêché d'assister à votre Congrès de l'année dernière à Strasbourg. Ce regret fut rendu encore plus vif, par mon désir ardent de mettre le pied sur le territoire délivré de la France et de partager votre joie en parcourant les rues d'une ville tenue si longtemps prisonnière.

Aujourd'hui, vous me permettrez de vous féliciter des progrès qu'a fait votre mouvement. Pendant la guerre, le mouvement coopératif dans tous les pays s'est montré comme une force nationale, mais nulle part d'une façon plus étendue ou d'une expression plus variée que dans votre beau pays.

Après deux ans et demi de paix relative, le mouvement coopératif, tant national qu'international, reprend lentement les conditions normales, et on peut déjà enregistrer les progrès faits. Les preuves de ceci se laissent voir dans le rapport varié et d'un très grand intérêt que votre Conseil central a distribué pour être discuté pendant les séances de ce Congrès.

En qualité d'Anglais, qui a grandi dans le mouvement coopératif, j'apprécie à fond la diversité de vos activités ainsi que l'énergie et l'enthousiasme avec lesquels vous poursuivez vos buts. En parcourant votre rapport, j'y vois une ressemblance curieuse avec certains de nos travaux. Par exemple, la taxe sur le chiffre d'affaires correspond au « Corporation Profits Tax » anglais, que notre mouvement combat depuis plus d'un an, malheureusement sans succès. D'autre part, le travail de votre Comité parlementaire est pour moi d'un fort grand intérêt, parce que j'ai été pendant près de 20 ans chef du service parlementaire du mouvement coopératif britannique. Les façons d'agir, les méthodes adoptées ainsi que les résultats obtenus dans les deux pays, sont très analogues.

Permettez-moi d'exprimer mon appréciation de l'avance qu'a pris la Coopération française sur celle de la Grande-Bretagne en ce qui concerne deux points. Le Conseil mixte du Magasin de Gros et de la Fédération est une réalisation que la Grande-Bretagne n'a pas encore atteint, et il est remarquable, parce tandis qu'il assure l'unité et la concentration sur certaines affaires nationales et importantes, il maintient en même temps l'indépendance de chaque organisation en ce qui concerne son travail particulier. Le deuxième point auquel je désire faire allusion, c'est l'établissement d'une chaire au Collège de France pour l'étude de la Coopération et des sujets qui s'y rattachent.

Je me permets de féliciter de tout cœur votre leader vénéré, le père même de la Coopération française, le professeur Gide, de sa nomination officielle à cette grande tribune qu'est le Collège de France.

Avant de terminer, je voudrais faire quelques observations au sujet des affaires purement internationales. A présent, l'Alliance s'efforce vers une vie nouvelle, et nous espérons, nous croyons même qu'elle entre dans une ère nouvelle. Le Congrès qui se tiendra à Bâle en août, sera le point de départ net et définitif d'un régime international nouveau. Nous croyons qu'il mettra l'Alliance presque au niveau le plus haut de son développement. En préparant cette œuvre, les coopérateurs français ont pris une très grande, importante et honorable part. Les représentants français ont contribué dans une grande mesure aux modifications à apporter aux statuts de l'Alliance et qui seront décidées à Bâle: particulièrement en conseillant que les idéals de l'Alliance comprennent une expression définitive des idéals universels et immortels des pionniers rochdaliens.

Les conférences interalliées et neutres tenues à Paris, conçues et effectuées par l'énergie et l'enthousiasme de vos leaders, ont beaucoup contribué au rétablissement de l'Alliance sur une base même plus avancée que celle d'avant la guerre.

Outre les problèmes intérieurs de l'Alliance, nous devons envisager les plus grands et les plus pressants intérêts économiques d'un monde dévasté par la guerre, gisant encore dans le chaos, et pour lequel les seules garanties solides pour l'avenir, soit personnelles, commerciales ou financières, sont les grands principes et l'organisation du mouvement coopératif à travers le monde.

Nous affronterons l'avenir pleins de courage et de confiance dans la puissance de notre mouvement à réaliser, non seulement une politique économique et sociale universelle, non seulement une base du commerce et de l'industrie conformément aux intérêts de la collectivité des consommateurs, mais aussi une fraternité de l'humanité, qui sera le vrai et durable garant de la paix ainsi qu'une véritable et effective Société des Nations.

## Discours de HAYWARD,
### Délégué de l'Union Coopérative Britannique

HAYWARD. — Je considère comme un très grand privilège d'avoir l'honneur d'apporter à ce Congrès le salut et les souhaits cordiaux des coopérateurs de Grande-Bretagne.

Les temps que nous traversons actuellement sont des plus difficiles, et bien hardi serait celui qui essaierait de prédire ce qui sortira des conditions troublées qui prévalent dans le monde entier.

Une chose, cependant, paraît assurée: c'est que le grand principe de la Coopération, pour lequel nous luttons, en sortira fortifié, et que le monde sera plus près alors qu'aujourd'hui de la réalisation de nos idéals. En dépit des grandes difficultés du moment, la Coopération en Grande-Bretagne se fraie son chemin sans arrêt, et elle a donné l'année dernière des résultats, pour le chiffre d'affaires comme pour le capital, qui surpassent tous les résultats enregistrés jusqu'ici.

En qualité de représentant du mouvement coopératif britannique, je suis particulièrement heureux de me trouver ici, et d'y pouvoir dire que non seulement nous désirons vivement échanger avec les coopérateurs des autres pays des salutations fraternelles et de bons souhaits, mais que beaucoup d'entre nous désirent que notre Coopération devienne réellement internationale dans son caractère, et que les peuples du monde soient tous liés les uns aux autres par un commun lien de camaraderie, dans la pratique universelle de la Coopération.

Puisse la Fédération nationale de France continuer à grandir et à se développer, c'est notre souhait sincère. Puisse notre mouvement atteindre rapidement, dans la plus vaste sphère internationale, un succès égal à celui que nos organisations nationales ont obteu dans leur propre contrée, tel est notre espoir.

.Vive la Coopération!

### Discours de CLAYTON, Délégué de la C. W. S.

CLAYTON. — Au nom de la C. W. S., M. Hawkins et moi, vous présentons nos très cordiales salutations, et nous espérons que votre Congrès aura un plein succès. A mesure que les années passent, les problèmes qui nous préoccupent deviennent des problèmes communs. La science et les inventions diminuent chaque jour les distances qui nous séparent en sorte que l'isolement d'il y a 50 ans, disparaît rapidement. Le sentiment national, lui aussi, cède de plus en plus la place au sentiment international qui fait que les mers cessent de séparer les hommes. De plus en plus aussi, nous nous rendons compte — et la guerre l'a fait ressortir davantage — qu'en dépit des différences de tempérament et de notre apparence extérieure, il existe une unité d'esprit grandissant, qui s'affirme directement à travers les stratifications de nos barrières de classes et met en pratique cette pure démocratie dont notre mouvement a été le champion depuis son origine.

Le temps, lui aussi, révèle combien entre nos deux pays, les forces qui nous unissent sont plus nombreuses et plus puissantes que celles qui nous séparent et si, dans le passé, les Anglais ont possédé quelque chose dont vous ne pouviez pas vous targuer, nous n'oublions pas que dans le domaine de la littérature, de l'art, de la science et même de la Coopération, nous vous sommes redevables.

Si nous avons notre Robert Owen, vous avez eu votre Fourier qui, autant que les circonstances le permettaient, a défini une forme de coopération qui aura toujours une attraction pour moi et qui a, je crois, une valeur permanente.

En ce moment, les conditions industrielles de l'Angleterre sont très troublées. Elles sont troublées parce que l'esprit et les méthodes appliquées sont en opposition absolue avec celles que les coopérateurs pratiquent. Quelque jour, et il ne peut pas venir trop tôt, il sera reconnu que le mouvement coopératif avait la clef unique qui ouvrira la porte à la liberté économique, sociale et religieuse.

### Discours de V. SERWY, Délégué de l'Office Coopératif Belge

SERWY. — Nous serons très bref, à raison de ce que votre ordre ou jour est suffisamment chargé et de ce que les relations coopératives entre la Belgique et la France sont de tous les jours et partant, nous éclairent sur notre mouvement réciproque, ses tendances et ses progrès.

Est-il besoin de vous dire que, depuis l'armistice, notre mouvement coopératif a trouvé dans la voie de la concentration régionale l'expression de sa plus grande puissance économique et dans l'unité le secret de sa marche ascendante?

Le nombre des Sociétés coopératives de consommation a sensiblement diminué, par suite de fusions, notamment dans les provinces de Liège, de Namur, de Luxembourg, du Hainaut; par contre, le total des ventes pour ces mêmes Sociétés, a quadruplé.

Le mouvement se poursuit régulièrement dans cette réduction.

La Fédération des Sociétés coopératives, notre Magasin de Gros a de son côté plus que quadruplé le montant de ses ventes.

Dans l'ensemble, nous nous estimons relativement heureux: en deux ans, nous sommes parvenus à reconstituer nos magasins vides de toutes marchandises, certaines de nos boulangeries et de nos maisons du peuple détruites. Bien que la situation financière de nos Sociétés coopératives ne soit pas aussi brillante qu'avant 1914, nous pouvons vous affirmer que, malgré la crise qui sévit depuis l'an dernier, elle s'améliore insensiblement chaque jour.

C'est que partout dans le pays, bravement, courageusement, notre population ouvrière s'est remise à l'œuvre dans un même esprit. L'unité d'effort résulte d'une unité de pensée. Les lendemains de l'armistice ont laissé chez les peuples, en Belgique notamment, des désillusions et des rancœurs. Personne n'est satisfait.

Faut-il se complaire dans une position de critique constante, dans une attitude négative? Les travailleurs et, en particulier, les coopérateurs socialistes, ne le pensent point et ils ont estimé que le premier de leurs devoirs, le plus grand de leurs intérêts, est de rester unis dans l'action. L'armée coopérative en Belgique, comme toute l'armée ouvrière, ne fait qu'une. Pour elle, il n'y a et il ne saurait y avoir qu'un ennemi : le Capitalisme.

Dès lors, l'unité s'impose comme le gage du succès. En dehors de l'unité, il ne saurait y avoir de salut pour les travailleurs, consommateurs et producteurs. C'est pour nous, Belges, l'alpha et l'oméga de toute notre action, dans ces moments de crise économique, de crise politique, de crise sociale, de crise internationale. Pour garder l'unité, pour la conserver — nos ennemis ne sont point parvenus à l'entamer — nous comprenons que les travailleurs doivent s'imposer mutuellement des concessions.

C'est tout le secret de notre entente ouvrière sur le terrain syndical, coopératif et économique.

Pour nous, coopérateurs socialistes de Belgique, l'unité du prolétariat constitue dans les circonstances présentes la seule puissance de paix. Travaillons-y donc de tous nos désirs, de toute notre volonté.

Nous étions pour l'unité coopérative en France, avant Tours. Nous étions pour le rapprochement des Guillemin, Héliès, Daudé et Charles Gide, car nous voyions dans ce rapprochement le développement de toute votre action coopérative. L'unité coopérative a donné à la France un mouvement sans cesse grandissant, s'étendant à toutes les régions et à de multiples domaines productifs, s'élevant à une politique économique. C'est là un gage de succès.

Votre préoccupation et la nôtre, ce doit être l'unité coopérative, l'unité des travailleurs — consommateurs et producteurs. Pour réaliser cette tâche longue, ardue, il nous faut ouvrir les intelligences, éclairer les compréhensions. Il nous faut instruire, éduquer les masses, et nous prévoyons un budget d'éducation ouvrière syndicale et coopérative, pour 1921, de 300.000 francs.

Personne ne voudra compromettre l'avenir; et nous ne dirions pas toute notre pensée, toute celle des travailleurs organisés de Belgique, si nous ne vous disions point que ce qui nous affecte depuis la guerre et surtout depuis l'armistice, c'est que la grande voix du peuple français, qui se fit entendre à toutes les heures tragiques de l'Histoire dans une explosion unanime de sentiment et de raison, ne parle point à l'heure où le spectre de la guerre réapparaît à l'horizon. Le capitalisme a reconquis ses positions de 1914; il grandit partout. Coopérateurs de tous pays, restons unis contre le militarisme, pour la paix. Coopérateurs de toutes les nations, groupons-nous au sein de l'Alliance coopérative internationale. Un seul bloc, tous unis d'esprit, et d'action contre le capitalisme: là est l'avenir de la Coopération.

Vive la Coopération de France!

Vive la Coopération internationale!

## Discours de VODENKA, Délégué de la Fédération Nationale des Coopératives Tchéco-Slovaques

VODENKA. — C'est avec plaisir que nous saluons le huitième Congrès des coopérateurs français au nom de la Fédération nationale des Coopératives tchéco-slovaques.

Le mouvement coopératif tchèque qui n'existe dans sa forme actuelle que depuis une trentaine d'années, considère les coopérateurs français comme les précurseurs de l'idée coopérative; nous savons que dans cette ville même où votre Congrès tient ses assises, une Société coopérative a existé avant celle de Rochdale.

Chers amis, je peux vous assurer que le mouvement coopératif tchèque se développe et grandit. Au commencement de la guerre, en 1914, notre Fédération groupait 265 sociétés avec 71.500 membres et 26.665.000 couronnes de recettes. Vers la fin de l'année 1920, nous avions 1.117 sociétés, notons celles de consommation avec 570.000 membres et 1.000.000 de couronnes tchéco-slovaques de recettes.

Dans les derniers temps, nous fondons, d'après l'exemple italien, des coopératives agricoles dont le but est d'entreprendre la gestion et l'exploitation des grandes propriétés foncières, expropriées après la chute de l'empire autrichien. Lesdites sociétés se composent d'ouvriers agricoles et d'employés des grandes propriétés; une loi leur garantit le crédit d'une moitié du capital nécessaire; notre Fédération s'occupe d'obtenir pour ces sociétés un crédit plus large. Jusqu'à présent, nous avons 184 coopératives agricoles. Leur activité, voire leur existence même, est considérée comme le plus grand danger de la part de ceux qui considèrent la propriété privée comme la base intangible de la société actuelle.

A côté des sociétés de consommation, de production et des coopératives agricoles, les circonstances d'après-guerre ont fait naître des sociétés pour la création des logements à bon marché, nous en avons 180 avec 15.500 membres, et des petites coopératives d'épargne dont le chiffre d'affaires faisait l'année dernière 324.000.000 de couronnes de recettes.

Le Magasin de Gros de notre Fédération a atteint pendant et après la guerre un développement formidable. Il a été créé en 1909 et son chiffre d'affaires dans la première année ne dépassait guère un million de couronnes. En 1920, le chiffre d'affaires faisait 875 millions de couronnes, et le capital d'exploitation se montait à 5 millions. Ce Magasin ravitaille plus de 3.000.000 de personnes, soit plus d'un cinquième de la population totale de notre pays.

Le développement rapide de notre mouvement nous a obligés à fonder une banque coopérative qui a atteint avec le capital de 3 millions de couronnes dans les premiers six mois de son existence, 300.000.000 de couronnes de chiffre d'affaires. A côté d'elle, on a fondé une société coopérative d'assurance qui a assuré dans la première année un capital de 80.000.000 de couronnes.

Pour passer en revue les résultats acquis jusqu'à présent, nous organisons cette année une exposition du travail coopératif où l'activité des sociétés coopératives tant de consommation, que de production, sera démontrée par des tableaux statistiques, par des diagrammes et par des produits eux-mêmes. D'ores et déjà, nous avons acquis la participation des coopérateurs étrangers à cette exposition et nous prions les diverses sociétés coopératives françaises de prendre, elles aussi, part active à cette manifestation importante, de l'œuvre coopérative réalisée jusqu'à présent.

En terminant, j'ajoute que notre Fédération, s'élevant au-dessus de toute opinion politique ou nationale, n'a qu'un but final : l'abolition du capitalisme, l'abolition de l'exploitation de l'individu par l'individu, l'abolition de l'esclavage du salariat, l'abolition du profit sans travail. Ce but, nous le poursuivons étape par étape; dans nos grandes associations, les ouvriers s'accoutument à la gestion des grandes entreprises, à l'administration prudente et raisonnable. Ces expériences, ils sauront en profiter au moment où toute la gestion de la société tombera aux mains des travailleurs. Nous savons que la même idée anime le mouvement coopératif en France. C'est pourquoi nous souhaitons à votre Congrès le succès le plus complet; en travaillant pour le mouvement coopératif français, vous méritez bien en même temps de notre mouvement international.

Le Président. — Je vais donner la parole à notre ami M. Totomianz, bien qu'il ne représente aucune Union coopérative. Il représentait autrefois dans nos Congrès — à combien de Congrès ne nous sommes-nous pas déjà retrouvés! — l'ancienne organisation coopérative russe, qui a été dispersée par les événements que vous connaissez. Notre ami, depuis trois ans, parcourt l'Europe, devenu presque aveugle, appuyé sur sa fille, et allant de Berne à Rome, de Rome à Tiflis, où il a été professeur pendant un an; puis, chassé de nouveau de Tiflis, il a repris le chemin de l'exil et se trouve en ce moment à Paris, en route pour Londres, comme si la destinée avait voulu faire de lui le missionnaire et l'apôtre errant de la Coopération dans tous les pays.

Je devais évoquer ces souvenirs émouvants avant de lui donner la parole.

## Allocution du Professeur V. TOTOMIANZ

Professeur V. Totomianz. — Je suis venu cette fois parler, non pas comme délégué russe, mais comme un vieil ami de la Coopération. Un proverbe français dit qu'on revient toujours à ses premières amours, et cette fois encore je suis venu ici, à Lyon, comme j'étais allé autrefois à Limoges et à Paris. Je ne peux parler maintenant, malheureusement, de la Coopération russe. Mais je constate avec plaisir les progrès du mouvement coopératif français.

Ce progrès est très grand, mais il ne correspond pas à la grandeur actuelle de la France. Il faut pousser le mouvement français par tous les moyens. Je vous souhaite donc des milliards de chiffre d'affaires, je vous souhaite des villes coopératives, comme Kettering en Angleterre, ou comme Novo-Nicolaïewsk en Sibérie, et l'agriculture coopératisée comme en Danemark. Et puisque dans le mouvement coopératif c'est l'idée et la morale qui doivent régner sur le chiffre d'affaires, je vous souhaite beaucoup plus d'unité dans le mouvement, beaucoup plus de foi, beaucoup plus d'éducation, beaucoup plus d'enseignement coopératif. Je vous souhaite l'enseignement coopératif devenu obligatoire dans toutes les écoles de France, et pas seulement au Collège de France. Je vous souhaite aussi une littérature coopérative florissante; dans les mains de tous les coopé- rateurs français, les auteurs comme Daudé-Bancel, Poisson, La- vergne et les autres, connus et lus en France et à l'étranger; sur- tout les livres de Charles Gide. Ses conférences intitulées : « La Coopération », cet évangile de la Coopération, dans les mains de tous les croyants coopérateurs. Avec tout cela, votre mouvement coopératif deviendra grand, comme maintenant est devenue grande la France, votre beau pays.

Et je vous souhaite de nouveau le succès moral, pas seulement le succès financier et économique, mais aussi l'enthousiasme, dans votre mouvement.

Vous avez commencé la propagande de l'idée coopérative. C'est Charles Fourier qui a commencé, et c'est maintenant Charles Gide qui continue la propagande coopérative dans le monde entier, et je suis fier de dire que nous aussi, en Russie, sommes en partie ses disciples et que notre mouvement russe est devenu fort en lisant les écrits de votre Charles Gide.

Vous êtes des citoyens heureux! Vous avez encore parmi vous notre Charles Gide, qui appartient également à tous les coopérateurs du monde.

Je salue de nouveau mon vieil ami Charles Gide et je vous re- mercie du bon accueil que vous m'avez réservé.

## Discours de GRANDJEAN,
### Directeur de la Société Coopérative de Genève

GRANDJEAN. — C'est une joie toujours plus grande pour nous, coopérateurs suisses, coopérateurs de Genève, de nous trouver au milieu de nos camarades français. Les relations très cordiales que nous entretenons avec vous depuis de longues années nous ont beaucoup aidés à percevoir et à apprécier les côtés les plus lumi- neux de la Coopération. Quoi d'étonnant à ce que nous recherchions toutes les occasions de fraterniser avec vous? Aussi est-ce avec empressement que nous avons, à Genève, accueilli votre cordiale invitation.

Le président de notre Société, John Renaud, qui s'est trouvé déjà au milieu de vous en maintes circonstances, avait espéré jusqu'au tout dernier moment pouvoir vous apporter son salut. Il en a été empêché et m'a prié de vous exprimer ses plus vifs regrets. C'est en raison de cet empêchement que le très grand honneur m'est échu de vous porter le salut bien cordial et les vœux des coopérateurs genevois, vœux qui sont également ceux de tous les coopérateurs suisses.

En leur nom à tous, par conséquent, je vous félicite de tout cœur du travail énorme que vous avez accompli jusqu'ici, de même que pour les tâches nouvelles et plus grandes encore que vous entre- prenez aujourd'hui à votre Congrès.

## Remerciements du Président

CHARLES GIDE, *président*. — MM. les Délégués et chers Coopéra- teurs, permettez-moi de ne pas répondre séparément à chacun de vous et de vous embrasser dans un remerciement collectif pour ménager le temps de cette Assemblée.

Remercions les délégués des cinq pays, qui viennent de nous parler ici, des compliments exagérés qu'ils ont adressés à la Coopération française, et retenons tout particulièrement l'espoir exprimé par M. May que l'Alliance Coopérative deviendra la véritable Société des Nations. Je l'espère aussi. Celle-ci a grand besoin, en effet, d'être doublée par une Société des Nations qui soit vraiment coopérative! Quand nous lisons dans les journaux les comptes rendus des conférences entre les chefs des gouvernements alliés et que nous voyons chaque fois revenir cette formule :. « Tout s'est passé dans le plus parfait accord », nous savons ce que vaut cette formule diplomatique! Mais, par contre, c'est avec un sentiment de sécurité et de véritable paix que nous écoutons dans notre Congrès s'exprimer des sentiments comme ceux auxquels nous venons d'applaudir, car nous savons qu'ils sont, ceux-là, véritablement unanimes et sincères.

Il n'y a pas ici les représentants de toutes les nations coopératives; il n'y a pas ceux des ex-belligérants du camp opposé. Il eût été prpématuré d'inviter aujourd'hui dans ce Congrès national les représentants des Coopératives allemandes. Mais pourtant les coopérateurs de tous les pays se sont déjà rencontrés dans les réunions du Comité de l'Alliance Coopérative Internationale : nous nous retrouverons au grand Congrès qui doit se tenir au mois d'août à Bâle, et nous sommes tout disposés à reprendre en commun la tâche coopérative.

A la Conférence des Puissances à Londres, il y a quelques mois, un des délégués allemands, le potentat industriel Stinnes, s'adressant aux puissances alliées, a dit : « Il faut vous guérir de la maladie de la victoire. » Ce mot, un peu arrogant, en effet, a fortement offensé nos gouvernants. Il ne nous offense pas, coopérateurs, parce que nous n'avons jamais été atteints de cette maladie-là.

Ce n'est point à dire que nous ne préférions avoir été vainqueurs que vaincus. Nous le préférons, non pas par un sentiment d'égoïsme patriotique, non pas même pour les avantages pécuniaires que nous en attendons, mais parce que nous avons le sentiment que, quels que soient les défauts et, si vous voulez, les abus du traité de Versailles, il est permis de penser que si le sort de la guerre eût été interverti, le traité eut pu être pire pour la paix de l'Europe et du monde.

Nous savons que toute victoire est grosse d'abus et nous savons qu'il n'est pas possible qu'il en soit autrement. Mais nous savons aussi qu'un jour peut venir, quand les conditions des traités de paix ont été peu à peu revisées par le travail de l'histoire, par la publication des documents, par le réveil des consciences mieux informées, qu'il pourra venir un jour, dis-je, où les traités de paix pourront être acceptés et ratifiés par tous, même par les vaincus, et que ce n'est qu'à cette condition-là qu'un traité de guerre peut devenir vériablement un traité de paix.

La mission de la Coopération sera de rétablir entre tous les peuples une paix qui ne soit pas seulement celle qui résulte de la victoire, mais celle résultant de la justice internationale; de même aussi que, dans les conflits sociaux à l'intérieur, c'est par la justice sociale que nous nous efforcerons de les résoudre.

Et maintenant, nous allons reprendre l'ordre du jour. .

Je donne la parole au camarade Poisson, pour la lecture du rapport général.

Lecointre. — Je demande la parole sur l'ordre du jour.

Le Président. — Vous avez la parole sur l'ordre du jour.

Lecointre. — Camarades, nous sommes venus ici pour discuter les intérêts de la Coopération.

Nous avons de très importantes questions à discuter, dans des séances qui vont durer environ dix heures; nous ne devons donc pas perdre de temps. Nos Sociétés se sont imposé de gros sacrifices pour nous envoyer ici; nous-mêmes avons sacrifié des loisirs que nous aurions passé en famille. Nous voudrions donc apporter dans les travaux du Congrès ordre, discipline et brièveté.

C'est pourquoi je suis chargé de vous proposer la résolution suivante :

« Le temps de parole de chacun est limité à cinq minutes.

« Cinq orateurs au plus seront admis à parler sur chaque article de l'ordre du jour, le représentant de la Fédération Nationale et du Magasin de Gros ayant toujours la parole le dernier.

« Tout interrupteur rappelé à l'ordre deux fois pourra être exclu de la salle pour le reste de la séance. »

*Un Délégué.* — Dites tout de suite que vous voulez étrangler le débat.

Lecointre. — Nous ne voulons pas étrangler le débat; mais nous ne voulons pas qu'une seule question soit traitée et les autres seulement effleurées.

Payré. — Au lieu d'aller au théâtre, on travaillera ici, s'il le faut.

*Un Délégué.* — Je demande la liberté de parole pour tous les orateurs.

Poisson. — Je crois que la proposition de notre ami est un peu prématurée. Comme à l'ordinaire, je ferai un exposé de la situation de la Fédération Nationale depuis son dernier Congrès. Il est clair que les critiques, les observations ou les suggestions sur le rapport moral de la Fédération Nationale doivent suivre. Vous saurez d'ici très peu de temps le nombre de camarades qui veulent prendre la parole sur le rapport moral et sur chacune des questions. Nous avons déjà quatre ou cinq camarades qui se sont fait inscrire. La liste des orateurs parlant sur le rapport moral peut parfaitement être close avant la fin de la séance et il peut être entendu, par exemple, que ceux qui ont à prendre la parole sur le rapport moral devront être inscrits avant midi, et qu'on n'en inscrira pas d'autres. Cela limitera dans une certaine mesure la discussion. Si cette proposition est adoptée, par là même vous aurez réduit le débat sur le rapport moral, vous limitez le temps de parole, ce qui peut-être serait abusif, car nous ne savons pas sur quoi porteront les observations.

Foucaud. — Une observation. Il peut très bien se faire qu'au cours du débat des déclarations faites nous obligent à intervenir. Il serait regrettable qu'à cause d'une décision prématurée nous ne puissions pas prendre la parole.

Si l'on décide qu'aucun orateur ne sera plus inscrit après midi, il peut se faire que des orateurs prenant la parole l'après-midi nous obligent à intervenir, et nous n'aurons pas le droit de répondre. Je demande qu'on ne préjuge pas à l'avance de la marche de la discussion.

Poisson. — Il suffira que quelqu'un, à un moment donné, demande la clôture pour que la clôture soit prononcée par l'Assemblée si telle est sa volonté, et ce sera fini. En tout cas, au début de l'après-midi, on pourra indiquer les noms des camarades inscrits, et cela permettra de juger de l'importance de la discussion.

# LE RAPPORT MORAL
## DE LA FÉDÉRATION NATIONALE

Le Président. — Le camarade Poisson a la parole sur le rapport moral.

### Discours de POISSON

Poisson. — J'ai d'abord à rappeler qu'avant de nous séparer, c'est-à-dire avant midi, nous avons à nommer la Commission de vérification des mandats, et je demande au président de bien vouloir faire procéder à la nomination de cette Commission avant la fin de la séance. J'indique qu'elle se compose d'ordinaire de trois ou cinq personnes.

J'ai à rappeler, en second lieu, que les Fédérations régionales ont à choisir leurs délégués à la Commission des résolutions. C'est aux Fédérations régionales qu'il appartient, entre les deux séances, de dresser la liste de leurs délégués à la Commission des résolutions. Notre ami Camin se tiendra à la disposition des secrétaires fédéraux pour leur indiquer le nombre de voix et de délégués auquel chaque Fédération régionale a droit, conformément aux Statuts.

Je rappelle également que, conformément aux habitudes de ce Congrès, c'est à cette Commission des résolutions que sont envoyés tous les ordres du jour qui sont déposés au bureau. Il est d'une tradition constante et d'une règle absolue qu'aucune question ne doit être portée à l'ordre du jour directement. Sur tous les ordres du jour déposés, la Commission des résolutions décide; il n'y en a donc aucun qui puisse être « étouffé »; mais les résolutions relatives à des questions non inscrites à l'ordre du jour sont envoyées automatiquement à la Commission des résolutions.

Par conséquent, nous invitons les délégués qui auraient des vues où des suggestions à faire à les déposer au bureau avant cet après-midi.

Ceci dit, j'ai maintenant pour mission de vous présenter le rapport sur l'activité de la Fédération Nationale depuis notre dernier Congrès de Strasbourg.

Je ne lirai point ce rapport, puisque toutes les Sociétés adhérentes l'ont reçu et que tous les délégués l'ont à l'heure actuelle entre les mains.

Ce rapport est forcément un peu moins volumineux et moins important que les rapports ordinaires, puisque nous n'avons à vous rendre compte que d'un exercice assez court. Par les décisions antérieures, il a été entendu que, dorénavant, l'année coopérative, irait du 1er janvier au 31 décembre, et que le Congrès se tiendrait quelques mois après la fin de cet exercice, ceci pour la F. N. C. C. et aussi et surtout pour le Magasin de Gros. Or, il n'y a que sept mois que nous étions réunis à Strasbourg, et reçus dans les conditions si satisfaisantes et avec l'accueil si sympathique que beaucoup d'entre vous ont apprécié. Nous retrouvons ici, d'ailleurs, la même atmosphère et nous espérons que les résolutions qui seront prises à Lyon conduiront la Fédération nationale vers une organisation toujours mieux appropriée aux besoins de notre grand mouvement.

En ces sept mois, que s'est-il passé ? La Fédération nationale des Coopératives a continué ses progrès. Au point de vue du nombre des sociétaires et du chiffre d'affaires, elle représente aujourd'hui la plus grande partie des forces coopératives de consommation de France. Elle contient dans son sein les plus grosses sociétés et toutes les organisations qui jouent un rôle dans notre pays s'y trouvent réunies. Et cela, grâce non seulement à l'action centrale de la Fédération nationale, mais également à la vie grandissante de nos Fédérations régionales.

N'oublions point que nous sommes au lendemain d'une réorganisation administrative de notre Fédération, que nous avons été appelés à amalgamer, à fusionner, à séparer départements et régions, pour constituer, suivant les besoins économiques, une organisation rationnelle de notre Fédération. Ceci s'est fait presque sans à-coups et presque sans heurts. Aujourd'hui, toutes nos fédérations régionales sont debout; aucun conflit n'existe plus pour leur constitution, tout est en réalité réglé.

Mais permettez-moi tout de même de dire que si tout est réglé au point de vue constitutif, il reste encore beaucoup à faire au point de vue organisation et action.

Quelques-unes de nos Fédérations régionales sont extrêmement vivantes. Souvent, nous le devons aux militants, aux Comités fédéraux et plus spécialement au secrétaire qui a pris en main la cause de sa Fédération régionale.

Mais, à côté de ces organisations de Fédérations régionales qui, peu à peu, se mettent en train et agissent, il faut bien dire — nous sommes là pour exposer ces choses ensemble, devant le Congrès national — qu'il y a encore quelques Fédérations régionales qui n'ont pas l'activité que nous désirerions, qui n'ont pas encore su se mettre à l'unisson de la nouvelle organisation.

Ce sera notre effort de demain. Mais ceci explique pourquoi vous avez pu voir dans le rapport qu'il y a encore beaucoup de régions où les sociétés adhérentes ne cotisent pas avec la régularité qui serait absolument nécessaire et qui doit devenir un jour la règle.

Ce n'est certes pas à coups de réclamations, à coups de lettres que nous arriverons à faire que peu à peu les sociétés coopératives remplissent le premier devoir d'une société adhérente qui est celui de verser sa cotisation, et nous comptons beaucoup sur l'effort de nos Fédérations régionales, sur leur activité accrue, sur leur mise en marche pour que peu à peu nous arrivions à une organisation modèle.

Nous ne savons si la Fédération nationale a donné satisfaction aux sociétés au point de vue administratif. Nous avons fait effort pendant ces sept mois pour essayer de mettre peu à peu sur pied nos services et de rendre de plus en plus régulière cette administration.

Je dois, du reste, — ce ne serait pas tout à fait mon rôle, mais c'est presque un *mea culpa* — je dois dire au Congrès qu'il nous paraît, et ce sera à vous de dire si c'est exact ou non, que de plus en plus, il y a progrès dans l'administration de l'organisation de la Fédération nationale. Lorsque nous y étions tout seuls, — notre ami Daudé et moi-même, — préoccupés par la besogne de propagande, préoccupés également par la besogne de contact avec les sociétés, nous ne faisions peut-être pas preuve de qualités administratives de premier ordre. Mais je dois rendre à Camin cet hommage, — et je sais que c'est l'avis de tous les congressistes, — que depuis qu'il a été appelé avec nous à la tâche, notre organisation peut se présenter comme un centre d'administration parfait.

De nos services rajeunis, il en est un dont nous devons dire quelques mots. C'est celui du journal.

Certes, nous devons être asez fiers que notre journal tire maintenant à quelque 60.000 ou 70.000 exemplaires. Permettez-moi de vous dire cependant qu'il y a là une petite illusion. C'est qu'en vérité, la plupart de nos lecteurs sont dus aux sacrifices faits pour la propagande et l'éducation coopérative par quelques grandes Sociétés. C'est ainsi que l'Union des Coopératives de Paris n'hésite pas à sacrifier quelque 150.000 francs par an, pour envoyer à tous ses sociétaires une édition spéciale de l'*Action coopérative;* c'est ainsi, pour ne pas parler que de Paris, que presque des nouveaux venus à la Fédération nationale, nos camarades du département de la Meuse et de la grande coopérative régionale de là-bas n'hésitent pas, également d'accord avec la Fédération nationale et avec l'*Action coopérative,* à avoir un Bulletin qui tire à 4.000 exemplaires par semaine, et j'ajoute qu'ils projettent de l'envoyer à tous leurs sociétaires.

Eh bien, si vous retirez les 30 ou 40 sociétés, surtout les sociétés de développement, qui font effort pour notre organe — et ceci est un bon point pour les sociétés de développement, au point de vue de l'éducation — en revanche, combien de sociétés ne font aucun effort pour répandre notre journal qui est, en vérité, le plus grand instrument d'éducation coopérative que nous ayons à l'heure actuelle entre les mains et qui est l'organe de liaison permanent entre nos sociétés et les coopérateurs!

Pour nos autres services, nous nous efforcerons de les rendre, peu à peu, à la fois plus puissants et mieux à la portée des sociétés.

Comme vous le savez, un des services les plus importants de la F. N. C. C. est certainement le service juridique. Il est incontestable que, dans l'époque où nous vivons, où chaque jour les sociétés sont empêtrées dans le dédale de leurs propres statuts, de leur révision, des difficultés qu'elles peuvent avoir, soit avec le fisc, soit avec les différentes administrations, notre service juridique est obligé de grandir chaque jour et le nombre des consultations, le nombre des renseignements s'accroît de jour en jour et ici encore, il faut rendre hommage à ceux qui, pour cette besogne, nous apportent le concours de leur science et de leur expérience.

Il faudra sans doute que nous fassions un autre effort, il faudra que sous des formes à déterminer, la Fédération nationale, comme du reste on l'a quelquefois demandé dans nos Congrès, puisse arriver à décentraliser un peu ce service juridique et puisse faire contribuer à son action les Fédérations régionales elles-mêmes.

En tout cas, pour le passé dont j'ai simplement à rendre compte aujourd'hui, je puis dire, que des progrès incontestables ont été faits. Nous ne sommes pas parfaits; mais j'espère que le Congrès estimera que nous sommes dans la bonne voie.

Si notre Fédération nationale groupe aujourd'hui les grandes forces de la Coopération française, il faut que nous nous demandions quelle a été l'évolution faite au point de vue des sociétés depuis six mois. J'estime qu'un Congrès est fait pour, qu'en commun, on examine quels sont les points de vue généraux, les directives générales qui se manifestent à l'intérieur du mouvement coopératif. C'est de l'expérience de chacune des sociétés que notre Fédération nationale doit dégager la bonne voie et la bonne direction.

Et bien, depuis six mois, il y a eu une assez grande modification dans la situation des sociétés coopératives. Je la résumerai d'un mot: Nous sommes aujourd'hui dans une ère de difficultés alors qu'hier nous avions, — par suite de la guerre et de ses conséquences, par suite de la crise économique qui nous a amené des forces nouvelles extrêmement nombreuses, — une floraison formidable de coopératives, un nombre toujours plus grand de coopérateurs et nous étions dans une période facile pour le recrutement et la propagande coopérative. Je ne veux pas dire que, pendant que nous mangions matériellement pas mal de pain noir, la coopération a mangé beaucoup de pain blanc; mais cependant, il faut dire qu'aujourd'hui, si la Coopération veut continuer son mouvement ascensionnel, si elle veut que ses progrès se multiplient, il ne faut pas qu'elle se bouche les yeux, qu'elle se mette un bandeau devant les yeux; il faut qu'elle se rende compte des difficultés qui se présentent à l'heure actuelle devant elle.

Ce sont ces difficultés que nous devons examiner dans notre Congrès national.

Aujourd'hui, il y a un fait extrêmement important, presque nouveau, c'est que le commerce privé s'est peu à peu rétabli, alors qu'il avait été entamé largement par l'effet de la guerre et de ses conséquences.

Ah! nous étions souvent dans une situation facile, il y a six mois ou il y a un an, quand nous apportions, au milieu du désarroi général économique, nos formes d'organisation qui s'imposaient à tout le monde, à une époque où les excès des mercantis avaient ligué tout le pays contre eux.

Mais aujourd'hui, les intermédiaires relèvent la tête, le commerce privé se ressaisit et nous sommes maintenant en face d'une concurrence qui, s'inspirant des méthodes d'ordre commercial qui lui sont propres, tente à l'heure actuelle d'arrêter le développement coopératif.

C'est une lutte d'où, j'en suis sûr, nos sociétés sortiront triomphantes; mais cependant, il n'est pas très sûr que, le long du chemin, nous ne perdions pas quelques éléments, et pour réduire ces pertes au minimum, pour être plus vigoureux et plus sûrs, pour que la bataille engagée entre le commerce privé et nous soit la moins longue possible et que nous en sortions plus rapidement victorieux, rendons-nous compte de la force de nos adversaires et de leurs moyens de lutte contre nous.

Oh! quoique le commerce privé prétende reposer sur la théorie de la loyauté commerciale, permettez-moi de vous dire que, quand il s'agit de combattre les sociétés coopératives de consommation, nos concurrents du commerce privé n'hésitent pas à recourir à tous les moyens. Pour nous discréditer, il y a aujourd'hui une campagne formidable, engagée par toutes les chambres de commerce contre les sociétés coopératives et prenant prétexte de fâcheux exemples et d'organisations qui ont pu prendre notre nom, le nom « Coopérative » sans être véritablement des associations coopératives, sachant très bien ce qu'ils font, les représentants du commerce privé assimilent, par exemple, toutes les coopératives ordinaires rochdaliennes aux coopératives militaires; on parle des coopératives militaires, on les met en avant, mais en réalité, c'est pour susciter un mouvement d'opposition contre l'ensemble des consommateurs associés et organisés dans leurs sociétés.

Et puis, on va dire dans tous les journaux : « Oui, la Coopération,

c'était — si je me permets cette expression — c'était un article
exceptionnel, un article de circonstance, presque un article de
guerre; mais maintenant que le commerce a repris ses formes régulières et normales, les avantages de l'association des consommateurs
vont singulièrement diminuer. »

Et dans combien de localités n'avons-nous pas aujourd'hui un véritable dumping exercé contre les Sociétés coopératives par le commerce privé! Lui aussi, il commence à s'entendre, à s'unir, à s'associer; il s'associe non pas comme nous, pour le bien commun des
consommateurs, mais pour la défense des intérêts privés, et son
association n'a pas pour but de servir l'intérêt général, mais de
lutter contre les consommateurs organisés.

Je sais mille exemples de localités, — mille exemples qu'il vous
faut connaître car ceux qui ne les ont pas encore subis les subiront
demain, — de localités, là surtout où sont nos Sociétés de développement, où par exemple les commerçants, pour faire croire que les
coopératives vendent aussi cher que le commerce, et même plus
cher, n'hésitent pas à former un petit consortium qui décide que
chacun des participants vendra un article moins cher que la Coopérative; ils n'en vendent chacun qu'un seul chacun moins cher, mais
ils vont dire à tous : « Vous voyez bien que la Coopérative vend
toujours plus cher que le commerce privé! »

Cette forme de lutte tend aujourd'hui à grandir et à se développer, et la lutte contre la Coopération, par l'association des commerçants privés, se fait tellement dangereuse que nous voyons ce
fait, aujourd'hui indéniable, avec nos moyens de statistique un peu
meilleurs, que là où il existe des Sociétés coopératives les commerçants privés et particulièrement leur forme la plus développée, les
Sociétés à succursales multiples, n'hésitent pas à pratiquer des prix
différents, suivant les régions et suivant les localités. Où la Coopérative existe, bas prix; où elle n'existe pas, prix excessivement
élevés. On fait la moyenne et le commerce fait ses affaires!

C'est là un enseignement qui nous amène à conclure que, dans la
mesure de nos moyens financiers et dans la mesure de nos ressources de propagande, il faut au plus tôt étendre la Coopération
partout où il sera possible, et, permettez-moi de vous le dire, particulièrement à la campagne.

Oui, les villes, les grands centres sont aujourd'hui pourvus de
Sociétés coopératives, et alors le commerce privé tend à se rattraper
sur la campagne, pour pouvoir vendre moins cher dans les centres
industriels. Si nous voulons, par conséquent, le développement de
l'idée coopérative, la leçon qui ressort de ce dumping commercial
c'est, pour nous, non seulement la nécessité de divulguer les méthodes de concurrence et la malhonnêteté commerciale, — alors que
les commerçants eux-mêmes prétendent invoquer les principes de
loyauté, — mais c'est aussi la nécessité d'élargir et d'étendre notre
action et de comprendre que si nous voulons que la Coopération
progresse, il nous faut tenir compte que ce n'est que dans la mesure où elle s'étendra à la fois aux travailleurs des villes et des
champs, à la fois aux consommateurs de la cité et aux consommateurs de la campagne.

Il y a une deuxième méthode de lutte aujourd'hui faite par les
intermédiaires privés contre la Coopération, peut-être pas par tous,
mais par une partie d'entre eux, et les autres la voient, malgré tout,
avec une sympathie bienveillante. Cette méthode, elle est dans la

« falsification » du mouvement coopératif. Ce ne sont plus seulement des économats déguisés qui, aujourd'hui, essayent de faire croire qu'ils sont coopératifs; ce ne sont plus seulement des associations coopératives d'usines ou d'industries. A travers toute la France nous assistons à l'éclosion d'un grand nombre de Sociétés anonymes, qui prétendent avoir des buts philanthropiques, qui n'hésitent pas à s'intituler « Association contre la vie chère » et qui glissent quelquefois le mot « coopérative », alors que ce sont des associations purement privées capitalistes qui essayent d'égarer le consommateur, de tromper notre clientèle et d'arracher les consommateurs à leur véritable organisation.

Il faut à tout prix qu'un effort extrêmement important de notre part soit fait en ce sens. C'est du reste ce que la Fédération Nationale a essayé. Nous avons demandé, par les délégués de la Fédération au Conseil supérieur de la Coopération, — qui a montré par là même l'utilité qu'il pouvait avoir pour la défense de nos intérêts, — que l'on établit un projet de loi réservant aux Sociétés vraiment coopératives, à celles qui sont constituées conformément à nos principes, à nos statuts, le monopole du mot « coopérative ». Nous avons abouti, pour le moment, à l'élaboration du projet de loi, et ce projet de loi est aujourd'hui déposé au Parlement par le Gouvernement.

Il n'y a pas, du reste, que les falsifications que nous devons craindre. Il y a également un certain nombre de calomnies auxquelles il faut répondre du haut de la tribune de notre Congrès national. Une de ces calomnies porte beaucoup; elle porte auprès des ignorants, elle porte auprès des indifférents, elle porte auprès de la masse. Elle consiste à dire : « Les Sociétés coopératives, ah! ah! mais, quand elles réussissent, c'est simplement dû aux subventions qu'elles reçoivent! N'ont-elles pas été gavées, pendant la guerre, et de marchandises et d'argent? Et le jour où on supprimera cette manne, non pas céleste mais gouvernementale, les Sociétés coopératives s'effondreront les unes après les autres. »

Il faut rétablir la vérité des faits. De subventions, il n'y en a pour ainsi dire jamais eu. Il y a eu, je crois, quelque 200.000 ou 300.000 francs, au Ministère du Ravitaillement, et qui ont été donnés, pour la plus large part, non pas à des Sociétés coopératives régulières, mais à quelques-unes de ces vagues associations de consommateurs qui, comme les roses de mai, sont apparues un beau jour pour disparaître le lendemain. Mais en dehors de cela, pour l'ensemble de la Coopération française, que s'est-il exactement passé? Ah! nous avons obtenu de modestes crédits, mais pas du tout sous la forme de subventions : nous avons obtenu la loi de 1917, qui a donné un fonds de dotation de 2 millions pour toutes les Sociétés coopératives, auxquels il faut ajouter les 200 ou 300 ou 500.000 fr. qui s'y ajoutent chaque année. C'est tout ce qui a été donné et — je le répète — non pas sous la forme de subventions, qui n'existent que dans l'imagination de nos adversaires.

Certes, nous sommes heureux d'avoir obtenu ces crédits; mais, tout de même, qu'on n'oublie pas qu'au moment même où l'on donnait un fonds de dotation aux Sociétés coopératives on donnait 20 millions pour le petit commerce.

Et alors, de quoi se plaint-on? quels sont les bénéficiaires et les avantagés?

Nous ne demandons pas de subventions, — c'est un système qui, à notre avis, est absolument déplorable, — les Coopératives prétendent, et nous prétendons, vous le savez, que nos organisations doivent vivre par elles-mêmes, et si nous recevions des subsides pour boucher des déficits d'exploitation, pour combler des bilans mauvais, je dirais qu'en effet ce serait déplorable et lamentable; économiquement, les organismes seuls qui savent équilibrer leur budget méritent de vivre et les Coopératives ne demandent pas l'aumône pour vivre. Mais nous nous disons que si le commerce privé, si la grande industrie reçoivent fort souvent des aides pour monter des entreprises, pour développer leurs institutions, les Sociétés coopératives, qui ont beaucoup plus de mal que d'autres à trouver leurs propres capitaux, ne doivent pas hésiter à réclamer et à demander que des fonds, et des fonds plus importants même que ceux qu'on a prêtés jusqu'à présent, soient mis à leur disposition.

Voilà donc que j'ai répondu, et j'espère que nos amis le répandront à travers toute la France, à cette calomnie qui consiste à présenter les Coopératives comme ne vivant que de subventions ou de prêts de l'Etat.

Du reste, cette campagne, il faut bien le dire, a eu quelque fruit; et si notre ami Gide disait tout à l'heure que les pouvoirs publics s'étaient montrés favorables depuis quelques années au développement des organisations coopératives, il faut bien dire que, depuis quelques mois, un revirement assez important s'est produit à l'égard des Sociétés coopératives de consommation. Il s'est produit dans la presse, qui tout naturellement a souvent besoin des annonces commerciales de nos adversaires et qui ne tient pas à parler très souvent de la Coopération; il s'est produit dans le public, où les petits commerçants, les grands commerçants, tous les intermédiaires, ont commencé à montrer les dents, et on s'est efforcé de créer contre nous un état d'esprit hostile.

Aujourd'hui, on a moins besoin de nous, du point de vue des institutions publiques, qu'il y a quelques mois ou quelques années, et on oublie assez rapidement à la fois les services que nous avons rendus au pays et aux consommateurs; on oublie également que, lorsque nous étions dans une situation économique encore plus difficile qu'à l'heure actuelle, c'était dans l'arsenal des idées coopératistes et de notre mouvement qu'on venait chercher les conseils et souvent les solutions.

Maintenant, devant la puissance grandissante et reconstituée de nos adversaires, en face aussi de notre puissance qui s'est accrue, la lutte s'engage. Les pouvoirs publics y sont, comme disait le poète, comme un écho sonore, et les hommes politiques, à quelque parti qu'ils appartiennent, regardent encore, comme disait un autre, vers leur circonscription maintenant élargie.

Et alors, on a craint un peu partout de mécontenter les électeurs petits commerçants, et cette crainte vient de se manifester étrangement dans la question de l'impôt sur le chiffre d'affaires, où nous avons vu qu'à la Chambre on est venu affirmer, sans plus, que les Coopératives jouissaient de privilèges sans nom, d'avantages scandaleux!

Où sont-ils donc, vous qui êtes les coopérateurs de France, ces avantages immenses qu'on vous aurait consentis?

En matière de chiffre d'affaires, nous ne demandons pas de privilège; nous demandons, au contraire, la justice. Oui, nous pouvons, en tant que consommateurs, lutter contre telle ou telle forme d'impôt qui frappe la consommation, et l'impôt sur le chiffre d'affaires est un impôt qui frappe la consommation. L'impôt voté, nous comprenons très bien qu'on l'applique. Mais ce que nous demandons, c'est qu'on ne nous fasse pas une situation privilégiée à rebours.

Or, qu'est-ce que nous réclamons? Nous réclamons simplement qu'on ne nous fasse pas payer l'impôt pour la part de répartition à nos sociétaires, et nous disons : « Est-ce qu'on frappe le petit détaillant pour sa consommation familiale ? point du tout. Et alors pourquoi nous frapper, nous, consommateurs associés, qui sommes en réalité des commerçants réunis? »

On n'a même pas l'argument de dire qu'ainsi seront procurées à l'Etat des sommes formidables; il y a malheureusement encore en France plus de commerçants patentés qu'il n'y a de consommateurs organisés.

Du reste, si vous prenez le chiffre d'affaires total des Sociétés coopératives, qui se monte à environ un milliard, vous n'avez qu'à calculer à 1.10 % ce que soi-disant perdrait l'impôt. Et même en frappant des Coopératives sur leur chiffre d'affaires, il est bien probable que l'on n'obtiendra pas de l'impôt ce que l'on en attendait et les coffres du Trésor risquent fort de rester à peu près dans le même état.

Cependant, on va dire dans la presse, partout, que si l'impôt ne donne pas ce qu'on en attendait, ce sont les consommateurs associés, ce sont les coopérateurs qui en sont responsables!

La vérité est toute différente. C'est qu'en réalité la plupart des détaillants — ceux-là même qui sont frappés pour leurs ventes aux autres, mais qui ne sont jamais frappés pour leurs ventes à eux-mêmes, — échappent, sinon en totalité, au moins pour une très large part, à l'impôt, à cause d'une comptabilité qui n'existe point ou qui ne dit que ce que l'on veut lui faire dire!

Nous, au contraire, nous sommes dans l'impossibilité d'échapper à l'impôt; la plupart de nos Sociétés sont ouvertes à tout le monde, le contrôleur des contributions en recueille le premier les avantages et y est souvent adhérent; nous avons des bilans, nous sommes obligés de tenir une comptabilité publique, nous sommes donc inévitablement frappés. C'est une plaisanterie de dire qu'il est impossible d'exonérer les Sociétés coopératives pour la répartition à leurs sociétaires, parce qu'on ne pourra pas faire la distinction entre la vente aux sociétaires et la vente au public! Il n'y a qu'à lire nos bilans. Ce serait alors une gestion coopérative irrégulière que celle où l'on ne ferait point et la part de la vente aux sociétaires et la part de la vente au public.

Voilà donc pourquoi nous continuons à lutter aujourd'hui contre les prétentions du commerce privé; voilà pourquoi je demanderai à la Commission des résolutions, par un ordre du jour, de protester, au nom du Congrès, contre ce qui, en réalité, est une injustice contre le mouvement coopératif. Nous y montrerons également la nécessité de ne pas frapper les organismes de gros : nos Fédérations d'achat, quand elles existent encore, ou notre Magasin de Gros, de l'impôt sur le chiffre d'affaires, car là c'est encore une injustice plus criante, mais de les considérer comme simples intermédiaires.

Qui est-ce qui serait avantagé dans cette affaire? Les grandes Sociétés privées capitalistes, les grands économats, les familistères et les primistères qui, eux, ne se contentent pas de faire le détail, mais font en même temps le gros et quelquefois produisent. Ces organisations-là ne payeront en réalité qu'une fois l'impôt, tandis que nous serons obligés de le payer deux ou trois fois. Et il est bien amusant de se dire que les petits commerçants, à ce point de vue-là,

ne sont pas dans une situation meilleure que nous, car ils payeront
et pour le détail et pour leurs intermédiaires, et on peut s'étonner
qu'ils ne s'élèvent pas en masse contre un régime qui joue uniquement en faveur des grandes Sociétés capitalistes.

Je voulais dire ces choses au Congrès à propos des pouvoirs publics.

Je voudrais y ajouter qu'à l'heure actuelle tout gouvernement qui
se respecte essaye de faire croire, aux yeux de l'opinion publique,
qu'il fait quelque chose pour les consommateurs. Et, malheureusement, les consommateurs s'y laissent souvent prendre. Aujourd'hui,
par exemple, nous voyons un Sous-Secrétaire d'Etat — il a peut-être
les meilleures intentions du monde, il est peut-être plein de bonne
volonté — qui croit que toute son action contre la vie chère doit
tendre à demander aux bouchers détaillants de Paris de diminuer
leurs prétentions!

Ah! permettez-moi de rire un peu de l'illusion que contient ce
projet! Il a établi un barême un beau jour, et il a été tout à fait
heureux d'annoncer qu'il avait fait capituler les bouchers de Paris.
Je pense bien! Le barême établi était celui des prix qui se payent
dans les quartiers du centre; mais ce barême était plus élevé que le
tarif des bouchers de détail des quartiers populaires, de sorte que
cela constituait une hausse pour l'ensemble de la population!

Certes, il serait désirable que l'on puisse, dans des cas comme
ceux-là, faire entendre la voix des consommateurs, et c'est même
pour cela que la Fédération Nationale avait accepté, sans du reste
s'illusionner sur les résultats, de faire partie des Conseils de consommateurs qui avaient été institués à un moment donné. Nous
savions très bien par avance que les résultats seraient plus que
maigres en raison de la constitution de ces Conseils, qui compre-
naient-le plus souvent les représentants de n'importe qui, au lieu
de représentants des consommateurs, et qui avaient un programme
forcément limité. Nous savions que les résultats seraient maigres,
et cependant nous ne devons pas regretter d'y être allés, comme
nous ne devons pas refuser d'y retourner demain, parce que nous
y allons, non pas pour approuver ce qu'on y dit, mais pour montrer,
ou l'inanité des mesures qu'on propose, ou l'insuffisance de ces mesures, et il est clair que si l'on avait continué, même avec ces faibles
moyens, les Conseils de consommateurs auraient pu, par exemple,
en matière de boucherie, dire que la campagne organisée aujourd'hui
n'est véritablement que du bluff.

Voilà donc que l'on revient à une politique économique où l'on
pense que la liberté du commerce répond à tout. La liberté du commerce, je l'ai dit vingt fois aux tribunes de ce Congrès ou des Congrès précédents, elle est, dans la société actuelle, la plupart du
temps, non pas une liberté, mais une caricature de liberté, et consiste en vérité dans l'exploitation du consommateur au profit de
ceux qui, aujourd'hui, entreprennent les affaires pour la course
au profit.

Je suis ainsi amené à indiquer une troisième raison des difficultés que la Coopération française traverse, et je veux dire deux
mots de la crise économique.

Pendant plusieurs années, nous avons assisté à la hausse crois-
sante, formidable, par bonds gigantesques, et puis cela a été la
baisse rapide et énorme!

Je tiens à rappeler au Congrès, contrairement à ce que certains
peuvent avoir dit ou écrit, que nous n'avons pas été les derniers

à prévoir cette crise économique; que, dans notre petite *Action Coopérative*, c'est à une époque où tant d'autres parlaient encore de hausse, que notre ami Lévy et que moi-même nous avons commencé à mettre en garde les Sociétés contre la baisse qui allait venir. Je me rappelle un article que nous avions intitulé : « Arrêtez les Stocks », et je vois encore quelques-uns d'entre vous venir dans mon bureau et me dire : « Quelle erreur! mais cela va monter encore! vous voulez nous empêcher de faire de bonnes affaires! » Loin de ne pas avoir prévu la crise économique, nous l'avons vue, annoncée avant tout le monde, et nous vous avons prévenus de réduire les stocks, et si tout le monde nous avait écoutés, je crois qu'on s'en trouverait très bien aujourd'hui.

Eh bien! aujourd'hui, la baisse est venue. Ah! le consommateur a cru d'abord que c'était une affaire merveilleuse que la baisse! Eh bien! ce qu'il faut que nous disions, nous coopérateurs, c'est que les consommateurs, comme les Coopératives, n'ont, en réalité, là que des avantages apparents et qu'en réalité ils payent les frais des crises économiques, aussi bien à la hausse qu'à la baisse.

Quand il y a la hausse, que se passe-t-il? Les Sociétés coopératives freinent les prix; elles n'augmentent pas avec la rapidité de leurs concurrents qui suivent les cours; elles ont acheté des marchandises avant la hausse, par la pression même des camarades qui leur disent : « Ne vendez pas trop cher, arrêtez la hausse, freinez les prix », administrateurs et dirigeants, qui tendent à vendre au prix juste, se laissent influencer, et alors, tandis que les prix montent, montent dans le commerce privé, ils montent beaucoup moins rapidement dans les Coopératives. Si bien que les Coopératives, en tant qu'organisations ne profitent pas de la hausse; elles ne peuvent pas gagner pendant la période de hausse ces centaines de milliers de francs que le commerçant privé met de côté pour les périodes de baisse, en attendant les jours malheureux qui viendront. Quand la baisse vient, les Coopératives, ainsi, n'ont pas fait les réserves suffisantes et, pourtant, sous la pression du consommateur, qui dit : « Il faut baisser les prix, et il faut être les premiers à les baisser », alors qu'on a haussé après le commerce privé, il faut baisser avant lui. Et alors, comme toute organisation commerciale oblige même les plus expérimentés à avoir un minimum de stock, — il n'y a pas de boutique, surtout avec les prix actuels des choses, qui ne contienne 20 ou 30.000 francs de marchandises, — s'il y a baisse le consommateur se réserve, il ne vient plus acheter, il ralentit sa consommation, les stocks restent, on baisse, on baisse et on perd malgré tout.

La crise économique est donc toujours préjudiciable au mouvement coopératif. La vérité, c'est que la Coopération tend à l'équilibre économique; elle tend à la stabilité en matière économique, et elle a, au contraire, des désavantages à ce qui trouble, à ce qui désorganise le monde économique.

Et qu'on ne vienne pas nous dire que l'intérêt des consommateurs est différent de l'intérêt des Coopératives; pas plus que leurs Sociétés, les consommateurs ne gagnent aux crises économiques. En période de hausse, je n'ai pas besoin de le légitimer, les prix montent et comme les revenus des consommateurs, qui sont la plupart du temps des travailleurs, ne montent pas avec la même rapidité que les prix, c'est une aggravation pour chacun de sa situation sociale.

Vous me direz : « Oui, mais il se rattrape à la baisse; quand les

prix vont baisser, ses revenus ne vont pas baisser aussi rapidement. »
C'est là l'erreur qu'ont commise, au début de cette affaire, toutes
nos pauvres ménagères qui applaudissaient, dans les villes ou dans
les campagnes, à la baisse des produits et qui croyaient que véritablement enfin les mercantis allaient rendre gorge. Eh bien! ils n'ont
pas du tout rendu gorge, les mercantis. Quand la baisse rapide
arrive, quand ce n'est pas comme la hausse un phénomène à long
terme, mais un phénomène brusque, c'est en réalité, fatalement,
forcément, une désagrégation du monde économique, c'est un malaise général qui arrête les affaires, qui fait que les stocks s'accu-
mulent. Sans doute, on peut faire une bonne affaire, par ci par là,
mais, dans l'ensemble, peu à peu le malaise s'étend puis, les stocks
constitués, la production s'arrête et alors ce sont les chômeurs dans
les grandes villes et les paysans qui gardent leurs produits sans
pouvoir les écouler.

De telle sorte que, dans les deux cas, le consommateur est victime, et c'est ce qui fait que la Coopération est, au point de vue
économique, l'élément, juste par excellence, d'ordre et d'organisation économique.

C'est ce qui fait aussi que nous avons quelque droit de dire que
c'est l'intérêt des Coopératives et de leurs consommateurs qui représentent seuls l'intérêt général.

Il ne faut se féliciter, pour personne, et surtout pour le monde
nouveau que nous voulons forger, d'une désagrégation économique
qui a trois résultats immédiats. Le premier, c'est forcément une
perte de richesses. Dans les périodes comme celle que nous venons
de traverser, combien de produits, faute d'écoulement, se sont ava-
riés et ne seront pas utilisables pour l'ensemble de la collectivité :
ce sont des richesses perdues, par conséquent c'est un mal pour
l'ensemble de la société, il y a perte de richesse.

Et puis aussi, cette désagrégation entraîne l'instabilité sociale, et
l'instabilité sociale, c'est peut-être plus grave que la misère proprement dite. La crainte du chômage, la menace pour le lendemain
de perdre son gagne-pain, qui aboutit forcément chez les travailleurs, chez les consommateurs, à avoir moins de possibilité de faire
valoir ses droits; c'est dans les périodes de déséquilibre économique qu'en réalité on voit peu à peu le travailleur oublier le chemin
de son organisation de revendications, et c'est pendant les périodes
de crise qu'on voit le consommateur peu à peu se livrer au petit
commerçant et au crédit à court terme, au crédit à court terme et
de consommation, qui, celui-là, permettez-moi de vous le dire en
passant, est en effet une calamité.

La liberté alors du travailleur et du consommateur s'enchaîne;
il n'est plus capable de faire le geste ni d'avoir la force de revendication pour ses droits ou de producteur ou de consommateur.
Voilà donc la deuxième critique, la deuxième conclusion de la crise
actuelle et des crises économiques en général.

Il y en a enfin une troisième. C'est qu'en vérité, dans les périodes
de crise, et cela s'applique pour une part à la hausse et pour une
autre part, peut-être plus large, à la baisse, c'est que dans les
périodes de crise économique il y a un recul de la civilisation, une
régression économique générale.

Quand les affaires grandissent par la hausse, on voit des industries et des entreprises pousser comme des champignons; là où il
faudrait normalement, rationnellement, quatre épiciers, il y en a
huit qui ouvrent boutique, parce qu'il y a une période de hausse;

là où il faudrait deux ou trois usines de tel ou tel produit, il s'en
monte dix, on produit sans savoir si, à un moment donné, on ne
produira pas plus qu'il n'y a de besoins; on produit pour la course
au profit et puis, quand la hausse est enfin arrivée à son terme, on
oublie les industries les plus indispensables, on les néglige et on
porte son effort vers un accroissement monstrueux de telle ou telle
partie, en négligeant telle ou telle branche économique.

Et puis, dans la baisse, les industries qui ont poussé trop vite
s'effondrent; mais, en s'effondrant, c'est de la richesse, — aujour-
d'hui privée, c'est entendu, qui demain serait peut-être publique —
mais de la richesse tout de même pour l'ensemble du pays qui disparaît, et cela aboutit encore à une régression économique.

Eh bien! n'oublions pas que la consommation s'organisant entend
ne pas établir la justice sociale dans une misère plus grande pour
chacun, mais qu'elle veut l'établir dans le progrès économique, dans
la civilisation accrue.

Voilà les difficultés auxquelles les Sociétés coopératives doivent
faire face et pour lesquelles il n'y a, en réalité, de solution aujour-
d'hui qu'en ayant plus de foi dans la société coopérative, en étant
plus sûrs que la société coopérative représente à la fois l'équilibre
économique et la stabilité.

Ah! je sais que ceci nous amène à dire : « Mais, que faut-il faire
aujourd'hui? que doivent faire les Sociétés devant ces difficultés
nouvelles, devant le commerce reconstitué, devant des pouvoirs publics moins sympathiques, devant une crise économique effrayante
pour le coopérateur et le consommateur? » Ce qu'il faut faire?
c'est plusieurs choses. C'est d'abord coordonner davantage vos efforts. Il n'a jamais été aussi indispensable qu'aujourd'hui, pour les
Sociétés coopératives, d'administrer et d'administrer avec les moyens
techniques les plus perfectionnés. Il y a quelques mois, c'était bien
facile. Quand on achetait des marchandises, on était obligé de les
vendre moins cher que les concurrents; mais elles montaient d'elles-
mêmes et si on les avait mal achetées, elles se vendaient tout de
même : il y avait pénurie. Aujourd'hui, il faut mille capacités plus
grandes pour organiser nos Coopératives. Il faut maintenant examiner de très près les frais d'administration. Il faut que vous pre-
niez deux solutions immédiates. Si vous voulez vivre, si vous voulez
triompher de la crise : il vous faut une organisation technique
admirable. Tout le mouvement que nous avons développé dans cet
ordre d'idées à la Fédération Nationale n'a jamais été aussi indispensable qu'aujourd'hui, et cela est tellement vrai que ce sont les
Sociétés où il y a des techniciens coopératifs, des hommes responsables, des techniciens responsables, des directeurs bien payés mais
responsables, ce sont ces Sociétés qui, malgré la crise, malgré les
pertes que tous peuvent avoir sur les stocks, ce sont celles-là qui
résistent le mieux; tandis qu'on voit quantité de petites Sociétés
qui prétendaient vivre par elles-mêmes et toutes seules, s'effondrer
chaque matin. Combien n'ai-je pas prédit depuis quatre mois que
telle ou telle petite Coopérative allait sombrer! Je l'ai dit! Adieu
les associations de consommateurs, adieu les groupements de ravitaillement qui prétendaient vendre moins cher que nous, mais qui
n'avaient pas fait les réserves nécessaires, qui étaient des œuvres
particulières, mais qui n'avaient aucune puissance. Adieu, hélas!
aussi beaucoup de petites Sociétés qui n'ont pas voulu se moder-
niser, qui n'ont pas compris que si nous préconisons la coordination
des efforts vers les Sociétés de développement ou de fusion, ce

n'est pas pour le plaisir d'une idée, mais en raison des nécessités matérielles, des nécessités économiques de chaque jour qui légitiment en réalité un grand mouvement vers la fusion.

Ce n'est même pas suffisant que d'avoir une bonne administration; il faut avoir aussi une bonne comptabilité. Hélas! nous avons encore trop de Sociétés qui négligent ce point de vue, qui ne suivent pas au jour le jour leur affaire, semaine par semaine, mois par mois, faute d'avoir une comptabilité appropriée. C'est l'œuvre que nous allons entreprendre demain, avec « l'Union de revision et de contrôle » qu'on va créer ici samedi. C'est là un moyen de salut que nous proposons pour beaucoup de nos organisations coopératives.

Ce n'est pas de la paperasserie ou de la bureaucratie qu'il s'agit, et d'ailleurs il faut en finir avec cette espèce d'esprit qui consiste à dire que toute paperassere ou toute bureaucratie est mauvaise. Oui, il y a une bureaucratie mauvaise, qui est celle des entreprises où l'on n'essaye pas d'administrer les choses, mais de gouverner les esprits. Mais il faut bien dire que, par exemple, la comptabilité sérieuse, solide, les rapports au Conseil d'administration, écrits, dactylographiés, comprenant des chiffres et des statistiques, mettant les choses au point, c'est la seule façon d'organiser le contrôle démocratique de nos Sociétés et c'est la seule façon de ne pas avoir de mauvais résultats en fin d'exercice, alors qu'on a escompté toute l'année de beaux résultats.

Voilà pourquoi nous proposons un effort toujours plus vigoureux vers la coordination des efforts.

Ensuite, n'oublions pas que ce n'est pas seulement la Coopération au premier degré, mais que c'est la Coopération au deuxième degré qui, dans les périodes de crise, peut nous être la plus utile.

Oui, oui, nous nous tournons à ces moments-là, comme vous vous tournez tous les jours, vers le Magasin de Gros. Mais alors, là, il faut un double effort important : effort vers l'épargne, effort vers les capitaux et leur placement; effort vers la production.

Dans les périodes de crise, si vous ne joignez pas aux bénéfices commerciaux les bénéfices de la production organisée, fatalement vous êtes à la merci de tous les producteurs et de tous les mercantis. Est-ce que je vous apprendrai une chose nouvelle en disant que s'il y a un service du Magasin de Gros qui ne reçoive point de critiques, c'est celui où nous produisons nous-mêmes. Qui est-ce qui critiquerait les chaussures du Magasin de Gros? Pour cet article, produit directement, on sent que la Coopération réalise des avantages immédiats pour le consommateur et le coopérateur. Et il nous faut pousser cet effort, car il reste réduit si on le compare à celui des organisations étrangères.

Et enfin, je pense que si nous devons faire appel à l'opinion, nous devons aussi nous adresser à nous-mêmes pour proclamer à nouveau la nécessité de notre unité. Permettez-moi de vous le dire et de faire appel à vous, moi qui ai en somme la mission de réunir tous les poussins de la famille : dans une période comme celle que nous traversons, il est indispensable que vous gardiez plus féconde, plus prospère et plus forte, votre unité.

Ah! en dehors de nous, il peut y avoir des divisions; je n'ai pas à les juger ici, mais je puis bien dire qu'elles sont moins dangereuses pour la vie de certaines organisations que dans les Sociétés coopératives. Dans les Sociétés coopératives, la division, ce n'est pas l'émiettement des efforts, ce n'est pas la séparation en plusieurs groupes; dans les Coopératives, la division c'est la mort de la Coopérative elle-même!

Les divisions ne sont pas dangereuses seulement pour ceux qu'elles divisent, mais aussi pour l'ensemble, par l'effet qu'elles produisent sur ceux que nous venons d'amener à nous, qui ne sont pas encore totalement acquis à nos idées, qui n'y ont été appelés d'abord que par les avantages matériels, pour lesquels il faudra un temps assez long pour les amener à nos idées coopératives. Quand on sait qu'à la Coopérative il y a division, il y a la masse des gens qui ne disent rien, qui ne prennent pas parti, qui ne font pas connaître leur opinion, mais qui désertent la boutique coopérative.

Il faut conserver notre unité. Notre unité, elle est largement ouverte à tous ceux qui, à la porte de notre Société coopérative ou à la porte de notre Fédération Nationale, n'apportent que le loyal souci de développer ces institutions. Chacun ici peut apporter son opinion; mais il ne faut pas qu'il y ait des préoccupations extérieures qui viennent ici s'imposer à nous-mêmes. C'est en pleine liberté que nous voulons délibérer et c'est en pleine liberté que nous disons à tous : « La Coopération se place en dehors de toute question de parti ou de toute question religieuse. Il n'y aura pas ici de parents pauvres, ni d'un côté ni de l'autre : tous les coopérateurs seront reçus avec les mêmes droits, à condition de respecter les règles et l'esprit de liberté et d'organisation.

Voilà dans quelles conditions il est indispensable que nous continuions l'effort d'unité.

Enfin, et je m'excuse d'avoir été si long, enfin, si vous voulez passer la période de crise, il faut aujourd'hui un immense effort d'éducation. Oui, il faut que les problèmes de développement du mouvement coopératif se placent au premier rang des préoccupations des administrateurs.

Ne croyez pas qu'ainsi la Coopération oublie qu'elle est à base matérielle; c'est sa nature propre, économique, qui en fait du reste un élément de transformation sociale. Mais les concurrents ont une publicité; ils ont la publicité de leurs affiches, ils ont la publicité de leurs tracts, ils ont de l'argent qu'ils dépensent à foison pour attirer les clients, je dirai quelquefois les gogos. Et vous, coopérateurs, quelle est votre publicité? Votre publicité ne doit pas simplement être extérieure, elle ne doit pas seulement consister à utiliser les tracts ou les affiches que la Fédération Nationale est en train de publier, — et que je vous recommande, entre parenthèses et en passant, — mais elle doit consister à utiliser un budget dans des conditions particulières. La publicité de la Coopérative, en effet, c'est l'enseignement coopératif qui sera donné à ses membres; c'est, peu à peu, l'éducation du consommateur qui s'y fera et qui s'y intensifiera.

Saluons avec joie l'arrivée de M. Gide au Collège de France, mais disons-nous bien que cela ne doit être pour nous aujourd'hui qu'un moyen d'agir davantage, que ses cours, que nous publierons et que nous mettrons à la disposition de tous les coopérateurs, devront être multipliés par l'éducation coopérative primaire et secondaire, par l'éducation des consommateurs, auxquels nous devons faire connaître ses véritables intérêts.

Camarades coopérateurs, l'avenir pour nous, même avec les difficultés présentes, s'ouvre, permettez-moi de le dire, assez large. Nous devons avoir aujourd'hui deux grandes forces qui peuvent nous appuyer, nous, coopérateurs français, dans notre politique coopérative exclusive, qui peuvent nous apporter leur aide dans la défense de nos idées, de notre organisation et de la recherche de notre idéal. Ces deux forces, que nous sentons avec nous, l'une, Charles Gide l'a saluée tout à l'heure, c'est la sympathie affirmée, l'adhésion théorique de ce que la France compte d'élite intellectuelle qui nous a été donnée par le manifeste coopératif. C'est là une réjouissance pour nos Sociétés coopératives, composées de travailleurs, comme le dit le manifeste, qui nous apporte le réconfort en affirmant que notre action est féconde, en déduisant scientifiquement la nécessité de son rôle, de son rôle immédiat et de son rôle futur! Voilà donc une force morale qui nous vient, et nous ne négligeons pas les forces morales; voilà une force morale qui vient à notre aide, voilà un appui sur lequel nous pouvons compter.

Il y en a une autre, une autre force morale également: J'étais, il y a quelques jours, au Comité exécutif de l'Alliance coopérative internationale, dont l'éminent secrétaire est notre camarade, je puis dire notre ami May, et là j'avais la joie de voir que les buts de notre Fédération nationale, que l'idée que la Coopération est à la fois non pas seulement une œuvre matérielle, mais une œuvre sociale, qu'elle poursuit dans la réalité de chaque jour la transformation du monde en un monde meilleur, j'avais le plaisir de voir les buts de la Fédération nationale proposés pour devenir, demain, à Bâle, les buts de l'Alliance elle-même. Nous remercions nos amis d'avoir compris en votant notre proposition que la Coopération, poursuivant l'œuvre des Pionniers de Rochdale, par ses méthodes et par ses institutions, entend substituer au régime constitutif des entreprises privées le régime coopératif, fait en faveur de la communauté et reposant sur l'autogestion. Cela, c'est la consécration que nos amis du monde entier sont, avec les coopérateurs français, non pas seulement à ce Congrès, mais en pensée et en idée et c'est fortifié par ces deux forces morales, la force des intellectuels de notre pays et la sympathie intellectuelle des coopérateurs du monde entier, que nous vaincrons les difficultés, que nous continuerons nos progrès et que nous travaillerons à la réalisation de notre idéal.

POISSON. — On propose que nos camarades: Fauconnet, secrétaire de la Fédération parisienne; Svob, secrétaire de la Fédération de Nantes; Brot, secrétaire de la Fédération de Nancy, soient membres de la Commission de vérification des mandats.

Est-ce que vous approuvez ces propositions?... (*Adopté*).

Vous êtes priés d'apporter à 2 heures moins le quart, les noms des camarades proposés pour la Commission de résolution.

LE PRÉSIDENT. — Il y a six orateurs inscrits sur la question du rapport moral.

La discussion est renvoyée à cet après-midi.

## DEUXIÈME SÉANCE DU JEUDI 5 MAI

La séance est ouverte à 14 h. 30.

Poisson. — Camarades, le Conseil central m'a prié de proposer à la présidence du Congrès le camarade Cleuet, administrateur délégué du Magasin de Gros, et comme assesseurs les camarades Ponard, de Saint-Claude, et Foucaud, du Nord.

Il n'y a pas d'opposition?

Je prie ces camarades de prendre place au bureau.

### Discours de PECKSTADT et de HENRIET

Cleuet. — La parole est au camarade Peckstadt, de la Fédération parisienne, sur le rapport de la Fédération nationale.

Peckstadt. — Mon intervention est plutôt un compliment au rapport moral de la Fédération nationale, qu'autre chose. Vous avez pu lire, dans *l'Action Coopérative*, un article de moi, où je demandais que cette année le mouvement coopératif organise dans tous les pays une Journée d'adhésions, — ce qui ne veut pas dire que les Sociétés coopératives ne doivent pas continuer à faire des adhésions quotidiennes et de la propagande quotidienne.

Cette journée d'adhésions aurait un caractère un peu spécial et pourrait donner à notre mouvement un certain enthousiasme; décidée par le Congrès de Lyon, à la même date, dans toutes les Sociétés coopératives, serait organisée cette journée d'adhésion.

Elle devrait revêtir un caractère de fête familiale; on organiserait un petit concert avec des pupilles où les éléments dont disposent les Sociétés, et un orateur traiterait la question coopérative. Ce serait fort intéressant parce que, dans les villes, on rencontrerait le sentiment ouvrier parlant de la coopération, dans les campagnes on rencontrerait le sentiment des camarades paysans, des ouvriers agriculteurs et il y en a déjà aujourd'hui dans un certain nombre de régions; ces discours prononcés partout ce même jour, ce serait en quelque sorte la mobilisation du mouvement coopératif, faite à la même date, et donnerait à la Fédération nationale la possibilité de voir le résultat de la propagande faite pour l'organisation de cette journée d'adhésions. On aurait les nombres; on saurait également comment les fêtes auraient été organisées et on pourrait transmettre à la Fédération les conclusions du discours prononcé dans chacune de ces réunions; la Fédération aurait par la suite ces résumés et les ferait imprimer en brochures qui seraient envoyées dans les Sociétés, pour faire cette propagande d'éducation dont le rapport moral parlait ce matin. Ce serait comme un livre d'or de la Coopération, où il y aurait les pensées ouvrières se réunissant dans un même vœu: la transformation du régime de société sous lequel nous vivons en celui que nous voulons instituer.

Il est bien évident que cette journée d'adhésions devrait avoir un certain temps de préparation et elle ne peut avoir une force de réalisation qu'autant que vous le déciderez. Il n'y a rien qui puisse s'y opposer; on ne touche pas à l'autonomie des sociétés qui l'organiseront comme elles l'entendront, comme elles croiront devoir le faire, et ce sera pour le mouvement coopératif quelque chose qui fera que chaque sociétaire, que les conseils d'administration, que les cercles où il y en a, auront le devoir de préparer cette réunion, d'inviter les sociétaires eux-mêmes à amener au moins chacun un adhérent au mouvement coopératif, pour ce jour-là.

Il est bien évident aussi qu'on ne refera pas cela tous les ans; mais après ces années de guerre, après ces temps difficiles que nous avons traversés, je pensais que le mouvement coopératif, avec l'essor si considérable qu'il a pris, pouvait certainement consacrer un jour de la Coopération à l'adhésion, et surtout indiquer dans cette même journée toutes les pensées coopératives.

C'est dans cet ordre d'idées que je fais aujourd'hui ma proposition au Congrès, pour lui demander de la voter et qui, certainement, ne pourra apporter que des coopérateurs nouveaux, pour le plus grand bien du mouvement coopératif.

Le Président. — Je donne la parole au camarade Henriet.

Henriet. — Je ne m'illusionne pas du tout sur l'accueil qui est réservé à nos théories, dans le milieu où nous voilà. Si je viens les défendre, ce n'est pas parce que j'en attends de la gloire ou de l'honneur, c'est parce que j'estime que c'est un devoir pour moi. J'estime que quand on pense quelque chose on doit le dire. Il ne faut pas hurler avec les loups, il faut dire ce que l'on pense, quel que soit le danger ou l'ennui que l'on peut y trouver.

Eh bien oui! je sais qu'ici, pour la plupart, vous êtes hostiles, parce que de l'analyse que j'ai faite du mouvement coopératif, je me suis parfaitement rendu compte que ce mouvement était surtout un mouvement petit bourgeois, qu'il n'était prolétarien que de nom et encore dans certaines villes, et qu'en résumé il était petit bourgeois conservateur par essence, et c'est pour cela que je trouve qu'il ne faut pas hésiter à venir dans les congrès pour en faire la critique.

Camarades, oui, en effet, je critique le Conseil fédéral, parce que j'estime que l'organisation coopérative, que le mouvement coopératif tel qu'il existe, est trop en collaboration avec la classe capitaliste par l'intermédiaire du gouvernement. Je dis que quand nous faisons partie de comités de consommateurs, nous avalisons ce qui existe; quand nous faisons partie des comités chargés de distribuer les subventions ou les prêts, nous prenons notre part de responsabilité dans la corruption capitaliste; quand on dit, comme Poisson l'a fait ce matin, que nous devons tâcher d'arriver à éviter les crises sociales, je dis que c'est indiquer très nettement le caractère conservateur de l'organisation coopérative. La théorie même coopératiste est essentiellement conservatrice, avec ses méthodes et sa structure actuelle.

Qu'elle soit un mouvement de limitation des prix pour celui qui est coopérateur, soit, mais pour celui qui ne fait pas partie de la Société, elle n'a nullement ce caractère; qu'elle soit juste pour celui qui fait partie de la Société, soit encore, mais elle n'est pas juste pour celui qui n'en fait pas partie, et si j'examine l'ensemble de son organisation économique, je m'aperçois que la Coopération est un organisme fermé, qui ne rend pas les services qu'elle publie et qu'elle propage partout.

Je ne me trompais pas, quand je disais à Strasbourg que la crise menaçait les coopératives, que les sociétés coopératives s'étendaient en surface et pas en profondeur; je disais: Méfiez-vous, méfiez-vous, la crise sommeille, et je voyais, à la Fédération parisienne tous les camarades qui riaient; ils disaient: Ce pauvre malheureux, de quoi se mêle-t-il? Il ne connaît rien.

La vérité, c'est que trois mois après, la crise venait. Il semble que je n'avais pas déjà vu si mal et quand on dit qu'on avait prévu cela, qu'on avait publié plusieurs articles là-dessus, je puis certifier que j'ai vu certains articles de Garbado, bien placé cependant, dans lesquels il disait que la baisse ne se produirait pas, qu'elle ne se produirait probablement pas, et tous ceux qui ont lu l'*Action Coopérative* peuvent affirmer que c'est vrai. Je ne leur reproche pas de s'être trompés: tout le monde se trompe; mais on peut bien le dire, car c'est la vérité.

J'avais prévu la crise qui est arrivée et je l'avais prévue dans un temps très rapproché; et je disais aux camarades du Congrès, alors que j'étais seul à le faire: Faites bien attention, je ne demande pas vos applaudissements, je ne demande pas vos voix, je tiens à vous dire ce que je pense et les faits se sont produits tels que je les avais annoncés.

Actuellement, toutes les Sociétés, et Poisson le faisait remarquer tout à l'heure, toutes les Sociétés coopératives se trouvent dans une mauvaise situation...

*Voix nombreuses.* — Non! Non!

Henriet. — Je dis: Toutes les Sociétés se trouvent dans une mauvaise situation...

*Cris.* — Non! Non!

*Un délégué.* — Certaines!

Henriet. — Certaines, si vous voulez... Mais toutes les Sociétés se trouvent dans une mauvaise situation...

*Voix nombreuses.* — Non! Non! Non!

Henriet. — Je ne prétends pas que toutes nos Sociétés soient à la mort, je n'ai jamais parlé de cela; je veux dire que la situation est mauvaise pour toutes les Sociétés...

*Voix nombreuses.* — Non! Non! Non!

Henriet. — Les administrateurs, dans la plupart des cas, n'ont pas su prévoir ce qui allait se passer...

*Plusieurs voix.* — Mais si!

Henriet. — Or, camarades, vos cris vont encore empirer...

*Plusieurs voix.* — Oh! Oh!

Henriet. — Et oui, camarades, j'aperçois bien que vous ne voyez pas la situation et j'estime que, l'année dernière, quand je disais que la situation financière de la France et des pays voisins était une situation de banqueroute, une situation de faillite...

*Un délégué.* — Pas dans les coopératives.

HENRIET. — Là encore, vous protestez. Eh bien, je le répète encore aujourd'hui, et je dis qu'à l'heure actuelle, où nous allons partir pour conquérir la Ruhr, c'est encore une diversion à la situation financière.

Vous m'applaudiriez, camarades, que j'en serais stupéfait; par conséquent, vos interruptions ne m'étonnent pas: il y a longtemps que j'ai constaté l'état d'esprit petit bourgeois que vous représentez... et l'état d'esprit petit bourgeois résulte purement et simplement de la mise en pratique de principes que vous reconnaissez comme vôtres.

Camarades, quand on étudie la théorie coopératiste telle qu'elle est établie sur les principes qui avaient été à la base des sociétés anglaises, on s'aperçoit tout de suite que la méthode de vendre au prix du commerce avec restitution des trop-perçus, contient dans son essence une forme de recrutement et d'organisation de la Coopération qui réunit l'aristocratie de la classe ouvrière, le type, des employés et celui des petits rentiers; il n'existe, en dehors de ceux-là, dans la classe moyenne, que les petits industriels et les petits commerçants.

Vous êtes donc logiques en adoptant la thèse coopératiste avec sa transformation sociale, à longue échéance. Vous êtes exactement dans la même situation que les chrétiens lorsqu'ils parlent du paradis, mais vous n'êtes, en réalité, qu'une organisation de défense de la classe moyenne.

La preuve en est que si vous regardez autour de vous, si vous examinez même les sociétés les plus démocratiques, vous vous rendrez compte qu'elles n'attirent pas la grande masse de la population, qu'elles ne font pas la quantité de ventes que la sympathie populaire pourrait leur permettre de faire. Prenez les sociétés les mieux établies, les plus prolétaires, et vous verrez qu'elles ne font même pas le dixième des ventes qu'elles pourraient faire dans le milieu où elles se trouvent.

*Une voix.* — Cela viendra!

HENRIET. — Or, camarades, quand on constate cela, on est bien obligé de penser que la Société coopérative laisse échapper une clientèle et qu'elle ne retient dans ses rangs, elle ne recrute parmi ses membres que la partie de la classe moyenne qui est adéquate à la société capitaliste et qui, par conséquent, se trouve dans une situation de moyens exactement comme celle de la classe moyenne.

Pour rendre la société exclusivement populaire, pour lui rendre le caractère prolétarien qui lui manque, camarades — et je vais encore proposer un moyen qui va vous faire sourire — il n'y a pas autre chose que de ne pas distribuer de trop-perçus. Si vous distribuez des trop-perçus et si vous recrutez vos adhérents uniquement par ce trop-perçu, comme cela se fait dans toutes les sociétés, il est évident que vous ne recrutez parmi vous que la classe moyenne. Donc, vous laissez en dehors de vous toute la classe ouvrière, vous laissez en dehors de vous toute la partie prolétarienne de la population.

*Voix nombreuses.* — Non! Non!

HENRIET. — Et cette partie...

LE PRÉSIDENT. — Laissez Henriet expliquer son opinion, voyons!

HENRIET — Et cette partie prolétarienne, c'est celle qu'il faudrait conquérir. Si je viens parmi vous, camarades, c'est parce que je pense qu'il est possible de modifier la Coopération, l'organisme coopératif, pour le rendre vraiment utile à la classe ouvrière, laquelle seule m'intéresse.

Et si la Coopération ne sert pas à la classe ouvrière, si, par ses méthodes et son action, elle se trouve en opposition avec le mouvement ouvrier contemporain, vous pouvez être certains que des difficultés matérielles se trouveront devant vous, que non seulement vous ne les éviterez pas; plus, il est à craindre que vous ne puissiez les surmonter.

La question se pose d'une façon très nette. Ou vous transformerez les sociétés coopératives à forme rochdalienne en sociétés uniquement populaires, cherchant à vendre à bas prix et faisant une concurrence au commerce, organisant la lutte de classes contre les mercantis d'une façon régulière et rationnelle, ou alors la classe ouvrière n'aura plus confiance en vous, elle verra qu'elle ne peut rien faire avec vous, et ce qui fait votre force à l'heure actuelle sera au contraire votre faiblesse, le jour où la classe ouvrière s'apercevra de son illusion.

Nous n'en sommes plus à la Coopération de 1814; nous sommes en 1921. Les temps ont changé, des crises formidables sont venues qui ont ouvert les yeux de tous, et aujourd'hui on sent bien qu'une transformation morale s'effectue, autant que la transformation matérielle peut s'apercevoir déjà. Et si, de par vos traditions, de par votre entêtement, vous mettez obstacle à la transformation de vos sociétés, je vous prédis — et je ne voudrais pas être bon prophète, mais je le serai malheureusement — je vous prédis que la désaffection des classes populaires, quelles que soient les sympathies qu'elles puissent avoir pour la Coopération, se produira comme cela s'est produit dans l'est de l'Europe et la Coopération sera abandonnée par les travailleurs.

Camarades, je n'ai pas la prétention de vouloir prédire l'avenir; je ne demande pas que ce que je dis arrive, mais je le vois, je le sens venir et ce n'est pas parce que vous ne voudriez pas changer, parce que vous combattriez les idées que j'exprime ici, que vous empêcherez les changements de se produire.

Vous ne voulez pas croire à la Révolution, camarades? J'entendais tout à l'heure que vous étiez disposés à servir de rempart à la société capitaliste; pour moi je pense que la situation actuelle est éminemment révolutionnaire et que vous n'empêcherez pas les faits d'être les faits.

Or, vous avez beau fermer les yeux; ce n'est pas parce que l'autruche met la tête sous son aile que cela l'empêche d'être abattue. Il faut, au contraire, que les théories coopératistes telles qu'elles ont été admises jusqu'alors soient abandonnées, parce qu'elles ne donnent plus satisfaction; il faut changer ce mode d'action, si vous ne voulez pas être dépassés par les événements.

Voilà la situation telle que je voulais la présenter.

Tout à l'heure, j'ai déposé un ordre du jour protestant contre la guerre que la mobilisation annonce, car j'estime que la guerre est proche, ou tout au moins les faits de brutalités que l'on prépare vont soulever la haine contre nous. Une partie d'entre vous, camarades, pensent certainement que ce n'est que juste, qu'en résumé le traité de paix a été signé et qu'alors nous n'avons qu'à marcher. Je plains les gens qui parlent ainsi. Est-ce que la vie des sociétés n'est pas faite de revirements? Est-ce que quand on pratique la haine on ne rencontre pas la haine? Est-ce que les mêmes causes ne produisent pas toujours les mêmes effets?

Et vous qui, après 1870, trouviez abominable d'avoir payé cinq milliards aux Allemands, vous en demandez 132 milliards or aux Allemands. Je ne comprends plus. Et vous trouvez tout naturel d'aller occuper la Ruhr; et quand je propose un ordre du jour protestant contre ces faits, le secrétaire me répond: On va envoyer cela à la Commission des résolutions. En effet, est-ce que cela vous intéresse? Est-ce que le sort de vos enfants vous intéresse? S'ils sont tués, qu'est-ce que cela peut vous faire!

Eh bien, en Coopération, c'est la même chose; vous ne voulez pas voir, vous ne voulez pas regarder, vous vous occupez chacun de vos petits intérêts; vous êtes, comme disait Charles Gide, le produit de la guerre, vous avez la mentalité de la guerre. Eh bien, restez mentalité de la guerre si vous voulez: cela ne changera rien aux faits.

Aujourd'hui la situation est telle que tout homme qui réfléchit, tout homme qui étudie sent bien que la transformation sociale est une nécessité et que la situation deviendra telle qu'une révolution sociale éclatera et balayera aussi vos coopératives, si vous ne voulez pas en changer la forme.

Alors, je vous dis ceci: Vous avez toujours l'air de considérer comme des adversaires ceux qui ne sont pas de votre avis; mais je suis aussi coopérateur que n'importe lequel d'entre vous; j'en donne la preuve encore aujourd'hui en étant ici. Eh bien, camarades, si vous ne changez pas vos méthodes d'action, comme je vous le disais à Strasbourg, les crises se produiront plus vite que vous ne pensez et vous balayeront, parce que vous n'aurez pas su y remédier.

En résumé, notre situation est celle-ci: Les communistes et les socialistes, il y a seulement quelques années, disaient: la Coopération nous servira d'organe d'échange et d'organe de distribution.

Eh bien, je n'ai pas changé d'avis: tel j'étais il y a dix ans, tel je suis aujourd'hui; j'ai toujours pensé que la classe ouvrière — je n'ai jamais parlé de la classe bourgeoise, je m'en fiche, moi, de la classe bourgeoise, je ne suis pas pour les exploiteurs, je suis pour les exploités — j'ai toujours pensé que la classe ouvrière se servirait de la Coopération pour ses fins propres et elle ne peut le faire qu'en changeant son mode d'action, sinon vous allez à la mort de la Coopération, du fait que les événements, plus forts que vous, emporteront votre clientèle; vous la perdrez, voilà tout.

*Une voix.* — Quels événements?

Henriet. — Camarades, je ne vous tiendrai pas longtemps.... Je suis très satisfait... camarades, votre approbation quand je dis que je ne vous tiendrai pas longtemps ne me dérange pas. J'estime que quelle que soit la société qui succède à la société capitaliste — et ce ne sera pas long avant que vous en voyiez les effets — il y aura besoin, en dehors même des organisations politiques, d'une organisation économique pour lui succéder. J'estime que, quand la Révolution viendra, la Coopération ne pourra pas succéder dans la forme où elle est aujourd'hui, comme organisation économique d'échange et de distribution, à la société capitaliste, car elle ne sera ni assez puissante, ni assez développée, pour prendre en mains l'organisation qu'elle devrait englober.

Or, que l'on soit socialiste ou communiste, la question se pose exactement dans les mêmes termes. Il faut que nous organisions les formes économiques qui doivent succéder à la société capitaliste.

Pour l'instant, et en tant que coopérateurs, nous n'avons pas à juger et je me refuse le droit, justement, en raison de l'action du mouvement ouvrier, je me refuse le droit de juger la question de production.

J'estime que la question de production par la Coopération est une méthode trop lente, ne donnant pas assez de résultats tout en exigeant des capitaux énormes pour arriver à un résultat réel. J'estime d'ailleurs que nous n'en n'avons pas le temps. Si nous voulons que la Coopération serve sérieusement la collectivité dans les transformations qui vont se produire, il faut que la Coopération soit assez développée et assez puissante pour prendre en mains l'échange et la distribution des produits.

Or, si vous ne faites rien pour le développement commercial, si vous ne changez pas la mentalité des coopérateurs en en changeant le recrutement, vous ne serez plus adéquats à l'organisation sociale de l'avenir, vous en serez les adversaires, et par conséquent vous serez balayés par la Révolution.

Nous sommes de ceux qui pensent que cela ne doit pas être ainsi; nous ferons toute la propagande nécessaire; nous irons près de tous les camarades, près de ceux qui sont militants dans les organisations, et nous leur dirons: La Coopération est l'organisme qui doit nous servir. Entrez dans les coopératives, il faut que vous y entriez et que vous en modifiez les directives. Nous dirons: il faut noyauter les coopératives, de façon qu'elles donnent le résultat que nous en attendons, et nous ne voulons pas attendre que la crise révolutionnaire existe et être obligés de détruire les coopératives et les reformer ensuite, parce que nous sommes plus coopérateurs que vous.

*Plusieurs voix.* — Noyauteurs! Noyauteurs!

Le Président. — Laisser parler Henriet.

Henriet. — Je dis ce que je pense, vous trouvez cela drôle. Je le dis parce que c'est la vérité: nous ferons tout notre possible pour faire entrer les camarades en qui nous avons confiance dans les coopératives, de façon à les transformer et en faire les organismes que nous envisageons.

*Une voix.* — Pour les noyauter!

Henriet. — Parfaitement, camarade. Et alors, si je me trouve en opposition avec vous je le regretterai, mais j'estime que ce n'est pas mal servir la Coopération que défendre les idées que nous défendons.

Si nous examinons — je répète l'argument que je donnais à Strasbourg — en ce qui concerne le développement de la Coopération, la proposition faite de la suppression de la ristourne que vous craignez tant, nous semble, au contraire, un élément de développement de la Coopération. Non seulement avec le système de la ristourne vous ne pouvez pas faire la concurrence aux organismes capitalistes, comme l'indiquait Poisson ce matin, non seulement avec la ristourne vous ne pouvez pas faire les œuvres sociales que dans certaines coopératives on veut faire, non seulement avec la ristourne vous ne pouvez pas faire les œuvres de mutualités qu'on a faites à Saint-Claude, mais encore, avec la ristourne, vous ne pouvez pas permettre au prolétaire de venir chez vous, vous ne pouvez pas aller chercher le prolétaire chez lui par le bon marché.

Donc, vous vous privez par vous-mêmes, par vos méthodes, de tout ce qui peut constituer la prospérité de vos sociétés.

Si vous n'étiez pas de parti pris par esprit petit-bourgeois; puisque je suis obligé de le dire... Mais oui, mais oui, petit-bourgeois, non seulement vos méthodes, mais vos sentiments le sont. Si vous n'étiez pas d'esprit petit-bourgeois, il y a longtemps que cette idée serait entrée dans vos cerveaux, il y a longtemps que vous auriez compris que ces 5, 6 ou 7 % que l'on distribue seraient bien mieux employés dans la baisse des prix pour la propagande commerciale, et lorsque quelques-uns d'entre vous parlent de lutte de classes, ils devraient savoir que la lutte de classes serait beaucoup plus facile si vous n'étiez pas obligés, vous, administrateurs de sociétés, de tenir compte des éléments absolument conservateurs, absolument bourgeois, d'esprit mercantile qui sont dans vos sociétés. Oui, parfaitement, et il est bien certain, camarades...

*Un délégué.* — Je demande au président de faire respecter la liberté de la tribune, parce que, à notre tour, nous boycotterons les orateurs.

Le Président. — La liberté de la tribune est respectée. Henriet a pu parler.

Henriet. — J'aurais pu développer plus longuement mon idée. J'ai préféré traiter les points où nous différons complètement, pour donner exactement les arguments que j'avais. Je pense que quand même vous ne penseriez pas comme moi, je suis certain que personne d'entre vous ne peut dire que j'apporte des raisons qui ne sont pas basées sur des faits réels que je ne puisse prouver.

Puisque vous m'obligez à mettre les points sur les i, je vous donnerai un exemple. Je prendrai la Société que je considère comme la plus démocratique de Paris; je l'ai citée à la réunion de la Fédération de la région parisienne et personne n'a pu me démentir, comme vous ne me démentirez pas ici; en province, il y en a d'autres, mais je ne veux parler que de celle que je connais particulièrement, la *Bellevilloise.* J'ai pris son bilan de 1919. J'estime que cette Société est très bien organisée, j'estime que sa méthode, quelles que soient les critiques qu'on peut y faire, est quand même bien engrenée. Eh bien, la *Bellevilloise,* qui rayonne sur deux arrondissements, où il y a une poulation d'environ 250 à 300.000 habitants, fait 18 millions d'affaires, alors que la force d'achat du milieu sur lequel elle rayonne pourrait être de deux à trois cents millions, peut-être. Qu'est-ce que 18 millions, en face de 200 à 300 millions? C'est moins du dixième. Est-ce parce que l'on manque de sympathie pour la *Bellevilloise?* Non. Tout le monde dans le xx° arrondissement a de la sympathie pour la *Bellevilloise;* ses salles sont à la disposition du public, tout le monde la fréquente; elle a la sympathie de tous les prolétaires.

Vous pourriez me répondre comme certains m'ont répondu: Si la *Bellevilloise* n'en a pas davantage, c'est qu'ils n'y viennent pas. Est-ce que c'est de cette façon que l'on doit répondre? Il y a une raison pour cela, et cette raison elle réside dans un fait quelconque. Or, quand on examine bien l'ensemble de la question, on s'aperçoit purement et simplement que la *Bellevilloise,* malgré les sympathies qu'elle a, ne conquiert pas les ménagères pour faire leurs achats.

La raison est toute simple, c'est parce que la *Bellevilloise* vend trop cher, à ce point que même à côté d'elle, les épiciers font tranquillement fortune.

Est-ce donc si difficile à déterminer mathématiquement? Pas du tout. J'ai calculé; vous pouvez calculer vous-mêmes que le capital de roulement est en général du 1/5, du 1/6 ou du 1/7 du chiffre d'affaires, suivant que les marchandises se renouvellent plus ou moins vite par la vente. Prenons le 1/6. La *Bellevilloise*, en 1919, faisait 6,54 de bénéfices nets. Par conséquent, si vous multipliez ce chiffre par 6, puisque le capital de roulement de la *Bellevilloise* était d'environ 3 millions, pour un chiffre d'affaires de 18 millions, si vous multipliez ce chiffre des bénéfices par 6, vous trouvez que les bénéfices de la *Bellevilloise* se seraient montés, si l'entreprise avait appartenu à un capitaliste, à 39,24 %; le dividende aurait été de 39,24 % du capital...

Vous n'avez qu'à calculer, camarades: ce sont des chiffres. C'est l'évidence; si vous ne voulez pas comprendre, cela m'est égal.

Ces chiffres démontrent très nettement que, pour des camarades prolétaires dont la situation est instable, dont les ressources sont extrêmement limitée parfois et qui recherchent, par conséquent, plutôt le bon marché immédiat que les réserves de fin d'année, il est certain que la *Bellevilloise* a laissé échapper, laisse échapper par ses majorations, par ses ristournes de bénéfices, la classe prolétaire qui, pourtant, lui est absolument sympathique.

Ces chiffres ne peuvent être contestés. On n'a qu'à constater les bilans; c'est bien simple!

Or, camarades, la *Bellevilloise* est encore une des sociétés où la ristourne est extrêmement limitée puisqu'elle ne peut jamais s'élever au-dessus de 4 %. Donc, si dans une société de caractère prolétarien prononcé, mais de forme rochdalienne, — parce que c'est la façon rochdalienne avec laquelle elle est gérée, — qui produit ces résultats, comment voulez-vous que dans certaines sociétés où le caractère prolétarien est beaucoup moins prononcé et qui n'a pas les sympathies populaires, comment voulez-vous que la Coopération se développe? Vous laissez absolument de côté ceux qui auraient le plus besoin de la Coopération, vous laissez de côté ceux qui, en somme, dans notre société, sont les plus intéressants, en raison même de ce que vous ne les soutenez pas, de ce que vous ne leur faites pas comprendre les bienfaits de l'association, vous les lancez dans les crises formidables dont vous subirez les conséquences.

Rentrez en vous-mêmes, examinez vos bilans, voyez de quelle façon vous pratiquez et voyez si ce que je vous dis est exact pour vous, et si vous réfléchissez, vous vous rendrez compte immédiatement que quand vous avez peur de perdre vos sociétaires par la suppression de la ristourne, vous êtes dans l'erreur, et que si, du jour au lendemain, après la suppression de la ristourne, vous pratiquiez les bas prix, vous auriez immédiatement une clientèle populaire tout aussi bien que le mercanti qui baisse ses prix, et à la fin de l'année vous n'auriez plus de boni à distribuer, mais vous auriez acquis la clientèle populaire.

Le danger n'existe pas tant que vous le pensez, au point de vue capital, camarades. Je prends encore la *Bellevilloise;* je ne la prends pas pour la critiquer, au contraire, mais si nous prenons les chiffres de la *Bellevilloise*, nous constatons que sur un total de 5 millions de francs que possède la *Bellevilloise*, il n'y a actuellement que

700.000 francs environ de capital sociétaire et ce capital s'en va encore à chaque fois qu'il y a une démission ou un décès. Par conséquent, vous voyez que la différence, soit 4.300.000 francs, n'est du bénéfice non ristourné est bien supérieur au capital social appartenant aux sociétaires... Donc, c'est bien une erreur de croire à la constitution du capital par la ristourne. Analysez encore cela, vous verrez que j'ai raison.

D'ailleurs, les meilleures sociétés, celles qui se sont le plus rapidement et le plus solidement assises, sont celles qui n'ont pas ristourné de bénéfices, qui ont créé des capitaux collectifs, celles qui ont fait des amortissements. Dans beaucoup de sociétés, au contraire, si l'on se trouve dans l'obligation de payer les trop-perçus promis, alors que la situation est mauvaise, on ne fait plus ni amortissements ni réserves, et la solidité financière de la société s'en ressent.

Eh bien, camarades, si vous voulez réfléchir à toutes ces questions, vous verrez que la suppression de la ristourne forme la base essentielle, à mon sens, pour le développement commercial, pour l'organisation prolétarienne des coopératives, pour la possibilité de servir dans l'organisation socialiste future. Si donc vous êtes des hommes conscients, étudiez cette question et je suis sûr que, dans quelques années, après vous être moqué de moi et m'avoir vilipendé, vous serez de mon avis, parce que vous aurez réfléchi.

Voilà, camarades, ce que j'avais l'intention de vous dire aujourd'hui. Il ne me reste plus qu'un seul mot à vous dire et il n'était pas besoin de m'applaudir quand je disais que je n'avais pas l'intention de m'éterniser à la tribune.

Aujourd'hui, j'étudie simplement les points sur lesquels j'ai le plus de contact avec vous, car dans les autres je n'en ai pas, parce que je tiens à ce que la prospérité de la Coopération existe. Si vous n'avez pas compris, tant pis; mais si vous avez compris les raisonnements que j'ai tenus devant vous, ils vous incitent seulement à examiner la question à fond dans votre milieu, je serai simplement satisfait.

Quant à moi, je continuerai mon œuvre, malgré qu'on m'en ait dit et quoi que l'on m'en ait fait. Je n'ai jamais traité de questions personnelles, si j'ai été candidat, c'est uniquement par principe, mais je dis ceci, c'est que jamais on ne m'empêchera de parler, et le jour où la Coopération ne voudrait donner aucune satisfaction à l'organisation prolétarienne, eh bien, je serai de l'avis des Soviets, je prendrai les moyens durs, parce que j'estime que l'organisation de la Coopération appartient à tous et doit servir à la collectivité entière, et alors je serai révolutionnaire dans les coopératives.

Le Président. — La parole est au camarade Imbert, de la Coopérative « le Ravitaillement de Saint-Maur ».

### Discours de IMBERT.

Imbert. — Je vous demande la permission de dire ce que je pense; même si cela ne fait pas plaisir à tout le monde, je vous assure que je le dirai en toute franchise.

Ce matin, je me suis fait inscrire, quand Poisson parlait du journal.

J'avais l'intention — je dis j'avais, parce que je ne l'ai plus depuis qu'un geste mystérieux et triomphant m'a mis sur la langue un poids qui me gêne — de formuler au nom du « Ravitaillement de

Saint-Maur », notre coopérative autonome, et de quatre autres coopératives autonomes de la région parisienne, des critiques sévères. Elles seront maintenant fraternelles, Daudé-Bancel, mais elles n'en seront pas moins vives.

On a mené, vous l'avez vu, dans le journal officiel de la Coopération, une campagne contre les sociétés coopératives autonomes, en faveur des idées de fusion. Etait-ce nécessaire? le fallait-il? La fusion a-t-elle une vertu si pauvre qu'il faille la défendre et la propager avec des arguments qui, vraiment, ne sont pas de mise, entre camarades et entre amis.

Quoi, selon vous, il n'y a que les grosses coopératives qui brassent des millions d'affaires, qui sont bien menées parce que, seules, elles peuvent payer convenablement les hommes qui les administrent. C'est inexact. Il y a, dans la région parisienne que je connais et pour une portion de laquelle je parle, il y a en province, partout, — camarades, vous le savez mieux que moi, — des petites coopératives de rien du tout, qui travaillent, qui marchent à merveille, qui vous réconfortent, quand vous examinez leur gestion résultant d'efforts aussi loyaux que naïfs, qui sont menées par des ouvriers, par des illettrés quelquefois.

Et on viendrait dire dans notre journal que les autonomes doivent disparaître, que les « autonomes » doivent venir se fondre dans le grand creuset parce qu'elles ne peuvent pas vivre, parce qu'elles ne peuvent pas réunir les aptitudes nécessaires, parce qu'il y a des « rouspéteurs », vous l'avez écrit, et vraiment, Daudé-Bancel, votre passé de littérateur promettait mieux que ce style-là.

Oui, on dit aussi à l'encontre des « autonomes » — et cela j'ai toutes les peines du monde à vous le pardonner, — on dit qu'il n'y à que le Magasin de Gros qui puisse aller bien, qui puisse vaincre des difficultés:

Il n'y a que le Magasin de Gros qui peut vaincre les difficultés de l'heure actuelle, parce qu'il est dirigé par des hommes qui ont fait leurs preuves dans le mouvement.

Cela ne me gêne pas, je veux bien; mais est-ce que le Magasin de Gros a tout absorbé, est-ce qu'après lui, il faut dire: Il n'y a plus personne. Est-ce qu'après la poignée de dirigeants — et j'emploie le mot « poignée » pour montrer qu'ils sont peu nombreux et non pas dans un sens qui puisse les blesser — est-ce que la poignée de militants qui dirigent le mouvement coopératif a suffi pour tarir, pour épuiser les sources individuelles de vigueur et de travail que possède la Coopération? Allons donc!

Et il serait inadmissible que de pareilles affirmations puissent passer sans être relevées. Ecoutez:

...Et d'ailleurs, à part quelques exceptions regrettables, la plupart des rouspéteurs sont des gens de bonne foi....

Merci!

...qui, ayant adopté une attitude, croiraient déchoir en la modifiant. Or, les mêmes (les mêmes rouspéteurs) qui vitupèrent aussi bien l'organisation nationale d'achat, ces mêmes ont toutes sortes...

Ah ! cela, je ne vous le pardonne pas et vous allez le retirer; au nom de notre fraternité, vous allez dire que vous le retirez.

...ces mêmes ont toutes sortes d'attentions et de prévenances pour les représentants des maisons de demi-gros et de gros de la localité ou de la région.

Qu'est-ce que cela veut dire, cela? Qu'est-ce que cela veut dire, ces « prévenances » pour les représentants du commerce privé? N'avez-vous pas eu le courage d'aller jusqu'au bout, ou bien voulez-vous dire qu'il y a des pots-de-vin là-dedans? Et là, vous allez vous expliquer, vous direz que telle n'est pas votre pensée, je l'attends de vous et vous devez le dire.

Il faut que l'action du journal soit modifiée, il faut que le Congrès, dans sa souveraineté, dise à ceux qui en ont la mission: Vous allez changer votre manière de faire, vous allez changer vos directives, et si vous faites de la propagande en faveur d'un mouvement qui est régulier, j'en conviens, vous aurez à laisser tranquilles les coopératives autonomes qui, chacune dans leur coin, à leurs risques, à leurs périls et à leurs peines, assurent une mission qui n'est pas toujours agréable.

Il faudrait aussi que vous puissiez signifier à ceux qui le font, que le journal devrait avoir une autre tenue. Le journal s'adresse à des coopérateurs qui ont besoin de renseignements; vous n'en donnez pas.

Je me contente de dire à Daudé-Bancel qu'il les injurie, mais qu'il ne les renseigne pas; eh bien, il faut les renseigner.

Nous avons tous les jours, de graves difficultés pour connaître les mercuriales; pourquoi le journal ne les donnerait-il pas? Nous avons besoin d'avoir des renseignements administratifs, des renseignements commerciaux; pourquoi notre journal ne nous les donnerait-il pas? Il faut, si nous voulons savoir quel est le cours de l'huile à Marseille, que nous nous abonnions au *Bulletin des Halles*.

Il serait peut-être temps, camarades dirigeants, que vous vous rendiez compte que votre journal pourrait être très utile, et j'espère qu'il résultera de ce Congrès l'avis que vous avez autre chose à faire que ce que vous avez fait. Sur ce point, je passe.

Je voudrais, maintenant, parler sur l'attitude générale de nos dirigeants... Oh! j'en atteste la vérité que je n'ai contre eux aucune animosité personnelle; parmi eux il y a des amis de vingt-cinq ans, qui me traitent bien un peu comme un vieux chien galeux qui n'est jamais content, mais cela m'est égal d'être traité comme un chien galeux, pourvu que je n'aie pas la gale. Eh bien, je leur dis, aux dirigeants, qu'ils n'ont pas rempli comme il faut leur mission de dirigeants; en voici quelques exemples:

Une question d'une gravité exceptionnelle pour les coopératives est la question de l'impôt sur le chiffre d'affaires. Je considère que là les dirigeants de la Fédération, les dirigeants de la Coopération, les membres du Conseil supérieur de la Coopération, sans vous avoir consultés, sans s'être inspirés de vos avis, ont émis une opinion qui leur est personnelle, mais qui nous engage à faux, car je crois que les coopératives ne doivent pas payer l'impôt sur le chiffre d'affaires.

J'ai quelques raisons de le dire. Au mois d'août dernier, le receveur des Contributions indirectes demanda à un administrateur, que je connais bien, de déclarer le chiffre d'affaires de sa coopérative et de payer l'impôt. Cet administrateur écrivit: « Nous avons fait 70.000 francs dans le mois de juillet, 80.000 francs dans le mois d'août; mais nous vous déclarons que nous ne voulons pas payer l'impôt sur le chiffre d'affaires; nous ne voulons pas le payer, parce qu'il ne résulte pas explicitement de la loi que nous le devons et parce que les interprétations quelconques du Ministère des Finances et de l'Administration ne suffisent pas pour éclairer une loi obscure. Les fonctionnaires de l'Administration interprètent d'une manière; nous avons le droit nous, par conséquent, d'interpréter d'une autre. »

Et cet administrateur disait dans cette lettre que les tribunaux seuls pouvaient fixer la jurisprudence et dire si on devait ou si on ne devait pas payer l'impôt.

Cela se passait au mois d'août dernier. La coopérative en question attendait du papier timbré; le papier timbré n'est pas venu; le Ministre des Finances, qui devait manger tout crus les coopérateurs récalcitrants, après enquête, après démarches des gros bonnets de l'Administration des Finances dans l'humble cabinet de travail de cette coopérative, le Ministre des Finances reconnaissait qu'il n'était pas armé et déposait un nouveau projet de loi.

Eh bien, cette coopérative a épargné, c'est incontestable, tout ce qu'elle ne payera pas, et si les dirigeants de la Coopération vous avaient donné à tous cet avis, vous auriez fait une épargne égale.

Là, ils ont fait une faute.

Ils ont fait une autre faute en formulant un avis qui va servir à faire la loi nouvelle; ils se sont trompés en disant que l'impôt ne doit être appliqué que sur l'excédent du chiffre d'affaires, c'est-à-dire sur ce qui constitue la part bénéficiaire des coopératives.

C'est une erreur, et l'erreur résulte de conceptions, qu'à mon sens, les dirigeants de la Coopération ont mauvaises.

Nous ne sommes pas des commerçants, contrairement à ce que disait Poisson ce matin. Il n'y a pas un commerçant au monde qui serait assez bête ou assez désintéressé pour dire: « Je vais travailler toute l'année, je vais me crever, je vais faire de bonnes affaires, et puis, quand j'aurai ramassé des bénéfices, j'appellerai les gens qui, par leurs achats, auront créé ces bénéfices et je leur dirai: Mes amis, voilà les bénéfices, voilà la ristourne, prenez! »

C'est nous, coopérateurs, qui tenons ce langage; nous ne sommes pas des commerçants, il faut qu'on le dise.

L'erreur, à mon sens, remonte très loin; elle remonte même à l'époque où les Coopératives, pour s'affranchir des critiques ridicules que le commerce privé leur adressait, ont dit: « Eh bien, c'est bon, frappez-nous d'une patente, nous payerons 30 ou 40 francs par an, nous vendrons à tout le monde et vous nous laisserez la paix. »

Oui, camarades administrateurs, regardez donc un peu vos avertissements des contributions, cette année-ci: vous verrez que les patentes que vous payiez l'année dernière, et qui étaient déjà assez élevées, sont multipliées par 5; vous les regarderez l'année prochaine: peut-être que, malgré les nombreux milliards que l'on espère faire venir, elles seront multipliées par 10.

L'erreur vient de ce que l'on nous considère comme des commerçants; au Parlement, au Groupe parlementaire des coopérateurs, on n'a pas eu le courage de dire: « Non, nous ne sommes pas favorisés; quand nous ne payerons pas l'impôt sur le chiffre d'affaires nous ne serons pas favorisés, parce que nous ne devons pas travailler comme les autres, parce que le gouvernement, l'Etat bourgeois doit, non pas nous aider, nous nous passons de lui, mais doit nous permettre, puisque nous ne faisons pas de bénéfices, de dire au public: En venant dans les Coopératives, tu payes meilleur marché, parce que tu ne viens pas chez un commerçant faisant des bénéllces personnels ». Il ne faut pas dire le contraire dans les polémiques que vous pouvez avoir dans *l'Action* avec le journal *l'Epicier*, il faut dire: « Mais, pardon! vous dites que nous ne payons pas d'impôts, mais nous payons l'impôt sur le chiffre d'affaires ».

C'est une erreur, et il faudrait que l'on s'habitue à penser qu'il y a des directives nouvelles à prendre et que l'on s'habitue à faire comprendre partout que coopérateur ne veut pas dire mercanti, ni même commerçant. Le commerçant s'approprie le bénéfice personnellement; la Coopérative crée le trop-perçu et le rend. La différence est capitale.

On viendra nous dire: « Mais, l'impôt sur le chiffre d'affaires, c'est un impôt de consommation, il faut le payer ». Des impôts de consommation, vous en payez; vous savez bien que vous en payez sur le café, sur le sucre, sur tout. Je connais une petite coopérative, qui fait ses affaires péniblement, qui paiera cent mille francs de droits de circulation sur les vins cette année-ci. Les voilà les impôts de consommation; que veut-on de plus? L'impôt sur le chiffre d'affaires nous est appliqué à tort, parce que, je le répète, nous ne faisons pas d'affaires.

Je ne sais pas si c'est possible, au sommet de la tour d'ivoire où sont placés nos dirigeants, je voudrais obtenir qu'ils fassent un petit *mea culpa*, je voudrais que ceux qui siègent au Conseil supérieur de la Coopération n'y soient pas pour collaborer avec les représentants de la bourgeoisie, mais bien pour représenter seulement la Coopération.

POISSON. — Il ne faut pas dire de choses inexactes!

IMBERT. — Mais encore sur un autre point, la directive du Conseil supérieur a été mauvaise. On prépare une loi. *L'Action* l'a publiée. Elle est juste, c'est bien. On cherche à donner un statut définitif, une définition catégorique et définitive, inimitable, aux coopératives, pour que n'importe qui ne puisse s'emparer de ce mot et tromper le public.

Mais, dans le projet qui est publié, vous avez l'air d'exclure de la désignation « coopérative » les coopératives, peu nombreuses sans doute, qui ont essayé d'aller plus loin que vous.

Il y a des coopératives, selon le vœu d'Henriet, qui ne doivent pas distribuer de trop-perçu; il y a des coopératives, selon le vœu de beaucoup de coopérateurs, qui en distribuent. Il y a une coopérative qui distribue le trop-perçu même au public, qui distribue le trop-perçu à tous les acheteurs, adhérents ou non; les administrateurs de cette coopérative pensent, à tort ou à raison — l'avenir le démontrera — que c'est la nouvelle formule qu'il faudrait employer pour développer considérablement l'idée de coopération dans les masses populaires.

Vous créez des adhérents, vous créez des actionnaires; ceux-là sont privilégiés; il y a une part d'égoïsme chez eux; il faut que l'on puisse dire aux acheteurs: nous vendons à tout le monde, si vous venez créer des bénéfices, — puisqu'il n'est pas possible de travailler à prix coûtant, il faut toujours sur le prix d'achat un pourcentage dépassant les frais, de manière à s'y retrouver et ne pas être en mauvaise posture à la fin de l'année — en fin d'exercice nous vous rendrons les bénéfices nets que vous aurez créés.

Vous faites la meilleure des propagandes quand vous dites au public: Venez chez nous, venez dans nos boutiques, nous vous vendons meilleur marché que l'épicier du coin, nous vous donnons le poids, nous ne vous trompons jamais; et quand il y a des bénéfices, nous vous appelons à la répartition.

Je crois qu'il faudra envisager ce point de vue.

Eh bien, camarades dirigeants, avez-vous l'intention, dans la nouvelle loi, d'interdire à cette coopérative le droit de dire qu'elle est une coopérative, parce qu'elle distribue les trop-perçus à tout le monde?

Poisson. — Non.

Imbert. — Non? Vous me rassurez un peu; mais, enfin, j'appelle votre attention là-dessus et dans le cas où, au Parlement, on aborderait ce point-là, il serait peut-être intéressant de donner des indications à nos parlementaires, pas trop souvent très avertis du mouvement coopératif, pour qu'ils viennent défendre cette idée et ne pas permettre une injustice.

Je voudrais, maintenant, dire très brièvement ma façon de penser sur la manière dont marche le Magasin de Gros. Je n'entrerai pas dans les chiffres; je réserve cela, si on le permet, pour samedi; et je déclare de nouveau — ceux qui me connaissent savent bien que je dis la vérité — que je n'ai l'intention de viser personne...

Le Président. — Pourquoi ne pas attendre samedi ?

Imbert. — Je voudrais dire que les directives du Magasin de Gros ne sont pas justes.

Je ne fais la guerre à aucun des camarades du M. D. G.; je reconnais que ce sont d'honnêtes gens et de bons camarades; je reconnais qu'ils travaillent, qu'ils se dépensent et je ne trouve pas à redire qu'ils soient payés convenablement.

Mais je trouve à redire sur la manière dont ils dirigent le Magasin de Gros; je trouve que, là encore, ils sont des commerçants et non des coopérateurs, et c'est toujours cette divergence de directive principale qui fait que je m'oppose à eux. Je trouve que le Magasin de Gros ne répond pas aux désirs...

*Un Délégué.* — A l'ordre du jour!

Imbert. — J'espère que j'y suis.

Je trouve qu'il ne répond pas aux besoins des coopératives qui voudraient avoir en lui l'organisme central chargé de les approvisionner. Il ne remplit pas ce rôle, et des coopératives qui n'ont que de faibles moyens d'achat, trouvent le moyen de vendre bon marché, parce qu'elles achètent meilleur marché que ne vend le Magasin de Gros. Je pourrais citer une coopérative qui a fait 800.000 francs en 1920 et pas un sou avec le Magasin de Gros; elle vend meilleur marché qu'elle ne vendrait si elle achetait au Magasin de Gros.

Je crois qu'il faut crier casse-cou aux dirigeants du Magasin de Gros, et je vais plus loin, je leur dis que leur tentative de constitution d'une Coopérative nationale, si elle obéissait aux directives suivies jusqu'à ce jour, serait la mort de la Coopération.

D'autre part, on fait appel à des capitaux. Oh! je sais, je m'en aperçois tous les jours, on ne fait pas d'affaires, dans l'ordre capitaliste, sans avoir de capitaux; c'est élémentaire. Mais je vois un danger, et, en honnête homme, je vous dis: Camarades du Magasin de Gros, vous vous trompez, vous faites appel aux économies des travailleurs, vous vous vantez, dans le journal, d'être arrivés à « drainer », — le mot y est, — deux millions d'économies par mois, mais avez-vous pensé à ce que vous feriez, si une calamité d'ordre économique forçait toute une région à soutenir une grève meurtrière, si les travailleurs, si les syndicats, les coopératives, les groupements politiques qui vous ont fait confiance, venaient vous dire: Nous n'avons pas de pain, remboursez-nous. Vous ne le pourriez pas sur l'heure; et c'est un grave danger.

*Un Délégué.* — C'est une leçon!

IMBERT. — C'est la vérité: le Magasin de Gros ne pourrait pas rembourser tous les dépôts à vue, au moment où le besoin forcerait les déposants à les réclamer sans délais.

*Un Délégué.* — L'ordre du jour!

IMBERT. — Je sens que j'ai touché le point sensible, mais je ne veux pas insister. Il me suffit de penser que j'ai été entendu.

Je veux conclure en vous disant que nous avons, que nous devons avoir des fins politiques, des fins révolutionnaires. Les militants de mon âge, que je vois ici, auraient-ils renié leur idéal? Oh! je ne le crois pas, je serais trop malheureux d'avoir à le croire; mais alors, si nous avons conservé la foi qui nous a guidés dans toute la propagande que nous avons faite pendant toute notre vie, il n'y a pas de honte d'en rappeler un peu ici, et pourquoi ne pas dire, en effet, que la Coopération doit être l'organisme de la distribution des aliments, et de la production même, plus tard, dans la société future? Et je voudrais qu'il résulte de nos débats, je le voudrais avec passion, avec toute la passion qui me reste, je voudrais qu'il résulte de nos débats que nos directives à tous sont les mêmes et que nos fins sont les mêmes, c'est-à-dire la transformation de la société actuelle en une société collectiviste ou communiste.

*Un Délégué.* — Quand il s'agira de questions qui peuvent porter atteinte au crédit du Magasin de Gros, je demanderai que le président fasse vérifier les cartes et évacuer les tribunes.

LE PRÉSIDENT. — Le camarade a tout à fait raison sur le fond: mais il est bien difficile au président de séance, qui est personnellement intéressé dans la question du Magasin de Gros, d'insister sur une telle question.

*Un Délégué.* — Vous êtes président de la séance!
D'ailleurs, j'ai fait la remarque au camarade Imbert; il a quand même continué...

LE PRÉSIDENT. — C'est entendu. Mais ce n'est pas aussi grave que ça!...
Je donne la parole au camarade Sellier.

### Discours de SELLIER

HENRI SELLIER. — Je suis venu ici sans avoir la moindre intention d'intervenir dans la discussion du rapport moral **présenté** par le Bureau de la Fédération nationale.

J'ai été pendant plus de dix ans membre de l'organisme central, et j'aurais eu mauvaise grâce, au moment où j'en ai été éliminé, de formuler des critiques contre la gestion de camarades avec lesquels, pendant une longue période, j'ai collaboré en toute fraternité.

Mais après les observations formulées par Henriet, et qui tendent à engager la doctrine coopérative du parti politique auquel nous appartenons l'un et l'autre, je me suis cru dans l'obligation, tant en mon nom personnel qu'au nom de nombreux camarades qui militent au sein du même parti, de formuler quelques réserves et d'exposer notre point de vue particulier en ce qui concerne le rôle dévolu à la coopération dans l'effort d'émancipation intégrale du prolétariat qui est la base de notre action quotidienne.

L'accentuation du phénomène de lutte de classe engendrée par la situation économique et sociale, née de la guerre impose, nous dit Henriet, au mouvement coopératif de nouvelles méthodes, et le retour à des formules qui, depuis longtemps, paraissaient être proscrites dans nos organismes.

Pour lui, et c'est je crois l'essentiel de sa thèse, la coopération qui, aux termes du pacte d'unité, poursuit son objectif déterminé en dehors de toute doctrine politique, doit devenir un organisme de lutte de classes, et cette transformation se traduit par deux principes essentiels : la suppression du trop perçu et l'élimination des organismes de production dans l'ensemble de ses institutions commerciales.

Diverses circonstances accidentelles ne m'ont pas permis antérieurement d'entendre Henriet développer la même thèse au Congrès de Strasbourg ou à l'Assemblée préparatoire des coopératives de la région parisienne, et j'avoue que j'ai été à la fois étonné et déçu de la timidité de ses observations; les conclusions qu'il a formulées comme susceptibles de résoudre le problème complexe qu'il a posé, me semblent enfantines, et mon intervention à cette tribune a surtout pour but de tenter un effort de clarté, afin que nous connaissions exactement, les uns et les autres, notre position respective.

La Coopération c'est, je crois, le fond du débat, doit-elle continuer à revêtir exclusivement une étiquette de neutralité qui, nous sommes tous d'accord à cet égard, ne constitue qu'une apparence, ou faut-il au contraire, reprenant les formules qu'Henriet n'a pas osé revendiquer aujourd'hui, et que nous avons combattues ensemble il y a quelque dizaine d'années, mettre le mouvement coopératif au service d'un parti politique déterminé ?

HENRIET. — Ce n'est pas cela.

HENRI SELLIER. — Je suis heureux de l'interruption d'Henriet; elle me permet d'écarter du débat un point extrêmement grave, et puisqu'il est bien entendu qu'il ne s'agit plus, à l'heure actuelle, de reprendre des formules aujourd'hui périmées, et que nous sommes d'accord pour maintenir officiellement la Coopération sur un terrain de neutralité politique... Il ne me reste plus qu'à discuter les méthodes spéciales d'action directe qu'Henriet nous indiquait tout à l'heure, comme de nature à harmoniser l'effort de nos Sociétés avec les nécessités évidentes de la lutte ouvrière.

En ce qui concerne ma position personnelle, et celle de mes amis politiques, je voudrais immédiatement, et je crois qu'Henriet sera d'accord avec moi, indiquer qu'aucun d'entre nous n'est venu ici avec une sorte de mandat ou même d'indication objective de groupements politiques étrangers à l'organisation coopérative.

Le Parti auquel nous appartenons, Henriet et moi, a précisé récemment, dans un manifeste public sa position vis-à-vis du mouvement coopératif. Il a indiqué à ses adhérents qu'il était de leur devoir de rentrer dans les coopératives, d'y militer, d'y lutter, non pas pour détruire les organisations existantes et y semer des germes funestes de division, mais bien au contraire pour y travailler avec toute l'ardeur de nos militants au développement et à la prospérité d'institutions que nous considérons comme devant devenir les cadres essentiels de la société prolétarienne, pour l'avènement de laquelle nous luttons chaque jour.

Un groupe de camarades parisiens, appartenant à notre parti, a cru devoir de son côté formuler un certain nombre de thèses dont Henriet s'est fait l'écho tout à l'heure, thèses que la plupart d'entre nous se refusent à considérer comme une indication doctrinale.

La suppression du trop-perçu peut-elle, à l'heure présente, servir de plateforme de combat aux coopérateurs communistes, et caractériser une forme d'action coopérative en opposition avec celle qui a été antérieurement pratiquée?

Il me semble que depuis longtemps, pourtant, le problème est élucidé, et que bien avant que fut réalisée l'unité, la Coopération socialiste elle-même avait admis que la répartition ou la non répartition des trop-perçus ne saurait constituer une doctrine, mais que l'application de l'un ou l'autre système dépendait uniquement d'une question de fait.

Il s'agit de savoir s'il est possible d'imposer une règle uniforme, une même méthode, dans tous les pays, et dans tous les milieux, de faire fi des situations locales et des circonstances spéciales dans lesquelles évoluent nos organisations coopératives, et de condamner d'un point de vue doctrinal, la répartition des trop-perçus sous forme de distribution individuelle aux coopérateurs.

Pour mon compte, je ne le pense pas; je ne crois pas d'ailleurs que la suppression du trop-perçu soit susceptible, comme paraît le croire Henriet, d'orienter la Coopération dans un sens plus directement prolétarien et de lutte de classes. Il fut un temps où, même au sein des coopératives socialistes, des divergences de vues les plus nettes apparaissaient à cet égard; quand, en 1900, au premier Congrès des coopératives socialistes, on proposait de ne répartir aux sociétaires que la moitié du trop-perçu, Delory, représentant une des plus grosses coopératives du Nord, s'écriait: « Si vous exigez un pareil sacrifice, c'est à bref délai la disparition de toutes les coopératives socialistes »; et nos camarades de Saint-Claude, que des circonstances locales toutes spéciales avaient amenés à prohiber d'une façon rigoureuse l'affectation individuelle du trop-perçu, formulaient eux-mêmes les plus expresses réserves sur la généralisation du système.

« On voit dans toutes les coopératives, disait Ponard, dans toutes les organisations ouvrières des éléments qui se proclament socialistes, même révolutionnaires, qui même, le cas échéant, se feraient trouer la peau pour leurs idées, mais qui sont impuissants à renoncer à une parcelle de ce qu'ils considèrent comme leur bien personnel, incapables d'abandonner le tribut nécessaire à l'institution de l'instrument de combat des forces révolutionnaires qui accélérerait l'éclosion de la société future. »

Malheureusement, il faut compter avec ces éléments qui, Henriet le sait bien, constituent la majorité des adhérents de nos groupements.

Sans doute, du point de vue absolu, personne parmi les coopérateurs, même ceux qui furent autrefois les pionniers du coopératisme neutre, ne nie l'intérêt qu'il y aurait pour le mouvement coopératif à utiliser pour son domaine collectif les capitaux distribués en ristournes et trop-perçus. Plus que jamais la grosse faiblesse de nos organismes coopératifs réside dans l'insuffisance des capitaux que les nécessités économiques actuelles exigent de plus en plus formidables.

Ce n'est pas avec les quelques dizaines de francs de versement qu'on demande aux coopérateurs à leur entrée dans nos Sociétés, que les fonds de roulement et les organismes de développement pourraient être suffisamment alimentés.

En vue de permettre à la Coopération de jouer le rôle considérable qu'elle est appelée à remplir dans notre effort social, le seul moyen positif d'obtenir ces capitaux en dehors de la généralisation des caisses d'économie, réside dans l'accumulation des trop-perçus; et voilà pourquoi, d'un point de vue non seulement communiste, non seulement socialiste, mais purement coopératif, la théorie de la suppression des trop-perçus représente un idéal vers lequel il est désirable de s'acheminer.

Malheureusement la Coopération ne vit pas de spéculations théoriques, elle agit dans un domaine pratique. Pour développer la Coopération, il ne faut pas seulement avoir des capitaux, il faut aussi avoir des coopérateurs. C'est la raison pour laquelle les théoriciens les plus intransigeants sont bien obligés d'admettre qu'il est des cas et des circonstances où la suppression même des trop-perçus aboutirait à tarir le recrutement coopératif et parfois même, hélas, à faire déserter nos sociétés par ceux qui sont actuellement leurs clients les plus fidèles... Je ne serai pas démenti par nos camarades de *La Bellevilloise,* dont Henriet évoquait tout à l'heure l'esprit coopératif des plus socialistes, quand je dirai que même dans les milieux où l'éducation coopérative est la plus absolue, où la passion de la Coopération, la mystique de la Coopération, puis-je dire, a atteint un développement inconnu partout ailleurs, eh bien, nos camarades administrateurs de *La Bellevilloise* savent parfaitement, et ils sont unanimes à cet égard, que le fait pour eux de supprimer les ristournes qu'ils ont limitées au minimum aurait pour le développement dans l'avenir, pour la vie même de leur Société, les conséquences les plus redoutables.

Voilà une espèce incontestable, dans laquelle, même animés des préoccupations théoriques les plus solides, les administrateurs ouvriers socialistes et communistes considèrent le maintien du trop-perçu comme une nécessité évidente, pour le développement de leurs Sociétés.

Je pourrais citer, en sens opposé, un autre exemple non moins caractéristique: Quand les travailleurs socialistes ont pris, en 1908, la direction de la *Revendication de Puteaux,* l'ancienne gestion bourgeoise de cette Société l'avait amenée à un état voisin de la déconfiture. Des trop-perçus il ne pouvait donc être question, et pour une raison majeure, dans la vieille Société de Benoit-Malon, et les coopérateurs socialistes qui l'ont dirigée depuis douze ans n'ont jamais cru devoir, même dans les périodes les plus prospères, rétablir les trop-perçus auxquels les sociétaires avaient cessé d'être habitués.

Si je professais l'intransigeance doctrinale de certains de nos camarades, je pourrais mettre en parallèle l'attitude du groupement coopératif auquel je suis attaché, avec celle de nos camarades de *la Bellevilloise*, et revendiquer, comme un titre de gloire communiste, notre attitude à Puteaux. Je n'en ferai rien, convaincu que si j'avais été à *La Bellevilloise*, j'aurais pris exactement la même position que Lamothe et ses amis, et que si nos camarades de Belleville avaient été à Puteaux ils eussent eu de toute évidence la même position que nous. Combien serait-il imprudent et injuste, dans ces conditions, de tresser aux uns des couronnes, et de jeter aux autres l'anathème!

Par conséquent, écartons, si vous le voulez bien, la rigueur doctrinale des formules exposées par Henriet, enlevons-leur le caractère absolu que semble vouloir leur donner le groupe des coopérateurs communistes de Paris, et maintenons purement et simplement cette indication incluse d'ailleurs dans le pacte d'Unité, que la répartition du trop-perçu est un mal, un mal parfois nécessaire, et que tout notre effort, partout où nous allons, doit porter dans le sens de l'éducation coopérative des masses, pour les amener progressivement, dans la mesure du possible, à renoncer à leurs petits profits individuels, dans l'intérêt collectif du développement de nos Sociétés.

L'autre critérium choisi par Henriet pour caractériser l'action des communistes, dans les coopératives, présente-t-il une pierre de touche plus sûre que celui de l'élimination des trop-perçus? Il faut, disent nos camarades, que le mouvement coopératif écarte tout effort de production et borne son action à la répartition des produits achetés à l'industrie capitaliste.

Eh bien, là encore, je ne comprends pas comment cette doctrine peut être rattachée à la théorie du communiste marxiste. Nous étions habitués, autrefois, dans la Coopération socialiste, à entendre un autre son de cloche. Au premier Congrès international, tenu à Genève en 1866, la motion de principe, votée par les représentants de tous les groupements adhérents, recommandait « aux ouvriers de s'engager plutôt dans les Sociétés coopératives de production que dans les Sociétés coopératives de consommation; les dernières ne touchant que la surface du système économique actuel, les deuxièmes l'attaquant dans ses fondements ». Et cette affirmation doctrinale n'était pas, croyez-le bien, le fait des disciples de Louis Blanc, attardés dans l'Internationale pour y reprendre les doctrines fameuses de 48; elle n'était pas non plus le fait des disciples de Bakounine et de Proudhon, dont l'influence était, à un moment, extrêmement limitée, puisque dans ses lettres à Kugelmann, publiées il y a une quinzaine d'années, par James Guillaume, Karl Marx déclarait avoir écrit lui-même le programme des délégués de Londres, et l'avoir limité « au point qui permette une entente immédiate et l'action commune des ouvriers ».

Depuis, je le reconnais, la doctrine a singulièrement évolué. Les travailleurs se sont rendus compte que les conditions modernes de la grande industrie rendaient impossible l'absorbtion du capitalisme par le capitalisme lui-même. Ils considèrent, à juste titre, la coopération de production comme une amusette pour quelques travailleurs privilégiés, largement subsidés par les caisses gouvernementales, et la coopération socialiste a peu à peu dégagé la doctrine aujourd'hui pratiquée, qui tend à organiser la production au sein même de la coopération de consommation, et sous sa dépendance.

Il ne saurait donc y avoir, là encore, de question de doctrine.

Seules les circonstances et les espèces doivent dicter l'attitude des militants coopérateurs. Sans doute Henriet a raison quand il souligne que le rôle de répartition, dévolu à la coopérative de consommation est suffisamment vaste, qu'il exigerait pour remplir son plein effet, plus d'efforts, de dévouement et de capitaux que ne peut en fournir la classe ouvrière, qu'il est parfois dangereux de détourner une partie de ces efforts et de ces capitaux vers la production, alors qu'on n'a pas été capable de faire rendre à l'organisation de la répartition son plein effet. Si la thèse d'Henriet était limitée à un simple conseil de prudence donné aux organismes centraux, je m'y rallierais pleinement.

Nous avons connu des périodes récentes où les militants que la confiance du mouvement coopératif avait placés à la tête de nos organismes commerciaux, avaient une tendance un peu excessive au développement de la production, et manifestaient à cet égard une sorte de mégalomanie qui faillit être funeste.

Cela, c'est un mal d'enfance; toutes nos organisations l'ont connu. Il y a eu d'abord la maladie de la pierre, qui a fait sombrer nombre de nos organisations coopératives, à une époque où les militants se faisaient un point d'honneur d'abriter leurs magasins de répartition dans des magasins inutiles et somptueux, grevant la consommation de charges onéreuses et superflues. Puis, tous les Congrès de la Coopération socialiste d'autrefois en témoignent, certains ont vu dans la généralisation de la production coopérative une sorte de moyen d'émanciper progressivement du salariat le maximum d'ouvriers. L'expérience a démontré que cette théorie était purement utopique. Pour être occupé dans une usine de production coopérative, le travailleur n'en est pas moins un salarié, toutes les charges de l'ordre capitaliste continuent de peser sur lui; il ne pourrait en être émancipé sans mettre en péril l'organisme de répartition, pour lequel il travaille, et le placer, au point de vue de la concurrence, dans des conditions telles qu'il serait rapidement acculé à la faillite!

Par contre, il est évident que le rôle même des coopérations dans l'organisation sociale actuelle, qui consiste à procéder à l'élimination progressive de tous les intermédiaires parasites pousserait à étendre cette élimination jusqu'aux capitalistes industriels eux-mêmes, et à assurer la répartition directe aux producteurs des objets ou denrées fabriqués au sein de leur organisation.

Nous nous trouvons, là encore, comme pour le trop-perçu, en présence d'un problème dans lequel des considérations d'ordre pratique immédiat sont susceptibles d'entraver l'application de certaines conceptions théoriques, et, contrairement à Henriet, qui paraît poser en principe l'élimination de la production coopérative, j'estime que le problème devrait être renversé, que la tendance devrait être vers l'organisation de cette production, étant entendu que cette tendance doit être tempérée, pour des raisons étroitement opportunistes, par l'obligation où nous sommes de consacrer d'abord et avant tout la plus grosse partie des capitaux dont nous disposons à des organismes de commerce et de répartition.

C'est toujours, là comme ailleurs, la même opposition entre l'idéal et le réel, opposition à laquelle se heurtent tous ceux qui, sans se contenter des phrases creuses et des formules, veulent agir et réaliser.

Quelles peuvent être, dans ces conditions, les formules d'action coopérative des travailleurs révolutionnaires, qui poursuivent avec passion la destruction d'une organisation sociale, sur laquelle nous portons la condamnation la plus absolue?

A vrai dire, les circonstances nouvelles dans lesquelles se débat actuellement le prolétariat de ce pays, comme celui d'ailleurs de la plupart des pays du monde, ont imposé dans notre esprit une sérieuse révision de nos conceptions antérieures sur le rôle dévolu à la coopération dans le grand œuvre d'émancipation prolétarienne.

Il fut un temps où beaucoup d'entre nous croyaient à la possibilité d'organiser dans le cadre d'un régime démocratique conquis de haute lutte par le prolétariat sur la bourgeoisie, une transformation progressive de l'ordre social substituant au gouvernement des hommes « l'administration des choses ». Dans cette conception, le mouvement coopératif orienté suivant les méthodes de Rochdale, dont Gide s'est fait dans notre pays l'admirable pionnier, pouvait jouer un rôle considérable : l'élimination progressive des intermédiaires aboutissant à l'entente généralisée des consommateurs contre les forces parasitaires de la répartition et, finalement, tous les détenteurs du matériel de production, l'entente internationale coopérative, la socialisation progressive, mais totale du commerce, de l'industrie et de l'agriculture, constituaient un objectif tellement concordant avec celui de nos organisations politiques et syndicats que l'accord entre les différents mouvements paraissait absolu. C'est la constatation de cette situation de fait qui avait amené certains coopérateurs socialistes, — Henriet en était à un moment — à travailler et à aboutir à la réalisation de l'Unité coopérative.

Aujourd'hui la situation nous paraît extrêmement différente. Ceux qui pensent que dans les conditions de l'organisation sociale actuelle, de la situation économique qui a succédé à la guerre, au moment où les cadres sociaux du vieil organisme bourgeois craquent de toutes parts, où il apparaît comme impossible de résoudre progressivement et pacifiquement les problèmes d'ordre économique et financier qui se posent devant la société capitaliste, ont évidemment le devoir et le droit de rechercher les conditions dans lesquelles le mouvement coopératif peut être de nature à préparer la transformation sociale, qui est notre objectif, et à s'adapter au cadre de l'ordre nouveau.

Les réalisations lentes et timides évoquées par le coopératisme ne nous paraissent plus correspondre à la situation de ce jour. Sans doute, comme autrefois certains théoriciens du marxisme intégral, nous ne portons pas condamnation contre la coopération; ce n'est pas dans notre bouche qu'on trouvera cette affirmation émise il y a une quarantaine d'années par Jules Guesde : « que la coopération ne saurait être qu'une aggravation des misères prolétariennes », mais comme les socialistes belges au début de l'effort admirable qui, derrière les Jean Volders, Van Beveren, Anseele et Bertrand, jetaient les bases de la seule coopération de classes qui ait été constituée en Europe, nous estimons que la question de savoir, si par le développement des sociétés coopératives on parviendra à donner au travailleur le produit intégral de son travail, doit être, sans hésiter, résolue par la négative.

Pour nous, la coopération donc, comme le proclamait Louis Bertrand, « n'est qu'un moyen, mais un moyen puissant ».

La valeur de la coopération, sa valeur essentielle pour nous est d'abord une valeur éducative; c'est parce que même ceux qui viennent, à la coopération sans partager nos points de vue et nos doctrines, qui adhèrent uniquement, pour des préoccupations d'intérêt personnel, y acquièrent fatalement une sorte de discipline collective, arrivent à considérer la possibilité d'existence d'un organisme économique, en dehors des lois du profit; parce que, aussi, nos camarades, et les militants aux prises avec les difficultés quotidiennes de la gestion et de l'administration, font en quelque sorte l'apprentissage du pouvoir qui leur sera dévolu demain, quand ils seront appelés à prendre en main la direction des affaires sociales c'est pour cela que la Coopération nous paraît un moyen d'action de premier ordre. Une classe, a-t-on dit, il y a bien longtemps, ne remplace une autre classe que si elle en est capable, et comme le proclamait Paul Lafargue, « les entreprises coopératives qui ont réussi, ont le grand mérite d'avoir prouvé, en prospérant, que les associations ouvrières peuvent se passer de direction capitaliste ».

Et puis, il est un autre rôle des organisations coopératives, que les circonstances actuelles nous obligent à mettre au premier plan, rôle qu'Henriet a évoqué tout à l'heure, sans d'ailleurs insister suffisamment sur ce point, c'est justement la mission essentielle que devraient jouer, dans des périodes de transformation sociale, nos organismes coopératifs.

Ceux-là même qui sont les plus influencés par les formules d'un étatisme centralisateur ne sauraient, dans ces circonstances, se dispenser du concours de nos organisations. Il n'y a qu'à examiner l'évolution du régime révolutionnaire russe pour y voir la substitution progressive, aux organismes d'Etat, des institutions de coopératives autonomes, qui sont considérées à l'heure présente, par les dirigeants du pouvoir soviétique, comme les seules susceptibles de pallier aux difficultés qu'ils rencontrent dans la répartition des denrées, et d'éviter au peuple russe la famine qui le menace.

Vos applaudissements me montrent que dans ce Congrès, composé en immense majorité de travailleurs socialistes et communistes, nos préoccupations sont à l'unisson.

Nous sommes d'accord donc sur le but; il nous appartient de déterminer les méthodes à employer pour y aboutir. Le moyen pour nous, c'est de pousser au maximum le développement du mouvement coopératif, c'est le maximum d'extension, le maximum de recrutement, et voilà pourquoi notre devoir doit être d'écarter du chemin de la Coopération toutes les formules métaphysiques ou politiques... qui seraient de nature à écarter de notre Société la masse des travailleurs, parfois timorés, que nous amènerons peu à peu à nos doctrines, dès que dans l'engrenage coopératif ils auront mis leur petit doigt. Eh bien pour cela il faut, et cela est triste à dire, évoquer, surtout à l'origine, les sentiments égoïstes de la masse.

Henriet sentait bien lui-même, que ce n'est pas avec des formules, avec des doctrines, avec des affirmations révolutionnaires, qu'on amènera la masse à la Coopération, et qu'on l'y canalisera; c'est par l'intérêt matériel, dont la préoccupation est au fond du cœur de tous les individus. Le plus gros obstacle au développement de la Coopération, — Henriet le faisait toucher du doigt, — est dans l'insuffisante perfection de nos méthodes commerciales et des résultats de notre gestion. Je connais bien ces griefs, dans la bouche ou sous la plume de tous nos adversaires, et dont trop de militants, préoccupés par nos querelles internes, se font les propagandistes inconscients! Poisson a évoqué, ce matin, les arguments que nous avons tous utilisés, que j'ai maintes fois employés moi-même dans près de vingt années de propagande coopérative, sur les procédés plus ou moins honnêtes par lesquels les commerçants accaparent la consommation des travailleurs inéduqués; mais, au fait, puisque nous sommes entre nous, il faut le reconnaître, nous luttons commercialement dans des conditions extrêmement difficiles; ce n'est pas, quoi que paraisse en penser Henriet, l'attribution du trop-perçu qui crée les conditions commerciales contre lesquelles nous tentons de réagir. Les méthodes pratiquées pendant de longues années par les coopératives socialistes du Nord et les coopératives belges, prouvent que les ménagères savent parfaitement déduire du prix d'achat des denrées le produit éventuel du trop-perçu, et acheter au besoin aux coopératives, plus cher que dans le commerce, si l'importance de la ristourne compense, et au delà, la différence de prix.

En fait, seules les grosses coopératives de fusion sont, à l'heure actuelle, outillées pour faire une concurrence efficace aux établissements capitalistes. Malgré certaines légendes basées sur les apparences beaucoup plus que sur la réalité, de multiples enquêtes faites par le Conseil d'administration de l'Union des Coopératives à Paris, ont établi dans le sens favorable à notre Société des différences de prix sensibles avec ceux du commerce; mais la situation n'est pas la même dans la plupart de nos petites Sociétés de répartition. La vérité est que ces organismes sont grevés du fait du personnel, de charges dépassant fréquemment le bénéfice normal des petits commerçants. Celui-ci ne connaît pas la journée de huit heures, ni le repos hebdomadaire; il utilise dans son store tous les membres de sa famille, et, pour assurer le même débit qu'un petit commerçant, il faut à une coopérative trois employés au moins, convenablement rémunérés. Les coopératives, c'est leur devoir élémentaire, appliquent rigoureusement, non seulement les dispositions législatives qui protègent les travailleurs, mais généralement les tarifs syndicaux, et trop fréquemment les syndicats d'ouvriers ont tendance de faire des coopératives le terrain d'expérimentation pour de nouvelles méthodes de rémunération du personnel, ou des conditions de travail plus favorables que celles des entreprises capitalistes concurrentes.

*Un Délégué.* — Je proteste...

Henri Sellier. — Je me borne à exposer une constatation de fait que tous les délégués des organisations, ici représentées, connaissent aussi bien que moi. Je n'incrimine d'ailleurs nullement les syndicats intéressés; ils cherchent à améliorer les conditions de travail dans leur milieu professionnel; c'est leur droit et leur devoir. Du fait que le recrutement syndical trouve beaucoup plus de facilités dans les organisations coopératives administrées par les travailleurs, la plupart du temps syndiqués, il est fatal que les décisions des syndicats aient une répercussion directe sur nos institutions, alors qu'elles rencontrent dans le monde patronal des résistances parfois invincibles. C'est, je le répète, cette situation qui incite les sociétés de fusion, par la formule de la gérance responsable, à se rapprocher dans leurs modes de répartitions des méthodes employées par le petit commerce, et qui font que les petites coopératives isolées, dont parlait Imbert tout à l'heure, quels que soient les avantages d'ordre moral qu'elles comportent, constituent une formule rétrograde, obligatoirement condamnée par les faits.

Loin de moi la pensée de peser sur nos organisations coopératives, pour les inciter à réaliser, au détriment de leurs employés, des économies propres à avantager leur situation commerciale; mais n'avons-nous pas le droit, dans ces conditions, de souligner aux coopérateurs cet argument que les sacrifices mêmes faits par les coopérative au profit de son personnel, sont de nature à lui mériter une certaine indulgence de la part des consommateurs qui ne trouvent pas dans son store les avantages correspondant à ceux qu'ils espéraient. Notre technique commerciale évoluée au sein des Sociétés de fusion, se heurte d'un autre côté à l'insuffisance technique des états-majors dont nous pouvons disposer. Il est difficile à une coopérative de recruter son personnel de direction, comme le ferait une entreprise capitaliste. Nous avons le désir légitime d'éliminer de nos Sociétés les habitudes, hélas trop généralisées, de profit occulte, qui constitue le bénéfice essentiel des agents de direction et d'approvisionnement des entreprises capitalistes similaires.

Nous avons souci de ne confier la direction de nos entreprises qu'à des hommes présentant, au point de vue de leur tournure d'esprit, des garanties d'harmonie avec nos conceptions idéologiques; certaines campagnes démagogiques, d'autre part, auxquelles j'ai le regret de voir s'associer le groupement représenté ici par Henriet, tendent à empêcher nos organisations coopératives de donner aux hommes offrant les garanties techniques et morales nécessaires pour la gestion de nos entreprises, les avantages matériels correspondant à ceux qu'ils pourraient obtenir dans les entreprises capitalistes similaires.

Ce sont là, à mon avis, les vices essentiels d'une forme d'action coopérative, qui est au stade initial de son évolution et dont les méthodes ne manqueront pas de se perfectionner. Mais surtout que les coopérateurs, et particulièrement les plus éclairés d'entre eux, n'aillent pas constamment, avec des arrière-pensées d'ordre politique ou personnel, prendre prétexte de tel ou tel article vendu un sou de moins chez l'épicier, pour conclure publiquement que la coopérative est mal administrée, mal gérée ou que ceux qui sont à sa tête sont des gérants infidèles ou incapables.

En tous cas, et c'est la conclusion normale des observations que j'ai présentées, personne ici, même ceux d'entre nous qui ont accepté la discipline du parti communiste, ne tente d'apporter sur le terrain coopératif l'écho des dissensions et des divergences qui se donnent malheureusement libre cours sur d'autres terrains.

« Les divergences politiques et l'esprit particulariste que l'on rencontre malheureusement trop chez nous, ont fait que la Coopération est loin d'atteindre le développement qu'elle a chez nos voisins. » Je m'associe pleinement, quant à moi, à cette observation qu'Henriet, d'accord avec moi, exprimait dans une remarquable brochure écrite il y a dix ans, à la veille de la constitution de l'Unité coopérative.

Je suis tout à fait convaincu, il le disait tout à l'heure, qu'il est resté fidèle à cette doctrine.

HENRIET. — Tu es l'accusateur; c'est bien. Nous nous retrouverons. J'ai évolué, mais toi tu n'as pas évolué, et tout communiste que tu es, tu te fais applaudir par les réactionnaires.

HENRI SELLIER. — Camarades, je ne crois pas avoir dépassé...

Henriet — Non, tu ne me reproche pas ce que j'ai dit en 1910, tu as bien changé depuis...

Henri Sellier. — Je ne comprends pas l'émotion manifestée par Henriet dans le rappel que j'ai fait tout à l'heure de ce qui a été il y a dix ans; notre pensée commune; je ne lui reproche pas d'avoir écrit en 1910, car c'était la vérité, que la trop fréquente intrusion des querelles politiques au sein des mouvements coopératifs avait paralysé ce mouvement. Je le lui reproche d'autant moins, que tout à l'heure, au début de mes observations, il a indiqué par une interruption que nous étions complètement d'accord sur ce point et sur la nécessité de ne mettre à la porte de la Coopération aucune étiquette politique, même pas le marteau et la faucille, qui sont l'insigne de notre parti.

A partir du moment où cette question essentielle de doctrines est réglée entre nous, j'ai bien le droit de dire que les seules divergences qui puissent exister entre nos militants portent sur les méthodes d'action intérieure de la Coopération. Mais le fait que nous n'entendons pas, quant à nous, sans dissimuler — je les ai exprimées avec netteté — les préoccupations que nous apportons au sein de l'organisme coopératif, — nous servir de cet organisme à ses fins de politique étroite, nous donne, plus qu'à tout autre, le droit d'exiger que l'on ne cherche pas à constituer, au sein de la Fédération nationale, je ne sais quelle tendance politique dirigée contre une fraction du prolétariat organisé.

Nous avons le droit, évidemment, les uns et les autres, de participer au mouvement coopératif avec des fins différentes.

Pour un certain nombre, la coopérative n'est qu'une boutique, un mode de commerce économique susceptible de sauvegarder les intérêts matériels des consommateurs. Comme Henriet, je considère cette conception inadmissible et complètement caduque. Moi-même, comme la plupart des militants qui consacrent leur temps et leurs efforts au mouvement coopératif, nous considérerions cette besogne comme tout à fait superflue, si au bout de nos peines nous ne voyions pas la réalisation de l'idée féconde qui est à la base de toute notre action publique. Il y a, dans la masse ouvrière qui adhère à nos Sociétés, un sentiment très net que la Coopération doit être un mouvement d'action sociale qui, parallèlement aux autres méthodes d'organisation de la classe ouvrière, poursuit un but défini d'émancipation prolétarienne. C'est notre droit, le droit des coopérateurs socialistes ou communistes, de travailler au sein du mouvement à amener à cette idée le maximum de nos coadhérents, et de faire pénétrer dans nos organismes coopératifs les hommes qui sont susceptibles de leur donner cette orientation.

Là se limite notre droit. Henriet me reprochait tout à l'heure de n'avoir pas changé. Il a raison. Je n'ai pas changé sur ce point. Je persiste à croire que pour que la Coopération donne le maximum d'effets utiles pour le but que j'y poursuis, elle doit atteindre le maximum de développement; or, elle n'atteindra ce développement que si elle se garde d'apparaître comme inféodée à n'importe quelle secte politique. Il faut que pour le gros public, qui ne vient à elle que pour des préoccupations d'intérêts matériels immédiats, elle soit un organisme neutre, bien qu'une sorte de conception ésotérique de son organisation permette aux militants qui la dirigent une perception immédiate du but qu'elle poursuit.

C'est ce que nous avons dit, avec autant de netteté qu'il était possible, dans le manifeste d'Unité; contresigné par Henriet, et je n'ai pour ma part rien à y reprendre, sauf le rôle excessif, à mon avis, dans les circonstances actuelles, qué nous pouvions attribuer il y a dix ans, à l'organisation coopérative dans notre effort de transformation sociale. Mais il faut aussi dire que la correction même de notre attitude nous donne le droit d'exiger et de veiller, dans l'intérêt du mouvement coopératif même, à ce que d'autres que nous ne se fassent pas du mouvement coopératif une plateforme pour la défense et la propagande de conceptions politiques opposées à celles d'une fraction importante de la classe ouvrière organisée.

Le jour où la Coopération paraîtra à nos militants comme un instrument plus ou moins avoué des doctrines de conservation sociale, le jour où les imprudences des hommes qui la dirigent sembleront l'inféoder à telle ou telle politique réformiste, le facteur moral, qui est l'élément essentiel de notre action, aura tôt fait de disparaître et de vouer la Coopération à une déchéance rapide. La Coopération ne peut sbsister et se développer que si elle conserve des racines profondes au sein de la masse des militants du prolétariat révolutionnaire. Ce n'est pas chez nos sociétaires exclusivement animés de l'esprit économiste et mercantile que l'on trouvera des dévouements susceptibles de nous permettre de traverser des difficultés passagères et de renforcer notre action.

J'ai été péniblement surpris à cet égard — je le leur dit nettement — de l'attitude prise par nos délégués au Bureau de l'Alliance coopérative internationale, en ce qui concerne la question des coopératives russes.

J'ai l'impression très nette, et j'espère qu'ils nous fourniront sur ce point des explications, que la position qu'ils ont prise a été beaucoup plus directement inspirée par les sentiments politiques qu'ils professent à l'égard des dirigeants de la Révolution russe, que par la saine interprétation des intérêts du mouvement coopératif.

J'ai été également surpris, quelque intérêt qu'il puisse présenter, de voir l'importance donnée au manifeste des universitaires coopérateurs, au sein de notre organisation, de le voir en quelque sorte prendre en charge, cautionner officiellement par nos fonctionnaires, ce document exprime des sentiments extrêmement intéressants de la part des gens qui l'ont signé, il souligne l'influence que nos idées peuvent avoir sur les milieux mêmes les plus réactionnaires, et les préoccupations qui animent aujourd'hui un certain nombre de professeurs distingués, qui ne sont d'ailleurs que des coopérateurs très honoraires.

Mais de là à considérer ce document comme la manifestation officielle de notre pensée, à l'insérer dans le rapport de la Fédération nationale, à le prendre en quelque sorte à notre compte, il y a une certaine nuance, et je regrette que nos secrétaires, avant d'y apposer leurs signatures, n'aient pas cru devoir le soumettre au Congrès.

Camarades, nous sommes, je crois, à un tournant extrêmement grave de notre évolution coopérative, et ceux qui mènent notre barque doivent scrupuleusement veiller à ce qu'elle ne serve pas de champ d'action aux querelles qui n'ont, hélas, à l'extérieur, que trop de terrains où pouvoir se développer.

Nous traversons une période angoissante, tragique pour l'avenir de la classe ouvrière; et justement les difficultés de l'heure présente exigent du mouvement coopératif qu'il conserve son caractère spécifiquement ouvrier. Sans doute la Coopération doit être ouverte, elle doit accueillir tout le monde dans son sein, elle ne doit éliminer personne.

*Un Délégué.* — Les paysans!

Henri Sellier. — Sans doute, elle est de nature à réunir les sympathies de ceux qui voient poindre à l'horizon la transformation sociale fatale, et qui bien à tort, à mon avis, pensent pouvoir éviter la brutalité des solutions révolutionnaires.

Nous n'entendons rejeter aucun concours. Des hommes sont pleins de bonne volonté. Ils croient pouvoir nous être utiles; qu'ils viennent à nous!

Nous n'oublions pas, malgré tout, comme le disait Henriet tout à l'heure, que la Coopération ne pourra vivre et se développer que si elle conserve ses racines profondes au sein de la classe proléta-. rienne, que si son action d'ensemble est dirigée dans des conditions telles qu'elle donne confiance à la classe ouvrière, qu'elle soit influencée par elle, et qu'elle soit orientée vers les fins que poursuivent les différentes organisations du prolétariat.

Les conditions que nous a faites le régime capitaliste, la guerre qui pendant cinq ans a ravagé l'humanité, posent des problèmes tels, que certains de nos camarades sont bien excusables d'être animés d'une sorte d'obsession révolutionnaire.

Il faut que vous teniez compte de cet état d'esprit, il faut que la Coopération joue nettement son rôle dans la transformation sociale qui se prépare. D'ailleurs les circonstances politiques elles-mêmes l'obligent à prendre cette position.

La politique de conservation sociale n'est-elle pas, à l'heure actuelle, représentée au Parlement par un Parti qui entend conserver le pouvoir, en opposant les producteurs ruraux à la masse des consommateurs des villes?

N'avez-vous pas vu depuis quelques mois le phénomène de la lutte de classes se traduire, même sur ce terrain? Alors que le Parlement précédent paraissait inspiré, à l'égard de nos organisations coopératives, d'une sorte de vague sympathie, analogue à celle que traduit votre manifeste des universitaires, la passion des hommes du bloc national s'exerce progressivement contre nos organisations, et ceux-là même de nos adhérents, qui, dans le domaine des idées, seraient sympathiques à la politique de réaction, seront à bref délai obligés de constater qu'elle est incompatible avec le développement de la Coopération.

Il appartient à nos organisations de montrer aux producteurs ruraux, que tente de s'inféoder le capitalisme, le degré de solidarité qui doit les unir avec les consommateurs ouvriers. Il leur appartient par une sorte de synthèse qui est dans le sens même du caractère de la coopération, de solidariser tous les travailleurs, à la fois producteurs et consommateurs, contre les parasites qui les grugent.

Que cette synthèse soit difficile à réaliser, personne d'entre nous n'en doute; dans un ordre social basé sur l'égoïsme individuel et la course au profit, il est fatal que des antagonismes surgissent. Nous en avons trouvé partout. Nous avons vu, au point de vue syndical, parfois les intérêts corporatifs se trouver en opposition avec les intérêts des consommateurs. Nous les avons vu au sein des organisations politiques même les plus révolutionnaires, où des préoccupations d'ordre électoral font que parfois la défense du petit com-

merce, contre la Coopération, s'allie avec les doctrines les plus vigou-
reuses de transformation sociale.

L'action de la classe ouvrière n'est pas facile, elle est extrêmement
complexe. Elle doit être faite justement de coordination de tous les
intérêts sur le terrain politique, syndical, coopératif. Nous pouvons,
chacun avec notre tempérament, notre état d'esprit, poursuivre
notre action, à condition que nous ayons un but bien défini.

Or, cette unité d'action n'est nulle part plus aisée qu'au sein de
l'organisation coopérative.

Quand on se rappelle nos Congrès d'il y a une quinzaine d'années,
où les hommes du Comité central ou de la Bourse des Coopératives,
réunissaient péniblement une centaine de sociétés, faisant quelques
millions d'affaires, et qu'on constate aujourd'hui que plusieurs milliers de sociétés sont rangées sous notre bannière avec un chiffre
d'affaires qui se compte par centaines de millions, on est bien
obligé de reconnaître que ce résultat est, dans la plus large mesure, dû à la réalisation de l'Unité coopérative. De l'Unité qui a
eu pour résultat d'arracher aux conceptions surannées qui les ani-
maient, un grand nombre de nos groupements: de les inféoder peu à
peu à l'idée coopérative généreuse qui nous anime, et d'écarter progressivement de chez eux l'esprit petit bourgeois qui y régnait autrefois!.

Eh bien, cette Unité si difficilement acquise, et ce sera ma conclusion, il faut à tout prix la conserver.

L'organisation coopérative est, à l'heure actuelle, la seule force
ouvrière pleinement unie. C'est elle qui doit constituer le noyau
de l'effort de demain; elle doit méconnaître les luttes de doctrines
qui se donnent libre cours dans les groupements syndicaux ou politiques, elle doit réaliser l'harmonie des efforts de la classe ouvrière.

Je suis convaincu qu'en vous adressant cet appel, qu'en demandant à nos camarades d'écarter, entre nous, tous les germes de division, je travaille plus que quiconque à l'effort révolutionnaire décisif,
qui doit mettre demain à bas, l'organisation sociale de la bourgeoisie.

Roumajon. — Je demande l'impression en brochure du discours
de notre camarade Henri Sellier.

## Discours de BUGNON,
### de la Coopérative départementale de la Meuse

Bugnon. — Pour répondre aux exposés théoriques que vous venez
d'entendre, je voudrais apporter le témoignage de quelques réalisations précises. Il s'agit, en effet, de marquer comment la Coopération nouvelle s'établit dans les faits et comment elle est le résultat
de l'activité féconde de la Fédération nationale et du Magasin de
Gros.

Je n'appartiens à aucun parti politique. Je crois que la Coopération ne doit plus aujourd'hui subir de directives politiques, pas
plus que de directives économiques et sociales, qu'elle est un mouvement assez puissant pour avoir elle-même sa politique, sa socio-
logie, sa morale, son idéal.

Certes, nous nous souvenons que la Coopération est un mouvement d'origine essentiellement ouvrière, qu'elle est inspirée par

des principes et des sentiments socialistes et nous sommes recon-
naissants à tous les militant qui, dans leurs petites coopératives
autonomes, ont formé les méthodes, ont formé l'esprit; nous nous
disons leurs fidèles disciples; mais nous jugeons le moment venu
de corriger ce qu'il y a eu d'excessif dans leurs expériences, ou de
rectifier ce qu'il y a eu de maladroit. Il faut mettre la Coopération
nouvelle dans les meilleures conditions de développement, et ce sont,
par ordre d'utilité immédiate:

1° Celles de la coopérative alimentaire ou commerciale;

2° Celles de la coopérative d'éducation sociale et d'organisation
nationale;

3° Celles de la coopérative révolutionnaire.

C'est une erreur de croire qu'un mouvement coopératif ne se crée
qu'avec des coopérateurs. Il y a deux méthodes pour faire naître
les coopérateurs: ou bien par l'éducation lente, — (et une éducation, c'est au moins une génération, une trentaine d'années), — ou
bien par l'attrait d'avantages matériels comme les bas prix, la
diminution du coût de la vie; ou bien former des coopérateurs par
un laborieux effort de propagande et les outiller ensuite pour les
luttes commerciales; ou bien diminuer le commerce en enfermant
tous les consommateurs dans une organisation coopérative qui
travaille avec de véritables méthodes commerciales, qui puisse
lutter à coup de prix, à coup de capitaux, à coup d'hommes contre
les organisations commerciales capitalistes.

Lorsqu'il s'est agi, dans la Meuse, de ravitailler le pays après
l'armistice, je n'ai pas hésité entre les deux méthodes. Il y avait
trois ou quatre petites coopératives ouvrières qui, du reste, sont
venues depuis à la Coopérative départementale de la Meuse; on ne
pouvait pas compter sur elles; il n'y avait par conséquent qu'une
méthode possible, c'était d'engager dans la coopérative un groupe de
commerçants capables d'employer les véritables méthodes commerciales, les plus puissantes méthodes commerciales, pour réduire
ou tout au moins discipliner le commerce.

En deux ans, l'objectif est atteint. Nous arrivons à 40 millions
d'affaires. Le chiffre total de l'alimentation et des vins s'élève, pour
le département, à 60.000.000; nous en faisons donc les deux tiers.
Nous avons 18.000 sociétaires, 2 millions de capital versé en actions,
2 millions 1/2 en prêts, et, depuis que nous avons ouvert la caisse
auxiliaire du Magasin de Gros, nous arrivons à dépasser 100.000 fr.
par mois de dépôts; c'est 300.000 francs par mois, par conséquent,
que l'épargne publique du département accorde à sa coopérative.

Comment ce résultat a-t-il été atteint?

Tout simplement en mettant autour de nous toutes les forces du
département. Je ne dis pas les forces politiques, sociales, morales;
je dis les forces alimentaires. Tous ceux qui avaient un estomac à
satisfaire sont venus à la coopérative, parce qu'ils y trouvaient des
conditions commerciales meilleures que dans le commerce, et nous
avons pu les y maintenir; malgré la crise commerciale, nous arrivons encore à vendre meilleur marché que les maisons à succursales multiples.

Nous ne tenons pas à rester enfermés dans notre département;
nous nous étendons. La fusion a été votée, il y a quinze jours,
par les grosses Sociétés: *La Ruche Nancéienne*, de Nancy, l'*Union
des Coopérateurs* de Lorraine et la *Coopérative de la Meuse;* nous

ne ferons plus qu'une Société en Lorraine, aussi puissante que les maisons à succursales multiples contre lesquelles il faut engager une lutte qui sera une lutte à mort.

Nous avons compris qu'il fallait étendre ce mouvement commercial à toute la région de l'Est; nous venons de jeter, en Franche-Comté, les bases d'une Coopérative régionale qui, dans son premier magasin de Belfort, fait 10.000 francs par jour.

Reprochez-nous d'user de la technique commerciale et des moyens du commerce!... Pour faire baisser les prix des denrées de première nécessité, il faut profiter des bénéfices sur les denrées de luxe, et prélever, pour diminuer le prix de la consommation populaire, la dîme nécessaire sur les consommations bourgeoises.

Voilà les opérations que peut faire une coopérative généralisée.

Et alors, les maisons à succursales multiples se défendent; elles savent bien que, parce que nous avons des groupes de sociétaires répartis partout, parce que nous en avons dans les petites bourgades des régions libérées, nous sommes obligés d'avoir des magasins qui font 5.000 francs, 2.000 francs même par mois dans ces communes où les paysans, revenus pour réparer leurs ruines, se trouvent trop peu nombreux.

Comme les maisons à succursales n'ont de magasins que dans les grosses localités, elles baissent certains prix: l'un, un jour ici, l'autre, un jour là, de façon à discréditer la coopérative. Eux ne baisseront qu'en un endroit ou deux endroits, dans les points qu'ils auront choisis; tandis que nous, nous serons obligés de baisser nos prix dans 150 boutiques du département.

Voilà pourquoi c'était pour nous une nécessité de nous étendre à toute la Lorraine, et pourquoi il était urgent d'aller jusqu'en Franche-Comté.

Eh bien, la guerre est ouverte, et voici la circulaire qu'une grosse maison de chicorée adressait à un de ses représentants, le 21 mars 1921, au sujet de notre action en Franche-Comté:

« Il nous est écrit au sujet de la maison M..., de Châlons:

« Ces Messieurs sont furieux après Belfort. La Société coopérative régionale de Franche-Comté et du Territoire de Belfort, faubourg de France, à Belfort, fait de la réclame sur les journaux et annonce notre B. A. à 380 francs.

« Les établissements M..., d'accord avec les maisons de Troyes et de Besançon, avaient décidé de vendre notre B. A., jusqu'à fin de marché, 400 francs. Tout allait pour le mieux jusqu'à cette concurrence qui, je crois, peut se terminer si vous voulez bien donner des ordres à vos représentants de Belfort, pour qu'ils fassent sentir à cette coopérative que le prix de vente de la B. A. est de 1 franc.

« Ce n'est pas non plus votre intérêt de mécontenter la maison M... qui vous fait passablement d'affaires en Haute-Saône.

« Voyez donc à tâcher d'obtenir de la Coopérative régionale qu'elle ne gâche pas ainsi les cours.

« Veuillez agréer, etc... »

C'est que nous savions que les maisons à succursales multiples avaient tenu, à Paris, une réunion importante pour décider, non pas par quels moyens elles résisteraient à la Coopération, mais comment elles l'attaqueraient et porteraient la lutte dans certains centres par elles bien choisis; et elles choisiraient naturellement des centres où nous serions plus vulnérables, notamment les centres où il y avait de petites coopératives auxquelles nous n'étions associés que par un lien moral.

Voilà la Coopération alimentaire que nous avons faite, en voilà les résultats.

Je pourrais vous dire qu'à côté de l'épicerie et des vins, nous avons la mercerie, le restaurant, le café et la boucherie; l'action est menée par une Coopérative généralisée, faisant appel à de grands capitaux.

Voyons maintenant comment nous avons pu passer de cette forme commerciale à une forme sociale supérieure, à une forme d'éducation.

Vous n'ignorez pas que les Sociétés de fusion, les Sociétés de développement ont, autour de chacune de leurs boutiques, une section de sociétaires. Ces sections ont des bureaux qui étudient les questions coopératives, lisent l'*Action Coopérative*...

L'*Action Coopérative*, ce n'est pas un journal toujours bien fait, bien rédigé pour les ouvriers; elle l'est mal pour les paysans, et nos coopérateurs, sur 18.000, sont 14.000 paysans. Naturellement, il existe parfois des conflits entre les uns et les autres; mais nous croyons fermement que la coopérative peut réconcilier les producteurs entre eux, car si les producteurs ont des intérêts opposés, ils les ont en tant que producteurs, ils ne les ont pas en tant que consommateurs; et c'est seulement la consommation qui peut discipliner la production et qui peut relier entre eux les groupements de producteurs.

Ces bureaux de section donc étudient toutes les questions mises à l'ordre du jour, et je doute que, dans aucune autre coopérative, on ait fait une étude plus soignée des questions mises à l'ordre du jour de ce Congrès.

Nous avons eu réunion plénière de ce que nous appelons le Comité général, de nos 104 présidents de section, le 1er mai; nous y avions invité les délégués de toutes les coopératives voisines et nous avons pu là, en parfaite harmonie, discuter de toutes les questions mises à l'ordre du jour, et chose infiniment plus importante encore, nous le croyons, de la façon dont la production agricole peut entrer dans les coopératives de consommation, et être définitivement avec elle.

Je suis persuadé que nous ne sommes pas loin d'aboutir et que, derrière la Coopérative départementale de consommation, il y aura bientôt une Coopérative de production. Les deux se rencontreront; ou bien ce sera la production qui entrera comme branche spéciale dans la consommation, ou bien les deux seront liées par un contrat d'achat et de vente, contrat comme on en fait entre producteurs et consommateurs.

L'éducation n'est pas seulement dans ce mouvement d'ordre économique; nous la faisons déjà au point de vue de l'assurance sociale, au point de vue de la solidarité. Nous avons créé une caisse qui donne 50 francs à chaque naissance, 100 francs à chaque décès; nous donnons 20 francs à chaque enfant reçu au certificat d'études. Nous avons même un cinéma pour faire nos tournées à la campagne, et je vous prie de croire que la propagande par cinéma est une des plus efficaces qui soit, car à côté des hommes vous voyez, réunis dans la salle, les femmes et les enfants, toute la commune.

Voilà l'action éducative, voilà l'action de propagande.

Nous avons créé des bibliothèques; il se trouve même des conseils municipaux de petites communes pour nous remercier d'avoir fait entrer dans leur bibliothèque, je ne parle pas de la République coopérative dont nous savons toute la vertu, mais d'autres brochures moins indigestes, plus faciles à suivre par des associations agricoles ou par des groupements populaires.

Si les organisations ouvrières du département qu'on peut considérer, c'est entendu, comme inexistantes dans l'ensemble politique, mais qui cependant ont une vie, puisque quelques-unes avaient fait vivre des coopératives assez puissantes — la Coopérative de Commercy a dépassé le million dans son année et compte 1.000 sociétaires avec 100.000 francs de capital versé; la Coopérative de Vaucouleurs, moins puissante, a fait également de bonnes affaires; ce sont des coopératives exclusivement syndicales; — eh bien, si elles sont venues à la Coopérative départementale de la Meuse, c'est parce qu'elles sentent que de toutes les forces de transformation sociale, de toutes les forces révolutionnaires, — et je le dis devant ces paysans de la Meuse qui sont nos délégués et les paysans de Lorraine qui nous sont acquis, — ils sentent qu'il n'y a pas de force comparable à la Coopération généralisée, parce que, en effet, que ce soit par la suppression des ristournes — elle a été proposée à notre Comité général par quelques-uns qui se rencontraient plutôt dans les partis de droite — qu'on y aboutisse par la suppression de la ristourne ou par la grosse accumulation de réserves, — en deux ans nous avons déjà plus de 1.200.000 francs de réserve, — il est certain que par l'accumulation de ces capitaux, la Coopérative de consommation sera une puissance financière telle qu'elle pourra entrer dans les organisations capitalistes locales et avoir un droit de contrôle sur la production, en attendant d'avoir le droit de diriger elle-même la production.

Ah! c'est un problème assez délicat et assez difficile, car c'est celui qui a pour but de concilier les thèses de transformation rapide préconisées par les populations ouvrières, et celles de transformation lente qu'exigent les tendances conservatrices du monde agricole. Eh bien, nous croyons que la coopérative peut le faire, nous croyons qu'elle devra avoir un jour sa politique à elle et que, pour l'avoir, il faut qu'elle se garde comme du feu, aujourd'hui, des autres politiques qui n'ont pas un but de transformation sociale aussi généralisée. C'est elle aussi qui imposera une morale nouvelle.

Poisson nous le disait l'autre jour, le 1er mai, à Bar-le-Duc, il y a une morale nouvelle dans la Coopération, il l'appelle la morale du bien-être, la morale du banquet de la vie...

Le banquet de la vie, oui, le banquet juste, le banquet de la justice et de la solidarité humaine; c'est cela que nous pensons instaurer et c'est pour cela qu'avec une foi peu commune on nous suit dans la Meuse, on nous suivra en Meurthe-et-Moselle et dans les Vosges, on nous suivra dans les trois départements de Franche-Comté, parce que, en même temps que nous aurons apporté ces satisfactions alimentaires dont je parlais et ces satisfactions d'éducation, on saura que nous apportons la plus sûre et la plus efficace transformation sociale.

C'est de cela que je tiens à remercier la Fédération nationale et le Magasin de Gros, de nous avoir facilité les moyens d'opérer, d'avoir travaillé à la création, dans l'Est de la France, d'un centre, d'une sorte de bureau d'approvisionnement, d'une sorte de Magasin de Gros régional si l'on veut, puisque nos entrepôts de gros finiront par faire eux-mêmes l'approvisionnement des Sociétés.

Je sais bien qu'on me dira: la Coopérative de la Meuse, sur ses 40 millions d'affaires, fait seulement un million avec le Magasin de Gros. C'est que nous avons trouvé plus d'intérêt à nous en passer commercialement, étant donné que nous étions assez puissants pour avoir nos propres entrepôts.

Mais aujourd'hui, quand il faudra coordonner l'action de ces entrepôts, quand il faudra derrière eux faire de l'importation et de la fabrication, grouper les services des banques et des caisses auxiliaires, le Magasin de Gros reprendra sa place, et c'est en harmonie avec la Fédération nationale que nous continuerons ce grand mouvement de régionalisme économique lorrain dans l'orientation nouvelle du mouvement coopératif.

## Discours de PAYRÉ

PAYRÉ. — J'aborde la tribune avec difficulté parce que je ne suis pas un orateur, je ne suis pas un professionnel de la parole; mais tout au moins j'essayerai de venir porter ici, dans ce débat, une note qui n'a pas encore été bien définie en ce qui concerne les coopérateurs communistes.

Oui, les coopérateurs communistes ont un espoir au sujet du résultat de la Coopération.

Poisson vous a dit ce matin, qu'il prétend, lui, que la Société coopérative pourra résoudre le problème social; pourra, au fur et à mesure, s'emparer des moyens de production et d'échange. Eh bien, nous estimons, nous, que c'est une grande illusion et nous ne pouvons pas concevoir que des hommes de valeur, comme certains intellectuels, puissent croire que, tant que durera le régime capitaliste, la Coopération pourra résoudre le problème social de la consommation.

Vous commencez à vous en apercevoir.

Pendant la guerre, favorisés par les circonstances, aidés aussi par le gouvernement, sinon financièrement tout au moins moralement, parce que le gouvernement avait besoin de la Coopération, à ce moment-là l'union sacrée existait et, par conséquent, il fallait autour de la défense nationale grouper toutes les forces de la nation; mais depuis, voyez donc le résultat de la Coopération! Aujourd'hui, hélas! comme tous les partis politiques, comme toute l'action syndicaliste, qu'est-ce que la coopérative apporte à la classe ouvrière? Elle apporte le néant, et c'est justement que les partis politiques ont dû détruire cette théorie qui, depuis un siècle, faisait la base du parti politique, pour s'orienter vers d'autre méthodes, puisque désormais on ne peut plus rien attendre, rien sortir de la société capitaliste, et par conséquent il s'agit d'adopter d'autres méthodes.

Le syndicalisme aussi, voyez-le donc, regardez-le donc. Ses effectifs disparaissent, et pourquoi? Ah! camarades, ce n'est pas la division qui règne parmi les militants, c'est parce qu'il n'apporte à la classe ouvrière que le néant. C'est le néant qu'il apporte et, par conséquent, les individus qui étaient venus au mouvement syndical, autant il en était venu, autant il en est reparti.

Par conséquent, là encore d'autres méthodes d'action sont à envisager, d'autres méthodes sont nécessaires pour apporter des améliorations à la classe ouvrière.

Et le système coopératif! Poisson vous a dit ce matin avec quelles difficultés il avait à se défendre envers tout le commerce et le capitalisme en général.

Tous les arguments qu'il a exposés sont vrais; mais ce qu'il a oublié de dire, ou plutôt ce qui le différencie totalement de nous, c'est la conclusion quant aux remèdes à apporter à cette situation. Parce que, tant qu'un mouvement n'est pas dangereux pour le capitalisme, on le laisse se développer; mais le jour où la Coopération deviendra un danger pour le mercantilisme français qui est un des soutiens du pouvoir, le pouvoir, comme il a pris des mesures envers toutes les forces sociales de révolution, prendra des mesures contre le mouvement coopératif et le mouvement coopératif se débattra, tant que durera le système capitaliste, dans les mêmes difficultés où il est en train de se débattre.

Pour nous, communistes, le mouvement coopératif ne peut plus résoudre, surtout dans l'orientation donnée par les dirigeants coopératistes et dans l'ancienne méthode rochdalienne, il ne peut plus apporter à la classe ouvrière une amélioration quelconque, et les expériences vous prouvent ce fait tous les jours.

Quant à nous, si nous cherchons à aller à la Coopérative, ce n'est pas pour en tirer des résultats immédiats.... Camarades, certainement nous n'y trouvons pas des avantages immédiats, et ce qui arrive, c'est que les consommateurs pauvres, c'est que les travailleurs qui doivent lutter pour avoir de meilleures conditions de travail ne trouvent pas, à la Coopération, l'utilisation du produit de leur travail dans les conditions où ils le voudraient.

Donc, qu'est-ce qui nous reste? Il nous reste aussi de suivre l'évolution de la société humaine. La société humaine ne voit aucun salut sans la suppression radicale du régime capitaliste. Et alors, est-ce que vous prétendez, en tant que Coopération, résoudre à vous seuls le problème social?

Non, camarades, n'ayons pas ces prétentions. La transformation sociale ne peut s'opérer que d'accord avec le parti prolétarien révolutionnaire, d'accord avec le syndicalisme révolutionnaire de production, et pour aboutir à ce résultat, il faut que nous adoptions un autre esprit à la direction de la Coopération française.

C'est cela surtout notre dessein, c'est surtout cela le but que nous poursuivons quand nous disons à nos camarades communistes de venir à la Coopération pour apporter leur idéal et tâcher d'y faire pénétrer cet esprit de classe.

Avant la guerre, déjà, la Coopération vivait en harmonie avec le socialisme international. Par conséquent, aujourd'hui, nous estimons que la Coopération, au lieu de suivre l'évolution de la société humaine, reste ce qu'elle était par le passé. Par conséquent, notre rôle à nous, communistes, c'est de venir apporter notre esprit, et alors quand Sellier qui se targue d'être du parti communiste et qui veut nous prouver qu'on peut être communiste ailleurs et réformiste dans la coopérative, je regrette que Sellier, avec toute sa valeur et toute sa belle parole, n'ait pas pu réussir à me convaincre et je doute fort qu'il ait convaincu les délégués communistes qui sont ici; je doute encore plus fort qu'il arrive à convaincre les communistes qui ne sont pas encore venus à la Coopération.

Par conséquent, camarade Sellier, j'estime que vous êtes en contradiction.

D'abord, il nous dit qu'il faut conserver les formes actuelles, et

plus loin, vers la fin de son discours, il disait que la Coopération
était une forme de la lutte des classes et qu'il fallait lui apporter
cet esprit.

La lutte des classes, aujourd'hui, s'est portée plus en avant, parce
que les formes qu'elle affectait ne pouvaient plus rien apporter
à la transformation sociale et à l'affranchissement du prolétariat.

Et alors, qu'est-ce qu'on nous reproche? On nous reproche d'aller
tuer le mouvement coopératif. Nous aimons le mouvement coopératif autant que vous tous, nous faisons tous nos efforts, et ce n'est
pas parce que nous ne sommes pas majorité que l'idée communiste
ne nous permettrait pas de faire notre devoir de coopérateurs; nous
continuons à aller dans nos succursales, nous continuons d'apporter
nos ressources à l'organisation coopérative.

Par conséquent, c'est donc parce que nous remplacerions l'esprit
des autres que nous irions tuer la Coopération? Non, camarades.
Parce que nous supprimerions le trop-perçu à ristourner aux sociétaires? Parce que c'est une erreur qui, je crois, a fait bien du mal
à la Coopération par le fait suivant...

L'« Union des Coopérateurs », de la région de la Seine avait pour
habitude de donner 4 % de trop-perçu à ses sociétaires; les sociétaires payaient à la Coopérative quelquefois plus cher, dans l'espoir
de recevoir à la fin de l'année cette ristourne. Or, qu'est-ce qui est
arrivé? Il est arrivé que cette année, comptant sur les 4 %, « parce
que la situation commerciale a été très mauvaise », on ne leur a
donné que 2 %. Eh bien, camarades, j'ai vu de nombreux consommateurs qui avaient fait des consommations de 5, 6, 7 et 8.000 francs
qui ont mal pris cela, et comme c'étaient là des coopérateurs qui
étaient venus à la Coopération par intérêt, je suis persuadé qu'ils
vont déserter la coopérative et n'iront pas si souvent y acheter.

Donc, votre méthode consistant à promettre un trop-perçu qui
ne peut pas ensuite être donné, est plus dangereuse que celle qui
consiste à dire aux coopérateurs: désormais, il n'y aura pas de trop-
perçu. Alors, les sociétaires ne comptent pas sur le trop-perçu et ne
désertent pas la coopérative par suite de déception.

J'estime que notre méthode de suppression de trop-perçu n'est
pas dangereuse pour l'avenir de la Coopération... Au contraire, nous
estimons que notre action ici même a pour résultat de pouvoir amener les sociétés à vendre à meilleur marché dans les succursales, et
il n'y a pas de raison, quand on crie partout que la Coopération a
pour but de supprimer l'intermédiaire, il n'y a pas de raison que nos
organisations puissantes ne puissent pas lutter contre le commerce
privé.

Il faut donc que nous arrivions à vendre meilleur marché, et si
vous vendez meilleur marché, les consommateurs ne s'occuperont
pas si c'est un tel ou un tel qui donne un prix avantageux; ils
s'occuperont du résultat et viendront acheter à la Coopérative, et
au lieu que la Coopérative fasse un chiffre d'affaires considérable
qui lui permettra de se développer dans toutes les régions du pays,
parce que notre but révolutionnaire, notre but communiste, c'est
d'avoir des magasins de répartition dans tout le pays et avec des
camarades qui soient pénétrés de l'esprit communiste, qui demandent... Et oui, et oui! Je vous dis là des choses qui ne vous font
pas plaisir; je sais que l'immense majorité de la salle n'est pas d'accord avec nous; mais tout au moins je veux faire entrevoir que ce
système de neutralité en période révolutionnaire est un grave danger.

Prenez en effet l'exemple de la libération du peuple russe, lorsque la Coopération était dans les mains des mencheviks, quand le pouvoir des Soviets prenait des décrets, ces décrets n'étaient pas appliqués par les mencheviks, opposés à l'avènement du communiste. Il a fallu que le régime des Soviets invite tous les communistes à entrer dans la Coopération, pour y faire pénétrer l'esprit communiste, parce qu'il disait : La Coopération va jouer un rôle dans le ravitaillement, et il s'est produit que par ce noyautage la Coopération russe est venue aux mains du régime bolchevik et rend aujourd'hui des services immenses, parce qu'elle ravitaille toute la population du pays.

Tous les consommateurs sont obligés de passer à la coopérative et le fait est tellement vrai que le régime des Soviets donne à la Coopération 90 % de ses capitaux pour lui permettre son organisation commerciale.

Vous voyez donc le danger, pour nous communistes qui ne voyons la solution du problème social que dans la Révolution, de permettre que des camarades qui sont systématiquement contre l'instauration du régime communiste; et pour dire cela, il faut voir quelle est leur attitude publique, et nous savons très bien que ces camarades sont contre le régime communiste, et comme nous savons que ces camarades anti-communistes sont courageux, nous savons que ces camarades, le jour de la Révolution, descendront dans la rue pour nous combattre...

Camarades, les mêmes événements qui se sont passés ailleurs sont appelés à se passer en France. Par conséquent, il n'est pas trop tôt pour nous d'agir et c'est justement pourquoi nous sommes un peu sectaires; c'est parce que nous n'avons pas trop de temps pour faire pénétrer l'esprit de classe dans la Coopération, parce que nous voulons qu'elle marche d'accord avec tous les partis révolutionnaires, et que nous avons la certitude que les dirigeants actuels se dresseraient nettement contre nous. C'est ce qui explique notre attitude.

*Un délégué.* — Je demande la clôture. (cris: Clôture, clôture).

Payré. — Je ne suis pas venu ici à la tribune pour vous plaire... Un dernier argument qui, peut-être, a passé inaperçu parmi beaucoup de coopérateurs, c'est qu'il y a eu une conférence internationale de la Coopération. Cette conférence, sur la proposition de notre secrétaire général, a purement et simplement voté pour que les délégués des coopératives russes ne soient pas acceptés à cette conférence. Et alors, qu'est-ce qu'il a invoqué, notre secrétaire? Il a invoqué une question de forme: Que les coopératives russes, n'étant pas adhérentes à la Fédération internationale, il n'était pas bon de les accepter dans la conférence, et ils ont purement et simplement accepté les délégués des anciennes coopératives russes qui ne représentent plus rien. Vous voyez quel est l'état d'esprit. Il me semble pourtant qu'il n'y avait pas à soulever une question de forme... Il me semble qu'il aurait été bon de savoir comment le mouvement coopératif fonctionnait en Russie et je crois qu'il était du devoir de nos dirigeants internationaux de savoir comment il fonctionnait là-bas, dans un régime prolétarien.

Systématiquement, on les a évincés de la conférence, Eh bien, ce ce geste nous prouve quelle sera leur attitude dans l'avenir et c'est pourquoi nous voulons changer l'esprit de la direction de la Coopération, à seule fin que le jour de la Révolution, le parti communiste, les syndicats et la Coopération marchent la main dans la main, pour démolir le capitalisme...

*Plusieurs délégués*. — La clôture!

LE PRÉSIDENT. — On a demandé la clôture. Ces incidents se répètent à chaque Congrès national, et à chacune des assemblées du M. D. G. Tant que vous n'aurez pas au préalable demandé à votre Conseil central d'organiser la discipline même de nos réunions, vous aboutirez toujours à cela. Ce matin, un camarade ne m'a pas paru très bien accueilli lorsqu'il a demandé la limitation de parole, on ne l'a pas écouté; comment voulez-vous que le président de séance puisse limiter le temps de parole aux camarades qui viennent à la tribune? Les camarades qui viennent à la tribune sont ceux qui ont été inscrits ce matin; Garbaldo s'est fait inscrire cet après-midi, de sorte qu'il y en a encore pas mal, et Poisson devra répondre au nom du Secrétariat.

Chacun des camarades inscrits, s'ils veulent limiter eux-mêmes, sans que l'assemblée le leur impose sous la forme que vous avez entendue tout à l'heure, les explications qu'ils ont à donner, à une dizaine de minutes, nous pouvons y arriver. Voulez-vous continuer dans ces conditions?

MAUSS. — Je demande la parole pour une motion d'ordre.
Je demande que les questions étudiées soient exclusivement celles du rapport de la Fédération nationale.

Jusqu'ici, nous avons entendu de la théorie coopérative qui n'était pas à l'ordre du jour du Congrès. Nous l'avons entendue avec la plus grande patience...

*Un délégué*. — Où voulez-vous qu'on en parle, si on n'en parle pas ici.

MAUSS. — Il ne s'agit pas de toujours parler de questions générales, il faut étudier les questions à l'ordre du jour.

LE PRÉSIDENT. — La clôture est prononcée, après les orateurs inscrits.
La parole est à Clamamus.

## Intervention de CLAMAMUS

CLAMAMUS. — Mon principal désir est de vous donner satisfaction, c'est-à-dire d'être extrêmement bref, et puisque aussi bien, grâce à nos camarades de la région parisienne qui nous ont presque interdit de parler sur les questions générales, je vous déclare de suite que je ne remplis pas ici le mandat de délégué de la région parisienne, mais que j'exécute un mandat qui m'a été confié par des camarades des régions libérées, et c'est sur l'intervention de la Fédération nationale dans les régions libérées que j'apporte la protestation de ces camarades.

J'ai reçu mandat de la Société la *Ternoise*, de Ternier, pour venir dire au Congrès que la Fédération nationale n'avait pas fait pour les Sociétés coopératives des régions libérées tout ce qu'elle aurait dû faire. Et pour être plus bref, je vais donner lecture des observations qui m'ont été données par écrit par ces camarades des régions libérées:

Il serait désirable que vous attiriez l'attention du Congrès sur la situation lamentable des Coopératives des Régions dévastées, dont beaucoup sont totalement détruites et ne peuvent se reconstituer, la Fédération pas plus que le Magasin de Gros ne leur facilitant pas cette reconstitution.

M. Bringand, administrateur de l'*Union* de Chauny, a fait maintes démarches auprès de la Fédération nationale et n'a obtenu que de vagues promesses, si bien que cette Société n'a pu se reconstituer.

Il eut été cependant facile à la Fédération nationale et au Magasin de Gros de lancer dans les départements non envahis un grand emprunt de solidarité, affecté spécialement à la reconstitution des Sociétés détruites, emprunt gagé sur les dommages de guerre dus à ces Sociétés par l'Etat; je ne doute pas un seul instant que cet emprunt aurait eu un grand succès près des Coopératives et même près des simples consommateurs non coopérateurs; mais on n'a pas tenté ce geste, on n'a rien fait, rien, rien, rien. Pour Chauny, on s'est contenté de remettre le dossier de dommages au camarade Ramadier.

, Des démarches ont été faites en octobre 1919, près de l'U. D. C. pour lui demander d'examiner s'il ne lui serait pas possible d'aider les Sociétés détruites de Chauny et Tergnier.

On n'a jamais répondu, on n'a pas même accusé réception.

J'espère que vous voudrez bien attirer l'attention du Congrès sur ces faits et protester contre l'apathie de la F. N.

*Un délégué.* — En qualité de secrétaire de la Fédération de la Somme...

CLAMAMUS. — Laissez-moi finir, vous répondrez tout à l'heure.

Camarades, il est vraiment regrettable que des camarades des régions libérées viennent aujourd'hui, par ma voix, apporter cette protestation.

J'ai tout lieu de croire qu'ils n'apportent aucun esprit particulariste et que s'ils se plaignent, c'est à juste raison. Eh bien, je regrette pour ma part que la Fédération ne se soit pas montrée plus active du côté du moins de certaines sociétés qui ne demandent qu'à se reconstituer.

Je sais que l'Union des Coopérateurs de la région parisienne a fait quelques efforts dans un département et je sais qu'il lui est fort difficile de faire le même effort dans tous les départements dévastés. Mais alors, c'est là que doit intervenir la Fédération nationale. Si l'on compare et si l'on retient les indications qui ont été données il y a quelques jours par les députés du Nord, sur les sommes colossales distribuées par le gouvernement aux sociétés bourgeoises, aux sociétés de production, à la métallurgie du Nord en particulier, il est vraiment regrettable que la Fédération nationale n'ait pas attiré l'attention des Pouvoirs publics et essayé de faire faire un pas à ces petites sociétés autonomes de certains départements libérés, vers la reconstruction, d'obtenir pour elles les subsides qui étaient nécessaires à cette reconstitution.

C'est moins encore, je vous le dis, une critique acerbe contre cette apathie de la Fédération, puisque aussi bien on se sert du mot dans la lettre que je vous ai lue, que pour demander au nom de ces camarades qui paraissent....

*Un délégué.* — Clamamus, voulez-vous me permettre de vous interrompre?

CLAMAMUS. — J'ai fini. C'est surtout pour attirer l'attention de la Fédération nationale, pour qu'elle prenne ici, devant le Congrès, l'engagement de s'intéresser d'une façon toute particulière à ces sociétés qui ne peuvent se reconstituer parce qu'elles n'ont pas de ressources.

Je vous le disais, le gouvernement a donné trop aux grosses firmes du Nord; il est juste que la Fédération intervienne auprès de ce même gouvernement en faveur des sociétés coopératives des départements des régions dévastées.

*Un délégué*. — Collaboration!

CLAMAMUS. — Collaboration? Non! Je réclame un droit pour des camarades. Ils sont là sans maison, sans gîte, sans lits; et lorsqu'on demande de mettre à leur disposition ce qu'on a mis à la disposition du capitalisme ou de leur restituer ce que la guerre leur a détruit, ce n'est pas de la collaboration, c'est un droit que je fais prévaloir pour eux.

*Un délégué*. — C'est de la collaboration.

CLAMAMUS. — Pas du tout, c'est une restitution à des gens à qui l'on a tout pris, tout. Et je ne crois pas que ce soit de la collaboration.

Je demande à la Fédération nationale qu'elle prenne devant vous l'engagement de venir au secours de ces sociétés; je compte qu'elle le prendra et je la surveillerai ensuite, pour qu'elle satisfasse à cet engagement.

## Discours de SVOB.

SVOB. — Nous ne sommes pas étonnés de la tournure que prennent les débats et nous ressentons ici les mêmes dissensions connues ailleurs, et pour des causes à peu près semblables.

Le mouvement coopératif subit une crise de croissance. Il est évident que nous avons grandi au point de vue commercial beaucoup plus rapidement que nous ne l'avons même souvent désiré et que ces préoccupations ont peut-être été la cause que nous avons maintes fois délaissé le côté moral auquel cependant il faut aujourd'hui revenir.

La question de tendance n'a rien à faire, à mon avis, dans le débat et que l'on soit S. F. I. O. ou que l'on soit S. F. I. C., les opinions sur la doctrine coopérative sont concordantes ou au contraire sont divergentes, même quand on appartient au même parti, et vous voyez que ce n'est pas en communiste ni en socialiste qu'il faut se diviser, c'est en coopérateurs ouvrant les yeux et en gens cherchant des solutions pratiques.

Je voudrais apporter une de ces solutions pratiques. Je suis de ceux qui déplorent que le mouvement coopératif ait laissé dans l'ombre les questions de propagande et je suis de ceux qui disent qu'avec le nouveau sectionnement de la France, la besogne qu'on a donnée aux fédérations régionales est un peu au-dessus de leurs moyens et est peut-être la cause que nous faiblissons sur le terrain de la propagande.

Camarades, il faut constater un fait, c'est que nos sociétés coopératives ont une crise de recrutement absolument déplorable et que les vieux sont obligés de rester à la tâche parce que les jeunes ne les remplacent plus. Il faut constater que l'apathie que l'on retrouve ailleurs, sur d'autres terrains, se rencontre sur le terrain coopératif.

Il faut que la Fédération nationale, aidée de ces fédérations régionales, secoue cette torpeur, y cherche les individus et leur donne le souffle coopératif que nous avons connu avant 1914.

Pour cela, la propagande écrite n'est pas suffisante; la propagande orale faite par l'un de nous de temps à autre n'est pas suffisante non plus et je viens, au nom de la Fédération de l'Ouest, faire une proposition très simple. La voici:

J'ai déposé au Bureau la proposition de résolution que voici:

« Le Congrès de 1921, constatant l'urgence de reprendre une campagne vigoureuse d'éducation coopérative dans le pays et tout d'abord auprès des Commissions d'administration et de surveillance des Sociétés, charge la Fédération nationale d'organiser un service de délégués permanents (deux) pour cette besogne spéciale ».

Il n'est peut-être pas inutile de songer qu'avant de faire l'éducation de la masse, il faut refaire l'éducation de nos administrateurs et contrôleurs de sociétés. Il n'est peut-être pas inutile de constater l'indifférence au milieu de laquelle se déroule le Congrès. Je puis dire qu'il y a quelques centaines de sociétés seulement qui ont daigné retourner leur mandat pour se faire représenter; mais que font les 1.700 ou 1.800 autres. Elles ignorent presque notre mouvement.

Je voudrais donc qu'à l'image de ce que font les partis politiques, nous ayons des délégués permanents dont la besogne ne sera pas de faire des conférences publiques, mais d'aller voir de ville en ville les administrateurs et les contrôleurs. Les secrétaires fédéraux — j'en suis un et je vois ici de nombreux collègues — savent que ce que je dis est vrai. On a fini par oublier, avec la guerre, même les administrateurs et les contrôleurs, les buts coopératifs, les moyens d'y parvenir et ce qu'est la Fédération nationale.

Eh bien, je demande que des délégués permanents fassent cette besogne, et vous verrez que dans l'avenir nous aurons remis au point l'idéal coopératif.

Vous me poserez peut-être une question d'ordre pratique et surtout financier. Je sais que deux délégués permanents coûteront très cher, non seulement par leur traitement propre, mais par leurs frais de voyage; mais je vois que l'an dernier la Fédération nationale a fait une réserve de 117.000 francs, et que cette année, le bilan de 1921 laissera également disponible une très grosse somme. Je sais, d'autre part, que les fédérations régionales — j'en citerai plusieurs, la nôtre entre autres — sont tout à fait disposées à collaborer à l'effort financier. La question se trouvera dès lors résolue par la Fédération nationale et les fédérations régionales, et je crois que personne ne dira que ce sera un sacrifice inutile, le jour où d'un bout à l'autre de la France on aura remis sur pied l'esprit coopératif qui manque.

Camarades, j'en ai terminé. J'ai exposé simplement et clairement ma résolution. Je pense que la Commission la rapportera demain favorablement.

### Discours de COZETTE.

Cozette. — N'étant pas bavard, je n'avais pas l'intention de prendre la parole au Congrès. Seulement, j'y suis amené par les déclarations du camarade Henriet. J'ai bondi lorsqu'il nous a traités de petits bourgeois et nous a dit que le mouvement coopératif n'avait plus d'idéal.

Estimant qu'il fait erreur, je veux indiquer et démontrer au Congrès que tout en pratiquant la répartition des trop-perçus, l'on peut conserver ses traditions et concourir au développement du mouvement coopératif. Pour cela, il suffira de me reporter à un certain nombre d'années en arrière et d'examiner ce qui avait été fait par notre Société, par la Société que je représente aujourd'hui, c'est-à-dire par l'*Union d'Amiens*.

J'estime que depuis trente ans que l'*Union d'Amiens* existe, la propagande coopérative s'est poursuivie d'une façon très suivie et très active dans notre département, tout en appliquant la méthode que répudie Henriet, puisque nous arrivons aujourd'hui à être une des premières sociétés de notre pays.

Henriet nous déclare qu'il faut bannir le trop-perçu de nos sociétés coopératives. J'estime, pour ma part, que c'est tout à fait le contraire, et j'aurais été heureux d'entendre Henriet nous citer un exemple et nous montrer les résultats obtenus par la société qui n'a pas fait de répartition à ses sociétaires.

Cet exemple, Henriet ne nous l'a pas fourni.

Je vais tenter, avec quelques chiffres et très brièvement, de vous indiquer quels sont les résultats obtenus par une société qui pratique la répartition du trop-perçu.

Ah! certes, si le trop-perçu devait retourner entièrement aux sociétaires, s'il devait entièrement retourner aux acheteurs, je partagerais la thèse d'Henriet. Mais il n'en est pas ainsi, parce que dans tous nos statuts, il est déclaré que 80 % du trop-perçu revient aux sociétaires et que 20 % reste acquis à la Société pour ses amortissements et pour ses œuvres de propagande et d'éducation.

Je vais signaler à Henriet quels sont les résultats qui ont été obtenus par cette méthode par l'*Union d'Amiens*, devenue depuis peu l'*Union du Département*.

Nous venons de clore notre bilan au 31 décembre; ce dernier pour neuf mois d'exercice accuse un total de trop-perçu de 2.054.387 fr.74 ce qui, pour un an, représenterait 2.739.183 francs.

Comme la répartition à la vente n'est que de 80 %, si nous calculons sur une année, la restitution aux sociétaires ne sera donc que de 2.191.346 francs; et les 20 % restant acquis à la Société s'élèveront pour une année à 547.836 francs, auxquels il y a lieu d'ajouter la répartition qui revient à la vente faite au public, répartition qui est retenue en partie par la Société et qui se monte, pour l'année, à une moyenne de 315.000 francs. Soit un total d'environ 862.000 francs.

Voilà donc une Société qui, tout en pratiquant la méthode de la répartition du trop-perçu, arrive à faire une réserve totale annuelle de 862.000 francs.

J'estime qu'un chiffre aussi important est très intéressant; il permet de faire l'éducation coopérative et de poursuivre le développement de l'action coopérative.

Voilà ce que je tenais à dire à Henriet en ce qui concerne la thèse qu'il nous a développée.

Henriet. — Tu ne réponds pas du tout à l'argument que j'indique; tu parles d'un trop-perçu non restitué; je n'ai jamais critiqué cela. Il faut s'entendre. Je dis qu'il ne faut pas de ristourne.

Cozette. — C'est entendu, Henriet, mais le jour où une société coopérative telle que la nôtre ferait un bénéfice de plus de deux millions et voudrait le conserver intégralement pour la Société, il est certain que ce jour-là les sociétaires quitteraient la Société et que celle-ci péricliterait, elle verrait donc diminuer son chiffre d'affaires ainsi que ses moyens d'action.

Notre méthode nous donne des résultats, et c'est pourquoi elle nous est chère. Nous disons qu'en appliquant la ristourne aux sociétaires, nous arrivons à pouvoir récupérer, sans récriminations de la part de nos adhérents, une somme de 862.000 francs pour réserves et amortissements, ce qui n'est pas à dédaigner, et cela nous permet de créer des œuvres de solidarité, d'avoir une situation financière exceptionnelle et de permettre l'essor du mouvement coopératif dans notre région. Je vais en finir, pour répondre à Clamamus.

Il est certain que notre façon de faire nous permet d'avoir une situation exceptionnelle au point de vue financier. En effet, cette situation est exceptionnelle, puisqu'au 31 décembre nous avions 1.850.000 francs d'immobilisation en chiffres ronds et que nous avions 95 % de nos immobilisations amorties.

C'est là une situation qui nous permet de venir en aide au Magasin de Gros. En effet, tantôt Imbert nous déclarait que la confiance était perdue vis-à-vis du Magasin de Gros; je vais lui démontrer que si la confiance est perdue pour lui, elle ne l'est pas pour les coopérateurs d'Amiens et la meilleure preuve que la confiance n'est pas perdue par les coopérateurs d'Amiens, c'est qu'au 30 avril dernier l'Union coopérative du Département de la Somme avait en dépôt: à vue 1.200.000 francs; à 6 mois, 300.000 francs; à 1 an, 700.000 et en avances sur marchandises, 384.000 francs. Ce qui fait en dépôt au Magasin de Gros, au 30 avril, 2.584.000 francs.

Ceci indique la confiance que nous avons au Magasin de Gros.

Nous ne sommes pas des bavards et depuis très longtemps que je suis les congrès, c'est la première fois que je monte à la tribune. Je viens dans les congrès et j'y suis attentif; jamais vous ne me verrez causer parce que je juge inutile de venir répéter ce que d'autres camarades viennent dire; j'écoute, c'est une école pour moi, c'est une éducation qui me sert quand je suis de retour dans ma région.

J'estime, entre parenthèses, que l'intervention de Clamamus n'était pas utile. Je suis très surpris, en effet, de la lettre que possède Clamamus, pour la bonne raison qu'avant le Congrès de la Fédération nationale j'ai réuni la Fédération de la Somme et du nord de l'Aisne. j'ai convoqué toutes les sociétés et j'avoue que la société dont il est question et que Clamamus a citée tantôt, n'a pas répondu à la convocation de la Fédération de la Somme et du nord de l'Aisne.

Dans ces conditions, je ne comprends pas et je le comprends encore moins en présence de l'effort coopératif fait par l'Union d'Amiens devenue maintenant l'Union du Département de la Somme.

Nous avons conscience d'avoir accompli dans le silence notre propagande coopérative. Dans notre département, en partie envahi, nous n'avons eu qu'un but à la rentrée à Amiens, c'est de tenter la réorganisation du mouvement coopératif et toutes les sociétés qui ont fait appel à notre concours ont entendu répondre « présent ». Nous sommes allés vers nos camarades, nous les avons relevés, nous avons installé chez eux des succursales; c'est ce qui nous permet à l'heure actuelle de vous dire que l'Union de la Somme fait 30 millions par an.

Non seulement nous avons fait cette propagande coopérative dans la Somme, mais actuellement nous nous étendons dans le Nord du

département de l'Aisne et tout à l'heure Clamamus parlait de Bringand; je lui conseille de se mettre en relations avec ce camarade, et
il saura pertinemment que l'Union s'est mise à la disposition des
coopérateurs de Chauny pour établir, d'ici quelques semaines, une
succursale de l'Union, c'est-à-dire faire revivre dans un centre
ouvrier le mouvement coopératif; non seulement nous avons tenté
cet effort à Chauny, mais nous sommes aussi en pourparlers pour
reprendre la Coopérative de Guise et les quelques Sociétés qui existent autour d'elle.

C'est dire que la Société qui a écrit à Clamamus pouvait s'adresser
au secrétaire de sa Fédération régionale qui n'aurait pas manqué
de répondre « présent », et il y a beaucoup de chances qu'une succursale serait installée à l'heure actuelle dans cette localité.

## Discours de SÉVERAC.

SÉVERAC. — Je m'excuse, au milieu d'une discussion où de si
grandes questions sont débattues, d'attirer votre attention sur un
problème beaucoup plus modeste que tous ceux qui ont été discutés
jusqu'à maintenant. Mais il s'agit d'éducation, d'instruction coopérative, et je pense que vous m'accorderez les quelques minutes dont
j'ai besoin pour vous parler du projet que se propose de réaliser
l'Ecole coopérative de Paris.

Vous avez pu voir, par le rapport du Conseil national que l'Ecole
coopérative est actuellement dans sa troisième année d'existence, et
qu'elle a déjà institué un assez grand nombre d'enseignements.

Lorsque les militants et les institutions coopératives de la région
parisienne ont créé l'Ecole, ils se sont surtout préoccupés de former
les bons administrateurs, les bons employés de coopératives, dont
le besoin se fera d'autant plus sentir que le mouvement coopératif
se développera davantage.

Ce besoin de bons administrateurs et de bons employés a été
exprimé déjà plusieurs fois à cette tribune, et je pense que tous
les coopérateurs ont le sentiment qu'il doit y être donné satisfaction.

Mais pour atteindre ce résultat, il fallait d'abord parfaire l'instruction générale de ceux de nos jeunes employés qui ont dû quitter
trop tôt les bancs de l'école; il fallait aussi ne pas oublier que,
comme le disait Svob tout à l'heure, les bons employés de coopérative, les bons administrateurs de coopérative doivent être encore
et avant tout de bons coopérateurs; il fallait, en outre, se rendre
compte qu'il y a une technique coopérative qui, par bien des points
sans doute, ressemble à la technique du commerce, mais qui, par
d'autres points aussi, s'en écarte; enfin il fallait éviter le danger
d'un enseignement purement scolaire qui ne serait pas vivifié par le
contact des institutions coopératives elles-mêmes.

C'est avec le souci de répondre à toutes ces nécessités que nous
avons créé un certain nombre de cours: cours d'arithmétique commerciale et de langue française, cours de Coopération et d'histoire
de la Coopération, cours de droit, cours de comptabilité générale
et coopérative, cours de géographie économique, et que nous y avons
ajouté l'institution d'une série de stages pratiques qui seront faits
par les meilleurs de nos élèves dans les principaux services coopératifs de Paris.

Dans le rapport que vous avez entre les mains, on vous indique
quelques-uns au moins des résultats que nous avons obtenus. Il a

paru, cependant, au Conseil d'administration de l'Ecole que son champ d'action est trop limité. En fait, l'instruction que dispense actuellement l'Ecole coopérative ne va qu'aux employés de la région parisienne plus exactement même aux seuls employés de Paris et de la banlieue immédiate. Or, il n'est pas douteux — et on le sait bien dans ce Congrès — qu'il y a en province, dans les institutions coopératives de province, un nombre peut-être important de jeunes employés qui mériteraient, non seulement que l'on parfît leur instruction générale, mais encore qu'on leur donnât, dans l'intérêt même du mouvement coopératif, l'instruction technique que nous donnons à l'Ecole coopérative de Paris.

C'est pourquoi j'ai été chargé de vous demander d'autoriser l'Ecole coopérative d'entrer en relations avec les Fédérations régionales, pour leur soumettre ses programmes et leur demander dans quelle mesure elles pourraient nous aider.

Voici ce que nous attendons d'elles: on pourrait, dans les principaux centres coopératifs, créer un certain nombre d'enseignements n'ayant pas un caractère technique très poussé. Lorsque les jeunes gens auraient suivi ces cours, ils seraient envoyés à Paris et là, en même temps qu'ils poursuivraient leur instruction coopérative technique, ils pourraient faire, dans les divers services des grandes coopératives de la région parisienne et du Magasin de Gros, les stages pratiques organisés par l'Ecole.

Nous aurions ainsi, je crois, une sorte de grande institution de formation coopérative d'intérêt national, qui servirait tout le mouvement coopératif de France et qui, par conséquent, serait responsable, non seulement devant la Fédération parisienne, mais devant le mouvement coopératif tout entier.

Ce sont ces vœux que nous avons fixés dans un court ordre du jour que j'ai soumis à la Commission, avec l'espoir qu'elle le rapportera favorablement.


### Discours de POISSON.

POISSON. — Je serai aussi bref que possible, mais vous voudrez bien permettre au secrétaire de la Fédération nationale de répondre aux différents orateurs qui ont parlé à cette tribune.

En vérité, on n'a pas ici apporté d'importantes critiques sur l'activité de la Fédération nationale. Le Congrès a laissé traiter une question qui n'était point à son ordre du jour, et c'est ainsi que s'est trouvée posée devant ce Congrès la question de la direction, de l'orientation générale du mouvement coopératif.

Pour le bon ordre, il aurait peut-être fallu que ce soit en des congrès distincts que l'on aborde ici le rapport moral et une autre fois l'orientation. On ne l'a pas voulu, on a ouvert le débat, on l'a eu. Eh bien, il faut maintenant le conclure.

Le rapport moral de la Fédération nationale, c'est le rapport de son activité; mais c'est aussi le rapport de l'esprit général qui anime à l'heure actuelle le mouvement coopératif, et, tout à l'heure, en vous demandant de voter sur le rapport moral de la Fédération nationale, nous vous demandons de voter en toute clarté et en toute lumière, à la fois sur l'activité de la Fédération nationale et sur l'esprit général qui anime à l'heure actuelle ses dirigeants, en conformité avec les principes établis jusqu'ici dans ses Congrès.

Sur l'activité de la Fédération nationale, permettez-moi de vous dire que je m'attendais à d'autres propositions que celles qui ont été faites à cette tribune. Nous sommes là pour vous dire tout ce que nous pensons. Eh bien, si on jugeait les critiques faites à la politique de la Fédération nationale par celles qui ont été portées à cette tribune, il semble qu'il s'agirait de différences et de divergences de doctrine à long terme, de discussions un peu académiques sans solution pratique, car, en dehors peut-être de Payré, et encore incidemment, je n'ai entendu de questions posées, de critiques faites à la Fédération nationale, que dans la bouche de notre ami Sellier, et cela sur deux points au sujet desquels je répondrai tout à l'heure.

Mais il y a autre chose, c'est qu'à travers le pays, au moyen de certains petits papiers qu'on envoie aux secrétaires de Fédérations régionales, dans certains articles de presse, on ne nous traite pas, — les dirigeants, comme on dit, du mouvement coopératif, — avec l'amabilité dont on a fait preuve à cette tribune.

On lit, dans un petit papier des coopérateurs communistes, que nous sommes attachés à la gent réactionnaire, militariste et capitaliste. Ah! permettez-moi de vous dire que c'est là une chose qu'il est assez pénible de supporter. Cela veut dire que nous avons, en réalité, deux figures, car nous ne cessons, nous qui avons la responsabilité du mouvement coopératif, nous ne cessons de dire à chaque moment dans l'*Action Coopérative*, chaque jour dans nos réunions de propagande, que la Coopération est à la fois une institution positive et immédiate d'organisation des consommateurs, et qu'elle contient en elle les éléments de transformation sociale. Cet idéal coopératif, nous le rappelons à chaque instant. Eh bien, permettez-moi de vous le dire, il y a quelque chose d'injurieux pour nous, dans le fait que dans les congrès on vient en ami et que, par derrière, on attaque les militants du mouvement coopératif en leur jetant la plus cruelle des injures. L'injure, pour nous, réside dans le fait que nous serions des hypocrites et des fourbes s'il était vrai que nous soyons attachés à la gent réactionnaire et capitaliste, alors que tous les jours nous proclamons notre foi dans la valeur de transformation sociale de la Coopération. Il faut donc savoir si, oui ou non, on a confiance précisément dans ceux qui le dirigent, dans leur parole, dans leurs écrits, dans leur foi coopérative, dans leur foi idéaliste...

Tout à l'heure, on a apporté à cette tribune certaines critiques. C'est mon vieil ami, notre vieil ami Sellier, — qui, avec courage, est venu à cette tribune défendre des opinions communes, — c'est Sellier qui, comme il convient dans un Congrès coopératif, m'a posé deux questions. Il a dit qu'il s'inquiétait de la position prise par les représentants de la Fédération nationale au Comité de l'Alliance. J'ai été étonné qu'un homme aussi au courant et aussi bien renseigné que Sellier prenne à son compte un reproche qui, en réalité, ne devrait pas être adressé à moi-même ou à un secrétaire fédéral, mais à tous les délégués du mouvement coopératif français et à l'Alliance Coopérative Internationale. Qu'est-ce donc qu'on nous reproche? Oh! c'est extrêmement simple, mais c'est tout à fait différent, Sellier, de ce que tu as dit, et ta documentation, pour une fois, elle qui est d'ordinaire si précise, est en défaut, et je ne sais pas où tu as été la prendre. Tu n'as pas examiné les documents avec l'esprit critique qui convient...

PAYRÉ. — C'est dans le *Bulletin International*.

Poisson. — Il est possible que Payré ait vu cela dans le *Bulletin International;* mais si Sellier a lu le Bulletin, il a certainement compris... Et Sellier n'a pas dit cela...
Je demande qu'on me laisse continuer. Si je dis une chose erronée, May, qui est ici, me reprendra. Je dis qu'à l'Alliance Coopérative Internationale, ce n'est pas ainsi que le problème s'est posé, et Henriet le sait bien, car c'est la deuxième fois que je le lui explique et lui comprend.

Henriet. — C'est faux ce que tu dis.

Poisson. — Je l'ai expliqué non pas à lui seul, mais devant tous les délégués de la Région parisienne à qui je fais appel. Et je dis que voici exactement la position de la question.
A l'Alliance Coopérative qui réunit les Sociétés du monde entier, il y a depuis longtemps des organisations nationales de Sociétés coopératives adhérentes. Ces Sociétés nationales sont constituées conformément à ce que certains appellent un principe rétrograde, mais qui est, en fait, le principe rochdalien sur lequel repose la Coopération dans le monde entier.
Eh bien, l'Alliance Coopérative Internationale s'est trouvée en présence de l'ancienne organisation coopérative de Russie constituée conformément à ces principes, mais transformée en institution d'Etat par des décrets qui ont, du reste, été publiés dans le *Bulletin de l'Alliance Coopérative Internationale,* — je n'ai pas, ici où l'on n'a pas à faire de politique, à juger de la valeur sociale de la nouvelle organisation; elle peut-être supérieure, elle est peut-être — c'est mon avis personnel — inférieure; — mais il y a un fait, c'est que ce n'est plus l'organisation coopérative, c'est une organisation...
Ah! je ne continue pas, si, systématiquement, Henriet et Payré m'interrompent.

Henriet. — Je n'interromps pas pour...

Poisson. — Chacun croit qu'il interrompt pour quelque chose.
Je dis que les coopératives russes, en tant que coopératives libres et autonomes, ont été remplacées, à tort ou à raison, — je ne juge pas, je n'ai pas à juger cela au point de vue coopératif, — ont été remplacées par des institutions d'Etat. C'est un fait reconnu par tout le monde.
La question qui se posait était de savoir si l'Alliance Coopérative, qui est l'organisation des institutions coopératives autonomes et libres, aurait des relations avec la Coopération nouvelle qui n'est plus rochdalienne. En France, il y a des institutions de ravitaillement d'Etat, il y a des institutions de ravitaillement municipal; est-ce que vous les admettrez à la Fédération nationale des Coopératives?

Payré. — Ce sont des institutions capitalistes. Ce n'est pas pareil.

Poisson. — Non, non, non! Il y a des communes dirigées par des communistes qui ont des ravitaillements; les accepteriez-vous...

Payré. — Oui, lorsqu'elles seront autonomes.

Poisson. — Je ne dis pas — et j'insiste — je ne dis pas que les baraques Vilgrain ne soient pas une institution supérieure au mouvement coopératif; je n'ai pas à juger cela. Mais je dis, qu'en tout cas, elles n'ont pas à être avec nous dans l'organisation coopérative.

Eh bien, ce que vous trouvez très clair et très net pour la France, j'ai demandé à l'Alliance Coopérative Internationale de l'appliquer.

HENRIET. — Vous avez eu tort.

POISSON. — Et j'ajoute qu'en réalité, si nous avons maintenu les anciens délégués du mouvement coopératif, c'est en vérité parce qu'ils avaient un mandat valable d'un Congrès jusqu'à l'autre Congrès, et May sait bien que ces choses sont absolument exactes.

Vos renseignements étaient donc erronés, chers camarades...

PAYRÉ. — Mais non.

POISSON. — Payré connaît mieux ce qui se passe à l'Alliance Internationale que le secrétaire international et nous qui sommes membres de son Comité central!

Voilà donc ma réponse, Sellier, à la première question concernant notre attitude à l'égard des Coopératives russes.

HENRI SELLIER. — Je crois que, dans l'explication de Poisson, la critique que j'ai formulée n'est pas combattue. Poisson invoque, pour le maintien des anciens délégués des organisations russes, le fait qu'ils avaient un mandat d'un Congrès à l'autre. Si le mouvement coopératif français décidait aujourd'hui de changer ses délégués au bureau, est-ce que le bureau de l'Alliance les maintiendrait contre le gré du mouvement coopératif?

Deuxième question: Poisson assimile l'organisation centralisée des coopératives russes ancienne forme, puisqu'elle est modifiée a l'heure actuelle, Poisson l'assimile aux baraques Vilgrain. Il n'y a aucune comparaison à faire entre les deux cas. Les coopératives russes sont devenues, à la suite de la Révolution, un élément d'une organisation d'Etat de répartition de denrées; mais elles ont conservé le caractère coopératif, en ce sens que l'organisme d'Etat les laisse fonctionner et gérer par les Soviets de consommateurs, en introduisant le contrôle nécessaire pour assurer une harmonie générale, alors que dans les baraques Vilgrain, organisations purement étatistes et bureaucratiques, jamais les consommateurs n'ont la moindre action.

POISSON. — Je veux simplement répondre à Sellier, que le problème qui se posait était de savoir si l'organisation nouvelle, qui demandait son admission, était encore une organisation coopérative; et alors je demande à Sellier si, oui ou non, c'était une organisation coopérative.

SELLIER. — Il ne faut pas jouer sur les mots. L'organisation coopérative russe fonctionne dans un milieu social déterminé. Or, il est évident que la Révolution politique et sociale qui s'est produite en Russie a donné à l'organisation coopérative un caractère essentiellement différent de celui qu'elle pouvait avoir dans le milieu tsariste et capitaliste. Si demain un événement de même nature se produit en France, la Coopération, jouant le rôle d'organisme de répartition sous la direction des services de l'Etat, n'aurait pas perdu par cela même son caractère coopératif.

POISSON. — Ce que vient de dire Sellier, c'est la démonstration du point de vue où nous nous sommes placés. A tort ou à raison, —

nous n'avons pas à juger cela comme coopérateurs, — il reconnaît que l'institution avait été transformée et qu'elle revêtait des formes nouvelles. Il n'est pas exact, et cela, quand Sellier le voudra nous le lui démontrerons, il n'est pas exact de dire que la Coopération russe est devenue, comme par exemple ont été les coopératives françaises pendant la guerre ou à d'autres moments, des organes qui servaient à la répartition des produits fournis par l'Etat. Il s'agit d'une main-mise de l'Etat au moyen de décrets. Il s'agit d'une main-mise totale sur le mouvement coopératif, devenu une organisation d'Etat. Je ne juge pas, c'est un fait.

Et alors, je dis que ce jour-là l'organisation coopérativé, en tant que telle, n'était plus, et voilà toute la raison de notre attitude.

En ce qui concerne la deuxième question posée par notre ami Sellier, elle concerne le manifeste coopératif des universitaires.

Ah! Sellier, l'histoire de ce manifeste est beaucoup plus simple que l'on ne s'est imaginé et, sur ce point, je pense qu'il n'est pas difficile de faire la lumière.

La vérité, c'est qu'une phrase de ce manifeste a paru, à un certain nombre de membres de ton parti ou de ton journal, comme une attaque contre eux. En vérité, si vous disiez aux auteurs du manifeste qu'ils ont voulu faire une manifestation politique, diriger une attaque quelconque contre un parti quel qu'il soit, ils seraient bien étonnés! Il y a, parmi les signataires, des hommes de tous les partis et surtout des hommes qui n'ont jamais fait de politique de leur vie.

*Un Délégué.* — Ni même de coopération.

Poisson. — Il y a, comme cela, des intellectuels qui n'ont jamais fait de coopération, comme il y a des hommes politiques de tous les partis qui n'en ont jamais fait non plus, — tu le sais, Sellier, car c'est toi qui me l'as le plus appris.

Et alors, ce manifeste a été en réalité jugé, non pas sur une phrase, mais comme tu l'as bien compris, comme une force morale utile pour notre propagande. Il est incontestable que ces 220 signatures nous facilitent le recrutement coopératif, la propagande coopérative, et il ne faut pas y voir autre chose que cela.

Va-t-on nous dire: Vous y avez mis votre signature et vous l'avez officialisée? Nous avons indiqué, dans le rapport, que nous donnions ce manifeste, non pas comme document officiel, mais — relisez le texte — que nous le donnions comme une communication. Pourquoi nos signatures? Je l'ai expliqué déjà à la Fédération de la Région parisienne en réponse à la même critique que fait Sellier. Les universitaires nous ont dit: « Nous voulons faire quelque chose pour la Coopération, mais, si nous le faisons tout seuls, nous aurons l'air de gens qui arrivent à propos de rien ou à propos de tout, et qui ne nous appuyons en rien sur le mouvement coopératif ». C'est dans ces conditions que nous avons donné nos signatures qui ont fortifié, au point de vue moral, leur volonté de signer le manifeste.

Voilà donc remises au point les deux questions, les deux seules questions qui ont été posées à propos de l'activité de la Fédération nationale.

En ce qui concerne l'orientation de notre mouvement, j'ai peu de chose à répondre après le discours de Sellier. Il a dit, avec une force convaincante, ce qui est au cœur de beaucoup de ceux qui pensent politiquement comme lui et aussi de beaucoup de ceux qui ne pen-

sent pas comme lui et qui appartiennent à d'autres partis, au parti
socialiste ou même aux partis non socialistes. Et j'étais fort intéressé par le fait que notre Fédération nationale témoigne, par les
différents militants qui viennent à la tribune, que les directives ne
sont pas, pour ainsi dire, cristallisées. Il y a des points où l'on se
trouve d'accord avec des gens qui viennent de tous les coins de
l'horizon politique. C'est la plus utile et la plus intéressante des
constatations que nous puissions faire, que celle de nous voir séparés sur des conceptions politiques, mais rattachés sur les questions
coopératives les plus diverses.

Par exemple, notre ami Sellier a été très vigoureux sur la politique de la Coopération, à l'égard de ses employés. Comme lui, très
souvent, en maintes circonstances j'ai, ici et dans la Fédération,
marqué que les coopératives étaient faites pour les consommateurs
et non pour leurs employés. Mais tout de même, je ne vais pas aussi
loin que Sellier et en réalité, je sais qu'il y a un problème que
nous avons besoin de résoudre avec le concours de toutes les intelligences. C'est qu'en vérité, ce n'est pas à coup de force que l'on pourra
trouver la solution définitive du problème des rapports des coopératives et de leurs employés et il ne faut pas s'en tenir aux vieilles
méthodes coopératives qui ont elles-mêmes évolué; je me disais, en
écoutant Sellier, à l'heure actuelle, c'est au fond un vieux conservateur coopératif, il n'a pas fait l'effort nouveau pour adapter sa
pensée aux circonstances.

Et d'autre part, j'ai trouvé que sur d'autres points on trouvait, à
deux bouts de l'horizon, des gens bien près d'être d'accord.

Henriet veut la suppression de la ristourne. Pourquoi? Il l'a dit:
pour plusieurs raisons. Nous lui avons déjà répondu à la Région parisienne, qu'il fallait choisir, parce que, dire qu'il faut supprimer
la ristourne pour vendre très bon marché ou dire qu'il faut supprimer la ristourne pour faire des réserves considérables, ce n'est pas
la même chose, et il faut choisir.

Henriet. — J'ai déjà répondu à cela.

Poisson. — Oui, Henriet a dit: Il faut faire un équilibre. C'est la
pratique de la Fédération nationale, qui demande qu'on limite le
trop-perçu, et qu'on place les sommes au fonds de développement et
au fonds de solidarité.

Et alors, la tendance qui pousse certains vers la vente au plus
bas prix, nous l'avons trouvée d'abord au cours de la guerre en face
de nous, dans toutes les associations de consommateurs et les comités
de ravitaillement qui se sont constitués. La formule que tu demandes, Henriet, ces organismes l'ont pratiqué, ils en sont morts. Elle
a donc fait faillite.

Mais il reste tout de même une part de vérité et il faut rappeler
la nécessité de ne pas, en effet, faire une politique de trop grands
trop-perçus. Et je le dis, non pas à nos jeunes sociétés du Nord
reconstituées depuis la guerre, mais à de vieilles sociétés où l'on
faisait des ristournes de 12, 15 et même 18 %.

La tendance du bas prix, elle est celle de tous les jeunes coopérateurs et à ce point de vue là, entre le discours de Bugnon, vous
demandant de le féliciter parce que la Coopérative de Franche-
Comté a réalisé le vin à 0 fr. 90, et la théorie d'Henriet, eux qui
sont aux deux pôles par ailleurs, se rencontrent sur cette politique

déterminée. C'est une preuve de plus de l'unité fondamentale de notre mouvement.

Et puis, il y en a une autre: la politique des sociétés de développement. Ah! c'est bien inattendu; imaginer Imbert d'accord avec Henriet...

Henriet. — Ah! non!

Poisson. — Pas complètement, mais tout de même dans votre manifeste, il y a une phrase qui dit: « Egalement opposé aux coopératives autonomes rochdaliennes et aux sociétés de développement à trop grand rayon d'action... »

De là, la sympathie d'Imbert — je ne voudrais pas dire de ce vieil habile d'Imbert, vieux est de trop, mais habile reste tout de même — et ainsi, pour une part on se trouve d'accord contre un mouvement de coordination des efforts, et cependant, s'il y a un mouvement qui tend à tenir compte de l'évolution du mouvement coopératif, de son adaptation aux formules nouvelles du commerce capitaliste, c'est bien le mouvement qui tend à arracher à la vieille petite société locale son vieil esprit d'amour-propre, pour la rattacher à un mouvement général coordonnant tous les efforts.

Ah oui, il faut reconnaître, mon cher Daudé, qu'avec votre plume acerbe, vous ne tenez peut-être pas assez compte de l'amour-propre des sociétés locales, et nous devons en tenir compte, car nous n'oublions pas que si nous avons gagné théoriquement à peu près tout le monde aux sociétés de développement, — même Imbert qui dit qu'en principe il n'y est pas opposé, — en pratique, nous avons tous ceux qui rechignent, tous ceux qui invoquent leur Conseil d'administration, et les conseils d'administration leurs sociétaires, d'autant que chacun ne veut pas prendre la responsabilité d'émettre une opinion.

Mais si pour nous les sociétés de développement représentent un progrès, nous n'en respectons pas moins toutes les sociétés autonomes et les sociétés locales, et nous essayons d'abord de les amener dans le giron de la Fédération nationale.

Voilà les raisons qui démontrent l'unité fondamentale et profonde du mouvement coopératif à l'heure actuelle.

Sellier m'a adressé un appel et il a dit : « Faites attention, en dehors de la Coopération, vous pouvez avoir, les uns ou les autres, et vous les dirigeants, des opinions politiques de telle ou telle nuance; prenez garde que ces opinions, à un moment donné, ne puissent vous influencer. Je dis à Sellier que j'ai, tous les jours, constamment cette préoccupation. Je crois que nos amis qui dirigent le mouvement l'ont également, au même titre, et même plus que moi, si possible. Nous en causons tous les jours, nous examinons les moindres détails des choses, nous évitons tels actes ou nous évitons telles paroles qui pourraient blesser les uns ou les autres.

Ton appel, Sellier, sera entendu. Demain encore, comme hier, nous continuerons à faire extrêmement attention à ce que, dans le respect de notre liberté personnelle hors du mouvement coopératif, aucun acte ne soit fait de nature à blesser les opinions de tous ceux, à quelque nuance de l'opinion qu'ils appartiennent, qui sont dans le mouvement coopératif déjà.

Mais si tu as fait un appel qui s'adressait à moi, je vais aussi faire un appel qui s'adressera à toi. Je dirai: « Prenez garde que, même avec la formule habile apportée à cette tribune et qui est celle, dis-tu, Sellier, de ton parti, prenez garde que cette formule d'appel aux coopérateurs de ton opinion ou plutôt de ton parti à venir chez nous, — qui est utile, que nous saluons comme nous saluerons l'appel de tous les partis quand ils demanderont à leurs membres de venir adhérer aux sociétés coopératives, — quand tu y ajoutes: à condition qu'à l'intérieur ils aient la prétention de défendre leur point de vue, d'essayer d'y conquérir les autres, si c'est seulement cela, c'est bien. Mais puisque tu as fait appel à ma prudence, je fais appel aussi à ta prudence, à la prudence des amis qui viendront dans la Coopération du parti communiste, pour que ce soit bien conformément à ce qui tu as dit qu'ils y agissent, et non pas avec la tendance de coopérateurs communistes qui ont d'autres pensées que toi et d'autres mobiles d'action.

Henriet. — Qu'est-ce que tu veux dire? Explique-toi.

Poisson. — Il n'y a rien de péjoratif dans ce que je viens de dire. Je me dois de faire cet appel, car après tout, la Coopération est ouverte à tout le monde, à tous les consommateurs et si, à la porte, ils retirent leur petite étiquette, il faut encore qu'ils viennent au mouvement avec un état d'esprit de collaboration commune.

Ah! il y a tout de même un argument qu'il faut, qu'avant de terminer cette séance, je rappelle.

Notre ami Henriet nous a dit que nous étions maintenant de petits bourgeois. Eh bien, je demande à tous ceux qui, ici, sont des ouvriers ou plus généralement des travailleurs, de lever la main, et on va voir si, en réalité, il y a ici des bourgeois. Que tous les travailleurs, les ouvriers ou les paysans qui sont ici, lèvent la main...

Henriet. — On le sait bien que ce sont des travailleurs; c'est l'état d'esprit que nous voulons dire, mais nous savons bien que ce sont des travailleurs.

Poisson. — Je sais que notre mouvement est profondément populaire, car il y a un point pour finir que je veux signaler aussi en réponse à quelques-uns des orateurs. La Coopération est ouvrière; mais la Coopération est également paysanne, et si jusqu'ici, ce sont les ouvriers qui ont montré le chemin les premiers, il faut que nous conquérions les paysans à la Coopération.

Direz-vous que les paysans ne sont pas des travailleurs? Les paysans sont les producteurs de l'agriculture, comme les ouvriers industriels sont les producteurs de l'industrie. En vérité, un peu âprement les uns et les autres, ils défendent légitimement leurs intérêts en s'associant, en s'organisant. et à mon avis, il n'y aurait rien de plus lamentable que de continuer la tradition de certains qui tentent, non pas chez nous, mais ailleurs, de jeter dans une lutte sans merci les producteurs de la campagne et les producteurs de la ville.

Il ne suffit pas, en effet, de proclamer leur union nécessaire; il faut trouver le creuset où se rencontreront leurs intérêts communs. Eh bien, il n'y a pas d'autre creuset, et je vous défie d'en trouver un autre, que celui d'une coopérative de consommation, réunissant les mêmes hommes à une besogne commune, à une gestion commune et dans la mesure où l'association des consommateurs, des ouvriers et des paysans de France se dirigera dans son propre intérêt pour l'organisation du contrôle et de la surveillance de la production agricole. C'est en ce sens que nous travaillerons au mieux pour la transformation sociale.

On m'a dit: « Vous avez oublié ou vous voudriez oublier les idéaux d'hier ou de demain ». Non, pas! Dans la Coopération, ah! on n'y vient pas toujours pour les mêmes raisons; les uns viennent dans un intérêt familial, les autres y viennent pour un idéal. Tous sont attachés à la même besogne, au même effort, car quelles que soient les raisons, ou immédiates, ou futures, ou matérielles, ou théoriques, qui vous amènent à la Coopération, une fois que vous y êtes, peu importe ces raisons: c'est la tâche commune, qu'il faut entreprendre. Mais pour cette tâche commune, tâche au jour le jour, tâche pour le lendemain, tâche pour un monde nouveau, il faut être tous animés, non pas seulement par une question d'intérêt, mais par une foi commune, par un cœur et par une âme honnêtes. C'est cela qu'il faut comprendre et faire entendre partout.

LE PRÉSIDENT. — La conclusion de cette discussion doit se traduire par le vote sur le rapport du Secrétariat et des Services de la Fédération nationale.

POISSON. — En ce qui concerne le vote, il n'y a pas besoin de faire attendre le Congrès pendant vingt minutes. Vous savez comment nous faisons: les Fédérations régionales apportent leur vote au secrétariat qui les recueillera maintenant. Mais il n'y a aucun inconvénient à ce qu'on donne connaissance du résultat demain matin.

PAYRÉ. — Nous maintenons notre ordre du jour.

POISSON. — Je ne voudrais pas que vous croyiez que je l'ai étouffé; mais je ne l'ai pas reçu. Si vous le déposez, il sera renvoyé à la Commission et on rapportera dessus.

*Un délégué.* — J'estime qu'on doit lire l'ordre du jour.

LE PRÉSIDENT. — Avant de nous séparer, vous allez donner vos votes à chaque secrétaire de Fédération régionale et demain matin le résultat du vote sera porté à la connaissance du Congrès.

Séance demain matin à 9 heures.

La séance est levée à 18 h. 45.

# PREMIÈRE SÉANCE DU VENDREDI 6 MAI 1921

La séance est ouverte à 9 h. 15, sous la présidence de Cuminal, assisté de Fauconnet et Svob, comme assesseurs.

## La vérification des mandats

LE PRÉSIDENT. — La parole est au rapporteur de la Commission de vérification des mandats.

FAUCONNET, *rapporteur*. — La Commission a procédé à la vérification des mandats. 18 fédérations sont représentées avec 2.198 sociétés et 3.881 mandats. Aucune contestation n'est parvenue à la Commission qui propose au Congrès la validation de tous les mandats.

## Le vote sur le Rapport moral

LE PRÉSIDENT. — Voici les résultats du vote sur le rapport moral: Pour: 3.786; contre: 58; abstentions: 17.

# LES CAISSES D'ÉCONOMIE
# DANS LES SOCIÉTÉS COOPÉRATIVES

GAILLARD, *rapporteur*. — Le camarade Nast, qui devait rapporter sur la question de revision des statuts, étant momentanément absent, le Bureau a décidé de vous faire présenter tout de suite le rapport sur les caisses d'économie. Je n'ai pas l'intention de vous faire un exposé très long; vous avez d'ailleurs la brochure sous les yeux. Je vais me borner à vous rappeler les idées essentielles du rapport qui vous est soumis.

Il est une constatation que chacun a eu l'occasion de faire: c'est que les coopératives, pour leur extension, pour leur développement, ont de plus en plus besoin de capitaux. Le coût de l'installation des services et surtout des boutiques, est tel aujourd'hui que, sans des sommes importantes, les sociétés ne peuvent pas faire grand chose. Il faut donc qu'elles se préoccupent de la manière — ou des manières — qui leur permettront de trouver l'argent qui leur est nécessaire.

Nous avons déjà eu l'occasion de constater qu'un des premiers procédés à la disposition des coopératives pour recueillir des capitaux peut être l'appel aux économies des coopérateurs. Plusieurs orateurs ont, à diverses reprises, au cours de la séance d'hier, indiqué que les coopérateurs sont surtout des ouvriers, des travailleurs, et cela est tout à fait exact. Mais, malgré que nos sociétaires soient des travailleurs, malgré qu'ils mènent une vie parfois difficile et qu'ils supportent, en diverses circonstances, des crises assez lourdes, il n'en reste pas moins qu'une fraction assez importante des membres des coopératives a la possibilité de réunir quelques économies dont, à certains jours, les détenteurs doivent rechercher le placement.

L'expérience déjà faite des caisses d'économie créées dans diverses coopératives importantes a permis de démontrer que, dans l'immensité du public coopératif, il y avait possibilité de recruter des capitaux importants — on peut même dire considérables — et que cette idée ne pouvait que gagner à être développée, à être étendue, et à être mise de plus en plus en application.

Il s'est cependant posé une question. C'est celle de savoir si, lorsque la Coopération organise des caisses d'économie, qui ne sont pas autre chose que des sortes de caisses d'épargne, il est préférable que l'organisation soit fragmentaire, disséminée, que chaque société fasse sa caisse d'épargne, ou si au contraire il ne serait pas préférable qu'une caisse d'épargne unique soit instituée pour réunir les capitaux coopératifs.

Je vous signale, Camarades, que, lorsque nous parlons de ce qui serait préférable, cela ne veut nullement dire que nous donnons à notre expression le caractère d'une obligation, et que même si vous acceptiez le point de vue du Conseil central, vous vous trouveriez dans l'obligation, pour ceux qui ont fait fonctionner jusqu'ici des caisses d'épargne, de les supprimer au profit d'une caisse nationale. Ce n'est pas du tout notre intention. Nous avons tenu seulement à marquer l'intérêt qu'il y avait à ce que le recrutement des capitaux ne soit pas disséminé, ne serait-ce que dans l'intérêt même de ces capitaux et de ceux qui sont appelés à les recueillir.

On a signalé, un membre du Congrès en parlait hier encore au cours de son intervention, que des crises pouvaient apporter un très grand préjudice aux caisses d'économie le jour où, ces crises s'étendant et se développant, les déposants des caisses d'économie viendraient en assez grand nombre demander le remboursement des sommes qu'ils ont versées. Il est certain que ce danger doit être entrevu, et que des caisses locales, c'est-à-dire des caisses ne reposant que sur une localité ou sur une région réduite peuvent être exposées à de fâcheux ennuis le jour où une crise quelconque vient à se manifester dans cette localité ou dans cette région, et où un trop grand nombre de déposants viennent demander le retrait de leurs fonds.

Mais chacun se rendra bien compte qu'il en est de cette chose comme de l'assurance, et que plus il y a d'associés dans les caisses d'économies, de même que plus il y en a dans les caisses d'assurances, plus il est facile de supporter les conséquences d'une sinistre ou d'un risque. Il est certain que si, au lieu de caisses locales, il y avait une caisse nationale d'épargne, ou d'économies pour la Coopération, cette caisse pourrait supporter beaucoup plus aisément les crises du genre de celles dont on vous a parlé, lorsqu'elles se produisent dans une localité ou dans une région.

Evidemment, comme nous l'avons dit dans le rapport, une crise peut ne pas se borner à être locale ou régionale; elle peut aussi être nationale. Mais à partir du moment où une crise est nationale, elle ne touche plus seulement la Coopération, mais toutes les institutions du pays, il se produit alors ce qui s'est produit en 1914, au moment où la guerre pouvait avoir comme conséquence d'amener tous les déposants à réclamer leurs fonds aux caisses d'épargne, soit aux banques. Dans de pareilles circonstances, il y a le moratorium, pour donner du crédit, du souffle à ceux qui gèrent les capitaux.

Les indications que nous vous donnons ont pour objet de vous montrer que pour la sécurité des capitaux, il peut être plus intéressant de faire une caisse d'épargne nationale plutôt que des caisses locales, disséminées. D'ailleurs, cette caisse existe; elle a prouvé sa vitalité; elle a prouvé ce qu'elle pouvait faire, puisque, ainsi que nous avons eu l'occasion de l'indiquer, elle a réussi à recueillir, dans une période de trois ans à peine, c'est-à-dire du Congrès de 1918 à aujourd'hui (puisqu'en 1918 déjà, la question était posée) pour plus de ving millions de francs de capitaux. Cela indique qu'il y a en France un nombreux public coopératif, qui s'intéresse à la Caisse nationale d'économie et qui a intérêt à voir ses opérations se déve‍lopper.

J'ajoute que le développement à donner à la Caisse nationale d'économie n'a pas pour objet à nos yeux de fournir seulement au Magasin de Gros des capitaux importants.

Nous comprenons parfaitement que les organismes régionaux et locaux peuvent avoir besoin de ressources susceptibles d'être apportées par les caisses d'économie, aussi le règlement de la caisse voté en 1918, précise-t-il que les sociétés coopératives qui auront créé des caisses auxiliaires du Magasin de Gros auront le droit d'emprunter à cet organisme et jusqu'à concurrence de 50 % de leur actif net:

65 % en marchandises et 15 % en espèces des sommes recueillies par leur intermédiaire.

Les 20 % que conserve le Magasin de Gros devant constituer le volant de caisse qui permettra d'effectuer les remboursements immédiatement exigibles.

Vous voyez que par ce système l'intérêt des sociétés coopératives n'est pas négligé et qu'elles peuvent trouver un avantage appréciable à développer la Caisse nationale d'économie.

Nous nous avons dit, Camarades, que si nous avions une préférence pour une Caisse d'épargne nationale, pour les raisons que je vous indique, nous n'entendons nullement que, de ce Congrès, doive sortir une décision qui constituerait une obligation pour qui que ce soit de se rallier tout de suite à l'idée et à la pratique d'une Caisse d'épargne nationale. Nous comprenons très bien que beaucoup de sociétés ayant à l'heure actuelle des caisses d'économie, ne peuvent pas envisager sans une certaine crainte l'obligation dans laquelle elles pourraient se trouver de supprimer leurs caisses particulières pour faire transporter les fonds de leurs déposants à la Caisse natio‍nale. Aussi bien n'avons-nous pas l'intention de leur demander une chose pareille. Ce que nous vous demandons pour aujourd'hui, c'est de réfléchir à la question; c'est de vous demander si, comme nous le pensons nous-mêmes, un intérêt général ne s'attache pas à l'idée d'une caisse d'économie nationale. Et si l'on arrive à acquérir cette idée, ce sera insensiblement, petit à petit, qu'il faudra se diriger dans cette voie.

Pour quelle raison une pareille question est-elle à l'ordre du jour? Bien que beaucoup de militants coopérateurs connaissent l'œuvre accomplie par le Magasin de Gros au point de vue du recrutement des capitaux, la préoccupation qui a dicté la mise à l'ordre du jour de cette question se fonde sur le fait que la collecte des capitaux est une question dont on ne parlera jamais assez, et l'occasion s'étant présentée pour nous de vous en entretenir à nouveau, nous avons mis la question à l'ordre du jour. Nous pensons que de la discussion qui s'ouvrira pourront sortir, non seulement une propagande accrue et plus étendue pour l'idée de la Caisse d'économie, mais aussi des idées pour le développement de ce principe.

Je n'allongerai pas davantage l'exposé que j'avais à vous faire. Et je termine en vous priant simplement de prendre connaissance du projet de résolution que nous vous demandons de voter et que voici:

*« Le Congrès de Lyon,.*

*» appelé à se prononcer sur la question des caisses d'économies dans les sociétés coopératives,*

*». considérant la nécessité pour les sociétés coopératives, si elles veulent assurer leur développement, de faire appel, en de fréquentes occasions, aux capitaux d'emprunt,*

*» estime que l'appel aux économies des coopérateurs est un des moyens les plus légitimes pour réunir les capitaux indispensables.*

*» Mais considérant que la dissémination des caisses d'économies les rend plus précaires et plus vulnérables et qu'il y a au contraire intérêt à développer une caisse nationale d'économie qui, par la puissance à laquelle elle est appelée, et le contrôle auquel elle peut être soumise, sera à l'abri des crises qui ne manqueront pas d'atteindre les caisses locales et d'importance restreinte.*

*» Invite les sociétés qui n'ont pas de caisse d'économies à se mettre en rapports avec le service de Banque du M. D. G., à l'effet de constituer une ou plusieurs caisses auxiliaires chargées de recueillir et de canaliser les fonds que les coopérateurs déposants ne demandent qu'à confier à une caisse qui, tout en offrant des avantages supérieurs aux placements les plus sûrs, donne à tous le maximum de garanties.*

*» Demande aux sociétés coopératives qui ont créé une caisse d'économies pour leur usage personnel, de vouloir bien examiner le problème posé et d'étudier, avec le service de Banque du M.D.G., si elles n'auraient pas intérêt à tous égards à transformer leur caisse particulière en succursale de la Caisse nationale d'économie des coopérateurs ».*

Le Président. — Je mets aux voix le projet de résolution.

Le projet de délibération est adopté à l'unanimité, moins sept voix.

Poisson. — Je signale que la Commission de résolutions pourrait se réunir ce matin, après l'intervention de Nast, et avant que nous partions pour notre réception au Comité de la Foire. Il y a un grand nombre de vœux déposés. Comme la Commission est extrêmement nombreuse, elle pourra peut-être nommer une sous-commission. Elle pourrait avoir déjà une réunion ce matin, et examiner définitivement les vœux avant la séance de cet après-midi.

## REFONTE DE LA LÉGISLATION
## CONCERNANT LES ASSEMBLÉES GÉNÉRALES

Alfred Nast, *rapporteur.* — Camarades, j'ai à vous présenter, aussi brièvement que possible, mon rapport visant une question qui, évidemment, n'est pas destinée à susciter des débats très véhéments. Il s'agit d'une question de droit et de législation. J'ai à vous parler du problème des assemblées générales dans nos institutions coopératives de consommation.

Je ne sais pas si beaucoup d'entre vous ont eu la patience de lire le rapport écrit que j'ai donné sur cette question; il est en effet assez long, puisqu'il ne comporte pas moins d'une quarantaine de pages, imprimées en caractères bien « tassés ». Et je vous avoue

que ma tâche serait extrêmement difficile s'il s'agissait pour moi
de condenser, de résumer d'une façon complète les développements
que j'ai fournis, et que j'ai fournis parce que je les ai jugés nécessaires. Je supposerai donc que vous connaissez les grandes lignes de
ce mémoire, et je n'aurai simplement qu'à vous en indiquer les
conclusions.

Le problème des assemblées générales, qui intéresse autant ceux
qui font pratiquement de la coopération que les théoriciens eux-
mêmes, est extrêmement complexe. Sa complexité tient d'abord à
l'importance toute particulière que présente l'assemblée générale
des sociétaires dans un mouvement comme le nôtre, qui tend réellement à la démocratie économique. L'Assemblée générale est l'organe
souverain des consommateurs. Mais la complexité du problème réside aussi, et c'est là que ma tâche devient particulièrement ardue,
dans la législation extrêmement compliquée qui régit chez nous les
sociétés coopératives de consommation.

L'autre jour, des coopérateurs étrangers, des amis actuellement à
Lyon, me demandaient: « Comment se fait-il qu'en France, dans les
statuts de vos sociétés coopératives, nous lisions cette expression:
« Coopérative anonyme de consommation? Qu'est-ce que cela peut
bien être qu'une coopérative *anonyme?* » A l'étranger, en effet, on
dit simplement: « Société coopérative ».

J'ai répondu à ces amis, dans un sentiment éminemment patriotique que vous apprécierez: « Il s'agit ici d'une des finesses de notre
droit français ». Mais je pensais, à part moi, qu'il s'agissait d'une
absurdité consacrée par la loi du 7 mai 1917 sur les sociétés coopératives de consommation.

En fait, je ne veux pas reprendre ici le problème à sa base. Je ne
veux pas reprendre la distinction entre nos sociétés coopératives
civiles et nos sociétés coopératives anonymes. C'est particulièrement
à ces dernières que je vais m'attaquer.

Pratiquement, et de plus en plus, nos sociétés coopératives de
consommation se constituent sous la forme anonyme. Vous savez
pourquoi. C'est, pratiquement, cette forme seule qui permet aux
sociétés de consommation, dans l'état actuel de notre droit, d'étendre
dre leurs opérations, au delà du cercle de leurs membres; c'est elle
qui permet à la société, de limiter, pour tous les sociétaires sans
exception, la responsabilité dans les engagements sociaux au montant simplement de leurs apports. Voilà la raison en fait.

Mais pourquoi, en droit, sommes-nous obligés de créer des sociétés
coopératives anonymes? C'est à cause, je le disais tout à l'heure, de
la loi de 1917.

L'article premier de cette loi, vous le savez, dit que les sociétés
coopératives de consommation sont des sociétés à capital et à personnel variables constituées conformément au titre III de la loi
du 24 juillet 1867. Si bien que la loi de 1917 se décharge de sa
mission juridique sur la vieille loi de 1867. Or, dans la loi de 1867,
les sociétés à capital variable ne sont pas, à elles seules, une forme
juridique complète. La variabilité du capital et du personnel n'est
qu'une modalité. Et nous arrivons à ceci que les règles spéciales
édictées pour les coopératives de consommation par la loi de 1917,
sont des modalités qui se greffent sur le titre III de la loi de 1867,
relatif aux sociétés à capital variable. Mais le titre III de la loi de
1867, c'est encore une modalité qui doit se greffer sur les formes du
droit commun des sociétés. On est donc obligé de créer des sociétés
civiles ou anonymes.

Je viens de vous dire que, pour nos sociétés, la forme anonyme s'imposait, si les sociétés coopératives veulent étendre dans la plus large mesure possible leur champ d'opérations. Pratiquement, en ce qui concerne la vente au public dans les conditions d'ailleurs très coopératives que vous connaissez, il n'y a que des sociétés anonymes qui puissent s'y livrer. Eh bien, c'est là ce qui pouvait justement étonner les camarades étrangers dont je parlais tout à l'heure. Ils sentaient que même au point de vue français, comme je l'ai très fortement exposé dans mon rapport, il y avait une monstruosité juridique à rapprocher l'idée de coopération et la notion de société anonyme. Dans notre législation française, comme d'ailleurs dans tous les pays, la société anonyme est la forme la plus perfectionnée de la société par actions, et la société par actions c'est essentiellement l'expression juridique la plus pure des entreprises capitalistes. Et nous, nous sommes obligés, en vertu du système adopté par la loi de 1917 sur les sociétés coopératives de consommation, de faire rentrer ces dernières dans le cadre spécialement créé par et pour le moderne capitalisme!

La conclusion, c'est que, à chaque instant, nous sommes obligés de demander des dérogations au système juridique des sociétés anonymes en faveur de nos sociétés coopératives de consommation. Or, à cet égard, la loi de 1917, qui ne remonte qu'à quelques années seulement, ne comporte que très peu de dérogations. Notamment en matière d'assemblée générale, puisque je veux aller droit à mon sujet, il n'y avait et il n'y a encore dans la loi de 1917 qu'un seul principe affirmé dans l'article 4, c'est que les sociétaires ne pourront avoir, pour les parts sociales ou actions qu'ils possèdent, qu'une seule voix dans les assemblées générales.

Je laisse de côté, car je veux être extrêmement bref, la question des coopératives « civiles » et des principes qui leur sont applicables. Nos sociétés coopératives de consommation se trouvent, en ce qui concerne leurs assemblées générales, soumises, quand elles ont pris la forme *anonyme*, la seule dont je m'occuperai aujourd'hui, à l'ensemble des règles rigides de la législation de 1867 et de la loi du 22 novembre 1913 au sujet de leurs assemblées générales. Or, les deux lois que je viens de rappeler, 1867 et 1913, ont établi, en ce qui concerne la validité des assemblées générales, des règles qui reposent essentiellement sur la représentation, non pas des individus, non pas des associés, mais du capital lui-même dans les réunions. Il en résulte que toutes les fois que nous tenons une assemblée générale, nous avons à rechercher, — vous connaissez l'expression, — si l'assemblée réunit bien le « quorum ». Et nombreuses sont les sociétés, vous le savez, qui ont été obligées de suspendre, faute de quorum, l'assemblée générale ordinaire. D'autres, bien souvent, se sont trouvées dans l'impossibilité de changer leurs statuts, en raison des conditions de quorum imposées par la loi de 1913.

Je laisse de côté les assemblées générales ordinaires, parce que, sur seconde convocation, on peut délibérer valablement quel que soit le capital représenté. Mais la question se pose essentiellement et rigoureusement dans les termes que je viens d'indiquer quand il s'agit de modifier les statuts. Et pratiquement c'est dans ces circonstances que nous avons vu parfois naître des difficultés très sérieuses et même s'élever de véritables impossibilités.

Le problème devient encore plus aigu lorsqu'il s'agit précisément, pour les sociétés de développement et de fusion, d'accomplir leur mission. Les juristes de la Coopération peuvent en parler savamment

Eh bien, la première chose que je vous propose, c'est de s'attaquer directement au quorum capital exigé par la législation actuelle, et, en justifiant la thèse que je vais vous indiquer par des considérations se rattachant au but et au mécanisme de nos sociétés coopératives de consommation, de demander la suppression pour ces dernières du quorum en capital. Puisqu'on a dû, en 1917, commencer déjà, tout en disant que les coopératives se plaçaient dans les termes du droit commun, à entrer dans la voie des dérogations, nous n'avons qu'à continuer.

Par conséquent, un premier point serait la suppression du quorum en capital, et l'établissement, pour toutes les assemblées générales, d'un quorum en sociétaires, étant donné le caractère personnel et anti-capitaliste des coopératives de consommation.

Si nous nous bornions, en remplaçant la représentation du capital par la représentation du personnel social, à suivre les règles de la législation de 1867 et de 1913, nous serions obligés de dire que, pour les modifications aux statuts, il y aurait toujours un quorum minimum que l'assemblée devrait réunir. Je propose que, sur seconde convocation, quel que soit l'objet sur lequel l'assemblée ait à décider, les délibérations soient valables quel que soit le nombre de présents. C'est actuellement ce qui se passe pour les assemblées ordinaires, et c'est également ce qui est souhaitable pour les assemblées appelées à modifier les statuts.

Oui, même pour celles-ci.

Quand il s'agit de sociétés capitalistes, on conçoit bien que, pour toucher aux bases mêmes de la Société, à ses statuts, on conçoit que l'on exige toujours la présence à l'assemblée d'un minimum de capital, étant donnée la nature des intérêts engagés. Mais quand il s'agit de sociétés coopératives de consommation, il est inadmissible, puisque nous avons rattaché tout le système coopératif à ce principe que le capital ne doit être qu'un moyen d'action subordonné à la personnalité humaine, il est inadmissible que lorsque ces personnalités humaines, actionnaires insouciants, négligeants, malveillants, ne sont pas présentes à l'assemblée générale, elles puissent, par leur absence, empêcher la marche de la société ou entraver son développement. C'est pour cela, par conséquent, que même quand il s'agira de modifier les statuts, à la condition, bien entendu, de ne pas changer le caractère coopératif de la Société, les sociétaires, comme d'ailleurs le principe coopératif le commande, devront avoir en seconde et dernière épreuve, tous pouvoirs pour décider de l'avenir de la Coopérative.

Voilà pour la question du quorum.

En second lieu, je propose également des modifications, celles-ci plutôt d'ordre technique, au système organisé par la loi de 1913, en ce qui concerne la publicité des convocations d'assemblées générales. Ici encore, si j'en avais le temps, je pourrais démontrer que tout ce système de publicité, auquel nous sommes soumis, parce que nous sommes des sociétés anonymes, a été prévu, d'une façon d'ailleurs plus ou moins adroite, uniquement en raison des intérêts capitalistes engagés dans les sociétés par actions.

La publicité est prescrite, notamment, au *Bulletin Annexe du Journal Officiel*. Or, le *Bulletin Annexe du Journal Officiel* s'appelle exactement *Bulletin des annonces légales obligatoires à la charge des sociétés financières*. C'est tout à fait ironique pour nos sociétés coopératives de consommation.

En conséquence, je demande que les formalités de publicité soient simplifiées sur ce point.

Enfin, en troisième lieu, j'ai abordé un problème qui est, lui, d'une actualité toute particulière, à une époque où grandissent chaque jour les sociétés coopératives de fusion et de développement. C'est la question du sectionnement des sociétés coopératives et la représentation des sections aux assemblées générales de la Société.

Nos statuts commencent déjà à prévoir avec un grand luxe de détails le fonctionnement du système représentatif auquel je fais allusion; statuts et règlements intérieurs établissent le mécanisme des sections, prescrivent la nomination de délégués, ou, comme l'on dit quelquefois par scrupule juridique, de « mandataires », qui devront se réunir ensuite pour constituer les assemblées générales, composées uniquement aussi de délégués des sociétaires. La question se pose de savoir si, pour les sociétés anonymes, ce système est légal. J'ai essayé de montrer, dans mon rapport, que la légalité du sectionnement de nos unions de coopérateurs pouvait être soutenue quand il s'agit des assemblées ordinaires, et encore cela déjà pourrait être controversé. Mais quand il s'agit de modifier les statuts de nos sociétés coopératives de fusion et de développement, le système du sectionnement ne peut plus être imposé aux sociétaires. La loi du 22 novembre 1913, à laquelle je faisais tout à l'heure allusion, exige que les assemblées modificatives des statuts soient des assemblées plénières: ce qui signifie que la Société est obligée de convoquer individuellement tous les sociétaires et que tout sociétaire, individuellement, a le droit d'assister à l'assemblée générale. C'est la suppression du système de la délégation obligatoire.

Dans ces conditions, il est évident que, à mesure que les sociétés coopératives de développement grandiront, à mesure également que s'accomplira l'œuvre d'éducation coopérative à laquelle on s'attache pour obtenir que, de plus en plus, les sociétaires passifs ou inactifs deviennent des militants et fréquentent les assemblées générales, à mesure en même temps croîtra le danger que des sociétaires au courant de la loi de 1913 prétendent assister et prendre part aux délibérations de l'assemblée générale appelée à modifier les statuts. Et dans une union de coopérateurs qui comprendrait des milliers et même parfois des dizaines de milliers de membres, il serait évidemment assez difficile de trouver une salle capable de les réunir. Il est donc absolument nécessaire, en raison des conditions de développement de notre mouvement, que le système du sectionnement et de la représentation des sociétaires par des délégués choisis dans des réunions de sections soit consacré par la législation.

Voilà les points sur lesquels j'ai fait porter mon étude. D'autres observations sur le régime actuel mériteraient de retenir notre attention. Mais, dans mon rapport pour ce Congrès, je n'ai voulu m'attacher qu'aux objets dont la réalisation pratique s'impose d'une façon particulièrement urgente. J'ai voulu, par conséquent, limiter notre action immédiate aux points fondamentaux que je viens de signaler.

Avant de vous donner lecture des conclusions soumises au Congrès, j'ai entendu vous indiquer dans quel état d'esprit et pour quelles fins ces conclusions avaient été rédigées.

J'aurais voulu encore reprendre une idée qui m'est chère depuis bien des années, et que j'ai développée au début de mon rapport, quand j'ai voulu justifier les raisons pour lesquelles une refonte de la législation s'impose. Je voudrais pouvoir montrer que si l'on voulait actuellement mettre véritablement la législation coopérative d'accord avec le caractère et le mécanisme de nos institutions, ce n'est pas seulement la refonte de la législation sur les assemblées générales qu'il faudrait demander, mais la refonte de la législation coopérative dans son ensemble. Nous n'irons pas aujourd'hui jusque là, quitte à reprendre le problème d'ensemble quand le moment viendra. Cependant, nous pouvons très rapidement jeter un coup d'œil sur les pays étrangers. Il est extrêmement intéressant de considérer la constitution légale des sociétés coopératives dans les divers pays. C'est une étude à laquelle, personnellement, je me livre depuis près d'une vingtaine d'années, et je puis dire que notre système hybride, le système de la loi de 1917 n'a pas la faveur des législations étrangères. Ces législations ont cherché à créer, au point de vue juridique, le type coopératif, avec des règles pas toujours absolument conformes au dévelopement actuel de la coopération, mais avec des règles qui ont permis, grâce à des modifications ultérieures, de réaliser un grand nombre de progrès et d'améliorer le type juridique spécial des coopératives.

En France, d'ailleurs, nous avons déjà des précédents. Ce que je demande n'est donc pas d'une hardiesse à effrayer nos législateurs, même les plus timides. Nous avons déjà, en France, je le répète, des précédents. Il y a un type juridique propre aux coopératives de crédit agricole, de crédit maritime, de crédit aux petits commerçants; et, pour ces derniers, la législation date, comme la nôtre, de 1917. Il y a un autre type tracé spécialement pour des coopératives à mission temporaire: les sociétés coopératives de reconstruction entre sinistrés des régions atteintes par la guerre. Chacun de ces types mériterait sans doute de nombreuses observations; mais il est intéressant de constater les efforts déjà accomplis.

Je ne vais pas jusque là aujourd'hui. Je demande simplement que l'on apporte, sur les points que j'ai soulignés, des dérogations à la loi concernant les sociétés anonymes, dans la mesure où cette législation ne peut s'adapter qu'aux sociétés de capitaux, c'est-à-dire aux sociétés dans lesquelles, quel que soit leur objet, fabrication de pâtes alimentaires, d'automobiles, de tout ce que vous voudrez, les actionnaires n'ont qu'une idée et qu'un but: faire fructifier l'argent qu'ils ont mis dans l'entreprise. La coopération a un idéal et des fins tout à fait opposés; il est nécessaire, par conséquent, que pour elle, des dérogations soient apportées à la loi de 1867 et à celle de 1913.

Comme conclusion, je demande au Congrès, non pas de voter lui-même un texte de loi, mais d'approuver les directives que je viens d'indiquer, en donnant mission au Conseil central de la Fédération nationale de saisir de la question l'Office technique pour préparer un projet de loi conforme à ces déclarations, puis de porter ce projet devant le Conseil supérieur de la Coopération, de manière à ce qu'un sort lui soit fait et que la législation coopérative soit ainsi améliorée sur les points que je viens d'indiquer.

Le texte de la motion que je vous présente est forcément assez développé. Il a été nécessaire, en effet, d'y reprendre sous une forme extrêmement condensée les arguments que j'ai développés dans mon rapport: ces arguments servent en quelque sorte d'« exposé des motifs » aux propositions de modification à la législation que je vous demande de sanctionner. Il y a lieu d'appuyer autant que possible et par tous les moyens la réforme que je viens d'indiquer.

Voici maintenant le texte de la proposition de résolution:

I. — *Le VIII⁰ Congrès de la Fédération nationale des Coopératives de consommation, considérant que la Coopération a pour mission essentielle de réaliser, par l'organisation générale des consommateurs, la véritable démocratie économique, rappelle, d'une part, que dans toute coopérative de consommation, la souveraineté doit appartenir à l'Assemblée des sociétaires (statuts de la Fédération nationale, art. 4), et pose, d'autre part, en principe absolu, que chaque sociétaire y a droit à une voix, mais à une voix seulement. Les unions de coopératives peuvent toutefois proportionner le nombre des voix attribuées aux sociétés adhérentes au nombre des membres que possèdent ces sociétés; une telle règle, d'ailleurs, ne représente, quand on l'analyse, qu'une application pure et simple du principe qui vient d'être formulé, car il s'agit de la part d'influence à consentir, dans les assemblées de l'union, à des êtres collectifs, qui, eux, doivent suivre strictement, dans leur propre sein, la maxime: une voix par sociétaire.*

*Les institutions coopératives de consommation s'opposent donc, de par leur nature même, aux sociétés dites de capitaux. Certes, les coopératives de consommation et leurs unions savent parfaitement qu'elles ont besoin de capitaux considérables pour atteindre leurs fins; mais le patrimoine qu'elles constituent, qu'elles entretiennent et qu'elles accroissent, ne doit être et demeurer qu'un instrument docile au service de l'intérêt général. Or, cet intérêt général est justement celui des consommateurs. Tout ce qui concerne les destinées de l'organisation, les conditions d'emploi de ses moyens et de ses facultés, doit donc être entièrement subordonné à la volonté autonome des sociétaires pris en leur seule qualité de coopérateurs: il est inadmissible que, pour déterminer la régularité de la composition des assemblées ou la valeur des votes émis, on soit obligé d'avoir égard à l'importance du capital représenté par les souscriptions.*

*Au surplus, on ne peut accepter que l'action et le progrès de la coopérative soient susceptibles de gêne ou même de paralysie, parce que des sociétaires, volontairement ou involontairement, sont absents aux réunions. Toutes précautions employées pour éviter les surprises et déjouer les manœuvres, il faut que, en dernière épreuve, les sociétaires actifs, quel que soit leur nombre, aient plein pouvoir de décision, même pour apporter à l'armature statutaire les changements, les améliorations que suggèreront les circonstances, car l'avenir de la coopération en dépend; ces sociétaires actifs sont seuls capables de tirer la leçon des événements: on doit donc leur accorder la possibilité de triompher de l'inertie et, après avoir été bons juges, d'être bons artisans.*

*Il importe enfin, pour répondre à une nécessité pratique inéluctable, que les sociétés coopératives de consommation à gros effectifs aient la faculté, sans contestation possible, quand elles ont été amenées à répartir leurs membres par sections, de ne réunir en assemblée générale que les délégués nommés par ces sections, quels que soient les objets inscrits à l'ordre du jour.*

II. — *Le Congrès national constate que la législation française, dans son état actuel, n'offre pas la souplesse indispensable pour satisfaire, en matière d'assemblées générales, aux principes et aux desiderata impérieux de la Coopération de consommation;*

*Qu'en effet, la loi du 7 mai 1917 sur les sociétés coopératives de consommation et les unions de coopératives est à peu près complètement muette sur les questions concernant l'organisation et le fonc-*

*tionnement des assemblées de sociétaires; qu'elle se borne à poser le principe qui refuse à tout membre d'une société coopérative de consommation plus d'une voix pour les parts sociales ou actions dont il est titulaire (art. 4) et à permettre aux unions de proportionner le nombre des voix attribuées aux sociétés adhérentes au nombre des membres de ces sociétés (art. 6, 2e alinéa);*

*Que, pour tout le reste, la carence de la loi de 1917 soumet les assemblées des sociétaires des dites coopératives et unions au régime déterminé par la forme juridique dont sont revêtues ces institutions et qui doit être empruntée aux types ordinaires du droit des sociétés, par application de l'article 1er et de l'article 5 de cette même loi de 1917;*

*Qu'ainsi obligées de choisir elles-mêmes leur cadre légal, les coopératives de consommation et les unions sont amenées très fréquemment, pour divers motifs d'ordre pratique, à se placer sous l'empire de la législation régissant les sociétés anonymes, et tel est, entre autres, le cas général des sociétés de développement;*

*Que, par suite, ces coopératives et unions se voient imposer l'observation des prescriptions rigides formulées par les lois du 24 juillet 1867 et du 22 novembre 1913 pour les assemblées générales des sociétés anonymes;*

*Que, notamment, deux catégories de dispositions sont formellement incompatibles avec les caractères et les besoins propres des dites institutions coopératives:*

*1° Il est illogique et dangereux de maintenir, pour la validité des assemblées de sociétaires dans ces institutions, l'exigence d'un quorum basé sur une fraction quelconque du capital social (loi du 24 juillet 1867, art. 29, 30 et 31, modifié par la loi du 22 novembre 1913): une telle exigence crée, pour les porteurs de titres qui veulent s'opposer par leur absence au vote de certaines résolutions, une prérogative qui ne peut se comprendre que dans les sociétés de capitaux;*

*2° L'obligation de tenir des assemblées générales plénières pour apporter des modifications aux statuts (lois du 24 juillet 1867, art. 31, nouveau texte résultant de la loi de 1913) est matériellement impossible pour les sociétés coopératives de développement qui comptent leurs membres par milliers, quelquefois même par dizaines de milliers. Il est abusif et intolérable de les empêcher légalement de modifier leurs statuts pour ce motif de fait, c'est-à-dire en raison même de leur succès et de leur extension.*

*III. — En conséquence, le Congrès national, approuvant les directives proposées dans le rapport qui a précédé la présente résolution, donne mandat au Conseil central de faire préparer par l'Office technique un projet de refonte de la législation relative aux assemblées générales, de manière à instituer, en cette matière fondamentale, un régime adéquat à la nature propre et aux besoins des sociétés coopératives de consommation et des unions de coopératives, définies les unes et les autres par la loi du 7 mai 1917. Le Conseil supérieur de la Coopération sera saisi de ce projet de réforme en vue de le faire aboutir.*

Je pense qu'il n'y a rien à ajouter à la lecture de ces conclusions. C'est maintenant au Congrès de décider.

Le Président. — Si personne ne demande la parole, je mets aux voix la dernière partie de ces conclusions, à savoir qu'il sera donné mandat au Conseil central de faire préparer par l'Office technique un projet de refonte de la législation relative aux assemblées générales, suivant les directives indiquées dans le rapport de Nast.

*Adopté à l'unanimité.*

POISSON. — Vous savez que nos amis de Lyon doivent nous emmener visiter la Foire dont l'administration a tenu à nous recevoir. Les tramways vous attendent, et nous vous demandons de commencer à y prendre place, pendant que la Commission de résolutions tiendra immédiatement sa séance.

LE PRÉSIDENT. — Notre ami Gaumont a une petite communication à vous faire, en ce qui concerne le monument que nos amis lyonnais élèvent à Derrion et Reynier, les ancêtres de la coopération non seulement lyonnaise mais française.

GAUMONT. — Vous savez, comme on vient de vous le rappeler, que nous inaugurons, ou plutôt que nous posons demain la première pierre du monument commémoratif du fondateur, du pionnier de la coopération française. Un Comité a été fondé dans ce but. Ce Comité me demande de rappeler aux représentants des coopératives ici présents, que beaucoup d'entre elles n'ont pas encore envoyé leur obole au Comité d'érection du monument. C'est un « tapage » en règle que je fais, mais j'y suis obligé, parce que je suis membre du Comité. J'espère néanmoins que ceux qui sont aujourd'hui les continuateurs du mouvement coopératif français, se rappelleront que le fondateur de ce mouvement mérite le monument que les Lyonnais lui élèvent aujourd'hui, et qu'ils ne se feront pas trop tirer l'oreille quand on leur fera des appels de fonds.

Je dois en même temps vous rappeler qu'une brochure a été éditée, elle est de moi, ce qui me gêne pour vous la recommander, mais on m'a demandé d'insister pour que cette brochure soit entre toutes les mains, et je fais ma commission.

POISSON. — Hier, parmi les excuses des délégués étrangers, nous avions reçu l'excuse du délégué ukrainien. J'ai le plaisir maintenant de pouvoir vous annoncer que le délégué des organisations ukrainiennes est parmi nous, et qu'il vous dira quelques mots au début de la séance de cet après-midi.

Le Congrès recommencera à deux heures précises, sans aucune minute de retard.

La séance est levée à 10 h. 30.

# DEUXIÈME SÉANCE DU VENDREDI 6 MAI

La séance est ouverte à 2 heures, sous la présidence de Cozelle, avec Riehl et Mullier, comme assesseurs.

LE PRÉSIDENT. — La parole est à notre camarade Serbinenko, représentant des Coopératives ukrainiennes.

## Discours de SERBINENKO, Délégué des Coopératives Ukrainiennes

SERBINENKO. — Je vous prie de m'excuser si je ne prends pas la parole en votre langue maternelle, que je possède insuffisamment.

J'ai l'honneur de vous exprimer mes meilleures salutations au nom de la Coopération d'un pays qui, pendant trois ans, a su s'affirmer par la lutte pour son indépendance nationale, de l'Ukraine.

Vous n'avez pas tous connu la Coopération ukrainienne, et vous n'avez pas entendu parler d'elle, parce qu'il nous a été longtemps interdit de nous appeler Coopération ukrainienne, de même qu'il nous était défendu de nous nommer Ukrainiens. Nous existons formellement depuis seulement 1917, moment où s'est produite en Russie la Révolution. Depuis ce moment, la Coopération ukrainienne a pris ses formes et ses résultats, au 1ᵉʳ janvier 1919, ont été les suivants:

14.640 sociétés coopératives, dont 11.029 sociétés coopératives de consommation; 252 unions de districts (unions de consommation, 134) avec 87 succursales; cinq organisations centrales et le Comité central de la Coopération ukrainienne comme centre d'idées.

Dans ces Coopératives, on a compté jusqu'à quatre millions de membres, plus de mille instructeurs de la Coopération, presque 11.000 vendeurs responsables et pas moins de cent mille membres aux comités de direction des coopératives. Enfin, à la Coopération s'intéressent, en Ukraine, presque quatre millions de ménages, avec 20 millions de personnes du pays.

La Coopération est en Ukraine une grande force économique et nationale. Dans la guerre civile et l'anarchie qui y durent depuis trois ans, vous ne pouvez pas comprendre combien la Coopération s'est montrée comme l'organisme le plus fort et qui a le plus facilement paré aux difficultés du temps. Chez nous, sans coopération, aucune mesure économique de réalisation n'est possible. Et nous, coopérateurs ukrainiens, nous nous réjouissons de la force de notre Coopération qui, maintenant, a la possibilité de prendre place dans la famille coopérative internationale.

Nous connaissons depuis longtemps la Coopération française. Nous avons étudié votre célèbre Charles Gide, dont la plupart des livres sont traduits en langue ukrainienne. Nous étudions beaucoup votre littérature coopérative. Actuellement nous avons grande joie à regarder directement votre travail et à y prendre tout ce qui nous paraît utile pour notre mouvement.

Nous espérons que, dans nos relations communes, nous trouverons toujours une force nouvelle pour développer et renforcer notre mouvement.

Je suis heureux d'être présent à ce Congrès, parce que vous y étudiez des questions qui nous intéressent. Vos décisions sur les questions de propagande et d'éducation coopérative nous fourniront des matériaux magnifiques, pour les deux écoles coopératives que nous avons déjà et pour l'Institut coopératif, à Kiev.

Encore une fois, salut des Coopératives de l'Ukraine aux Coopératives de France. Vive votre belle devise, que j'ai lue en entrant ici: « Coopérateurs de tous pays, unissons-nous. Chacun pour tous, et tous pour chacun ».

# LA VENTE AU COMPTANT, A CRÉDIT ET PAR ABONNEMENT DANS LES COOPÉRATIVES

Le Président. — La parole est à Daudé-Bancel, rapporteur.

## Discours de DAUDÉ-BANCEL

Daudé-Bancel. — Camarades, je m'excuse d'avoir rédigé un rapport long, très long, trop long peut-être au gré de certains, mais la question du crédit a soulevé dans le passé et soulève surtout depuis quelques années tant de controverses qu'il fallait faire de cette question une étude d'ensemble, l'examiner sous toutes ses faces, et, en vérité, il fallait bien que la question se posât de savoir si nous recommanderions le crédit pur et simple, ou bien si nous le condamnerions.

Ainsi que nous le faisons remarquer dans le rapport, il semble qu'en ce qui concerne le crédit pur et simple, sans aucune espèce de garanties pour la société qui le consentirait à ses sociétaires, ce crédit qui, par suite de certaines circonstances exceptionnelles, a pu prendre dans certaines sociétés, dans des milieux tout à fait spéciaux, entraînés depuis très longtemps déjà à la vie coopérative et à la pratique du crédit, surtout quand il s'agit d'organisations soit professionnelles dans les milieux industriels, soit agricoles à la campagne, il semble, dis-je, que dans la plupart des cas, il n'est pas bon de préconiser ce crédit pur et simple.

Ainsi que nous l'indiquions dans le rapport, nous ne pouvons signaler que fort peu de sociétés qui se soient bien trouvées du système de crédit sans aucune espèce de garantie. Nous devons signaler en revanche des quantités de Sociétés coopératives qui sont mortes parce que, justement, on y a trop fait crédit, sans aucune espèce de responsabilité de la part des sociétaires emprunteurs.

Néanmoins, au moment où la coopération a rendu tant de services qu'elle s'est imposée en quelque sorte à l'opinion publique, aux pouvoirs publics, et que la Coopération a la prétention de devenir plus que jamais un instrument de transformation sociale, puisqu'elle veut réaliser complètement son idéal, il faut qu'elle trouve le moyen de gagner à elle le plus grand nombre possible d'esprits, et non pas seulement d'esprits gagnés théoriquement, mais de sympathies pratiques qui se traduisent par des faits, par des résultats, et aussi par des services que la Coopération rendra aux consommateurs, à tous les consommateurs, sans en excepter ceux qui sont momentanément gênés.

Et c'est pour cela que depuis déjà une dizaine d'années, là surtout où la coopération s'est développée, nous assistons de plus en

plus à des efforts extrêmement considérables pour rendre la coopération sympathique aux masses populaires, et pour rendre la coopération accessible aux consommateurs pauvres, et même aux plus
pauvres.

Dans ces conditions, nous avons à nous préoccuper de ceci: établir le crédit, mais l'établir de telle manière qu'on ne puisse pas
dire que les Sociétés coopératives seraient sacrifiées à ceux qui,
ayant acheté à crédit sans donner aucune espèce de garantie, ruine-
raient finalement la Société et la feraient disparaître.

Le problème est par conséquent complexe, et, puisque le problème est complexe, il s'agissait de trouver la formule, grâce à laquelle, d'une part, la coopération remplirait sa fonction sociale, se
rendrait sympathique à toute la population, et grâce à laquelle
éventuellement, les mauvais payeurs ne pourraient pas vivre aux
dépens des bons coopérateurs.

Nous avons donc épinglé soigneusement cette idée que le crédit
sans garantie est mort; parce que les mauvais payeurs l'ont tué. Et
alors, pour résoudre le problème, pour le poser dans toute sa force,
nous avons dit : Il faut qu'il y ait un crédit, mais un crédit qui
reposera sur des garanties, et par conséquent, pour que le crédit
repose sur des garanties, la Société coopérative ne le fournira pas
directement. Ce seront les Sociétés coopératives, ce seront les Associations des Sociétés coopératives régionales à succursales qui auront pour objet de constituer, à côté, soit des Sociétés coopératives
autonomes, soit des succursales des Coopératives régionales, des
caisses de crédit mutuel et gratuit, qui n'effectueront pas des prêts
directement aux sociétaires, mais qui verseront des fonds aux sociétaires sous la garantie de leur capital, et sous la garantie de ceux
qui se porteront garants de l'emprunt que fera l'emprunteur. De
cette manière, le débiteur aura emprunté, non pas à la Société coopérative, mais à la caisse auxiliaire voisine de la Société, caisse de
crédit mutuel et gratuit, et il pourra alors s'approvisionner, *en
payant au comptant*, à la Société coopérative autonome ou à la succursale de la Société. Par ce moyen, jamais les finances de la Société
coopérative ne seront directement engagées dans les crédits à court
terme.

Voilà de quelle manière nous avons paré à la difficulté inhérente
au système du crédit direct par les Sociétés coopératives à leurs
sociétaires.

Nous avons dit aussi qu'il était inadmissible que le mouvement
coopératif, au moment où, dans le monde entier, on fait des efforts
considérables pour gagner le plus grand nombre possible de consommateurs à la coopération, que les Sociétés coopératives disent
quand elles se trouveront en présence d'un sociétaire qui aura
épuisé ses fonds à la caisse d'économie, ses fonds en dépôt à la
Coopérative, qui aura épuisé tous les moyens grâce auxquels il
pourrait vivre en cas de crise, qu'elles ne peuvent lui venir en aide.
Nous avons pensé qu'il serait véritablement lamentable que la coopération se montrât au-dessous de sa tâche et dans l'impossibilité
de permettre à ceux qui ont besoin de crédit à court terme de parer
à la période mauvaise dans laquelle ils se trouvent. Nous avons pensé
que la bonne manière d'arriver à cela était d'établir le crédit indirect à court terme. Si nous ne faisions pas cela, nous pourrions arriver à des situations inadmissibles. De bons coopérateurs, de bons
camarades, des fondateurs de Sociétés coopératives, des militants,
des propagandistes de l'idée coopérative, quand ils se trouveraient

dans une période mauvaise de leur vie, quand ils auraient besoin. après avoir épuisé leurs économies personnelles, d'avoir recours, littéralement pour manger, au crédit à court terme, au lieu de pouvoir s'adresser à la Société coopérative (sur laquelle ils devraient pourtant avoir le droit de compter) n'auraient que la seule ressource d'aller demander du crédit à des commerçants. Et ces commerçants leur feraient remarquer ironiquement, en se moquant : « Tiens. mais le commerce n'est donc pas si mauvais que cela, puisque maintenant, après, avoir voué votre vie à la propagande coopérative, maintenant que vous avez besoin d'un peu d'argent pour vivre, les Sociétés coopératives vous abandonnent et vous laissent littéralement sur le pavé. Votre Société ne veut plus vous reconnaître, et par conséquent, Monsieur le Coopérateur, Monsieur le Militant, le commerce n'est pas si mauvais que vous l'avez déclaré pendant que vous faisiez votre propagande. »

Nous avons donc pensé que nous devions faire un effort spécial pour que, justement, les militants de la coopération et même les simples sociétaires qui, pendant toute leur vie, auront apporté leur puissance d'achat à leurs Sociétés coopératives, quand ils viendront à se trouver momentanément gênés, quand ils n'auront plus un sou dans leur bourse, puissent se retourner vers la caisse de crédit de la Société coopérative et lui dire : « J'ai besoin d'argent, tendez-moi une main fraternelle. tendez-moi une main secourable. »

Certains pourront dire qu'il y a pour cela le Bureau de bienfaisance. Mais justement nous proposons qu'au lieu de passer par le Bureau de bienfaisance, on commence d'abord à faire franchir aux Sociétés coopératives le stade de la solidarité, mais de la solidarité garantie.

Garantie par quoi? Par l'action du sociétaire emprunteur, par les trop-perçus qu'il réalisera sur sa consommation, tant qu'il consommera à la Société coopérative; garantie aussi par la responsabilité solidaire de ses parents, de ses amis, de ses camarades, qui seront solidaires avec lui de l'engagement qu'il aura souscrit à la caisse de crédit mutuel et gratuit.

Vous voyez quelle est notre préoccupation. Lorsque nous nous trouverons en présence de camarades présentant la garantie de leur action, de leurs ristournes, et la garantie pécuniaire et financière des camarades qui s'engageront solidairement avec eux, nous ne voulons pas qu'on puisse dire que nous les aurons abandonnés.

Voilà la préoccupation à laquelle nous avons obéi en proposant d'organiser le crédit à court terme, en ce qui concerne la répartition des marchandises d'alimentation.

Mais nous avons pensé aussi que nous ne pouvions pas laisser les consommateurs, les acheteurs, livrés à l'exploitation dont ils sont victimes quand ils vont, par exemple, acheter du mobilier, des habits, des chaussures, des marchandises diverses, en un mot, j'insiste sur ce point, non pas, comme on l'a dit ou comme on a pu le croire, pour acheter des articles de luxe. mais des articles indispensables, des articles de première nécessité. Nous n'avons pas voulu qu'ils soient obligés de se rendre auprès des maisons qui pratiquent la vente par abonnement.

Il y a, surtout dans les centres industriels, des quantités de personnes, de jeunes coopérateurs, de jeunes ménages qui seraient désireux de se meubler et de rester chez eux; mais qui, parce qu'ils n'ont pas les moyens de se meubler, sont obligés de demander à des maisons qui pratiquent la vente par abonnement le mobilier dont ils ont besoin pour s'installer. Il y a, beaucoup plus encore qu'on ne le croit, dans les agglomérations industrielles, des quantités de jeunes ménages qui sont obligés de loger en garni. Et, dans la plupart des cas, vous l'entendez bien, à Paris et dans les grands centres industriels, le passage, j'allais dire l'escalier qui permet à ces ménages de monter dans leur chambre, se trouve à côté d'un bistro. Et si le ménage, quand il rentre le soir, ou quand il sort le matin, ne consomme pas de l'alcool, il se voit bientôt mis à la porte.

Nous estimons qu'il y a là une besogne morale plus encore qu'économique à laquelle nous devons nous livrer. Par cette besogne, ces ménages, qui présenteraient certaines garanties, d'abord leur garantie personnelle, une petit versement qu'ils auraient effectué à l'organisation coopérative de vente à crédit à long terme, et aussi la garantie de camarades, de parents, d'amis, qui se porteraient garants que, si le jeune ménage défaillait un jour, eux se substitueraient à lui, dans la mesure en un mot où ces acheteurs présenteraient des garanties, nous estimons que nous avons le droit, et que par conséquent nous avons aussi le devoir, de leur prêter là aussi un appui fraternel, raisonné, réfléchi, qui jamais ne permettra d'arriver à compromettre les finances de la Société coopérative.

Arrivé à ce point, je dis que la question ne se pose pas de la même manière pour le crédit alimentaire à court terme et pour le crédit mobilier à long terme.

En ce qui concerne le crédit à court terme pour l'alimentation, ce crédit peut être fait par les Coopératives de consommation autonomes ou par les Coopératives régionales à succursales multiples. Dans notre pensée, quand on parle au contraire de crédit mobilier à long terme, il ne peut être question que d'une organisation plus complexe, d'une véritable Société, avec des actions, à laquelle participeraient toutes les Sociétés coopératives, les coopérateurs qui le voudraient, le Magasin de Gros, même aussi le Gouvernement, par application de la loi relative au crédit au moyen et au petit commerce. Car enfin, si nous payons nos impôts pour le crédit en faveur du moyen et du petit commerce, je ne vois pas pourquoi, nous qui sommes des commerçants désintéressés ayant payé des impôts comme consommateurs, nous n'en bénéficierions pas comme coopérateurs, pour une organisation appelée à rendre service à toute la population.

Dans ces conditions, voici comment se pose la question : En principe, le Congrès ne peut pas préconiser le crédit direct aux sociétaires, ni à court terme, ni à long terme. Il laisse aux Sociétés coopératives — et d'ailleurs elles la prennent — la liberté de le pratiquer ou de ne pas le pratiquer. Si le Congrès recommande la pratique du crédit à court terme pour les Sociétés coopératives autonomes et pour les Sociétés coopératives régionales à succursales, il ne la recommande pas dans la mesure où les Sociétés coopératives risqueraient d'être les victimes de leur générosité. Il faut qu'il y ait une garantie solidaire entre l'emprunteur et ceux qui se porteront garants de sa bonne volonté de payer. Cette responsabilité est effective; elle n'est pas purement et simplement morale; elle est réelle, elle est financière, monnayée.

En ce qui concerne le crédit à long terme, les modalités doivent évidemment être un peu différentes dans leur application de ce qu'elles sont quand il s'agit de l'application du crédit à court terme. Je demande néanmoins, là aussi, la responsabilité de celui qui empruute, jointe à la responsabilité de ceux qui se portent garants de sa solvabilité.

De cette manière, nous rendons la coopération sympathique et praticable à des gens qui ne seraient pas encore gagnés au mouvement. Nous la rendons accessible et utile à la grande masse de la population, tout en ne courant aucun risque de perte.

Je vous ferai remarquer en passant que notre projet, dont je vais vous donner lecture, n'est pas un projet négatif; c'est, au contraire un projet positif déposé en vue d'une action positive.

« Le Congrès, constatant les besoins financiers sans cesse croissants des Coopératives de consommation et de leur M. D. G., engage les coopérateurs et les Coopératives à faire un effort considérable en vue de mettre le plus possible de capitaux à la disposition de leurs organisations;

« A cet effet, il leur recommande tous les moyens d'économie individuelle et collective, grâce auxquels ils pourront renforcer systématiquement les organisations coopératives;

« Le Congrès, constatant que le crédit *direct* des Coopératives à leurs membres n'a réussi que dans quelques cas exceptionnels, là où le crédit était garanti, met en garde les Coopératives de consommation contre tout système de crédit *direct*.

« Néanmoins, après avoir dénoncé comme il convenait les dangers du crédit *direct*, le Congrès décide qu'il est de l'intérêt et du devoir des coopérateurs et des Coopératives de leur recommander l'adoption du crédit *indirect*, c'est-à-dire s'exerçant en dehors de la responsabilité financière des Coopératives;

« Le crédit indirect doit être établi sous deux modalités essentielles : 1" *à court terme;* 2" *à long terme;*

« Le crédit indirect à court terme et à long terme doit reposer sur la responsabilité effective, donc financière, du bénéficiaire et de ses parents et amis, solidairement responsables des engagements de l'emprunteur éventuellement défaillant.

« Ces principes posés, le Congrès donne mandat à la F. N. C. C. de recommander aux organisations coopératives les méthodes les meilleures, grâce auxquelles le crédit à court terme et à long terme sera organisé en faveur des coopérateurs qui en auraient besoin. »

## Discours de GARBADO

GARBADO. — Camarades, c'est un adversaire irréductible du crédit qui va demander au Congrès de ne pas suivre nos amis dans la proposition qu'ils viennent de vous exposer.

Ce n'est pas dans les livres que j'ai appris à avoir pour le crédit l'aversion la plus profonde. C'est dans la vie elle-même. C'est pour en avoir souffert non pas même dans ma vie d'homme, mais dans mon enfance, quand j'ai vu mes pauvres parents, accablés d'une nombreuse famille, obligés de subir les avanies et quelquefois les blessures profondes que leur infligeaient ceux qui prétendaient leur avoir rendu service, comme la corde rend service au pendu.

J'étais bien jeune à ce moment-là, mais je me suis juré que jamais de ma vie je n'aurais recours au crédit. Quant au lendemain de mon mariage, le boulanger nous a dit : vous prenez deux livres de pain par jour; si vous voulez, vous paierez le dimanche, je lui ai répondu : Non, je paierai tous les jours. Cette idée était tellement ancrée chez moi que je l'ai poussée peut-être jusqu'au ridicule. Mais il

n'y a pas de ridicule lorsque l'on veut avoir la conviction, la certitude, qu'on ne faillira pas à ce que l'on considère comme un devoir.
Et je considérais que le premier devoir était de ne pas aliéner une
parcelle de liberté qu'il était en mon pouvoir de conserver.

Quand j'ai eu l'honneur d'être secrétaire pendant sept ans de
l'*Union Coopérative d'Amiens*, et d'en être ensuite directeur pendant sept autres années, j'ai pesé de toute l'influence que j'ai pu
avoir dans notre région du Nord, pour refuser l'application du crédit. Et pourtant, vous le savez, Amiens se trouve dans la situation
de toutes les villes industrielles du Nord. C'est un pays pauvre; les
salaires y sont insuffisants, et les ouvriers y sont souvent tentés d'accepter ce crédit qu'on leur offre. Nous avons résisté. Pensez-vous
que cela ait nui au développement de la Coopérative ? Tenez, je
me rappelle qu'un jour, une vieille d'une cinquantaine d'années, me
disait : Jamais de ma vie, tant que j'ai fait usage du crédit, je n'ai
pu avoir un sou devant moi; jamais je n'ai pu dire le samedi que
l'argent de la semaine m'appartenait. Et depuis que je viens à
l'Union, non seulement j'y achète au comptant, mais encore je possède maintenant une action de cinquante francs. Cette journée-là,
je vous assure que j'ai eu une très grande satisfaction.

Est-ce à dire que je suis contre toute espèce de crédit, contre
toute aide donnée à ceux qui peuvent en avoir besoin? Non. Mais
je dis que cela ressort des caisses de solidarité.

Evidemment, lorsque l'un des nôtres est dans la misère, souffre
de l'adversité, il serait honteux de ne pas lui venir en aide. Ne
sommes-nous pas, en effet, une grande famille où nous devons tous
nous aider? Mais malgré cela, je le répète, pas de crédit. Que l'on
ne réhabilite pas une chose que, pour ma part, je considère comme
une plaie.

Mais ce que je reproche à Poisson et à Daudé, ce n'est pas ce
qu'ils essaient de faire; c'est de nous présenter quelque chose qui
ne tient pas; c'est d'avoir l'air de nous présenter une organisation
de crédit, alors qu'il n'y a même pas une façade. En comptant leur
proposition, le Congrès, en les suivant, croirait avoir fait un travail
sérieux, alors qu'il n'aurait rien fait du tout.

Daudé nous dit: Nous donnons des garanties à la société coopérative, et il n'y aura pas à craindre le crédit fait aux sociétaires. Or,
regardons ces garanties inscrites dans le projet, qu'y voyons-nous?
La garantie de la caisse de crédit, c'est le capital social. Quelle
garantie y a-t-il en réalité, puisque c'est le capital de la société, au
cas où l'acheteur ne paierait pas, qu'il faudrait aller chercher ?
Et que donnera-t-il? Je vais vous citer, à ce point de vue, un
exemple, et je fais appel ici à mes camarades de l'Egalitaire, où
j'ai fait partie assez souvent de la Commission de prévoyance, et
aussi à mes camarades de l'Union d'Amiens. C'est le capital social
de ceux qui demandent du crédit, qui devra servir de garantie?
Mais justement, dans ces sociétés, ceux qui demandaient du crédit
n'avaient jamais de capital social. Aussitôt que la distribution des
bonis était faite, nous recevions des demandes de remboursement
du capital. Je ne sais comment cela se pratique ailleurs, et s'il n'en
est pas ainsi dans beaucoup d'autres sociétés, mais à l'Egalitaire et
à l'Union d'Amiens, on remboursait sur le capital à tous ceux qui
avaient besoin d'un crédit, et jamais ceux qui demandaient du crédit
social devant servir de garantie n'existe donc pas.

Il y a encore un deuxième moyen de garantie; c'est la part personnelle dans les fonds de prévoyance. Mais, voyons, Daudé, rell-

sons les statuts des sociétés coopératives. Je n'ai pas encore vu les fonds de prévoyance servir à accorder des subsides, des secours pour le crédit. On accorde des secours, par exemple, pour des naissances, des décès, mais jamais les sociétaires n'ont une part personnelle dont ils peuvent disposer; l'avoir du fonds de prévoyance est collectif et non personnel.

Enfin, il y a les ristournes. Je sais bien que si nous vendons à un camarade véritablement méritant, il paiera par ce moyen. Mais il y a un fait que nous avons pu constater non pas une fois, mais mainte et mainte fois, c'est que celui qui a acheté à crédit à la coopérative n'y vient plus acheter; on ne peut donc pas se garantir sur ses ristournes. En effet, quand on a fait usage du crédit, quand on a subi les avanies qu'il apporte avec lui, on s'y habitue peu à peu; on fait des dettes ici et là, et c'est alors une conscience qui baisse; l'homme transige avec le devoir et souvent c'est un homme perdu. Souvent aussi, celui qui aura acheté à crédit ne viendra plus à la coopérative.

Enfin, il y a l'engagement collectif, et, ici, Daudé, j'appelle votre attention sur le danger qu'il peut y avoir pour la Société. Il faudra qu'il y ait cinq, dix, quinze sociétaires qui répondent pour un ménage, car, remarquez-le bien, si la garantie que peut présenter un sociétaire est équivalente à cent francs, c'est un maximum. Vous savez que dans les coopératives il y en a beaucoup plus à posséder dix et quinze francs que cent francs. Il faudra donc se réunir à vingt sociétaires pour garantir le paiement d'un mobilier de deux mille francs, et je n'exagère pas. Si même nous voulons répondre effectivement, il faudra s'y mettre à quarante, car la moyenne des versements coopératifs n'est que de cinquante francs environ.

Si le débiteur ne paie pas, pour une raison ou pour une autre, parce qu'il ne peut pas payer ou parce qu'il est de mauvaise foi, est-ce que la coopérative va garder les vingt ou quarante actions des camarades qui ont répondu pour le défaillant? Si cela se faisait dans des coopératives, quelles répercussions, quelles réclamations, et quelles difficultés!

Et puis enfin, où la Société coopérative aura-t-elle des fonds? Dans les caisses de solidarité? Je ne suis pas celui qui a vu le plus de bilans de sociétés coopératives, mais j'en ai vu quelques-uns, et j'ai toujours vu des caisses de solidarité où les sommes varient entre cent et cent cinq francs. Il y a beaucoup de sociétés coopératives qui ne seraient pas capables d'acheter un seul mobilier de jeune ménage avec les fonds de la caisse de solidarité.

Enfin, vous dites que les sociétés se procureront des fonds par des fêtes, par la propagande de leurs membres. Quelle propagande, la propagande individuelle? Ah! mon Dieu oui, on fait de la propagande, on fait des fêtes. Eh bien, j'appartiens à la 145ᵉ Section de l'Union des Coopératives. Chaque fois que nous faisons une fête, nous mangeons plusieurs centaines de francs. Ce n'est pas cela qui nous apportera grand chose.

En résumé, il n'y a pas de fonds, il n'y a pas d'argent, et, par conséquent, on ne nous présente pas quelque chose qui se tienne.

Je dois vous dire que nos amis ont cependant recueilli une adhésion qui leur est précieuse. Notre éminent ami Charles Gide leur a donné son adhésion, mais il a limité le cadre dans lequel on ferait crédit, et ce cadre, c'est lorsque les jeunes gens voudraient se mettre en ménage. Il limite le crédit à cela.

Or, Daudé a soin de nous dire: On ne prêtera qu'aux vieux coopérateurs, aux coopérateurs fidèles. Mais quand on se marie, on n'est pas un vieux coopérateur, un coopérateur fidèle. On ne prêtera donc pas aux jeunes gens, mais passons.

Je voudrais me servir d'arguments d'un ordre moral. Poisson, qui vous le savez, n'est jamais à court de boutades, nous en a sorti une à ce sujet, mais je la lui volerai, car il se promet de vous la servir tout à l'heure. Il a donné cet exemple du mauvais côté que présente le système du comptant pratiqué d'une façon absolue. Il a dit: Garbado, avec sa ténacité, son obstination à ne pas vouloir acheter à crédit, a dû attendre jusqu'à cinquante-six ans pour avoir un service de table. Evidemment, il l'a attendu pendant toute sa vie; il l'a à l'heure qu'il est, mais il s'en est à peine servi. Tandis que moi, qui n'ai pas payé le mien, je m'en sers depuis vingt ans!

Eh bien, camarades, heureusement pour moi, ceci est une boutade; mais, enfin, je regrette presque que ce ne soit pas vrai, parce que cela montrerait au moins un exemple de ténacité et de fidélité à ses idées qui vaudrait bien quelque chose. Mais je n'ai pas eu cette ténacité, et j'avoue, que quand je me suis marié, quand je suis rentré dans le nid que je m'étais fait avec ma femme, si nous n'avions pas un mobilier merveilleux, il était suffisant pour nous. Mais si tu savais, Poisson, mon ami Poisson, combien je plains ceux qui n'ont jamais goûté la saine joie, la profonde joie, de rentrer chez eux, dans le logis garni d'un mobilier modeste, mais qui vous est doublement cher, doublement sacré, parce qu'il est le fruit de votre travail et le fruit de votre épargne, et parce que, camarades, il ne laisse pas un avenir assombri de nuages, parce qu'il ne laisse pas entrevoir l'homme vêtu d'un uniforme qui vient avec sa sacoche vous en réclamer le paiement.

Eh bien, je dis que ce sont ces joies qui constituent notre vie. De quoi est-elle faite, après tout? Est-ce qu'elle n'est pas faite de souvenirs? Est-ce que vous ne voulez pas, à la fin de vos jours, avoir à vous rappeler des souvenirs heureux, et celui-là n'en est-il pas un? C'est parce que je l'ai goûté qu'il est de mon devoir de dire aux jeunes: Faites ainsi, et jamais vous n'aurez à le regretter.

Ce que je reproche également au projet de nos amis, c'est qu'il dit aux camarades qu'on va leur donner tout ce qu'il leur faut, au lieu de leur dire qu'il faut économiser, qu'il faut que brin à brin ils construisent ce nid dont je parlais tout à l'heure. Ce que je reproche à ce projet, c'est de faire croire que l'effort n'est pas nécessaire pour constituer notre bonheur. C'est un encouragement au moindre effort; c'est ne pas donner à l'effort personnel, à la persévérance, à la prévoyance, à l'épargne, la valeur qu'ils doivent avoir dans notre vie.

Je vous demande de ne pas écouter leurs conseils, et de laisser à l'effort de chacun le soin d'assurer son bonheur et la sécurité de sa vie entière.

## Discours de FAUQUET

FAUQUET. — Camarades, je me range parmi ceux d'entre vous qui sont, dans une certaine mesure, sous certaines conditions et dans des limites très étroites, partisans d'une certaine organisation du crédit. Je m'associe aux observations tout à fait justes et d'une grande élévation morale, que nous a faites tout à l'heure Garbado. Je m'associe également à la plupart des critiques qu'il a faites des conclusions qui vous sont présentées par notre camarade Daudé.

Je crois que si nous voulons arriver à une organisation du crédit coopératif qui ne donne prise ni aux objections d'ordre moral, ni aux objections d'ordre pratique que nous a faites Garbado, nous ne devons pas nous borner à quelques observations sur les rapports qui nous ont été présentés.

Nous sommes en face d'une question excessivement complexe. Nous ne pourrons la résoudre que par une étude approfondie ; mettons, dès maintenant, en garde tous ceux d'entre nous qui seraient tentés d'aller trop vite, contre tout projet qui serait réalisé d'une façon prématurée contre tout projet qui serait insuffisamment étudié, et qui, par là, nous mènerait à l'aventure et au désastre.

Je vais, dès maintenant, essayer d'exposer, très brièvement, les quelques indications qu'il me paraît utile de retenir, en vue de l'étude qui devra être poursuivie immédiatement, en vue d'un résultat aussi proche que possible. Ce que je prétends, c'est que, même après la discussion, si étendue qu'elle pourra être, que nous instituerons maintenant, le Congrès ne sera pas en mesure de prendre une décision ferme, et que la seule décision qu'il pourra prendre sera d'indiquer aux Sociétés de ne pas marcher de l'avant tout de suite, mais d'attendre qu'il ait été procédé à une étude sérieuse.

Tout à l'heure, Garbado nous exposait, avec beaucoup de bon sens et beaucoup de cœur, tous les méfaits du crédit. Je m'associe tout à fait à ses observations. Mais Garbado avait surtout en vue le crédit qui est fait par le petit boulanger, par le petit épicier ou par les maisons d'abonnement, et il semblait qu'il ne voyait le crédit que sous la forme usuraire et démoralisante. Mais il y a une autre forme de crédit, une forme de crédit qui existe depuis des années et des années, qui n'a pas été instituée au bénéfice de la classe ouvrière, dont la classe ouvrière n'a pas bénéficié, mais qui existe tout de même. C'est le crédit coopératif, qui a été institué au bénéfice, bénéfice économique et bénéfice moral, des petits paysans; en Allemagne, d'abord, puis dans beaucoup d'autres pays, à l'exemple de l'Allemagne.

Les caisses de crédit dont je parle, les caisses Raiffeisen, n'ont pas été instituées pour donner du crédit aux gros agriculteurs. Elles ont été instituées pour délivrer les petits paysans du fléau de l'usure. Il s'agit de savoir si nous pouvons, au profit des salariés, instituer une forme de crédit qui les délivre du mauvais crédit, du crédit nuisible et démoralisant.

Quelques mots sur les caisses Raiffeisen. Je ne retiendrai que quelques points. Ce sont des caisses qui réunissent les paysans, de très petits paysans, dans un même village. Ainsi, le groupement est relativement restreint, de sorte que tous les membres qui en font partie se connaissent personnellement, quant à leur caractère, à leur force d'économie, à leur moralité. Par conséquent, sur ce point, nous retrouvons l'idée de Daudé, qui nous dit que si nous voulons organiser le crédit coopératif, il faut que ce soit à l'intérieur de la plus petite unité de notre organisation, c'est-à-dire la section.

En second lieu, le crédit accordé par les caisses Raiffeisen n'est pas un crédit d'assistance. Daudé nous a parlé du crédit qui serait accordé lorsque le sociétaire passerait une mauvaise période de sa vie, en cas de maladie, dans les cas de chômage, etc. Cela me paraît excessivement dangereux. Les caisses Raiffeisen accordent du crédit, non pas à la consommation, mais à la production. Qu'est-ce que cela veut dire?

Daudé-Bancel. — Il y a un engagement.

Fauquet. — Pas de gage réel; le crédit est personnel. Mais la caisse n'accorde le crédit que parce qu'elle sait que ce crédit va augmenter la force économique de celui auquel il sera accordé. Je crois que si nous voulons faire jouer au profit des salariés un crédit coopératif du même genre, nous devons observer que dans une mesure non négligeable le ménage est une exploitation économique qui peut tirer du crédit des avantages de même nature que ceux qu'en tire la petite exploitation paysanne. Nous devons, par conséquent, faire une distinction très nette entre le crédit qui va augmenter la force économique du salarié, par une meilleure organisation de son ménage, et celui qui ne serait qu'une excitation à la consommation ou un secours d'assistance déguisé.

Un des exemples auquel se référait Daudé-Bancel, celui donné par M. Charles Gide, le crédit qui permettrait à une famille qui vit en garni de s'établir dans ses meubles, serait évidemment un crédit qui augmenterait la force de résistance de la famille ouvrière et sa puissance d'économie.

Je prends un exemple encore plus saisissant. Je suppose qu'il se développe une organisation de jardins ouvriers. Eh bien, le crédit qui permettrait à un ménage d'acquérir l'outillage modeste, mais encore coûteux, qui lui serait nécessaire pour cultiver son jardin, serait un crédit qui aurait exactement le même caractère que le crédit accordé à un paysan pour s'affranchir de l'usurier et augmenter sa production. Ce crédit n'a rien de commun avec le crédit qui aurait, même dans une faible mesure, le caractère d'assistance.

Reste la question du mécanisme financier du crédit coopératif à organiser. Je suis d'accord avec Gabardo pour éliminer l'action du sociétaire, comme gage. Je suis d'accord avec Daudé pour admettre les répondants; mais, comme le faisait remarquer Garbado, les répondants ne pourraient pas, à eux seuls, couvrir la totalité de l'engagement. Mais je pense qu'on pourrait organiser dans chaque section une caisse spéciale de crédit coopératif dont le fonds de roulement serait constitué par une partie des trop-perçus consacrés aux œuvres sociales. Il appartiendrait à chaque section de déterminer quelle sera l'importance de la dotation qu'elle accordera, chaque année, à la caisse de crédit coopératif de façon à accroître progressivement l'importance de son fonds de roulement. Chaque caisse de section constituerait à l'intérieur de la Société une personnalité comptable. C'est elle qui serait responsable, vis-à-vis de la Société, du remboursement des prêts et l'intéressé, celui qui aurait reçu le prêt, serait responsable vis-à-vis de la caisse de sa section.

Le prêt ne serait accordé qu'à trois conditions:

Tout d'abord, le sociétaire devra avoir fait lui-même un effort d'économie préalable, c'est-à-dire être capable de payer comptant une partie de son achat; ensuite, un ou plusieurs parents ou amis se porteront garants pour une certaine somme. Enfin, le prêt ne sera accordé qu'après enquête et seulement en vue d'un achat qui puisse contribuer à accroître les revenus ou à diminuer les dépenses de l'emprunteur. La caisse de crédit sera d'autant plus soucieuse de procéder à cette enquête d'une façon attentive qu'elle aura

Pagination incorrecte — date incorrecte

**NF Z 43**-120-12

Documents manquants (pages, cahiers...)
**NF Z 43**-120-13

exonérées de cet impôt en ce qui concerne les marchandises réparties entre leurs sociétaires.

En ce qui concerne les Unions de sociétés créées dans les termes de la même loi, le Conseil supérieur de la Coopération, d'accord avec l'interprétation donnée par M. Charles Dumont, rapporteur à la Chambre, interprétation confirmée par une interpellation de M. Chéron, au Sénat.

Emet le vœu que ces Unions ne soient imposées comme intermédiaires que sur leurs majorations comme tous les organismes d'achat et de vente, telles les coopératives de commerçants.

2° *La Chaire de la Coopération au Collège de France.* — La Section de consommation du Conseil supérieur de la Coopération,

Considérant que l'observation des règles habituelles en ce qui concerne la nomination des Professeurs au Collège de France serait de nature à empêcher d'entreprendre utilement pour 1921 l'enseignement de la Coopération.

Emet le vœu que M. le ministre de l'Instruction publique veuille bien procéder directement et d'urgence à la désignation du titulaire de la chaire créée par le décret du 3 décembre 1920, de manière à ce que l'ouverture des cours puisse avoir lieu dès les premiers jours de janvier 1921.

3° *Les offices publics d'approvisionnement.* — La Section de consommation du Conseil supérieur de la Coopération, considérant que les motifs qui avaient provoqué le dépôt par M. Albert Thomas d'une proposition de loi tendant à la création d'Offices publics d'approvisionnement n'ont encore rien perdu de leur valeur;

Emet le vœu que cette proposition, présentée lors de la précédente législature (rapport supplémentaire déposé par M. Paul Meunier le 9 novembre 1919), soit reprise et adoptée par le Parlement dans le plus bref délai.

4° *La Représentation des Consommateurs dans les Conseils des Organismes publics.* — La Section de Consommation du Conseil supérieur de la Coopération,

Considérant que les coopératives de consommation sont qualifiées pour représenter l'intérêt général des consommateurs,

Considérant, d'autre part, que les marchandises dont elles ont à assurer le transport pour les besoins de leurs sociétaires qui représentent actuellement près de deux millions de familles constituent une fraction non négligeable du trafic des chemins de fer;

Emet le vœu que les représentants les plus autorisés des coopératives de consommation soient compris parmi les représentants des usagers du Conseil supérieur prévu dans les projets de réforme du régime des chemins de fer actuellement en discussion.

La Section de Consommation du Conseil supérieur de la Coopération,

Considérant que les sociétés coopératives de consommation qui groupent actuellement près de deux millions de familles sont qualifiées pour représenter l'intérêt général des consommateurs;

Emet le vœu que dans le nouveau régime postal leurs représentants les plus autorisés soient compris parmi les représentants des usagers.

### Comité d'action parlementaire

Le Comité d'action parlementaire continue à rendre de très grands services au Mouvement coopératif. Au cours des derniers mois, ses réunions ont été un peu moins fréquentes, mais le Comité et ses tuée? C'est que le crédit sous toutes ses formes est accordé à toutes sortes d'entreprises, à toutes sortes de sociétés et à ceux qui les composent. Quelque entreprise que vous entrepreniez, vous ne pourrez la faire vivre, la fortifier, l'étendre, que si vous possédez cette force de crédit sans laquelle la société capitaliste ne pourrait pas vivre et serait conduite à disparaître. Voilà la question.

Et lorsque nous posons la question sous cette forme, nous nous souvenons qu'elle a préoccupé il y a longtemps un grand utopiste qu'on appelait Proudhon, qui, lui, voulait que tous, soit en leur qualité de producteurs, soit en leur qualité de consommateurs, soient appelés à bénéficier de cette force vivifiante du crédit, et soient appelés à en bénéficier à titre gratuit. Soixante-dix ans après lui, le crédit est encore loin d'être gratuit. Mais j'appellerai l'attention du Congrès sur un point:

L'Etat se trouve en face de grosses entreprises capitalistes qui ont en vue, non point l'intérêt et l'avenir du commerce et de l'industrie ou de l'agriculture, mais uniquement le but de récolter de gros bénéfices pour distribuer de gros dividendes. L'Etat a remis, par son abdication, le fonctionnement du crédit à ces organisations, à ces vastes sociétés capitalistes, mais cédant à une nécessité, il a été obligé de créer, pour les petits producteurs, pour les petites entreprises, un crédit agricole, un crédit pour le petit et le moyen commerce, un crédit à la petite industrie.

Et qu'avons-nous constaté? C'est que ces crédits ouverts par l'Etat ont été pour la plus large part inutilisés, que tous les bénéficiaires possibles de ces crédits ne les ont pas utilisés. Une seconde constatation que l'on peut faire, c'est que si l'Etat s'est préoccupé de venir au secours de toutes les petites entreprises au moyen du crédit, ou au moyen de subventions, jamais dans la société capitaliste on n'a songé que celui qui ne possédait que sa force de travail, celui qui n'avait en sa possession que le capital-travail, pouvait être appelé à bénéficier du crédit. Pour lui, pas de confiance. En effet, qu'est-ce que c'est que le crédit? C'est une manifestation de la confiance que l'on a en soi-même, et de la confiance qu'a en vous la personne qui vous fait une avance. Mais, je le répète, à celui qui ne possède que sa force de travail, que son capital-travail, à celui-là, on dit: Pour toi, pas de crédit, tu ne peux pas en bénéficier, et tu n'en bénéficieras jamais. Aujourd'hui, l'Etat le lui signifie. Les Sociétés coopératives vont-elles le lui signifier aussi?

Je m'explique du reste cette attitude et cette opposition des Sociétés coopératives. Il n'est pas surprenant que vous refusiez le crédit, car jusqu'ici ceux qui ont consenti le crédit à l'ouvrier, qui ont consenti le crédit au consommateur, ce sont ceux qui, patrons, l'employaient d'abord comme producteur. Et vous, Sociétés coopératives, vous êtes bien excusables d'avoir quelque méfiance, parce que vous avez eu à lutter, à batailler contre les économats patronaux qui faisaient la pratique du crédit, mais d'une sorte de crédit qui n'en est pas un, et qui a pour but de prêter à l'ouvrier pour l'endetter, et pour se constituer contre lui un titre immédiatement exigible au moyen duquel on peut faire pression sur lui, afin de le placer plus bas encore dans l'échelle économique. Vous avez lutté contre cela; vous avez eu raison, et vous avez triomphé. Nous vous demandons cependant d'adopter une formule de crédit.

Lorsque vous bataillez contre l'idée du crédit, vous dites avec raison que, bien souvent, faire crédit à l'ouvrier, c'est lui rendre un mauvais service. D'abord le crédit n'est pas gratuit, et l'objet vendu à crédit doit être vendu plus cher. Ensuite, lorsque le crédit a été consenti — et l'on a répété cela tout à l'heure — l'ouvrier, trop souvent, a une tendance à se dire: Ma foi, avec le système du crédit, je n'ai pas trop à me préoccuper du montant de ma journée de travail. Et les habitudes de paresse peuvent venir, et surtout aussi les dépenses de cabaret peuvent s'enfler. Mais tout cela, c'est l'effet du crédit à court terme, si vous le consentez, pour les denrées d'alimentation. Nous sommes, je le répète, de ceux qui pensons que, en ce qui concerne les denrées d'alimentation, il n'y a pas lieu de faire crédit, sauf dans des cas tout à fait exceptionnels que l'on citait tout à l'heure, et au moyen de caisses de solidarité qui sont à créer de toutes pièces. Mais ce n'est pas ce crédit que nous vous demandons.

Vous faites un autre reproche au crédit tel que les économats patronaux le consentaient. C'est que cette forme de crédit, au lieu de développer le sens de la responsabilité, au lieu de développer les sentiments de prévoyance, atrophient ces sentiments, et font que l'homme en arrive à vivre au jour le jour, s'habitue à vivre sans chercher à faire un seul effort d'épargne et de prévoyance.

Mais, avec le système que nous vous proposons, que nous venons soumettre à vos délibérations, naît une sorte de crédit qui vient préciser, développer le sens de la responsabilité chez les individus, qui les oblige à une pratique permanente d'économie. Je dis, en un mot, que c'est aux critiques d'ordre moral qui sont apportées que nous devons nous attaquer, et, lorsque nous aurons désarmé vos critiques, nous vous demanderons alors d'examiner la question d'organisation. Pour nous, il ne nous paraît nécessaire aujourd'hui que de détruire d'une façon aussi complète que nous le pourrons les objections d'ordre moral qui peuvent se produire.

Beaucoup d'entre vous répudient d'une façon globale toute forme de crédit. Mais parmi ceux qui le répudient, beaucoup pourront se trouver en situation d'en avoir besoin. J'ai eu, moi aussi, des confidences d'administrateurs de Sociétés coopératives, militants depuis des années et des années, et qui me disaient: Je ne peux pas m'affranchir de la nécessité d'acheter à crédit. Ils croyaient, en ayant acheté à crédit, avoir commis une mauvaise action. Et je les rassurais en leur disant que c'était la situation économique seule qui en était cause.

Aussi, je vous demande de bien faire attention à ce que vous allez décider. La vie n'est pas dirigée uniquement que par des règles morales. Quand les ouvriers trouvent la possibilité d'acheter tout de suite ce dont ils ont besoin, ils le font, et cela continuera. C'est pour empêcher l'exploitation qui résulte de cette situation que nous sommes ici.

Certains d'entre vous disent que pour profiter du crédit, il faut que le salarié s'impose d'abord une pratique de prévoyance et d'économie. Et l'on dit alors: Mais pourquoi ne pas prêcher aux salariés d'économiser et de placer le produit de leurs économies à la Caisse d'épargne, jusqu'à ce qu'ils puissent enfin se procurer le produit qu'ils désirent. A ceux-là, nous répondons: Pardon, personne ne s'oppose à vos recommandations, et il y a longtemps qu'elles sont pratiquées. Voyez un peu les résultats: augmentation constante des maisons de vente à crédit, et développement des maisons existantes par une application de plus en plus large de ce moyen d'achat? Et il nous suffira d'enregistrer ce résultat sans insister davantage, car les faits ont toujours raison sur les théories, les doctrines et les morales. Il y a là un phénomène dont la persistance eût dû, depuis longtemps, faire réfléchir les théoriciens et aussi les moralistes.

Je vais essayer d'analyser les raisons du succès réservé à la vente à crédit par abonnement. En premier lieu, pour acheter ainsi, il faut un effort d'économie volontaire, mais bien moins prolongé, pour se procurer l'acompte primitif, que s'il fallait économiser toute la somme. Raisonnons sur un exemple. Voici un jeune ménage de petits fonctionnaires qui veut acheter neuf cents francs de meubles. S'il est demandé, par exemple, 400 francs de premier versement, pendant deux mois, le jeune ménage s'imposera 200 francs d'économies, et il rentrera en possession des meubles désirés. Si vous lui demandiez de consentir le même effort pendant quatre ou cinq mois, il n'y consentirait probablement pas avec la même facilité. Si, d'autre part, il devait pendant dix-huit mois économiser cinquante francs par mois pour acheter au comptant, et sans trop se priver, il y a des chances pour que des tentations nouvelles et multipliées se manifestent et que l'argent économisé s'envole en des dépenses somptuaires ou récréatives.

Donc, premier point, effort moindre d'économie volontaire, et effort plus facilement réalisable.

Deuxième point: les meubles sont achetés; il reste 500 francs à payer, à raison, par exemple, de 70 francs par mois. Ce paiement va coïncider avec la perception du traitement; il s'agit maintenant de remplir un engagement, non pas d'un effort volontaire, mais de l'obligation de faire face à un engagement pris.

Troisième point: les désirs ou les besoins ont été satisfaits.

Quatrième point, et qui est important: l'habitude est prise de prélever, chaque mois ou chaque semaine, une certaine somme sur le salaire, et il y a des chances pour que l'habitude continue, et que la satisfaction des besoins et des désirs soit réalisée par un prélèvement habituel et régulier sur le salaire. Par conséquent, acte de prévoyance, et aussi possibilité de consommer des produits de toute nature que l'on n'aurait jamais pu consommer, s'il avait fallu les payer au comptant et s'en procurer le prix par une pratique d'économie volontaire sans caractère d'obligation.

Voilà des résultats certains. Il est facile de constater, en jetant les yeux autour de soi, que beaucoup pratiquent la vente à crédit par abonnement. C'est cette facilité d'achat, cette faculté de libération par acomptes, qui ont intensifié...

*Un délégué.* — Je demande qu'on limite le temps de parole.

Le Président. — Je suis saisi d'une proposition de limiter à dix minutes le temps de parole des orateurs inscrits.

*Un délégué.* — Ne perdons pas notre temps à discuter des motions d'ordre.

Après consultation du Congrès, celui-ci décide que le temps de parole des orateurs sera limité à dix minutes.

Gibaud. — Je concluerai donc en vous disant simplement ceci, et en regrettant votre précipitation. Il n'y a pas immoralité pour l'acheteur à avoir recours à l'achat à crédit par abonnement. Il n'y a pas immoralité non plus, pour certains de ceux qui consentent la vente à crédit, lorsque les bénéfices qu'ils prélèvent ne sont pas exagérés. Et remarquez que ce qui devrait inciter les Coopératives à entrer dans la voie que nous leur indiquons, c'est qu'elles apporteraient, elles, l'élément moralisateur nécessaire. Vous vous plaignez, et à juste titre, des grosses maisons, comme Paris-France, comme Gompel, comme Dufayel, qui vendent à des taux trop élevés. Vous vous en plaignez et vous dites qu'elles vous exploitent. Mais quelle est la façon de les empêcher d'exploiter? Il n'y en a qu'une.

*Un délégué.* — Qu'on supprime le crédit.

GIBAUD. — Est-ce que cela est dans vos possibilités? Est-ce que vous êtes libres de supprimer cette forme d'exploitation? C'est comme si vous déclariez que, parce qu'il y a des épiciers qui trompent sur le poids, le commerce de l'épicerie est une immoralité. Il n'est pas une immoralité parce que vous-êtes venus le moraliser en quelque sorte. Vous ne voulez pas faire de même dans une autre branche? Pourquoi? Parce qu'il y a la question du crédit, parce que vous n'auriez pas assez de garanties, et il se présente tout un enchevêtrement de garanties sur lesquelles nous pourrons nous expliquer. Mais je vous répète qu'au point de vue moral, il n'y a aucune sorte d'impossibilité, et que, par conséquent...

*Une voix.* — Concluez.

GIBAUD. — Ma conclusion, la voici. Vous faites un certain chiffre d'affaires au Magasin de Gros. Lorsque vous serez entré dans la voie que nous vous indiquons — et vous y entrerez, que vous le vouliez ou non — le chiffre d'affaires que vous réalisez actuellement sera peu de chose à côté de celui que vous réaliserez avec la vente à crédit par abonnement. Alors aussi s'améliorera votre recrutement, maintenant difficile, et le nombre de vos adhérents grandira sans cesse. Par là aussi vous porterez aux entreprises mercantiles capitalistes le coup le plus dur.

Que vous le vouliez ou que vous ne le vouliez pas, il est conforme aux faits et à l'évolution d'adopter cette forme de vente à crédit.

*Voix nombreuses.* — Conclusion!

GIBAUD. — Je vous le répète, que vous le vouliez ou non, vous viendrez à cette forme de vente à crédit, dans l'intérêt de la Coopération.

### Discours de GASTON LÉVY

GASTON LÉVY. — Puisque aussi bien je suis la première victime de la résolution que vous avez prise de limiter le temps de parole à dix minutes, je vais essayer de répondre brièvement, bien qu'ayant été rapporteur de la question, aux objections qui ont été faites à la proposition que Garbado et moi nous vous soumettons.

D'abord, je vous ferai remarquer que les partisans du crédit, dans cette salle, qui ont envoyé jusqu'à présent trois orateurs à la tribune, ont exprimé, par la bouche de leurs trois orateurs, trois opinions différentes.

Le rapport de Daudé indique: organisation de la vente à crédit par le système du crédit indirect à court terme et à long terme. Fauquet, très habilement, a montré qu'il ne fallait pas enterrer une question dont il voyait que le Congrès ne pourrait pas accepter le principe, et il vous demande — et c'est la critique la plus forte qui puisse être faite au projet de Daudé lui-même — qu'avant qu'on s'engage dans la voie du crédit, une étude soit faite, et une étude sérieuse.

Quant à Gibaud, qui a laissé tomber du lest, en se prononçant, à propos du rapport Daudé, contre le crédit à court terme, il n'a parlé qu'en faveur du crédit à long terme. Lui n'est pas pour le crédit direct, mais pour le crédit organisé par une Société coopérative. Par conséquent, trois opinions différentes.

La première objection que nous a faite Daudé est celle-ci: vous n'apporterez qu'une résolution négative. Fauquet vous a répondu en vous disant que vous n'aviez pas apporté de proposition sérieusement étudiée. Et nous avons la prétention de dire que, même s'il s'agissait un jour d'organiser le crédit sous une forme quelconque, ce n'est encore qu'avec la résolution que nous présentons qu'on pourrait commencer cette étude sérieuse, car, avant de faire le crédit, il faut accumuler des réserves pour rendre possible l'organisation de ce crédit.

Par conséquent, notre résolution, qui vous apparaît comme une résolution négative, est en réalité la seule résolution positive. Car je ne reviendrai pas sur la critique très serrée et très rapide que Garbado a faite de toutes les garanties que vous prétendez apporter et que vous n'apportez pas en réalité.

A Gibaud qui, lui, nous a dit: Prenez garde, nous ne voulons pas du tout organiser le crédit sous la forme où vous prétendez que nous voulons le faire, par le crédit à court terme, qui est évidemment immoral, je répondrai que ce n'est pas seulement une question morale, mais que c'est aussi une question pratique.

Et je voudrais répondre, si j'en avais le temps, à ces deux points, côté moral, et côté pratique.

Sur la question de morale, je n'insisterai pas outre mesure. Je ne veux même pas m'occuper, pour l'instant, du crédit à court terme. Il est abandonné par tout le monde. Et, ici, Daudé reste seul. Je ne dis pas seul avec son déshonneur, mais enfin il reste seul, et le crédit à court terme est abandonné. Je n'insiste donc pas sur ce point. Tout ce qui peut être dit contre le crédit à court terme a été dit par Garbado. Et cela a été dit aussi par Daudé lui-même, dans son rapport très bien documenté où il nous a montré toutes les difficultés d'organisation de ce crédit à court terme, caisses de secours, etc.

Quant à la question morale à propos du crédit à long terme, de celui qu'indique Gibaud et qu'indique, dans une certaine mesure, Fauquet, il y a ici une équivoque qu'il faut qu'évidemment nous dissipions. Nous ne sommes pas contre tout crédit. Nous ne sommes pas contre le crédit qui a pour fonction essentielle d'augmenter la production sociale au bénéfice de la société, mais nous sommes contre tout crédit qui aboutit en réalité à augmenter la consommation, sans besoin nécessaire.

Et par conséquent, lorsque vous nous parlez de vos caisses d'organisation de crédit en faveur des producteurs paysans, comme lorsque l'on nous parle du crédit au petit commerce et à la petite industrie, nous vous répondons que nous sommes bien obligés de recourir nous-mêmes, Sociétés coopératives, au crédit, pour le fonctionnement de nos organisations. Mais nous nous servons de ce crédit pour développer nos entreprises, pour développer le bien-être social. Mais vous, vous voulez organiser le crédit pour celui qui consommera, car au fond, vous ne pouvez pas dire que votre organisation de la vente à crédit par abonnement est autre chose que la vente à crédit par abonnement pour des objets de consommation. Vous dites qu'il s'agit de meubles, mais les meubles s'usent, eux aussi.

Mais le grand argument que je crois avoir contre votre thèse, c'est que l'organisation de la vente à crédit par abonnement permet aux gens d'acheter des objets dont la nécessité n'est pas démontrée. J'ai donné l'autre jour, devant les coopérateurs de la Meuse cet exemple que l'on m'a reproché d'avoir donné, en me disant : Vous l'avez donné dans un milieu de gens qui, dans la plupart des cas, n'attachent pas une très grande importance à la question de l'achat à crédit, vous l'avez donné devant des gens qui représentaient plus particulièrement les populations des campagnes, mais vous ne l'auriez pas donné dans une ville. Allons donc. J'ai donné cet argument que les maisons de vente à crédit par abonnement ont empoisonné et les campagnes et les villes de garnitures de cheminée, de suspensions et de pianos.

*Un Délégué.* — Elles continueront, avec votre carence.

Gaston LÉVY. — Du côté des villes, on en a souffert autant que du côté des ouvriers des campagnes. Il a été possible, par ce moyen, de permettre à des familles d'acheter, au détriment des besoins du ménage, des objets qui n'avaient aucun rapport avec les besoins de la famille et du ménage lui-même.

Par conséquent, vous ne pouvez pas dire que des arguments moraux que nous employons contre la pratique de la vente à crédit à court terme ne peuvent pas être employés contre la pratique de la vente du crédit à long terme pour certains objets. Et j'en arrive maintenant au point d'organisation pratique de notre rapport.

Il y a tout de même des faits qui montrent quelles sont les méthodes pratiquées dans les organisations de vente à crédit par abonnement, et quels sont les résultats qui peuvent en être tirés.

Vous vous placez dans l'hypothèse où l'on paiera toujours ce que l'on aura acheté; vous ne voulez pas tenir compte qu'il y aura des mauvais payeurs. Vous ne nous ferez pas croire tout de même que, parce que l'on a adhéré à une Société coopérative, on devient tout de suite une espèce de parangon de vertu qui ne commet jamais de fautes. Par conséquent, nous aurons les mêmes difficultés que les maisons d'abonnement, mais ces dernières ont un avantage marqué sur les organisations coopératives. C'est qu'elles peuvent, vis-à-vis de leurs débiteurs insolvables, employer des moyens de contrainte qui répugneront toujours à nos camarades des Coopératives.

Pratiquement, nous arriverons donc à ceci, qu'il faudra que les mauvais payeurs ne payant pas, les bons paient pour eux, et que l'organisation de ce système de crédit obligera ceux qui, d'après vous, ont le plus besoin de certains objets, à les payer deux fois plus cher que si à l'avance, par un effort de patience, et par un effort de courage, ils avaient économisé l'argent nécessaire pour acheter ce dont ils avaient besoin.

Vous nous avez dit aussi : Mais vous allez faire carence. Les Sociétés de vente par abonnement existent bien. Oui, peut-être. Tu allais dire, Giraud, et je ne voudrais pas que la façon dont on a interrompu ton discours fût cause qu'il manque un argument à ta thèse, tu voulais dire, lorsque tu es descendu de la tribune, qu'en Angleterre les Sociétés coopératives pratiquaient le système de la

vente par abonnement pour certains objets. Il est possible que lorsque nos Sociétés coopératives auront une organisation beaucoup plus
puissante, et qu'elles pourront courir le risque de la vente à crédit
par abonnement, on se préoccupe de faire bénéficier ceux qui auront
besoin de certains objets de certaines facilités. Mais, à l'heure présente, quand on voit ce qu'est la force actuelle de nos organisations
coopératives, nous ne pouvons leur faire courir ce risque. Vous ne
le pensez pas vous-même, puisque vous demandez la constitution de
Sociétés spéciales qui courraient le risque à la place des Sociétés
coopératives. Allons donc, pour courir ce risque dès maintenant,
sans réserves, sans capitaux, sans avoir constitué la caisse indispensable pour pouvoir courir le risque, il faudra que vous fassiez payer
beaucoup plus cher et par conséquent vous n'apporterez aucun
avantage. Mais sous forme d'une résolution, vous aurez essayé, en
présentant au Congrès vos formules, vous aurez jeté une espèce de
poudre de Perlimpinpin aux yeux des gens qui croiront que par
le vote que vous aurez émis, si vous suivez Daudé, vous aurez organisé la vente à crédit par abonnement. C'est une grande illusion que
vous feriez naître à l'heure actuelle.

Il en est, et nous l'avons bien vu dans nos Sociétés coopératives
de la région parisienne où ce système est pratiqué, qui, d'une façon
permanente et constante, font appel à la caisse de crédit. Si c'est
pour cela que vous voulez créer votre système, c'est inutile. Si c'est
pour les autres, ne les trompez pas, ne leur faites pas croire que
vous pouvez leur apporter des avantages, que vous pouvez leur apporter quelque chose, car en réalité, vous ne leur apportez rien.

Nous vous disons, nous : Renforcez l'organisation des caisses d'é-
conomie; faites que chacun, sous à sou, pierre à pierre, construise
sa propre maison, qui sera l'un des éléments de la construction de
la maison commune.

### Interventions de BUGNON, MAITRE, LAVIELLE, ISIDORE LÉVY, POISSON, LAGRANGE

BUGNON. — Ma tâche est particulièrement délicate. Le Congrès de
la Fédération Lorraine, qui n'avait entendu que Poisson, m'a chargé
de soutenir la vente à crédit. Le Comité général de la Meuse, où
Lévy seul a parlé, m'a chargé de combattre la vente à crédit. Je
voudrais aujourd'hui, au Congrès national, après Poisson et Daudé,
puisqu'ils ne font qu'un, et après Lévy, me placer avec vous simplement en face des réalisations nécessaires.

Lévy n'ignore pas que nous avons, d'accord avec la Fédération
nationale et avec le Magasin de Gros, fondé la Coopérative régionale
de Franche-Comté, comme Société de fusion, et que cette nouvelle
Société doit accepter immédiatement dans son sein de très importantes Sociétés qui, comme celles de Valentigney, pratiquent le crédit depuis plus de trente ans et s'en trouvent fort bien.

Sur quatre millions d'affaires annuellement réalisés par la Coopérative de Valentigney, il n'y a pas eu plus de mille francs de
perte par suite des ventes à crédit. Si le Congrès votait aujourd'hui
une résolution disant que les Sociétés coopératives ne doivent pas
pratiquer la vente à crédit, ni à long terme, ni à court terme, cette
Société de fusion, dont Lévy est administrateur, ainsi que Poisson,
se trouverait singulièrement embarrassée pour supprimer des habitudes datant de plus d'une génération. Or, c'est précisément sur les

questions particulières qu'il faut jeter les yeux pour envisager les questions générales.

Qu'est-ce donc que le crédit, dans la société actuelle, dans la société capitaliste, sinon l'une des formes essentielles de l'armature de cette société? Lévy, ministre des finances du Magasin de Gros, fait appel tous les jours au crédit, car il importe de mettre à la disposition de la coopération, aussi bien que les capitaux, tout le crédit nécessaire. La Société coopérative aura la même armature, la même infra-structure que la société capitaliste : mais dans la société capitaliste, les capitaux et le crédit d'emploient en général contre le travail, tandis que dans la Société coopérative, les capitaux et le crédit devront être exploités au profit du travail organisé.

Que fait donc notre Ministre des finances du Magasin de gros lorsqu'il consent du crédit aux Sociétés? Est-il immoral? Sans doute, nous répondra-t-il qu'entre le crédit aux Sociétés et le crédit aux individus, il existe des différences fondamentales. Pourtant, un certain nombre de petites Sociétés n'ont pas pu, à l'échéance, rembourser le crédit qui leur avait été consenti.

C'est que le crédit est l'instrument de toutes nos transactions commerciales et par là l'un des plus puissants liens qui existent entre les hommes, souvent l'un des plus efficaces moyens d'action des gouvernements. Si les offices agricoles de toute espèce sont parfois des organismes de crédit dangereux, c'est parce qu'ils sont uniquement entre les mains du gouvernement et servent à corrompre les paysans. Je me souviens à ce propos, de certains moyens odieux employés pour conquérir des suffrages par un placement habile chez de gros électeurs de nombreux pupilles de l'Assistance publique, pouvant être exploités comme domestiques de ferme. Or, si l'on joue ainsi avec ces enfants, on joue également avec le crédit agricole, comme on jouera avec les banques populaires. Celles-ci sont faites pour consentir du crédit aux démobilisés, au petit commerce, et à la petite industrie. On tiendra d'autres électeurs par cette armature, par ce réseau extrêmement serré du crédit. Est-ce que vous ne voulez pas essayer par vos organisations de crédit propres, en transformant au besoin les institutions d'Etat, de créer le crédit coopératif.

Et alors, j'en reviens à la thèse du docteur Fauquet. Il faut étudier cette questions, la remettre à l'ordre du jour du Congrès prochain. Le rapport de Daudé-Bancel, comme le rapport de Lévy, ont été écrits en huit jours.

Daudé-Bancel. — En 24 heures.

Bugnon. — Ce n'est pas devant un problème posé de cette façon que l'on doit placer le Congrès national. Il faut que la question soit étudiée. Il faut que l'on sache si l'on ne peut pas créer des Sociétés de caution mutuelle coopératives, comme on a créé des Sociétés de caution mutuelle agricoles et comme on cherche à créer des caisses de caution mutuelle industrielle, gouvernementales et capitalistes. Voilà le problème devant lequel je vous place. Vous aurez à dire si vous vous refusez à l'examen de cette question du crédit à long terme; du crédit à court terme, du crédit social, principes que du reste nous avons admis dans beaucoup de nos Sociétés coopératives.

Reste un argument, celui du crédit, d'après Lévy, qui développe les besoins inutiles. Mais est-ce que la coopération n'est pas faite pour assurer un progrès dans l'existence matérielle et pour faire naître des besoins ? Il n'y a pas de besoins superflus; il y a des besoins humains, que nous avons le droit de développer en les réglementant par l'organisation coopérative. Les institutions de crédit, les institutions de caution mutuelle organisées par nos Sociétés disciplineront ces besoins, puisqu'elles n'accorderont du crédit qu'à celui qui l'aura mérité et pour des objets dignes de crédit.

La questions du crédit est de première importance au point de vue du développement de la coopération, importance individuelle, importance politique et importance morale. C'est pourquoi je propose au Congrès la résolution suivante : « Remettre à l'ordre du jour du Congrès de 1922 les moyens par lesquels la coopération pourrait créer ses propres institutions de crédit à court et à long terme. en consolidant par la caution mutuelle celles qui existent et en perfectionnant les institutions actuelles d'Etat pour les transformer d'après les principes coopératifs. »

MAÎTRE. — Concernant le crédit dans la Coopération, j'ai déjà fait comprendre au Congrès que pendant sept heures, les orateurs techniques ou intellectuels n'ont parlé que pour arriver à un ordre du jour que j'avais prévu, et qui se terminerait par un renvoi à l'étude, en laissant la liberté à chaque coopérative, solidement bâtie sur une prévoyance sociale, de faire crédit à ses adhérents.

Je veux bien reconnaître que nous avons besoin, pour définir ce que nous voulons, de la parole autorisée des hommes de haute instruction; mais combien de petites Sociétés qui, chaque jour, sont appelées à résoudre rapidement les difficultés présentes, n'ont cependant pas d'intellectuels comme dirigeants.

S'il fallait qu'elles se documentent sur des questions techniques, elles n'en sortiraient pas; c'est donc uniquement par la pratique que nous voulons être à la hauteur de notre tâche.

Quant au crédit, notre camarade Daudé-Bancel, dans un passage de son discours, dit bien qu'à ce moment il faut recourir à tous les éléments qui sont à notre disposition. — Hélas, oui!... depuis 40 ans que nous sommes dans la vraie lutte de classe, et dans tous les partis. le vrai problème n'a pas été employé.

La force productrice n'a pas su comprendre qu'il fallait accaparer le terrain économique; le capital-travail a le droit de s'émanciper, mais la lutte n'a pas été faite à temps pour pouvoir se rendre maître de sa vitalité et montrer cette prévoyance sociale après les jours terribles que nous avons vécus et qui, malheureusement, vont durer encore longtemps.

Daudé-Bancel nous dit : adressez-vous aux Pouvoirs publics pour qu'ils rentrent pour une part dans notre prévoyance; moi, je dis non, la coopération ne doit pas demander d'aumône au gouvernement, parce que nous voulons organiser la prévoyance sociale dans la coopération; ce sera un droit pour chacun de venir à nous en apportant toute son intelligence et tout son bon cœur pour faire face aux périodes critiques de la vie, et aider de ce fait la grande famille des humbles.

C'est ce qu'il faut enseigner et répandre autour de nous inlassablement. C'est un devoir suprême.

Nous réclamons nos droits, mais ces droits ne peuvent être acquis que si nous coopérons et si nous faisons notre devoir. Oui! ce devoir qui est toujours négligé et qui est pourtant le plus puissant de tous : « *la propagande* ».

« La propagande par la parole, et c'est là le rôle des intellectuels, et la propagande de tous les jours par l'infiltration de nos idées dans les milieux que nous fréquentons. »

Ce devoir accompli, la force du droit ne fera plus de doute. La caisse de solidarité et de prévoyance qui vous mettra à l'abri des mauvais jours, et empêchera votre exploitation par les mercantis.

Le moment est décisif... Assez de temps perdu; la coopération montera malgré les nombreuses critiques qu'elle a subies. Ouvrier, ne compte que sur toi, l'échelle sociale ne peut être gravie que par la sincérité de la force ouvrière. A cette condition nous serons tous égaux.

Le camarade Bancel prévoyait tout cela. Ne parlons plus d'aumône, parlons du droit; la coopération doit prévoir et faire une caisse sociale, pour aider aux jeunes la rentrée dans la vie.

L'homme parfait qui pourra faire comprendre aux vrais coopérateurs ce véritable bienfait de prévoyance, méritera notre reconnaissance. mais faire crédit sans cette prévoyance, ce serait créer la haine entre hommes.

Chers camarades, prenez en considération mon exposé qui vient de la part d'un simple ouvrier sans instruction, mais ouvrier expérimenté quant à l'organisation.

C'est donc sur ces idées que je m'arrête comme homme de pensée libre, prêchant le bien par la coopération.

Lavielle. — Mes camarades et moi avons à présenter à ce Congrès la question de la vente à crédit dans des conditions assez difficiles, étant donné que nous sommes en présence de coopérateurs, de personnes qui ont été plus éclairées que d'autres, puisqu'elles ont fait confiance à la coopération, puisque jusqu'ici, elles se sont appuyées sur la vente au comptant et sur l'épargne qui résulte de cette vente au comptant, par les ristournes et par les justes prix pratiqués dans les Coopératives.

Je comprends parfaitement que les camarades du Congrès aient songé à limiter cette discussion, puisqu'ils ne sont pas dans l'état d'esprit de ceux qui n'ont pas partagé leurs sentiments, et qui n'ont pas comme eux pratiqué les affaires comme les coopérateurs les pratiquent.

Dans ces conditions, il est assez difficile de montrer au Congrès qu'il y a, à côté des consommateurs clairvoyants, des consommateurs qui ont tenu à débattre leurs prix, qui ont tenu à faire leurs affaires directement, il est difficile, dis-je, et je m'en rends compte, de montrer à ces consommateurs avisés qu'il y a à côté d'eux de nombreux consommateurs qui, eux, sont victimes du commerce.

Camarades, au point de vue moral, vous avez voulu établir une différence entre le commerce au comptant et le commerce à crédit. il y a un commerce qui est plus immoral que l'autre. Il y a un commerce qui, à votre point de vue, ou tout au moins au point de vue d'un certain nombre de délégués, apparaissait comme immoral, parce qu'il n'y avait pas, semblait-il, de concurrence possible dans la vente à crédit, parce qu'il semblait que, la concurrence ne se présentant pas, les consommateurs étaient liés au fournisseur. Mais aujourd'hui, le commerce à crédit évolue.

Gibaud avait parfaitement raison de dire qu'à un moment ou à un autre, vous seriez tenus de tenir compte de ce fait. Cela est évident, camarades, si vous voulez examiner les choses. Bien entendu, dans mon esprit, il ne s'agit que de la vente à crédit par abonnement, car, pour la vente à crédit à court terme, c'est une question de solidarité et d'assistance coopérative aux camarades qui sont victimes d'une grève, d'une maladie, d'un accident social. Je comprends parfaitement que la question du crédit à court terme soit réglée par les caisses de solidarité, qui répondent à ces accidents sociaux, mais, dans notre esprit, il ne s'agit maintenant que des consommateurs qui achètent un article d'un prix assez élevé, demandant une somme assez importante au moment de l'achat, vêtements, chaussures, meubles, etc. C'est donc du côté de la vente à crédit pour ces articles d'un prix élevé que vous avez à jeter vos regards. Cette vente à crédit connaît aujourd'hui la concurrence, et vous savez qu'un certain nombre de consommateurs peuvent acheter, au même prix qu'au comptant, dans certaines entreprises commerciales, avec cette différence qu'ils s'assurent entre eux par un escompte de 5 %. Cela se fait aujourd'hui dans la plupart des entreprises de vente à crédit.

Vous devez donc, camarades, tenir compte de ce fait que le commerce au comptant n'est pas plus moral que le commerce à crédit. Vous n'avez pas eu, au moment de créer vos Coopératives, les mêmes scrupules. Les mêmes questions se sont posées comme aujourd'hui. Vous ne vous êtes pas demandé si, lorsque l'on vendait au comptant, on vendait des articles qui pouvaient toucher au superflu, et dans la plupart de vos Coopératives, vous avez été amenés à vendre au comptant des articles de parfumerie; vous avez vendu de l'alcool, comme vous le reprochent nos camarades buveurs d'eau. Vous avez vendu des articles tels que le papier à lettres fantaisie.

Dans l'un ou l'autre commerce, vous pouvez constater la même immoralité. Il reste à savoir si vous allez pénétrer dans celui-ci pour y apporter la moralité nécessaire. Il reste à savoir si vous allez entrer dans la voie de la vente à crédit, ou si vous allez dire aux gens : Restez dehors, ne venez pas chez nous, si vous n'avez pas la possibilité d'avancer, de payer comptant une grosse somme.

Eh bien, camarades, il y a un moyen de porter la moralité où est maintenant l'immoralité.

*Un Délégué.* — Où commence-t-elle ?

LAVIELLE. — Nous ne pensons pas que le Congrès soit suffisamment éclairé sur la question, et, comme l'a fait notre camarade Bugnon, nous voudrions vous demander de nous permettre d'étudier encore la question avec vous, par le moyen de l'*Action Coopérative*, jusqu'au prochain Congrès. Ouvrez sur la question de la vente à crédit une tribune libre dans l'*Action Coopérative*. Permettez à tous les coopérateurs qui s'intéressent à la question de dire comment l'on peut faire du bien tant à des ouvriers des villes qu'à des paysans et à des ouvriers agricoles.

Vous pourrez permettre aussi à des camarades de montrer comment l'on peut, par le système de la ristourne, constituer le capital d'avance qui permettra, non plus de faire de la vente à crédit, mais de constituer des comptes d'avance, ce qui n'est pas la même chose, et de couvrir ainsi les risques que vous pouvez signaler.

Je vous supplie, camarades, comme notre ami le docteur Fauquet, de bien vouloir permettre qu'elle soit traitée un jour devant nous, mais avec toute l'ampleur suffisante, dans des Congrès où on ne demandera pas à des camarades de traiter en quelques minutes cette vaste question.

LE PRÉSIDENT. — La parole est à Isidore Lévy.

*Voix nombreuses.* — La clôture.

Le Président. — Il y a des orateurs inscrits. (*Nouvelles demandes de clôture. Bruits.*)

Le Président. — J'entends des propositions de clôture immédiate. Est-ce que vous n'allez pas permettre de parler aux orateurs qui se sont fait inscrire ?

*Voix diverses.* — Non... Si...

*Un Délégué.* — Il est facile à ceux qui ne veulent pas entendre d'aller se promener.

Le Président. — Le Congrès va se prononcer. (Il est procédé à un vote par mains levées. La majorité est favorable à la continuation de la discussion.)

Le Président. — Le résultat du vote n'est pas douteux. La parole est à Isidore Lévy.

Isidore Lévy. — Camarades, il s'agit de savoir... (*Interruptions et bruits.*)

*Un Délégué.* — Les camarades que la question n'intéresse pas n'ont qu'à sortir.

*Un autre Délégué* — Je demande la parole pour une motion d'ordre. Je dirai simplement qu'il serait regrettable de voir des camarades aller se promener, alors qu'ils sont payés par leur Fédération pour assister au Congrès.

Isidore Lévy. — Pour nous, il s'agit de savoir si, sous prétexte d'adopter le rapport de nos camarades Gaston Lévy et Garbado, nous allons rejeter d'une façon définitive l'étude de la vente à crédit.

Au contraire, en acceptant le rapport de notre camarade Daudé, non seulement il laisse une liberté entière à chacune des Sociétés d'agir comme elle l'entendra, mais il permet de continuer l'étude de la question.

En ce qui concerne la vente à crédit direct, celle qui consiste à vendre à crédit au jour le jour des denrées alimentaires, point n'est besoin de nous en occuper puisque nous semblons, à l'heure actuelle, être d'accord. Cependant, nous ne devons pas oublier qu'un certain nombre de Sociétés se servent du crédit, qu'elles en ont satisfaction et nous n'avons pas le droit, ce soir, par un vote de condamner les méthodes de travail de ces Sociétés.

Pour les achats de mobilier, notre ami Gaston Lévy nous a dit que, lorsqu'il s'agit d'objets de consommation et il a classé le mobilier parmi les objets de consommation, il était nettement contre la pratique du crédit, ce qui indiquerait qu'il y a une nuance à faire entre ce qu'on pourrait appeler « objets de consommation et objets de production », mais il a oublié qu'il n'y a pas dans ce qu'on pourrait appeler le mobilier que des suspensions et des garnitures de cheminées, il y a aussi les bicyclettes, les machines à coudre qui permettent à un jeune ménage de récupérer très rapidement les dépenses nécessaires pour obtenir ces deux objets qui sont, très souvent, indispensables.

Je me souviens qu'avant la guerre, des représentants de maisons allemandes offraient à des industriels de leur mettre au point une machine leur permettant d'augmenter considérablement leur production et indiquaient très nettement que ces derniers ne paieraient la machine que sur les bénéfices réalisés.

Or, lorsqu'un camarade a besoin d'une bicyclette pour aller travailler au loin, lorsque sa femme a besoin d'une machine à coudre, je dis que ce serait une grosse faute de ne pas rechercher par quels moyens il serait possible de leur procurer ces objets.

Ils auront bien vite gagné de quoi payer leur dette.

On nous fait valoir aussi des arguments d'ordre moral, mais, camarades, pourquoi un ouvrier n'aurait-il pas le droit d'avoir une petite garniture de cheminée, pourquoi n'aurait-il pas le droit d'avoir un intérieur convenable ?

Si, au moyen du crédit, un ouvrier, au moment où il se crée un intérieur peut le meubler convenablement, le rendre agréable, il serait peut-être, beaucoup moins porté à passer son temps au cabaret et puis, dans la société future, lorsqu'on dotera un jeune ménage d'un intérieur, est-ce qu'on lui demandera de payer comptant?

En vérité, on commencera par lui donner tout ce dont il aura besoin à charge par lui, par son travail, de payer sa dette.

Mais pourquoi veut-on limiter la discussion uniquement sur le crédit des denrées alimentaires et du mobilier ? Je dis que les questions sont liées. Quand nous parlons du crédit, il s'agit de tout ce qui est nécessaire à l'existence.

Il y en a peut-être bien peu dans cette salle qui, possédant un petit bien quelconque, soit un ménage, une maison ou une petite parcelle de terrain, ne se sont pas servi du crédit. Je ne parle pas de ceux qui en ont hérité, mais de ceux qui l'ont obtenu uniquement par leur travail. Ainsi, par exemple, pour permettre aux ouvriers d'obtenir la petite maison tant désirée, il y a, à l'heure actuelle, des moyens pratiques et faciles et c'est à la Coopération qu'appartient de mettre ces moyens à la disposition de la classe ouvrière.

C'est encore là tout le côté moral de la question de permettre à l'ouvrier de se mettre chez lui. Combien de jeunes gens sont dans l'obligation de se mettre en garni et paient par conséquent plus du double de loyer que si on leur avait donné le moyen d'avoir un petit mobilier. Ils pourraient non seulement payer la somme pour laquelle ils se sont engagés, mais ils bénéficieraient de la perte qu'ils sont dans l'obligation de subir du fait qu'ils logent en garni.

Sortir du garni l'ouvrier pour le mettre en logement, c'est une première étape, la société de crédit; celle qui permet à l'ouvrier d'acheter une petite maison, en est une seconde, bien peu dans les villes et les campagnes connaissent les facilités avec lesquelles il pourrait avoir leur petite maison.

A l'heure actuelle, de nombreuses Sociétés profitant de la loi Ribot, accordent des avances de fonds et certainement ne le font pas sans gros bénéfices. Exemple :

Avec un versement de 4.000 francs, un ouvrier peut acheter une maison et un terrain d'une valeur de 20.000 francs, ou s'il possède un terrain, il peut faire construire une maison de la même valeur.

La Société de crédit avancera 16.000 francs et elle fera rembourser cette somme en 25 ans, en y ajoutant une somme de 2.500 francs pour assurance décès; cette dernière somme permet que pendant cette période de 25 ans, si l'ouvrier vient à décéder, sa famille : femme ou enfants conservera la petite propriété sans avoir jamais plus aucun versement à faire.

Peut-être trouvez-vous que cette question n'est pas intéressante, moi je persiste à croire qu'elle mérite d'être étudiée ?

D'accord avec la possibilité de rembourser cette avance en 25 ans, nos coopérateurs n'auront pas à payer un loyer plus élevé que celui qu'ils paient à l'heure actuelle et si un accident arrive en cours de paiement, comme je le disais tout à l'heure, grâce à l'assurance-décès, la femme et les enfants seront assurés qu'on ne pourra pas toucher au bien familial.

Je dis que ce sont des avantages très appréciables et que si les Sociétés de crédit s'en occupent, c'est qu'elles y ont un intérêt de premier ordre et je ne vois pas de raison pour que nous n'envisagions pas la possibilité de faire de même.

On craint que par le crédit, nous supportions de grosses pertes; or, il y a de multiples moyens employés à l'heure actuelle par les Sociétés de crédit qui leur permettent de réduire ces pertes au strict minimum. C'est d'abord la vente-location dont le propriétaire ne devient propriétaire réellement qu'après le paiement définitif. C'est le nantissement, l'hypothèque, toutes les mesures qui donnent des garanties telles que le vendeur reste propriétaire des objets qu'il a cédés tant que ceux-ci ne sont pas définitivement payés.

Mais, il y a autre chose qui mérite aussi toute votre attention : c'est d'examiner dans quelles mesures nous pourrions aider à l'organisation de la production. Ainsi, vous allez être appelé à discuter d'une société nationale, à vous occuper d'une façon sérieuse de la banque nationale coopérative et tout à l'heure quand je disais qu'il n'y avait pas lieu de distinguer entre le crédit qu'on peut faire à la consommation et à la production, je voulais indiquer que, là encore, on pourrait par le crédit permettre aux ouvriers des villes ou aux agriculteurs d'organiser la production non pas, sous la forme de certaines Sociétés de production, mais avec le contrôle des organisations ouvrières et avoir ainsi la certitude que ces Sociétés de production reviendraient à la collectivité.

Combien il serait intéressant que la Coopération s'occupe de la culture et de l'élevage dans les campagnes.

Je disais donc qu'il faudrait permettre à ces organisations de production de trouver tous les fonds nécessaires pour l'achat des terrains, immeubles et matériel.

Que reste-t-il, à mon avis, c'est de savoir comment nous trouverons les capitaux, accordez-moi encore quelques instants et vous verrez combien cette question est intéressante.

On nous dit, en effet, donnez-nous le moyen d'avoir de l'argent, le moyen d'avoir des capitaux, mais ils sont très simples. Comment font les commerçants et les industriels lorsqu'ils achètent de la marchandise ?

Notre camarade Garbado nous disait, tout à l'heure, que c'était immoral de voir arriver, chaque mois, l'homme en uniforme, encaisser les mensualités, mais est-ce que c'est immoral de voir arriver chez l'industriel ou le commerçant l'homme au bicorne qui vient toucher ses traites. Enfin, tous les commerçants et tous les industriels ne se servent-ils pas de crédit.

Lorsque nous fournirons du mobilier, du matériel, des terrains, des immeubles est-ce que nous ne pourrions pas tirer traite et escompter le papier ? De plus en plus, notre banque aura des facilités à ce sujet, et puis lorsqu'un camarade achètera un mobilier, une maison, lorsque des Sociétés feront des demandes d'avance de fonds, est-ce qu'une grosse partie déjà ne sera pas versée d'avance? C'est donc là le moyen le plus sûr d'avoir rapidement des capitaux importants.

Tous les fonds versés d'avance permettront de conserver en portefeuille les traites, les traites tirées sur les acheteurs permettront de réaliser les sommes avancées ?

Voilà, camarades, pourquoi j'insiste afin qu'on ne rejette pas définitivement cette question.

LE PRÉSIDENT. — La parole est à Poisson.

ROBERT. — La clôture.

POISSON. — Je remercie le camarade Robert de demander la clôture au moment où je prends la parole, mais j'userai de mon droit comme tout le monde.

Je dirai simplement au Congrès que d'abord il ne faut pas d'équivoque. Tout le monde ici est hostile au crédit à court terme, et même au crédit à long terme fait sur le capital de la Société coopérative elle-même. Mais ce n'est pas là le problème qui est posé. Il s'agit de savoir si l'équivoque entretenue par Lévy sera aujourd'hui clarifiée devant vous.

Le problème est de savoir si, à côté des Sociétés coopératives, pour des coopérateurs et entre les coopérateurs, il sera utile ou non utile d'essayer de créer des organisations qui pourront utiliser le crédit sous la forme coopérative. Or ceci est, à l'heure actuelle, fait en réalité un peu partout. Les Sociétés anglaises font dans une très large mesure, le crédit à long terme. J'ai ici un papier, que je ne vous lirai pas, à cause du temps qui m'est mesuré. Il montre que ces Sociétés font crédit pour les objets d'ameublement, les machines à coudre, et tout un grand nombre de choses qui ne sont pas des objets superflus dont parlait Lévy. Encore est-il que ces objets dont il parle, il est à peu près certain qu'il les a tous chez lui; et que tous ceux qui sont ici les ont également chez eux.

Gaston LÉVY. — Ce n'est pas la même chose; ils me viennent par héritage!

POISSON. — Eh bien, ce que font les Coopératives anglaises, ce que fait cette Coopérative dont nous parlons tous, la Coopérative de Rochdale, nous devons rechercher le moyen de le faire, en dehors des Sociétés, mais entre les coopérateurs. Ce moyen, je le reconnais, n'est pas suffisamment étudié dans le rapport.

Mais il ne suffit pas de dire que nous n'apportons pas la solution pour faire une œuvre négative, et dire, comme Garbado l'a déclaré tout à l'heure, que le problème n'est pas intéressant, et qu'il faut rejeter le crédit en soi.

Je pose simplement le problème suivant. J'affirme, faute de pouvoir le démontrer en quelques minutes, que la civilisation s'est montrée, depuis l'origine du monde, jusqu'à nos jours, dans l'évolution du crédit.

Autrefois, les Sociétés peu civilisées reposaient, comme reposent encore aujourd'hui les Sociétés dans les pays les moins civilisés du monde, sur le crédit réel, c'est-à-dire le crédit basé sur la garantie des choses. Et l'évolution de la civilisation consiste à avoir abandonné le crédit réel pour aboutir au crédit personnel. On peut affirmer que le degré de civilisation d'une Société se marque à l'importance, non pas évidemment à l'importance seulement du crédit à la consommation, mais se marque à l'évolution du crédit personnel, que du reste Lévy utilise et essaye d'utiliser au mieux quand il fait appel à l'épargne des coopérateurs. Voilà donc un fait que la civilisation évolue du crédit réel au crédit personnel.

Un deuxième fait qui se manifeste aujourd'hui, c'est le crédit à long terme à la consommation. Il existe, et vous aurez beau faire appel aux questions de morale, il n'empêche qu'il en est beaucoup parmi vous qui l'ont utilisé. Et alors du moment que la coopérative peut être un embryon d'une société nouvelle, si elle veut faire face à tous les besoins nouveaux et être une forme de civilisation nouvelle, il faut qu'elle arrive elle-même à pouvoir chercher les formules qui lui permettront d'utiliser ce qui existe déjà dans notre civilisation de crédit personnel, pour arriver à réaliser ce programme de transformation sociale que Lévy affirme lui-même chaque jour.

Il faut donc que la Coopération trouve le moyen d'organiser coopérativement le crédit personnel. La question n'est pas mûre.

Un deuxième point important, c'est que les Sociétés coopératives, en tant que Sociétés, ne doivent pas faire crédit.

Il faut constater en même temps que ce n'est pas le fait de constituer une majorité et une minorité qui importe dès maintenant. Cette question est née; elle est en discussion, et les arguments que l'on a aujourd'hui apportés pour et contre seront dans le compte rendu; ils serviront de moyen de propagande. Je ne dis cela qu'entre parenthèses, car je ne suis pas du tout partisan qu'on rediscute cette question l'année prochaine. Je ne suis pas non plus partisan qu'on en parle sans cesse dans l'*Action Coopérative*, comme le demandaient certains camarades.

Ce qui est intéressant, c'est que l'idée nouvelle a maintenant été lancée. Le mieux, ce n'est pas de trancher la question par des décisions de majorité ou de minorité. C'est de dire que la question doit être examinée à fond; ce qu'il faut, c'est la renvoyer à l'Office technique de la Fédération nationale. Par les rapports qui vous sont faits par l'Office technique, vous reconnaîtrez si oui ou non elle a abouti, et si oui ou non on a trouvé la formule. Cette formule, il n'est pas besoin de l'imposer; ceux qui la trouveront juste l'utiliseront, et ceux qui la trouveront fausse ne l'utiliseront pas. Par suite de cette discussion, un grand pas pourra être fait par le problème. La discussion nous aura fait réfléchir, elle va nous faire travailler. Nous trouverons le moyen, avec l'aide de camarades comme Lévy, comme Fauquet, de faire donner à la Coopération toute son utilité. Demain, grâce à la méthode que nous établirons, la Coopération, par l'établissement du Crédit personnel, pourra jouer son rôle total de transformation sociale.

Je vous propose, camarades, la motion suivante :

*Le Congrès renvoie la question du crédit coopératif à l'Office technique de la Fédération nationale, pour en constituer la documentation, en poursuivre l'étude, et établir s'il y a lieu des projets positifs.*

LAGRANGE. — Camarades, soyez sans inquiétude; je n'utiliserai pas les dix minutes. Comme on vous l'a dit hier, nous autres, dans les régions de l'Est et du Nord, nous ne sommes pas bavards; nous avons l'habitude d'écouter et de ne prendre la parole qu'à bon escient.

Je ne veux pas entreprendre ici l'historique du crédit. Je crois que vous en avez suffisamment entendu sur ce point. Mandaté par

la Fédération de l'Est pour combattre le crédit, j'aurais certainement eu des choses très intéressantes à vous dire, mais pour vous
permettre de continuer le débat, de ne pas le retarder et de poursuivre l'ordre du jour, je renonce à la parole.

*Un Délégué.* — Le Congrès a suffisamment entendu d'orateurs,
et je crois qu'il est inutile de prolonger le débat.

Le Président. — Daudé demande à prendre la parole comme
rapporteur.

*Plusieurs délégués.* — Non, non.

Daudé-Bancel. — C'est pour faire une déclaration au nom des
deux rapporteurs. Nous retirons notre rapport, et nous nous ral-
lions à la proposition qui vous est faite.
Comme vous le disait très justement Poisson, nous aurons tout
au moins posé ici la question. Nous sommes certains que, quand les
coopérateurs en auront fait l'étude, nous passerons à sa réalisation.

Gaston Lévy. — Le projet de Daudé étant retiré, nous n'avons
pas du tout, dans ces conditions, l'intention de maintenir le nôtre,
car ce n'est pas nous qui avons posé la question. Nous acceptons
le renvoi à l'Office technique de la question de l'organisation du
crédit coopératif, pour en constituer la documentation, pour en
poursuivre l'étude et pour rapporter des projets positifs s'il y a lieu.
Je crois que dans ces conditions nous pouvons tous voter la résolution soumise au Congrès.

Le Président. — Je mets donc cette proposition aux voix.

Le projet de résolution est adopté à l'unanimité.

# LES RAPPORTS DE LA COMMISSION
# DES RÉSOLUTIONS

Le Président. — Nous en arrivons maintenant à l'étude de la
question de constitution d'une Société coopérative nationale. Avant
de donner la parole au rapporteur de cette question, peut-être
serait-il bon de donner la parole aux rapporteurs de la Commission
des Résolutions.
La parole est à Brot, rapporteur.

Brot. — La Commission des résolutions a été saisie d'un certain
nombre de propositions. Voici celles qu'elle a retenues et les textes
que je vous soumets en son nom.
Sur la « presse coopérative » :

*Le Congrès charge le Conseil unique de: 1° créer un bulletin
d'information économique, technique, commercial, etc., pour les
administrateurs des sociétés et d'une périodicité assez fréquente;
2° de faire de l'Action Coopérative actuelle un journal de propagande destiné à la masse des consommateurs.*

Le Président. — Personne ne demandant la parole, la résolution
est adoptée.

Brot. — La Commission vous demande d'adopter la motion suivante sur la proposition d'organisation d'une « journée d'adhésion », défendue à cette tribune par notre camarade Peckstadt:

*Le Congrès décide qu'à la même date et autant que possible dans la première quinzaine de novembre 1921, toutes les sociétés adhérentes à la Fédération nationale organiseront une « journée d'adhésion ».*

*Les sociétés demanderont à chaque sociétaire de faire au moins une adhésion pour cette journée. Le Congrès donne mandat au Conseil central de l'organisation de cette journée dans les meilleures conditions possible.*

Le Président. — Cette proposition est également adoptée.

Brot. — En ce qui concerne l'Ecole coopérative, je vous propose la motion suivante:

*Le Congrès national des coopératives de consommation accueille favorablement l'idée d'élargir le champ de recrutement et d'action de l'Ecole coopérative par la création de cours dans les centres coopératifs de province et par l'envoi d'élèves à Paris.*

*Il charge le Conseil de l'Ecole de se mettre en relation avec les secrétaires fédéraux, de leur communiquer les programmes suivis à Paris et de leur demander dans quelle mesure les centres de leurs Fédérations peuvent concourir à la réalisation du projet d'extension de l'Ecole coopérative.*

D'autre part, la Commission des résolutions a fait sien et vous demande d'adopter la résolution que voici sur les « assurances sociales »:

*Le Congrès national des Coopératives de consommation, réuni à Lyon le 5 mai 1921, suivant la tradition constante du mouvement coopératif en ce qui concerne les œuvres sociales et les préoccupations d'assurance des travailleurs contre les risques de la vie, préoccupations qui ont abouti à la constitution à la F. N. C. C. de la Caisse fédérale des Retraites pour l'application de la loi de 1910;*

*Emet le vœu que le Conseil central suive de très près la discussion de la loi sur les assurances sociales, dont le projet vient d'être déposé sur le bureau de la Chambre; lui demande d'intervenir par tous les moyens en son pouvoir en vue de soutenir, d'élargir et d'améliorer la loi et pour utiliser celle-ci au mieux des intérêts de la Coopération.*

Saisie de la question du renforcement du centre administratif de la F. N. C. C. par notre camarade Svob, la Commission vous propose d'adopter le texte que voici:

*Le Congrès de 1921, constatant l'urgence d'une campagne vigoureuse de recrutement et d'éducation coopérative dans le pays, notamment auprès des conseils d'administration et commissions de surveillance des sociétés, charge la Fédération nationale de procéder au renforcement de son centre administratif et de tous ses moyens de propagande.*

Enfin, sur la question du Manifeste coopératif des Universitaires et sur la question de la publication du rapport annuel de la F. N. C. C., votre Commission vous demande de ratifier les vœux ci-après:

*Le Congrès, considérant la grande valeur que pourrait représenter*

*le Manifeste des Universitaires pour la propagande tout au moins
dans certains milieux, propose que ce manifeste soit édité en tract
par les soins de la Librairie de la F. N. C. C. et mis à la disposition
des sociétés.*

*Le Congrès demande que les rapports moral, financier et sur toutes
les questions portées à l'ordre du jour du Congrès annuel national,
soient envoyés au moins un mois avant la tenue du dit Congrès.*

LE PRÉSIDENT. — Ces diverses propositions ne faisant l'objet
d'aucune observation, je demande au Congrès de les adopter à mains
levées.

Les propositions sont adoptées.

La parole est à Ramadier, au nom de la Commission des résolutions, sur des questions d'ordre juridique.

RAMADIER. — L'application de la loi du 14 juin 1920 pourrait
avoir quelques inconvénients pour les Sociétés coopératives, étant
donné le retard qui a été apporté dans son vote. Afin de permettre
l'application de cette loi, je vous demande de charger le Conseil
central de réclamer un délai complémentaire en accord avec le
Conseil suprême de la Coopération:

*Le Congrès constate que la loi du 14 juin 1920, votée avec un
retard considérable, n'a pas permis aux coopératives de disposer
de l'intégralité du délai prévu par elle pour adapter leurs statuts;
demande au Parlement de leur accorder un délai complémentaire et
charge le Conseil central de saisir de la question le Conseil supérieur
de la Coopération.*

D'autre part, sur la question de l'impôt sur le chiffre d'affaires,
votre Commission des résolutions a été unanime pour vous soumettre le texte suivant:

*Le Congrès,*

*Considérant, d'une part, que les coopérateurs ne doivent pas plus
que les commerçants payer l'impôt sur le chiffre d'affaires sur les
denrées qu'ils se répartissent entre eux;*
*Considérant, d'autre part, que les groupements constitués par les
coopératives en vue de leur approvisionnement n'agissent en fait
que pour leurs membres, qu'elles ne peuvent donc être imposées.
que sur les majorations destinées à couvrir leurs frais généraux;*
*Demande au Parlement d'adopter:*

*1° L'amendement proposé par M. Justin Godart, tendant à distin-
guer du chiffre d'affaires taxable le montant des ventes faites à
leurs sociétaires par les sociétés vendant, soit exclusivement à leurs
membres, soit à la fois à leurs membres et au public;*

*2° Celui de M. René Lefebvre, tendant à classer les groupements
de coopératives dans la catégorie des intermédiaires taxés sur les
profits définitivement acquis par eux.*

*Le Congrès national des Sociétés coopératives de consommation
proteste contre l'interprétation restrictive donnée par certains contrôleurs des contributions directes et indirectes aux mots « œuvres
d'intérêt général » figurant dans l'instruction ministérielle du 29
août 1920; cette instruction exonérant de la taxe sur le chiffre d'affaires les sociétés coopératives qui ne vendent qu'à leurs sociétaires
et qui affectent leurs bénéfices conformément à la loi.*

*Le Congrès estime que les mots « œuvres d'intérêt général » doi-
vent être interprétés dans le même sens que les mots « œuvres de
solidarité sociale » figurant dans la loi du 7 mai 1917, par les œuvres
sociales dont la destination est désintéressée pour les sociétaires.
Les « secours aux familles de grévistes » doivent être compris dans
ces œuvres au même titre que les secours ou subventions à des
caisses de chômage, à des caisses de secours aux invalides ou aux
malades, à des sociétés du sou des écoles, à d'autres sociétés coopératives, etc.*

*Le Congrès donne mandat au Comité central de la Fédération
nationale d'intervenir auprès du ministre des Finances pour que ce
dernier interprète les mots « œuvres d'intérêt général » figurant
dans sa circulaire du 29 août 1920, dans le sens indiqué ci-dessus
et pour que ce ministre donne des instructions en ce sens aux directeurs et contrôleurs des contributions directes et indirectes.*

LE PRÉSIDENT. — Quelqu'un a-t-il des observations à présenter?
Personne ne demandant la parole, les propositions rapportées par
Ramadier sont adoptées.

RAMADIER. — A ces résolutions, je dois ajouter une communication au nom de la Commission des résolutions. Cette communication est relative aux Sociétés coopératives des régions libérées.

Ceux d'entre vous qui appartiennent à ces régions se rappellent
qu'il y a fort peu de temps, quelques semaines environ, la Fédération nationale les a réunis à Paris, afin d'examiner l'émission
d'un emprunt destiné à faire l'avance des dommages de guerre,
emprunt qui doit être, conformément à une loi nouvelle, garanti
par l'Etat.

Cette Assemblée des Coopératives des régions libérées a désigné
une petite Commission pour établir un projet de groupement des
Sociétés coopératives qui doivent lancer cet emprunt. Cette Commission s'est réunie au cours de ce Congrès; elle a établi le projet
de statuts du groupement; elle a même fixé d'une manière générale
les bases sur lesquelles l'émission de l'emprunt pourra être faite.
Ce sera, pour la plus grande mesure possible, par l'intermédiaire
du Magasin de Gros que les Coopératives des régions libérées pourront agir. Et conformément au vœu émis à cette tribune même au
cours de la journée d'hier, nous espérons que les Sociétés coopératives de toute la France feront le maximum de leur effort pour
que la totalité de l'emprunt, ainsi émis au profit des Coopératives
des régions libérées, puisse être largement placée dans tous les milieux coopératifs.

LE PRÉSIDENT. — La parole est à Brot, sur une dernière résolution de la Commission.

BROT. — Notre camarade Henriet avait déposé une résolution au
nom des coopérateurs communistes. La Commission a pris, sur cette
motion, la résolution suivante:

*La Commission des Résolutions, saisie d'une déclaration des coo-
pérateurs communistes, constate que la question de l'orientation du
mouvement coopératif, qu'elle pose, n'a pas été portée à l'ordre du
jour, et que d'ailleurs, ayant été introduite dans le débat sur le rapport moral, elle a été réglée par le vote sur ce rapport.*

HENRIET. — Il en sera toujours ainsi; les questions de directives ne peuvent se greffer que sur la discussion du rapport moral, et ne peuvent pas être l'objet d'une discussion particulière. C'est toujours le rapport moral qui approuve les directives passées, et c'est en critiquant le rapport moral que l'on établit les directives de l'avenir.

De toute façon, les directives ne sont pas uniquement des directives d'un ordre particulier; elles peuvent être d'un ordre général. Il faut bien, par conséquent, qu'on les discute au sujet de la question du rapport moral, et il ne peut pas être qu'un rapport moral ne soit pas discuté dans son ensemble.

Poisson. — Le rapport moral est le rapport sur les faits passés. C'est l'activité de la Fédération nationale d'un Congrès à l'autre que l'on a à juger. La politique générale que doit suivre le mouvement coopératif a, par exemple, été fixé par nous il y a deux ans, c'est par conséquent une orientation nouvelle que vous réclamiez. Du reste, la deuxième partie de la résolution proposée disant que la question a été réglée par une décision du Congrès, il n'y a pas à y revenir.

Henriet. — Pour ce que Poisson vient de dire, je considère, en effet, la question comme réglée par le vote sur le rapport moral. Ce qui a troublé quelques délégués, c'est que le rapport moral n'ayant pas publié ma déclaration, certains camarades ne la connaissaient pas, et je le regrette.

Il faut s'entendre. Nos directives générales ont bien, en effet, été réglées par une décision d'il y a deux ans, mais ces directives peuvent être modifiées chaque année, en raison même de ce que les faits qui sont indiqués dans le rapport moral peuvent ne plus être approuvés par la majorité du jour. Les idées évoluent, et il ne peut nous être demandé de rester pétrifiés dans une opinion. Si l'on n'admet pas la discussion du rapport moral dans le sens où nous nous plaçons, il devient inutile de faire des Congrès. Les réclamations et les critiques qui peuvent être formulées contre les dirigeants du mouvement coopératif, contre le Conseil central, ne peuvent être émises ailleurs. Nous n'avons pas les rapports suffisamment à l'avance pour pouvoir développer nos critiques. Pour que nous puissions accepter votre façon de voir, il faudrait que nous puissions avoir un premier rapport six mois à l'avance, puis un second rapport avec nos critiques faites sur le premier. Mais dans les conditions actuelles, nous sommes bien obligés de discuter en Congrès les critiques que nous avons à apporter.

Poisson. — Le rapport moral contient ce qu'il doit contenir. C'est au Congrès de voir si on dépasse la limite des critiques. Je me permettrai de constater que, pour cette fois, le Congrès a été, il me semble, de la plus grande tolérance dans le sens qu'indique Henriet, puisqu'il a entendu pendant toute une journée des critiques qui ont réuni finalement 58 mandats.

Brot. — Voulez-vous me permettre d'ajouter un mot. Henriet ne conteste pas que les 58 voix qui se sont prononcées pour ses idées se sont bien prononcées pour la motion qu'il a présentée.

Rebeyrol. — Lorsque notre camarade Henriet a demandé la parole...

*Voix diverses.* — A la tribune.

Rebeyrol. — Je ne vois pas pourquoi vous m'obligez à monter à la tribune, étant donné que je n'avais pas l'intention de faire un discours. Je voulais simplement présenter une observation.

Lorsque notre camarade Henriet a demandé la parole, je croyais qu'il y avait dans la résolution qui venait d'être lue quelques termes qui étaient de nature à l'inquiéter. Lorsqu'on dit, en effet, que notre camarade Henriet a « introduit » dans le débat, à l'occasion du rapport fédéral, les problèmes de directives générales, je pensais qu'Henriet se sentait froissé, et je ne comprenais pas tout à fait cela.

Henriet a raison de dire qu'à l'occasion du débat sur le rapport moral de la Fédération, il a le droit de saisir le Congrès de directives générales en opposition avec les directives qui ont été appliquées par la Fédération nationale, conformément aux décisions des Congrès antérieurs. On ne peut pas le blâmer de cela, et il a bien posé la question au moment où elle devait être posée, c'est-à-dire au moment où le Congrès débattait les problèmes du rapport moral. Mais du moment que Poisson et nos autres camarades ne font pas d'objection sur le fond et sont d'accord avec vous...

Henriet. — La question a été posée à la Fédération de la Région parisienne, et c'est pour cela que je tiens à ce que les camarades sachent exactement quelle est la position de la question. Je suis complètement d'accord sur le rapport que viennent de nous faire les camarades rapporteurs, mais où je ne suis plus d'accord, et où je tiens essentiellement à ce que vous sachiez comment la question est posée, c'est quand Poisson vient déterminer exactement quelle est sa pensée, d'une façon qui pourrait être interprétée ainsi: que si nous intervenons sur le rapport moral, c'est un changement de directives qui doit obligatoirement être mis à l'ordre du jour du Congrès. Je dis que ce n'est pas nécessaire. En somme, la question qui doit être mise à l'ordre du jour, ce sont les directives passées. Les directives à venir sont à déterminer, mais quelles que soient nos directives pour l'avenir, nous avons le droit absolu de discuter les directives passées.

Rebeyrol. — Il ne faudrait pas que dans le vote que nous allons émettre il y ait une équivoque. Je demande à Poisson...

Poisson. — Tu reconnais, Henriet, qu'il s'agissait de juger la politique coopérative passée suivant les décisions antérieures des Congrès. Il est par conséquent inadmissible que ceux qui sont opposés à cette politique votent pour le rapport moral de la Fédération. C'est, en fait, ce qui s'est passé. Le jour où, au contraire, on voudra modifier les directives, la politique générale du mouvement coopératif, il est certain qu'il faudra que, préalablement, la Fédération en soit saisie. Il ne lui est pas possible de juger une question sans en être saisie régulièrement.

Rebeyrol. — Je me permets de ne pas être tout à fait de l'avis de notre camarade Poisson.

Il y a ici deux questions en jeu. Première question: rapport moral de la Fédération. Nous nous sommes prononcés sur le rapport moral de la Fédération, et, en ce qui me concerne, comme représentant de la Fédération Garonne et Pyrénées, j'ai apporté un vote unanime de ma Fédération en faveur du rapport moral de la Fédération nationale, parce que j'estime que nos camarades de la Fédération na-

tionale ont suivi les directives des précédents Congrès, à part peut-
être une ou deux petites erreurs qu'il était possible à des hommes
de commettre, surtout lorsqu'ils se trouvent dans un milieu comme
celui de l'Alliance Coopérative Internationale par exemple, où il y a
évidemment des opinions extrêmement diverses émises par les représentants de mouvements coopératifs nationaux différents. Mais
ces petites erreurs, il ne faut pas les grossir, en supposant qu'elles
soient, et nous avons voté presque à l'unanimité l'approbation du
rapport moral de la Fédération.

CLEUET. — Ce sont des erreurs pour vous, mais non pas pour
nous. Vous vous placez au point de vue communiste, et nous nous
plaçons au point de vue de la Fédération nationale.

REBEYROL. — Je viens, il me semble, de faire une réserve très
nette. Je n'ai pas dit que ce sont des erreurs. J'ai dit qu'il peut
paraître à certains camarades que nos délégués ont commis des
erreurs. C'est tout, et je n'ai même pas indiqué mon sentiment personnel que j'ai indiqué au Conseil central lorsque la question y est
venue. Mon opinion personnelle, en effet, n'est pas en cause pour le
moment.

Le rapport est donc voté. Mais reste une seconde question, qui
est celle soulevée par notre camarade Henriet.

On vous disait que votre vote aura cette signification que lorsque
vous apporterez les critiques qui vous seront inspirées par le rapport du secrétariat de la Fédération nationale, vous n'aurez pas le
droit de mettre en jeu, de faire intervenir les principes généraux.

POISSON. — La question est la suivante. Il faut toujours qu'une
chose se traduise par un vote, et, au moment où on vote, on vote
sur le rapport moral, et on vote pour ou contre.

Avec juste raison, l'année dernière, un certain nombre de camarades m'ont fait remarquer et m'ont reproché d'avoir fait voter,
d'une part, le rapport moral, et, d'autre part, la motion Henriet;
et cette année j'ai considéré qu'en effet il y avait à voter pour ou
contre le rapport moral et que, le jour où la Fédération nationale
voudra changer l'orientation de sa politique, il faudra qu'au préalable toutes les Sociétés et toutes les Fédérations soient saisies de
la question pour l'examiner.

REBEYROL. — Je crois que nous ne sommes pas loin de nous
mettre d'accord. Il est bien entendu, et c'est pour cela que je suis
monté à cette tribune presque malgré moi, il est bien entendu que
des camarades qui ne partagent pas l'opinion de la Fédération nationale viendront, au moment du rapport moral et au nom de ce
qui leur paraît être la vraie doctrine coopérative, apporter des
critiques inspirées par des principes d'ordre général. Et il ne sera
pas dit qu'ils auront violé l'ordre du jour. Je me permets de dire
que lorsque notre camarade Henriet parlait hier, il était dans la
question. Il disait peut-être des choses qui n'étaient pas agréables
à tout le monde, mais, à mon sens, il était pleinement dans l'ordre
du jour. Je demanderai donc au Congrès, lorsque nous serons sur
ce terrain, de bien vouloir écouter nos camarades qui viendront
apporter leurs critiques sur le rapport de la Fédération nationale.

POISSON. — Je crois qu'à ce Congrès nous avons montré la plus
large tolérance pour tous ceux qui n'étaient pas de notre avis. Cela
est même incontestable.

Il est clair aussi que chacun est libre d'apporter ses critiques au moment opportun, et que le Congrès est maître de son ordre du jour.

Je pense que nous sommes tous d'accord sur l'ordre du jour qui est proposé, et que la question est résolue.

HENRIET. — J'ai satisfaction par l'interprétation que donne le camarade Rebeyrol.

IMBERT. — Une partie des voix que nous représentons s'est portée, hier, contre le rapport moral de la Fédération, mais pour d'autres causes; l'interprétation qui a été donnée de ce vote est inexacte.

HENRI SELLIER. — L'observation d'Imbert met en évidence, ce fait, que la procédure suivie à propos du vote sur le rapport moral est une procédure pleine de confusion. Je suis moins satisfait que Rebeyrol de la déclaration de Poisson, affirmant que l'on a porté à tort la discussion sur des questions d'orientation qui n'étaient pas à l'ordre du jour. Il me paraît au contraire certain que, du moment où l'on discute le rapport moral, la question de l'orientation du mouvement coopératif est à l'ordre du jour. N'importe quelle Société a le droit, sur le rapport moral, de formuler telles observations que bon lui semble. Si l'on admettait la formule de Poisson, et l'obligation de ne discuter que sur des résolutions préalablement soumises aux Fédérations, ce serait à tout jamais l'impossibilité de modifier l'orientation du mouvement coopératif. Les Fédérations ne discutent que sur le vu des rapports du Centre. Par conséquent, au moment où elles les reçoivent et se réunissent, elles n'ont plus la possibilité de formuler des textes, des réserves, et de les envoyer aux autres Fédérations pour que celles-ci s'y rallient. Le mandat des délégués est un mandat sur des directives et non pas un mandat sur un texte.

La vérité est qu'on ne devrait pas voter sur le rapport moral sans que cette question soit renvoyée à la Commission des résolutions comme toutes les autres, et fasse l'objet d'une déclaration motivée, qui permettrait aux minorités, s'il en existe, d'opposer leurs conceptions à celles de la majorité. On éviterait ainsi ce qui se produit maintenant, où l'on voit des camarades voter contre le rapport moral en s'inspirant de préoccupations complètement distinctes et différentes. Cela n'a pas d'importance, étant donnée l'infime minorité qui s'est manifestée à ce Congrès, mais cela pourrait dans l'avenir en avoir une, car le vote émis dans ces conditions ne peut fournir aucune indication, sur les directives d'avenir qui sont données au nouveau Conseil central. C'est la raison pour laquelle je voudrais que dans nos futurs Congrès on se serve, pour le vote sur le rapport moral, d'une formule, d'une procédure, qui permettent de juger de la volonté des délégués représentant l'ensemble des coopératives, en ce qui concerne l'orientation du mouvement.

Poisson disait, hier, que Henriet et moi nous nous étions rejoints; il s'est trompé. Sans avoir à dire que nous approuvons ou désapprouvons ses déclarations, nous avons considéré, nous et nous seuls, — restant sur le terrain nettement coopératif, — que les directives suivies par les dirigeants de notre organisation centrale étaient mauvaises. Tel est le sens qu'il est permis d'attribuer à nos votes.

GASTON LÉVY. — Je ne comprends pas très bien les observations de Sellier à l'heure actuelle, car si la Commission des résolutions

a apporté le texte que Brot a lu, c'est parce qu'en dehors de la question même du rapport moral, une résolution, une déclaration, a été
déposée par un certain nombre de nos camarades. La Commission,
en vertu des habitudes de nos Congrès, avait présenté un texte. Si
nos camarades retirent leur déclaration, il n'y a rien à voter. Le
rapport moral a été voté.

Mais quant à l'observation de Sellier sur les conditions dans lesquelles, peut-être de différents côtés, on peut se trouver opposé
au rapport moral, je lui dis que quels que soient la forme et le lieu
d'où partent les critiques contre le rapport moral, si une majorité
se prononçait contre le rapport moral, elle serait tout de même une
majorité devant laquelle le Conseil central serait obligé de s'incliner.
Par conséquent, ce n'est pas parce qu'il y aurait eu une confusion
dans le vote contre le rapport moral que nous pourrions ne pas en
tenir compte.

Quant à l'autre observation que fait Poisson, nous étions prêts,
et nous le sommes encore, pour la Fédération de la Région parisienne, à soutenir une proposition qui consisterait à mettre à l'ordre
du jour du prochain Congrès ou des Congrès suivants, la question
de l'orientation. Nous l'avons déjà dit et nous le répétons ici. Mais
justement, dans votre critique du rapport moral, vous avez, par le
texte de résolution que vous avez présenté sous forme de déclaration, vous avez vous-mêmes posé la question, et nous vous disons
que la question de l'orientation n'était à l'ordre du jour que dans la
mesure où elle y a été introduite par vous-mêmes et non pas par
nous, et qu'elle a été tranchée par le vote sur le rapport moral.
C'est cela qu'à l'heure actuelle nous demandons au Congrès de ratifier par un vote, en raison même de la résolution présentée par
vous.

REBEYROL. — Camarades, nous ne sommes pas tout à fait d'accord, semble-t-il.

Des camarades vous ont déclaré repousser le rapport moral: ils
devaient modifier leur vote. C'est ce qu'il ont fait, au moment même
où ils devaient le faire, c'est-à-dire lors de la discussion du rapport
moral. Le Congrès ne les a pas suivis. Sur ce point, la question est
réglée et le rapport est adopté à la presque unanimité.

Reste la question des principes généraux, de l'orientation générale
de la F. N. C. C. Tant qu'un Congrès ne l'aura pas modifiée, elle
restera ce qu'elle est et nos camarades dirigeants s'y tiendront à
juste titre; mais le droit demeure entier pour tout délégué de saisir
chaque année le Congrès, — à l'occasion du rapport moral, — de
directives nouvelles, de principes nouveaux, et, pour le Congrès de
les admettre. Je n'ai pas voulu dire autre chose par cette intervention.

LE PRÉSIDENT. — La parole est à Henriet.

*Plusieurs délégués.* — Aux voix, aux voix!

LE PRÉSIDENT. — Voulez-vous que la discussion soit close sur
ce point? Voulez-vous d'abord entendre Henriet, ou voulez-vous
que l'on passe au vote immédiatement?

Le Congrès décide de passer au vote immédiatement, et la proposition de résolution est adoptée.

BROT. — La Commission a été saisie d'une proposition de tenir le prochain Congrès à Marseille. La Commission fait remarquer que, seul, le Conseil central est chargé de fixer le lieu et la date définitive du Congrès, mais elle a renvoyé cette proposition au Conseil central avec avis favorable.

FOUCAUD. — Au nom de la Fédération du Nord, nous émettons le vœu que le prochain Congrès ne soit pas aussi éloigné du centre. Les frais d'un Congrès à Marseille, pour toutes les Sociétés, seront très élevés, et beaucoup de Sociétés ne pourront pas s'y faire représenter.

BROT. — Je vous ferai remarquer que, lorsque votre région, lorsque la Ville de Lille sera remise en état de recevoir les délégués, nos camarades du Midi pourront tenir le même langage.

FOUCAUD. — C'est justement parce que nous estimons qu'un Congrès se tenant dans l'un des coins de la France ne peut pas avoir toute l'ampleur désirable, que nous ne demandons pas de Congrès à Lille.

BROT. — J'ajoute qu'aucune autre proposition n'ayant été faite à la Commission, si l'on s'oppose à ce qu'il ait lieu à Marseille, il faudrait au moins dire où l'on voudrait que se tienne le prochain Congrès. D'autre part, la Commission précise que, seul, le Conseil central fixera définitivement le lieu et la date du Congrès.

LE PRÉSIDENT. — La question est renvoyée au Conseil central.

BROT. — Conformément à l'article 9 des statuts de la Fédération nationale, la Commission des résolutions a dressé la liste des candidats au Conseil central pour le renouvellement du tiers sortant. Voici la liste arrêtée par la Commission:

1° Candidats présentés par les régions: région de Troyes: Benoist; région d'Amiens: Cozette; région de Dijon: Gaumont; région de Rouen: Lucas; région d'Albi: Passebosc; région de Paris: Peckstadt; région de Strasbourg: Rielh;

2° Candidats désignés directement par le Congrès: Garbado, Camin, Waseige.

De plus, la Commission vous propose de renouveler le mandat des membres sortants de la Commission de contrôle qui sont les camarades David, Droneau, Ducrocq, Isidore Lévy et Tutin.

LE PRÉSIDENT. — Je mets aux voix les propositions de la Commission... Pas d'observation? Les propositions sont adoptées et les camarades désignés par la Commission sont nommés membres du Conseil central pour trois ans, par le Congrès.

*Un Délégué.* — Je demande pour l'avenir le vote secret.

*Un autre Délégué.* — Qu'est devenue la proposition d'impression du discours de Sellier ?

BROT. — Elle a été retirée par ses auteurs devant la Commission.

*Le même Délégué.* — Nous la reprenons.

BROT. — Il y avait un délégué par région à la Commission de Résolutions, et aucun délégué n'a repris cette proposition. Vous n voudriez pas qu'à l'heure actuelle on réunisse une deuxième Commission avant de ramener cette proposition devant le Congrès.

*Le même Délégué.* — Il y a un moyen de transaction. Nous demandons que ce discours soit publié *in extenso* dans l'*Action Coopérative*.

Le Président. — Il sera publié dans le compte rendu.

Nous arrivons maintenant à l'étude de la création d'une Société coopérative nationale.

Poisson. — A ce sujet, j'ai une proposition à vous faire. J'estime qu'à l'heure qu'il est, il est impossible d'examiner sérieusement une question aussi importante que celle-là. Je demande donc que l'on dise simplement que la question reste à l'étude et qu'on laisse au Conseil central le soin de savoir si elle sera remise à l'ordre du jour d'un prochain Congrès, ou si elle sera renvoyée à l'Office technique pour examen plus approfondi.

*Un Délégué.* — Je demande au Président de demander au Congrès si oui ou non nous devons discuter la question ce soir.

Le Président met la question aux voix. La discussion est rejetée.

Le Président. — Le Magasin de Gros me prie de rappeler aux délégués que l'exposition de ses produits et les graphiques des Sociétés de développement sont installés jusqu'à dimanche midi dans le pavillon en face la gare de Perrache.

Il vous est rappelé aussi que l'Assemblée générale du Magasin de Gros se tient demain matin. Les portes ouvriront à huit heures du matin. Seront seuls admis les délégués mandatés par une Société actionnaire du Magasin de Gros. Ni la presse, ni le public ne pourront être admis, soit dans la salle, soit dans les tribunes.

Camarades, l'ordre du jour du 8e Congrès national est épuisé. Je constaterai que malgré les discussions qui ont eu lieu à cette tribune, la tenue du Congrès a été admirable et que nous avons fait un très bon travail. J'estime qu'il y a lieu en la circonstance de remercier la Fédération régionale de Lyon qui a organisé le Congrès national. Je crois être votre interprète à tous en la remerciant et en la félicitant de tout ce qu'elle a fait pour l'organisation de ce Congrès.

# Les Conférences spéciales

Ainsi que le comportait le programme du Congrès, des conférences spéciales ont eu lieu vendredi soir, après la clôture du Congrès. Dans la première, notre camarade Ramadier, conseil juridique de la F. N. C. C., a fourni aux délégués des renseignements sur la question de la revision des statuts en vue de les adapter aux lois actuelles. Dans la seconde — qui avait pour objet la question de l'éducation — successivement Lajoie, Alice Jouenne, Marcel Mauss, Cauvin, etc., ont montré la nécessité de l'organisation de comités d'éducation dans les Sociétés coopératives.

Le rapport qui avait été préparé sur cette question proposait à la conférence la résolution suivante:

1° *Les Sociétés sont invitées à former des Comités d'éducation;*

2° *Les Comités d'éducation s'organiseront le plus vite possible par rapport à des Comités régionaux d'éducation;*

3° *Ces Comités se mettront le plus rapidement possible en rapport avec le Comité d'éducation de la F. N. C. C.*

Sur la demande des délégués de la *Bellevilloise*, la conférence décida de préciser, à la suite du premier paragraphe, que les Comités seraient constitués « avec un budget spécial sous le contrôle des Sociétés » et, comme conclusion au débat, elle fit sien l'ordre du jour ci-après:

*La conférence adopte le rapport du Comité d'éducation et fait siennes ses résolutions.*

*Elle invite les Sociétés coopératives à organiser chacune leur Comités d'éducation.*

*Elle invite les régions à rapporter sur les résultats obtenus au Comité d'éducation régional.*

*Elle demande au Comité central de la F. N. C. C., — sur rapports fournis par le Comité d'éducation national, — de mettre la question de l'éducation à l'ordre du jour du prochain Congrès.*

Enfin, sur la proposition des délégués de la « Coopérative départementale de la Meuse » et de « l'Union coopérative lorientaise », le texte suivant fut également adopté:

*La conférence demande que la question du film social soit mise à l'étude immédiatement et que, pour le prochain Congrès, la F. N. C. C. ait réalisé au moins quelques films coopératifs.*

# ANNEXES

—

# RAPPORTS ET DOCUMENTS

# RAPPORT DU CONSEIL CENTRAL

## au Congrès de Lyon

Le Conseil central présente aux Sociétés coopératives adhérentes à la Fédération nationale son rapport sur le fonctionnement de la F. N. C. C. et des différents services. En raison de la modification apportée relativement à la date du Congrès national, ce rapport ne porte que sur un exercice relativement court, qui va de juin 1920 à fin janvier 1921; cependant il comprend, comme de coutume, une analyse de l'activité des différents organes fédéraux, ainsi que des renseignements sur la situation générale du Mouvement coopératif et sur la situation intérieure de la Fédération nationale.

Les Sociétés trouveront, ci-contre, l'ordre du jour du Congrès, ainsi que l'énumération des réceptions et fêtes organisées en l'honneur des congressistes par nos camarades coopérateurs de la Fédération de la région lyonnaise.

En annexe, le Conseil central donne les textes des rapports sur les questions qui figurent à l'ordre du jour du Congrès ou qui doivent faire l'objet des conférences spéciales prévues pour l'examen de deux questions, l'une d'ordre juridique, l'autre relative à l'éducation.

### Bureau permanent de la F. N. C. C.

A l'issue du Congrès de Strasbourg, dans sa réunion du 26 septembre 1920, le Conseil central, tenant compte de ce que, en raison des modifications apportées aux Statuts, il y avait lieu de ne procéder à la nomination définitive du Bureau permanent qu'au moment où il serait procédé à la réorganisation des services du M. D. G., avait maintenu les secrétaires Poisson, Daudé-Bancel et Camin en fonctions jusqu'au 31 décembre et chargé une Commission d'établir les lignes générales devant présider au fonctionnement du Secrétariat de la F. N. C. C. et du Comité administratif du M. D. G.

Sur rapport de cette Commission, le Conseil central, dans sa séance du 22 décembre, a décidé que le Bureau permanent, chargé d'assurer la marche courante des services fédéraux dans l'intervalle des réunions mensuelles du Conseil, serait, en outre, appelé à se réunir pour se prononcer au mieux des intérêts du Mouvement coopératif chaque fois qu'une question nécessiterait une décision avant la réunion du Conseil, sous la réserve que les procès-verbaux des réunions du Bureau seraient communiqués au Conseil central.

Le Bureau permanent a été ainsi composé : Charles Gide (chargé de présider les séances du Bureau), Poisson, Daudé-Bancel et Camin.

Les trois secrétaires sortants : Poisson, Daudé-Bancel et Camin, ont été désignés comme secrétaires de la F. N. C. C.

Une Commission du budget, composée de trois membres, doit être nommée chaque année, après le Congrès. Le Conseil central a désigné les camarades Gaillard, Gaston Lévy et Peckstadt pour l'exercice en cours.

En ce qui concerne l'examen de certaines questions qui peuvent intéresser à la fois le M. D. G. et la F. N. C. C., le Conseil central a décidé que :

« Lorsqu'il s'agira des questions suivantes : Organisation matérielle des Congrès, participation à des réunions internationales, réceptions de délégations françaises et étrangères, démarches et délégations auprès des pouvoirs publics ou auprès des grandes organisations patronales qui nécessitent l'accord des deux organismes, ie Bureau de la Fédération nationale et le Conseil administratif du Magasin de Gros se concerteront entre eux. Un procès-verbal des décisions prises dans les conditions ci-dessus sera soumis au Conseil central à sa plus prochaine séance. Le Secrétariat de la F. N. C. C. sera chargé des convocations, d'accord avec le M. D. G. »

C'est dans ces conditions que le Secrétariat et le Bureau permanent de la F. N. C. C. fonctionnent depuis le 1ᵉʳ janvier 1921.

### Conseil Central

Depuis le Congrès de Strasbourg, le Conseil central a tenu ses réunions mensuelles aux dates suivantes : 26 septembre, 24 octobre, 28 novembre, 26 décembre, 23 janvier et 27 février. Il se réunira les 27 mars et 24 avril.

Conformément aux décisions du Congrès de 1917, voici les absences des membres du Conseil central aux séances de septembre à février inclus :

Berland, 3; Cayol, 4; Cleuet, 1; Cozette, 1; Chègne, 1; Gide, 1; Chiousse, 2; Destombes, 1; Lamothe, 1; Lucas, 2; Passebosc, 2; Ponard, 1; Rebeyrol, 1; Riehl, 1; Svob, 3.

### Renouvellement du tiers du Conseil Central

Conformément à l'article 9 des Statuts de la F. N. C. C., le Conseil central est renouvelable par tiers chaque année.

Les membres sortants, désignés par voie de tirage au sort, sont les suivants :

1° Administrateurs présentés par les Fédérations régionales: Passebosc (région de Toulouse); Lucas (région de Rouen); Peckstadt (région de Paris); Cozette (région d'Amiens); Riehl (région de Strasbourg); Gaumont (région de Dijon); Benoist (région de Troyes).

2° Administrateurs désignés par le Congrès: Garbado, Camin, Waseige.

### Le Mouvement des Sociétés

Le nombre des Sociétés adhérentes à la Fédération nationale, au 28 février 1921, est de 2.198. Il était, au 30 juin 1920, de 2.163, soit une différence en plus de 35. Il y a lieu de tenir compte qu'au cours de la même période 67 Sociétés ont disparu ou ont été dissoutes et que 56 ont réalisé la fusion avec des Sociétés adhérentes.

Ce mouvement se répartit ainsi par Fédération régionale :

|  | Nombre de Sociétés au 28/2/21 | Sociétés fusionnnées | Sociétés dissoutes ou disparues |
|---|---|---|---|
| Albi | 158 | » | 6 |
| Algérie | 20 | » | 1 |
| Amiens | 32 | 1 | 1 |
| Bordeaux | 161 | 2 | » |
| Bourges | 95 | » | 1 |
| Cameroun | 1 | » | » |
| Constantine | 13 | » | 2 |
| Corse | 16 | » | » |
| Dijon-Besançon | 148 | » | 2 |
| Grèce | 1 | » | » |
| Grenoble | 99 | 1 | 2 |
| Lille | 134 | 2 | 5 |
| Limoges | 123 | 3 | 6 |
| Lyon | 200 | 2 | 1 |
| Madagascar | 1 | » | » |
| Maroc | 9 | » | » |
| Marseille | 170 | 3 | 6 |
| Martinique | 1 | » | » |
| Nancy | 195 | 2 | » |
| Nantes | 93 | 7 | 2 |
| Nouvelle Calédonie | 1 | » | » |
| Oranie | 21 | » | 2 |
| Paris | 163 | 22 | 19 |
| Roanne | 154 | » | 4 |
| Rouen | 67 | 7 | 6 |
| Strasbourg | 28 | » | » |
| Tonkin | 1 | » | » |
| Troyes | 86 | 4 | 1 |
| Tunisie | 7 | » | » |
| Totaux | 2.198 | 56 | 67 |

## Cotisations

Toutes les cotisations des Sociétés adhérentes à la F. N. C. C. pour 1920 (chiffre d'affaires 1919) ne sont pas encore perçues. Au 28 février, le nombre des Sociétés n'ayant pas encore acquitté le montant de leurs cotisations était de 597, se répartissant ainsi :

| Fédérations | Nombre total des Sociétés adhérentes | Nombre de Sociétés n'ayant pas payé leur cotisation |
|---|---|---|
| Albi | 158 | 9 |
| Algérie | 20 | 12 |
| Amiens | 32 | 1 |
| Bordeaux | 161 | 62 |
| Bourges | 95 | 16 |
| Cameroun | 1 | » |
| Constantine | 13 | 6 |
| Corse | 16 | 6 |

| Fédérations | Nombre total des Sociétés adhérentes | Nombre de Sociétés n'ayant pas payé leur cotisation |
| --- | --- | --- |
| Dijon-Besançon | 148 | 40 |
| Grèce | 1 | 1 |
| Grenoble | 99 | 36 |
| Lille | 134 | 27 |
| Limoges | 123 | 18 |
| Lyon | 200 | 41 |
| Madagascar | 1 | » |
| Maroc | 9 | 8 |
| Marseille | 170 | 59 |
| Martinique | 1 | 1 |
| Nancy | 195 | 87 |
| Nantes | 93 | 10 |
| Nouvelle-Calédonie | 1 | 1 |
| Oranie | 21 | 13 |
| Paris | 163 | 67 |
| Roanne | 154 | 46 |
| Rouen | 67 | 6 |
| Strasbourg | 28 | 10 |
| Tonkin | 1 | 1 |
| Troyes | 86 | 9 |
| Tunisie | 7 | 4 |

S'il y a lieu de tenir compte qu'un certain nombre de cotisations ont été, depuis, versées aux Fédérations régionales, il n'en reste pas moins vrai qu'un nombre relativement important de Sociétés négligent de se mettre en règle avec la F. N. C. C., et qu'il en résulte de très sérieux inconvénients.

## Fédérations régionales

Les Fédérations régionales, qui n'étaient pas encore toutes constituées lors du Congrès de Strasbourg, sont maintenant toutes délimitées dans les conditions qui ont été communiquées au dernier Congrès.

Nous donnons ci-dessous le Siège de chaque Fédération, avec le nom et l'adresse des secrétaires fédéraux :

*Région d'Albi.* — PASSEBOSC, rue Ferrer, Albi (Tarn).

*Région d'Amiens.* — COZETTE, à l'*Union*, 10, place Saint-Michel, Amiens (Somme).

*Région de Bordeaux.* — REBEYROL, 231, cours de l'Argonne, Bordeaux (Gironde).

*Région de Bourges.* — MARTIN, 8, place Malus, Bourges (Cher).

*Région de Dijon-Besançon.* — SILVESTRE, à l'*Union des Coopérateurs*, place Président-Wilson, Dijon (Côte-d'Or).

*Région de Grenoble.* — CHIOUSSE, 9, rue du Colonel-Denfert-Rochereau, Grenoble (Isère).

*Région de Lille.* — MULLIER, 147, rue d'Arras, Lille (Nord).

*Région de Limoges.* — ROUMAJON, 63, rue François-Chénieux, Limoges (Haute-Vienne).

*Région de Lyon.* — Elie WILKS, 341, avenue Jean-Jaurès, Lyon (Rhône).

*Région de Marseille.* — CAYOL, 25, boulevard Oddo, Marseille (Bouches-du-Rhône).

*Région de Nancy.* — BROT, secrétaire général, *Union des Coopérateurs de Lorraine*, 32, faubourg Stanislas, Nancy (Meurthe-et-Moselle).

*Région de Nantes.* — SVOB, 25, boulevard Victor-Hugo, Nantes (Loire-Inférieure).

*Région de Paris.* — FAUCONNET, 13, rue de l'Entrepôt, Paris (Seine).

*Région de Roanne.* — JOUHANNET, 36, rue de Clermont, Roanne (Loire).

*Région de Rouen.* — LUCAS, *La Solidarité Sottevillaise*, 171, rue de la République, Sotteville-les-Rouen (Seine-Inférieure).

*Région de Troyes.* — LAGRANGE, 12, boulevard Victor-Hugo, Troyes (Aube).

*Région de Strasbourg.* — RIEHL, Port-du-Rhin, rue des Chantiers, Strasbourg (Bas-Rhin).

*Région de Constantine.* — GUÉDON, *Union des Constructeurs Constantinois*, Constantine.

*Région d'Alger.* — ARNASSAN, 19, avenue Pasteur, Alger (Algérie).

*Région d'Oran.* — NADEAU, 1, rue Gambetta, Sidi-Bel-Abbès (Oran).

*Région de Corse.* — AGOSTINI, 6, rue Nouvelle-Gendarmerie, Ajaccio (Corse).

*Région du Maroc.* — FAVROT, *Coopérative française*, Casablanca.

## Les Sociétés de développement

Ainsi que nous l'avons fait présédemment, nous donnons ci-après la liste des Sociétés de développement, avec l'indication comparée pour 1920 et 1921 : 1° du nombre de magasins de vente; 2° du nombre de sociétaires; 3° du capital souscrit; 4° du capital versé; 5° du chiffre d'affaires.

Ces chiffres marquent la constante progression de nos Sociétés; bien que ne portant que sur les 46 Coopératives de développement, ils peuvent être une utile indication relativement à l'ensemble du mouvement.

| DÉPARTEMENTS, LOCALITÉS SOCIÉTÉS | 1919 (année entière) | | | | | 1920 (1er semestre) | | | 1920 (2e sem.) | 1920 (année entière) | | | | |
|---|---|---|---|---|---|---|---|---|---|---|---|---|---|---|
| | Maga-sins | Sociétaires | CAPITAL souscrit | CAPITAL versé | CHIFFRES d'affaires | Maga-sins | Sociétaires | CHIFFRES d'affaires | CHIFFRES d'affaires | Maga-sins | Sociétaires | CAPITAL souscrit | CAPITAL versé | CHIFFRES d'affaires |
| **AISNE** | | | | | | | | | | | | | | |
| Espérance régionale, Château-Thierry | 20 | 4.400 | » | 200.724 | 4.646.06 | 24 | 5.050 | 3 666.982 | 4.415.489 | 25 | 5.435 | » | 396.406 | 8.082.471 |
| Union des Coopérateurs du Laonnais, Laon | 4 | 1.814 | » | 62.317 | 1.070.3 | 4 | 2.053 | 1.086.070 | 1.203.725 | 5 | 2.202 | 117.750 | 100.315 | 2.289.801 |
| Union Coopérative régionale, Villers-Cotterets | 17 | 1.100 | 97.950 | 37.748 | 1.420.7 | 21 | 1.542 | 1.404.300 | 1.621.509 | 23 | 1.680 | 84.000 | 69.413 | 3.025.809 |
| Union des Coopérateurs du Nord de l'Aisne, Saint-Quentin | 2 | » | 82.500 | 56.759 | 152.3 | 2 | » | 469.300 | 623.008 | 2 | 3.300 | 82.500 | 56.759 | 1.092.308 |
| **ARDENNES** | | | | | | | | | | | | | | |
| Union des Coopératives des Ardennes, Charleville | 28 | 1.941 | 194.400 | 173.800 | 2.161.7 | 30 | 2.500 | 2.246.899 | 2.251.036 | 31 | 2.746 | 282.900 | 234.785 | 4.497.925 |
| **AUBE** | | | | | | | | | | | | | | |
| Union des Coopérateurs de l'Aube, Troyes | » | » | » | » | » | » | 983 | 429.079 | 521.820 | 7 | 1.650 | 98.090 | 63.243 | 950.899 |
| **BOUCHES-DU-RHÔNE** | | | | | | | | | | | | | | |
| La Butineuse, Marseille | » | » | 322.200 | 175.157 | 2.811.2 | » | » | 2.187.921 30 | 2.854.906 70 | 12 | 3.141 | 314.100 | 187.162 | 5.042.828 |
| **CHARENTE-INFÉRIEURE** | | | | | | | | | | | | | | |
| Union des Coopérateurs, La Rochelle | 9 | 2.500 | 240.000 | 90.000 | 1.589.5 | 8 | 2.500 | 985.656 | 951.099 | 8 | 2.470 | 247.000 | 102.000 | 1.936.755 |
| **CREUSE** | | | | | | | | | | | | | | |
| Union des Coopérateurs de la Creuse, Guéret | 25 | 4.141 | 680.600 | 647.505 | 2.555.3 | 34 | 5.358 | 2.135.027 | 2.217.751 | 34 | 5.782 | 977.700 | 959.704 | 4.352.778 |
| **DRÔME** | | | | | | | | | | | | | | |
| L'Universelle, Valence | 14 | 10.000 | » | 710.775 | 2.000.00 | 15 | 9.500 | 1.959.000 | 2.170.000 | 17 | 9.380 | » | 837.200 | 4.129.000 |
| **GIRONDE** | | | | | | | | | | | | | | |
| Union Coopérative du Sud-Ouest, Bordeaux | 37 | 4.393 | 292.000 | 210.525 | 3.361.1 | 46 | 5.926 | 3.000.000 | 6.645.841 | 51 | 6.680 | 668.000 | 451.061 | 9.645.841 |

| DÉPARTEMENTS, LOCALITÉS SOCIÉTÉS | 1919 (année entière) | | | | | 1920 (1er semestre) | | | 1920 (2e sem.) | 1920 (année entière) | | | | |
|---|---|---|---|---|---|---|---|---|---|---|---|---|---|---|
| | Magasins | Sociétaires | CAPITAL souscrit | CAPITAL versé | CHIFFRES d'affaires | Magasins | Sociétaires | CHIFFRES d'affaires | CHIFFRES d'affaires | Magasins | Sociétaires | CAPITAL souscrit | CAPITAL versé | CHIFFRES d'affaires |
| **ILLE-ET-VILAINE** | | | | | | | | | | | | | | |
| *L'Alliance des Travailleurs Fougerais*, Fougères ... | 2 | 930 | 106.600 | 59.547 | 974.900 | 5 | 1.000 | 760.000 | 808.655 | 6 | 1.350 | 135.000 | 109.448 | 1.568.655 |
| **ISÈRE** | | | | | | | | | | | | | | |
| *La Ménagère*, Grenoble ... | 5 | 7.421 | 201.250 | 197.450 | 2.943.456 | 5 | 7.185 | 1.497.990 | 1.410.269 | 5 | 6.834 | 214.250 | 210.200 | 2.908.259 |
| **LANDES** | | | | | | | | | | | | | | |
| *Société Coopérative Landaise*, Mont-de-Marsan.. | 15 | 3.753 | 319.016 | 319.016 | 1.807.071 | 18 | 7.500 | 2.300.000 | 4.013.400 | 34 | 10.100 | 1.010.000 | 550.000 | 6.3130400 |
| **LOIRE** | | | | | | | | | | | | | | |
| *La Solidarité*, Roanne..... | » | » | 465.832 | 378.775 | | 20 | 4.956 | 2.400.232 | 3.099.085 | 27 | 5.554 | 630.706 | 520.724 | 5.499.317 |
| **LOIRE-INFÉRIEURE** | | | | | | | | | | | | | | |
| *Union des Coopérateurs de la Loire-Infér.*, Nantes.. | 45 | 3.840 | 481.200 | 216.403 | 6.500.000 | 50 | 6.012 | 3.630.353 | 4.156.693 | 60 | 6.701 | 701.600 | 579.704 | 7.787.047 |
| **MAINE-ET-LOIRE** | | | | | | | | | | | | | | |
| *Union des Coopérateurs de l'Anjou*, Angers ........ | » | » | 32.400 | 18.580 | 900.000 | 10 | 2.400 | 1.035.580 | 1.000.000 | 11 | 1.270 | 51.600 | 35.083 | 2.035.580 |
| **MARNE** | | | | | | | | | | | | | | |
| *Union des Coopérateurs de la Marne*, Ay-Champagne | 40 | 7.093 | 1.016.150 | 817.024 | 2.482.000 | 40 | 8.000 | 4.200.000 | 3.894.491 | 50 | 7.073 | 1.181.300 | 934.219 | 8.094.491 |
| **MEURTHE-ET-MOSELLE** | | | | | | | | | | | | | | |
| *Union des Coopérateurs de Lorraine*, Nancy ....... | 20 | 2.846 | 377.000 | 315.243 | 322.050 | 31 | 5.174 | 2.103.710 | 3.291.462 | 41 | 6.504 | 936.700 | 828.348 | 5.295.172 |
| **MEUSE** | | | | | | | | | | | | | | |
| *Coopérative départementale de la Meuse*, Bar-le-Duc ............... | 135 | 10.539 | 1.354.900 | 905.684 | 21.242.235 | 147 | 15.526 | 20.061.122 | 20.173.551 | 150 | 17.809 | 2.514.700 | 2.010.330 | 40.234.673 |
| **MORBIHAN** | | | | | | | | | | | | | | |
| *Union Coopérative Lorientaise*, Lorient ......... | 35 | 5.200 | 525.000 | 256.969 | 3.225.955 | 48 | 7.100 | 2.780.000 | 3.801.369 | 49 | 7.500 | 750.000 | 433.520 | 6.581.369 |

| DÉPARTEMENTS, LOCALITÉS SOCIÉTÉS | 1919 (année entière) Magasins | 1919 Sociétaires | 1919 CAPITAL souscrit | 1919 CAPITAL versé | 1919 CHIFFRES d'affaires | 1920 (1er semestre) Magasins | 1920 (1er sem.) Sociétaires | 1920 (1er sem.) CHIFFRES d'affaires | 1920 (2e sem.) CHIFFRES d'affaires | 1920 (année entière) Magasins | 1920 (a.e.) Sociétaires | 1920 (a.e.) CAPITAL souscrit | 1920 (a.e.) CAPITAL versé | 1920 (a.e.) CHIFFRES d'affaires |
|---|---|---|---|---|---|---|---|---|---|---|---|---|---|---|
| **MOSELLE** | | | | | | | | | | | | | | |
| Union des Coopérateurs de Metz et de la Région, Metz | 12 | 3.035 | 303.500 | 77.417 | 515.41 | 24 | 3.625 | 1,604 064 | 2.498.357 | 37 | 4.360 | 436.000 | 132.825 | 4.102.421 |
| **NORD** | | | | | | | | | | | | | | |
| Union des Coopérateurs du Cambrésis, Caudry | » | » | » | » | » | 8 | 2.655 | 1.267.485 | 2.042.620 | 18 | 5.966 | 598.900 | 445.881 | 3.310.105 |
| Union des Coopérateurs des arrondissements de Denain et Valenciennes, Denain | 11 | 2.000 | 161.800 | 138.074 | 500.000 | 13 | 2.250 | 956.950 | 1.648.839 | 14 | 2.884 | 288.400 | 238.685 | 2.605.789 |
| Union des Coopérateurs de l'arrondissement de Douai, Sin-le-Noble | 27 | 7.100 | 710.000 | 512.265 | 4.649.825 | 37 | 9.054 | 4.855.190 | 6.145.000 | 40 | » | 1.077.700 | 778.420 | 11.000.190 |
| Union des Coopérateurs de la Selle et de la Sambre, Solesmes | 6 | 700 | » | » | 438.109 | 14 | 1.602 | 571.843 | 1.512.618 | 16 | 1.921 | 435.300 | 198.872 | 2.084.461 |
| **OISE** | | | | | | | | | | | | | | |
| Coopérative du Beauvaisis, Beauvais | 8 | 3.311 | 241.250 | 224.625 | 2.605.356 | 8 | 3.657 | 2.181.417 | 2.554.430 | 12 | 5.202 | 370.250 | 345.387 | 4.735.847 |
| **ORNE** | | | | | | | | | | | | | | |
| Coopérative régionale de l'Orne, Alençon | 10 | 5.554 | 730.886 | 636.551 | 890.374 | 15 | 7.183 | 2.000.962 | 2.864.187 | 23 | 8.472 | » | 930.569 | 4.865.149 |
| **PAS-DE-CALAIS** | | | | | | | | | | | | | | |
| Union des Coopératives du Pas-de-Calais, Calonne-Ricouart | 80 | 17.000 | 1.700.000 | 1.099.060 | 18.000.000 | 100 | 18.754 | 9.013.058 | 8.219.333 | 103 | 19.238 | 1.923.800 | 1.775.534 | 17.232.391 |
| **PYRÉNÉES (Basses-)** | | | | | | | | | | | | | | |
| Union des Coopérateurs de l'Adour, Bayonne | 13 | 3.518 | 104.775 | 104.765 | 2.359.119 | 13 | 3.650 | 1.078.360 | 1.339.926 | 14 | 4.035 | 124.025 | 124.003 | 2.418.280 |
| **RHIN (Bas-)** | | | | | | | | | | | | | | |
| Société Coopérative de Strasbourg et environs, Strasbourg | 34 | 25.401 | 937.500 | 455.227 | 10.232.778 | 42 | 31.500 | 8.598.000 | 11.302.100 | 51 | 36.000 | 1.230.000 | 533.982 | 19.900*100 |

| DÉPARTEMENTS, LOCALITÉS SOCIÉTÉS | 1919 (année entière) Magasins | Sociétaires | CAPITAL souscrit | CAPITAL versé | CHIFFRES d'affaires | 1920 (1er semestre) Magasins | Sociétaires | CHIFFRES d'affaires | 1920 (2e sem.) CHIFFRES d'affaires | 1920 (année entière) Magasins | Sociétaires | CAPITAL souscrit | CAPITAL versé | CHIFFRES d'affaires |
|---|---|---|---|---|---|---|---|---|---|---|---|---|---|---|
| **RHIN (Haut-)** | | | | | | | | | | | | | | |
| *Société Coopérative de Colmar et environs*, Colmar. | 7 | 2.334 | » | » | 1.099.000 | 10 | 3.000 | 908.650 | 1.395.730 | 11 | 3.000 | » | » | 2.304.380 |
| *Société Coopérative de Mulhouse et environs*, Mulhouse | 27 | 14.278 | 235.931 | 60.678 | 4.456.173 | 31 | 18.160 | 4.964.300 | 5.927.932 | 32 | 18.191 | 549.211 | 69.813 | 10.892.232 |
| **RHÔNE** | | | | | | | | | | | | | | |
| *L'Avenir régional*, Lyon... | 81 | 10.869 | 1.086.700 | 618.265 | 8.070.390 | 94 | 13.747 | 6.716.765 | 9.700.000 | 105 | 17.500 | 1.684.100 | 1.227.176 | 16.416.765 |
| **SAÔNE-ET-LOIRE** | | | | | | | | | | | | | | |
| *Union des Consommateurs*, Montceau-les-Mines ... | » | » | 5.450 | 5.250 | 109.548 | 1 | 150 | 139.970 | 275.456 | 4 | 298 | 18.900 | 17.060 | 415.426 |
| **SAVOIE** | | | | | | | | | | | | | | |
| *La Fraternelle de Chambéry* ... | 15 | 1.599 | 188.985 | 154.043 | 816.740 | 20 | 3.680 | 989.972 | 1.270.801 | 24 | 4.260 | 426.000 | 399.264 | 2.260.773 |
| **SEINE** | | | | | | | | | | | | | | |
| *Union des Coopérateurs*, Paris ... | 282 | 57.587 | 4.103.800 | 1.544.446 | 71.375.292 | 307 | 59.291 | 43.943.927 | 44.637.076 | 344 | 64.277 | 7.408.300 | 3.717.108 | 88.581.003 |
| *Union des Coopérateurs de la Banlieue Nord*, Saint-Denis ... | 48 | 7.000 | 675.000 | 269.827 | 12.000.000 | 52 | 7.500 | 7.070.000 | 8.281.187 | 66 | 9.150 | 915.000 | 458.798 | 15.351.187 |
| **SEINE-INFÉRIEURE** | | | | | | | | | | | | | | |
| *Union des Coopérateurs du Havre et de la Région*, Le Havre ... | 14 | 3.000 | 320.000 | 133.577 | 1.577.000 | 16 | 3.265 | 1.045.286 | 2.106.000 | 19 | 3.713 | 429.400 | 247.510 | 3.151.286 |
| *La Solidarité Sottevillaise*, Sotteville-les-Rouen ... | 30 | 6.056 | 518.000 | » | 6.500.000 | 40 | 17.444 | 4.900.000 | 5.403.565 | 42 | 18.618 | 625.000 | » | 10.303.565 |
| **SEINE-ET-MARNE** | | | | | | | | | | | | | | |
| *Union des Coopérateurs de la Brie et du Gâtinais*, Melun ... | 24 | 3.200 | 242.500 | 172.000 | 2.025.000 | 25 | 3.700 | 3.000.000 | 2.062.330 | 26 | 4.000 | 450.000 | 375.000 | 5.062.330 |

| DÉPARTEMENTS, LOCALITÉS SOCIÉTÉS | 1918 (année entière) | | | | | 1920 (1er semestre) | | | 1920 (2e sem.) | 1920 (année entière) | | | | |
|---|---|---|---|---|---|---|---|---|---|---|---|---|---|---|
| | Magasins | Sociétaires | CAPITAL souscrit | CAPITAL versé | CHIFFRES d'affaires | Magasins | Sociétaires | CHIFFRES d'affaires | CHIFFRES d'affaires | Magasins | Sociétaires | CAPITAL souscrit | CAPITAL versé | CHIFFRES d'affaires |
| **SEINE-ET-OISE** | | | | | | | | | | | | | | |
| *Union des Consommateurs de la Banlieue Sud*, Villeneuve-St-Georges .... | 15 | 1.661 | 220.800 | 126.129 | 4.192.868 | 20 | 2.420 | 1.654.823 | 1.675.591 | 20 | 2.572 | 594.300 | 339.123 | 3.330.414 |
| **SOMME** | | | | | | | | | | | | | | |
| *La Vie pour Tous*, Abbeville ................. | 4 | 3.006 | 133.350 | 129.984 | - 792.412 | 6 | 3.320 | 525.757 | 695.083 | 6 | 3.546 | 169.275 | 166.537 | 1.220.840 |
| *L'Union*, Amiens ........ | 35 | 14.000 | 898.700 | 453.659 | 10.948.989 | 45 | 22.681 | 12.319.603 | 15.629.391 | 59 | 25.700 | 1.285.000 | 897.721 | 27.948.994 |
| **VIENNE (Haute-)** | | | | | | | | | | | | | | |
| *L'Avenir du Centre-Ouest*, Limoges .............. | 17 | 4.000 | 581.800 | 531.610 | 986.213 | 40 | 6.266 | 1.329.189 | 1.771.810 | 52 | 7.500 | 910.000 | 768.015 | 3.100.999 |
| *L'Union syndicale ouvrière*, Saint-Junien ......... | 8 | 1.500 | 158.300 | 96.181 | 1.558.582 | 10 | 1.500 | 1.200.000 | 3.215.109 | 12 | 1.982 | 198.200 | 149.283 | 4.415.109 |

Nous aurions voulu donner également ici les mêmes renseignements sur un certain nombre de grosses Sociétés coopératives qui, pour n'être point désignées comme Sociétés de fusion, n'en jouent pas moins un rôle particulièrement important, mais cela ne nous a pas été possible. Un exemple permettra cependant de marquer aussi l'influence grandissante de ces dernières Sociétés et nous le trouvons dans les chiffres ci-après qui concernent *La Bellevilloise*, à Paris:



| | 1919 | 1920 |
|---|---|---|
| Magasins ............... | 26 | 34 |
| Sociétaires ............ | 14.311 | 15.154 |
| Capital souscrit ...... | 1.431.100 | 1.515.400 |
| Capital versé .......... | 676.408 | 812.038 |
| Chiffres d'affaires .... | 15.531.910 | 20.108.609 |

Cet exemple pourrait être multiplié, mais c'est seulement lorsque nous aurons terminé l'enquête statistique, actuellement en voie, qu'il sera possible de donner des chiffres d'ensemble.

## Librairie

Le service de librairie a assuré la vente du compte rendu du Congrès de Strasbourg. Le tirage s'est élevé à 1.700 exemplaires, et il n'est pas épuisé; les Sociétés semblent trop se désintéresser des comptes rendus de Congrès et il serait à souhaiter que toutes s'efforcent d'en avoir au moins un exemplaire.

Un agenda de poche a été édité pour l'année 1921; 27 Sociétés nous ont adressé leurs commandes pour un chiffre total de 128.000 agendas. Rappelons que l'année précédente 18 Sociétés nous en avaient commandé 61.500 exemplaires.

L'Ecole coopérative a fait paraître une nouvelle brochure : *Les Economats patronaux devant la loi*, par Paul Ramadier, dont nous avons le dépôt, comme du reste celui des autres brochures de la même série.

Nous avons continué à fournir aux Sociétés et groupements divers des listes de livres pour la constitution de bibliothèques et nous avons ainsi reçu quelques commandes importantes.

## Statistique

Il ne nous a pas été possible de dresser cette année une statistique des Sociétés coopératives de consommation.

D'une part, aucune enquête n'a été faite par le Ministère du Travail, et, de l'autre, au questionnaire adressé aux Sociétés adhérentes, 500 réponses seulement nous parvinrent.

Cette année, le Ministre a décidé de reprendre son enquête statistique et de la poursuivre chaque année. Nous nous sommes entendus en ce qui concerne certains points du questionnaire. L'enquête a commencé dans le courant de février, et nous en utiliserons les résultats. De son côté, la Fédération nationale mènera son enquête auprès de ses Sociétés et des Fédérations régionales, ce qui permettra de compléter et de rectifier les listes officielles.

Nous espérons que toutes nos Sociétés tiendront à adresser à la Fédération nationale les renseignements qui leur seraient demandés, car elles peuvent nous aider grandement dans ce travail long et difficile par la rapidité et la précision de leurs réponses.

## Journal " L'Action Coopérative "

En septembre dernier, nous laissions prévoir que le budget de *l'Action Coopérative* se solderait par un déficit que nous estimions à environ 6.000 francs. En fait, il n'a été que de 2.970 francs. En raison de la diminution du prix du papier qui, pensons-nous, ne manquera pas d'aller en s'accentuant, nous espérons que le budget de 1921 pourra s'équilibrer facilement.

Le tirage actuel du journal est de 63.000 exemplaires, dont 51.000 pour les éditions spéciales et 12.000 pour l'édition générale.

Il y a lieu de remarquer que le tirage de notre édition générale est peu élevé. Si on tient compte de ce que la F. N. C. C. assure d'office un service gratuit à chaque Société adhérente et que, d'autre part, un certain nombre de journaux sont envoyés à titre d'échange, aux organisations coopératives étrangères, il apparaît que le nombre d'abonnés est relativement peu important. Or, le Mouvement coopératif français se doit de faire vivre son organe, de le développer et d'en faire un journal d'études et d'informations permettant aux coopérateurs militants d'être tenus au courant de la vie coopérative nationale et internationale. Pour atteindre ce but, il y a sans doute beaucoup à faire du point de vue de la rédaction même de l'*Action Coopérative*, mais le perfectionnement à réaliser dans cet ordre d'idées est lié aux ressources dont dispose la Fédération pour son journal. Il est donc particulièrement désirable qu'un effort soit fait en vue de recueillir des abonnements plus nombreux pour qu'on puisse envisager les améliorations nécessaires. Un certain nombre de Sociétés ont abonné tous leurs administrateurs; c'est là un exemple qui pourrait être suivi très utilement.

### Renseignements administratifs et commerciaux

Pendant la courte période écoulée entre le Congrès de Strasbourg et celui de Lyon, le travail de la Commission a été assez réduit. Beaucoup de sociétés, aujourd'hui bien organisées, puissantes, possèdent des services techniques expérimentés. Cependant, elle a eu à répondre à nombre de lettres dont la plupart concernaient les moyens de contrôle à établir; les systèmes employés pour tenir le compte achat des sociétaires et la délicate question des conditions de travail et des salaires des gérants.

Nous rappelons que nous serons toujours grandement intéressés quand nous recevrons des sociétés des documents nous indiquant leurs systèmes divers, contrôle d'entrée et de sortie de marchandises, etc.

### Service juridique

Le dernier rapport sur le service juridique arrêté au 15 août 1920 indique qu'avant cette date le service juridique avait à répondre à 634 demandes de consultations. Du 15 août au 31 décembre, l'activité du service a été plus grande encore. Le nombre des consultations s'est élevé à 948. Du 1er janvier au 15 février 1921, il a été de 124, soit au total en six mois, 1.072.

C'est l'application de la loi sur le chiffre d'affaires qui a entraîné cette recrudescence d'activité. La moitié au moins des lettres reçues se référait aux difficultés nées entre les sociétés et le fisc. Les autres demandes de renseignements se référaient à des modifications statuaires. Le nombre des lettres relatives à des différends commerciaux proprement dits est resté infime.

Une notice pour la constitution des sociétés coopératives a été préparée et paraîtra incessamment à la librairie de la Fédération. Une étude sur l'adaptation des statuts aux lois récentes est soumise au Congrès de Lyon et fera l'objet d'une séance technique spéciale. Enfin la chronique juridique de l'*Action Coopérative* a indiqué aux coopérateurs les principales formalités à remplir pour tenir une assemblée générale et étudé la liquidation du moratorium dans les régions libérées.

### Propagande coopérative

De plus en plus, la nécessité se fait sentir d'intensifier la propagande coopérative; car, au fur et à mesure que le mouvement coopératif grandit, que sa concurrence oblige les commerçants à réfréner leurs appétits, cette concurrence excite les commerçants et leurs amis contre le mouvement et, par tous les moyens, ils tâchent de réagir contre la coopération qu'ils détestent; parce qu'elle réduit leurs profits et aussi parce qu'elle procède d'un principe nouveau en matière de répartition.

Or, ne l'oublions pas, si, depuis la guerre, le mouvement coopératif a pris de l'extension, c'est surtout parce que les consommateurs ont été obligés de le considérer comme une bouée de sauvetage devant les vagues de hausse successives dont les commerçants menaçaient de les submerger. Pendant que les coopératives remplissaient leur rôle de régularisateur des prix, les consommateurs chantaient à l'envie les mérites de la coopération. Mais depuis, beaucoup de coopérants, insuffisamment éduqués, en viennent à déclarer froidement que les coopératives sont inutiles « puisqu'elles ne vendent pas meilleur marché que les commerçants ». Ils oublient tout simplement que c'est seulement parce que les coopératives ont été créées, que les commerçants ont été obligés de vendre au même prix qu'elles. Ils oublient encore les fonds de réserve, de développement et les œuvres de solidarité sociale, et même les trop-perçus qui sont pourtant au nombre des attraits de nos coopératives.

Il faut donc faire de plus en plus de propagande pour transformer ces consommateurs en coopérateurs déterminés, fidèles et dévoués à l'idéal coopératif. Mais, pour amener les futurs coopérateurs à la compréhension des idées coopératistes, faut-il encore pouvoir les joindre. C'est aux cercles, aux groupements de solidarité, aux groupements de propagande de les réunir par tous les moyens possibles à leur disposition.

Et non seulement nous devons conserver parmi nous les consommateurs adultes et âgés, mais nous devons aussi attirer et gagner à nos idées les enfants. Les diverses institutions en faveur de la jeunesse sont recommandables. Mais nous avons vu employer avec un réel succès un procédé grâce auquel on attire à soi des auditoires nombreux et sympathiques.

Au lieu de convoquer simplement les coopérateurs par les sociétés désireuses de faire de la propagande, on fait connaître à la population *tout entière* que la société organise une conférence publique, gratuite et contradictoire; mais on ajoute que les femmes et les enfants, *même non sociétaires*, qui assisteront à la conférence, recevront un billet gratuit de tombola qui sera tirée à la fin de la séance. Les femmes et les enfants entraînent les hommes à la réunion. On crée à l'idée coopérative un public sympathique et, pour peu que la coopérative distribue des bonbons aux femmes et aux enfants non favorisés par le sort, la coopérative locale en sort grandie en sympathie agissante.

Ceci n'est d'ailleurs qu'une des formes multiples de la propagande pratique. Elle doit être multiforme et s'adapter aux besoins et aux possibilités des régions et des localités.

Si les sociétés autonomes ont un besoin urgent de propagande, les coopératives régionales à succursales en ont encore plus besoin; car, plus leur succès matériel est brillant, et il l'est heureusement, plus ce succès matériel leur crée de grandes obligations, au point de vue intellectuel et moral, sous peine de déchéance.

Plus elles seront fortes économiquement plus elles comprendront la nécessité de la propagande; plus elles auront les éléments matériels et moraux de la faire, et plus elles la feront.

Malheureusement, les décisions des congrès apparaissent, aux yeux de certains coopérateurs, comme lettre morte. Il y a encore trop de régions en France qui ne sont pas, effectivement, gagnées à l'idée des coopératives régionales à succursales. C'est une des tâches les plus importantes de F. N. C. C. d'entraîner le mouvement vers la concentration de ses forces.

Pour aboutir, les congrès régionaux, les conseils d'administration et les assemblées générales des coopératives autonomes sont et doivent être systématiquement saisis de la question.

Depuis le Congrès de Strasbourg, la F. N. C. C. a continué son action propagandiste en ce sens. Elle a notamment agi en Meurthe-et-Moselle, en Haute-Marne, dans les Vosges, dans la Marne, dans le Nord, le Pas-de-Calais, l'Orne les Ardennes la Meuse la Seine-Inférieure, la Moselle, le Doubs, le territoire de Belfort, le Gard, l'Aveyron, la Seine-et-Marne, Seine-et-Oise, la Seine, l'Oise, la Somme, la Côte-d'Or, le Var, les Bouches-du-Rhône, le Vaucluse, la Drôme et l'Ardèche.

Mais cet effort si considérable soit-il, n'est rien à côté de celui qu'il faudrait donner. C'est aux militants de toutes les coopératives, de toutes les régions, de l'encourager et de le seconder.

### Chaire au Collège de France

Contrairement à l'espoir que nous formulions en septembre dernier, il n'a pas été possible d'obtenir l'ouverture des cours en décembre dernier. Malgré de multiples démarches, la chaire qui a été créée par un décret ministériel en date du 3 décembre (*Journal Officiel du 8 décembre* 1920), est restée jusqu'à ce jour sans professeur. Nous pensons que cette situation ne se prolongera plus longtemps mais nous aurons cependant perdu une année scolaire.

En ce qui concerne les ressources dont dispose l'Association pour l'enseignement de la Coopération, celles-ci n'ont pas sensiblement augmenté depuis notre dernier rapport. Le montant des souscriptions est à ce jour de 17.849 francs, souscrit par cent Sociétés coopératives.

Il y a lieu de noter que les deux annuités versées au Trésor et représentant une somme de quarante trois mille francs ont fait l'objet d'un prêt du Magasin de Gros à l'Association pour l'enseignement de la Coopération.

### Les Coopératives des Régions libérées

Si la réorganisation commerciale des Sociétés coopératives des régions libérées est d'ores et déjà accomplie, ces sociétés ont encore beaucoup à faire pour obtenir la récupération de leurs dommages de guerre et pour utiliser au maximum le bénéfice des dispositions législatives votées à cet effet.

Il a donc semblé nécessaire à la Fédération nationale de convoquer toutes les sociétés des régions dévastées en vue d'examiner ensemble les problèmes qui se posent à propos de la réparation des dommages.

Déjà l'Office technique de la Fédération nationale a été saisi d'un rapport dont voici, brièvement résumées, les grandes lignes :

Constitution d'une société immobilière anonyme dont l'objet serait le rachat de dommages valeur 1914. Avec le capital social et éventuellement avec les fonds qu'elle pourrait recueillir sous forme d'emprunts hypothécaires ou émission d'obligations, cette société opérerait le rachat de dommages qu'elle remploierait en immeubles coopératifs (succursales, entrepôts, maisons de la Coopération, moulins, etc.), dans le rayon de 50 kilomètres imparti par la loi.

Cette société immobilière pourrait avoir comme souscripteurs-actionnaires, les coopérateurs et les coopératives.

L'auteur du projet propose également de pratiquer la défense des consommateurs en tant que locataires. Dans ce but, il prévoit la constitution de sociétés d'habitations à bon marché, car nous avons dans les régions libérées un besoin intense et immédiat de logements ouvriers. Or, nul n'ignore les efforts de certains gros industriels pour construire des cités ouvrières auprès de leur établissement, soit par la reconstitution de cités auparavant existantes, soit par l'achat de dommages et leur remploi en logements ouvriers.

Il est évidemment loisible au mouvement coopératif d'utiliser. lui-aussi, les avantages tirés de l'application des lois sur les habitations à bon marché et les dommages de guerre, afin soit de rendre les ouvriers propriétaires de leur maison, soit de créer des sociétés anonymes pour la location de logements salubres.

En prenant en considération le projet dont il vient d'être parlé, l'Office technique de la Coopération française a été amené à examiner un autre aspect de la question des dommages de guerre.

Il s'agit de l'application des articles 150 à 159 de la loi de finances du 31 juillet 1920. Tous les sinistrés et *groupements de sinistrés*, dont les dommages dépassent un million ont, en application de la loi précitée, la possibilité d'emprunter les sommes que l'Etat ne peut encore leur donner en paiement de leurs dommages de guerre, notamment en émettant des emprunts obligatoires sous la garantie de l'Etat.

Déjà, des industriels du Nord se sont groupés pour obtenir le bénéfice des dispositions de la loi du 31 juillet 1920. On cite un groupement de houillères du Nord et du Pas-de-Calais, un groupement de l'industrie sucrière française en reconstitution, un groupement de brasseurs sinistrés constitué sur l'initiatve du Syndcat de la Brasserie et de la malterie française. Des tentatives identiques sont faites en ce moment, pour grouper les sinistrés de la grosse métallurgie et ceux de la moyenne et petite métallurgie.

Dans quelle mesure les coopératives des régions dévastées peuvent-elles utiliser ce moyen de mobiliser leurs créances de dommages de guerre? Sont-elles en état de s'associer pour acheter des dommages de guerre afin d'utiliser le remploi à l'édification d'immeubles coopératifs?

Peuvent-elles envisager leur participation à l'œuvre des habitations à bon marché en utilisant à la fois les avantages tirés de l'application de la loi sur les habitations, et ceux donnés par les dommages de guerre?

Ce sont là des problèmes importants qui ont justifié la convocation d'une conférence spéciale des coopératives des régions libérées.

Cette réunion aura lieu le 13 mars et c'est par une communication verbale que nous tiendrons le Congrès au courant de ses résultats.

### Impôt sur le chiffre d'affaires

Alors que le texte de la loi du 25 juin 1920 sur l'impôt sur le chiffre d'affaires était généralement interprété comme visant la presque totalité des Sociétés coopératives et, qu'en fait. la plupart de celles-ci étaient appelées à payer l'impôt, à la suite d'une interpellation, le ministre des Finances a déposé un nouveau texte qui tend à soumettre toutes les coopératives à l'impôt de 1 fr. 10.

Dès que la F. N. C. C. a été en possession de la proposition ministérielle, elle a appelé sur elle l'attention du Groupe de la Coopération à la Chambre. Au cours d'une réunion de ce Groupe, une délégation de la Fédération a été entendue et unanimement le Groupe a décidé de prêter son concours pour s'opposer au vote demandé par le Gouvernement.

Toutefois des démarches ont été entreprises auprès du ministère des Finances afin de rechercher si un accord pouvait intervenir. Les différents événements parlementaires qui se sont déroulés n'ont pas, quant à présent, permis de mener à bien les délégations envisagées.

Parallèlement à cette action le secrétariat a adressé à tous les députés et sénateurs une lettre exposant la situation qui serait faite aux Sociétés coopératives par le vote de la loi proposée et leur demandant de n'accorder leur vote qu'à un texte exonérant de l'impôt la part de répartition faite aux sociétaires. Les fédérations régionales, pour l'ensemble des départements qui leur sont rattachés et les Sociétés coopératives pour leur propre département, ont été invitées à envoyer la même lettre à tous les parlementaires de leur région ou de leur département.

Nous espérons que l'ensemble de cette action empêchera la Chambre de voter une disposition qui mettrait le mouvement coopératif en état d'infériorité vis-à-vis du commerce.

## L'Ecole coopérative

Au commencement de novembre dernier, l'école coopérative a rouvert ses portes et repris son activité.

Le programme arrêté par son Conseil d'administration à la fin de la dernière année scolaire a été mis en application.

Il comportait :

1° Pour les cours d'aptitude professionnelle coopérative, la reprise des quatre enseignements de première année (coopération, français, comptabilité générale et arithmétique commerciale) et l'organisation de quatre enseignements nouveaux de deuxième année (économie politique, géographie économique, droit commercial et comptabilité coopérative);

2° Pour les conférences, la suite des leçons d'histoire de la coopération et l'établissement d'une série de quelques conférences non reliées entre elles;

3° Pour les visites d'établissements coopératifs, une série de visites à Paris et dans la banlieue parisienne, à raison d'une visite par mois.

### I. Cours d'aptitude professionnelle

Les huit enseignements prévus (quatre anciens et quatre nouveaux) sont tous donnés régulièrement depuis novembre.

En voici le programme : *Premier degré* : Eléments de comptabilité générale, le mercredi à 18 h. 1/4; professeur Marcel Cottet.

Arithmétique commerciale, le jeudi à 18 h. 1/4; professeur Henri Petit.

Eléments de coopération, le lundi à 18 h. 1/4; professeur J.-B. Séverac.

Langue française, mêmes jours et heures que le cours de coopération; professeur J.-B. Séverac.

*Deuxième degré* : Comptabilité coopérative, le vendredi à 18 h. 1/4; professeur E. Courel.

Droit commercial et coopératif, le jeudi à 20 h. 1/2; professeur Paul Ramadier.

Economie politique, le mardi à 20 h. 1/2; professeur Antonin Javergne, suppléé par Gignoux.

Géographie économique, le lundi à 20 h. 1/2; professeur J.-B. Séverac.

Soixante quinze élèves sont régulièrement inscrits à cette section et y suivent soit un, soit plusieurs cours. Les enseignements les plus suivis sont :

La comptabilité générale, nombre moyen d'élèves présents : 28
L'arithmétique ocmmerciale,      —      —      22.
La comptabilité coopérative,      —      —      20.
La coopération,      —      —      16.
Le français,      —      —      16.

Les cours se poursuivent jusqu'en juin.

## II. *Conférences.*

Depuis novembre, Jean Gaumont a repris ses leçons d'histoire de la coopération. L'an passé, il avait parlé de la coopération en France. Cette année, il traite de la coopération à l'étranger.

Les conférences isolées seront faites par Poisson, Camin, G. Lévy, Garbado, etc... Elles auront lieu après l'achèvement des conférences de Gaumont.

## III. *Visites d'établissements coopératifs.*

Pendant l'année scolaire 1919-1920, les dix visites faites par l'Ecole coopérative avaient eu surtout pour objet de donner aux visiteurs une idée d'ensemble de l'importance du mouvement coopératif en France.

Cette année, l'Ecole s'efforce de serrer les questions de plus près et d'étudier un certain nombre de services sous la direction de leurs chefs et sur les lieux même de leur gestion. Ont été déjà étudiés : le service d'épicerie de l'U. D. C., avec deux visites (entrepôt et boutique); le service de boulangerie de la *Bellevilloise*, avec une visite.

Le service financier du M. D. G., que l'Ecole étudiera prochainement, comportera deux ou trois visites. Il en sera de même du service de boucherie de l'U. D. C.

Le nombre moyen des visiteurs est de trente.

Au total, l'Ecole coopérative est active et vivante et paraît susceptible de devenir ce qu'on attend d'elle : une pépinière de bons coopérateurs: employés, administrateurs ou militants.

Ses tâches prochaines seront sans doute :

1° D'organiser quelques enseignements nouveaux de degré supérieur : organisation commerciale, chimie alimentaire, étude commerciale des principaux objets de consommation, banque, enseignements vers lesquels acheminent tout naturellement les enseignements existant déjà.

2° D'étendre son rayon d'action, actuellement limité à Paris et à ses environs immédiats.

3° D'accentuer son caractère pratique par l'organisation d'un service de stages; prolongement et perfectionnement de l'enseignement donné présentement par les visites.

Toutes ces questions sont à l'étude.

Elles seront d'autant plus facilement résolues que sera plus active la sympathie de tous les coopérateurs et de toutes les institutions coopératives pour l'Ecole coopérative.

## Comité d'éducation

En raison du temps relativement court qui s'est écoulé depuis le Congrès de Strasbourg, l'activité du Comité d'éducation a été trop limitée pour enregistrer des résultats notables. Cependant, le Comité s'est attaché à une question de la plus haute importance pour l'avenir moral de la coopération française : celle de l'organisation de Comités d'éducation régionaux. Il est nécessaire que dans chaque fédération de province fonctionne un organe chargé spécialement de tout ce qui concerne les questions qui touchent à l'éducation et à l'instruction des coopérateurs ainsi qu'à tous les problèmes d'ordre éthique qui intéressent le mouvement coopératif. Le Comité d'éducation a étudié un projet de fonctionnement pour les Comités régionaux qui sera discuté au Congrès de Lyon dans une séance réservée particulièrement aux questions d'éducation.

Le Comité s'est occupé, d'autre part, de la question des Jeunesses coopératives. L'avenir de ces Jeunesses est lié intimement au mouvement coopératif et il ne faut rien négliger pour les jeunes qui seront les coopérateurs de demain. De multiples idées sur les sports, les discussions artistiques et littéraires, l'organisation et l'administration des Groupes de Jeunesse sont à l'étude. Notre programme d'action de l'année comporte aussi l'étude des moyens pouvant favoriser l'éducation des consommateurs.

Nous pensons cette année agrandir le cadre du Comité national d'éducation et lui infuser une vie nouvelle par l'adjonction des Comités régionaux. Déjà le Comité provisoire de la Fédération de la région parisienne va faire place à un Comité définitif. De plus en plus les questions éducatives se préciseront et devront se séparer des questions commerciales. Les premières seront en quelque sorte les bases solides des secondes et nous ne doutons pas qu'au Congrès de Lyon, nous nous sentirons fortement soutenus et encouragés sur ce terrain par tous les coopérateurs.

## Office technique

Conformément au vote émis à Strasbourg, le Mouvement coopératif est entré en relations avec les coopératives et associations agricoles, plusieurs entrevues ont déjà eu lieu à ce sujet et ont tendu à aboutir à des relations organiques pour d'abord l'achat direct des fromages aux producteurs et leur vente dans les sociétés coopératives de consommation.

L'idée d'une société mixte pour l'organisation de cet effort a été envisagée.

La Commission destinée à entrer en relations avec le Mouvement mutualiste pour les questions communes a été nommée de part et d'autre et une première réunion aura lieu au cours du printemps lors d'une des séances plénières du Conseil central de la Mutualité.

L'Office technique de la Fédération a, au cours de l'hiver, par ses différentes sections, financière, économique, juridique, d'hygiène, étudié différents problèmes.

*Section économique.* — La section économique a tenu plusieurs séances où elle a examiné le problème qui lui avait été renvoyé par une décision expresse du Congrès de Strasbourg: les relations entre les sociétés coopératives et leur personnel.

Après avoir précisé pour elle-même les conditions où le problème se pose, elle a décidé une enquête internationale sur la participation ou non des ouvriers à la gestion des entreprises, et sur l'organisation du travail proprement dite.

La section a jugé à l'unanimité que l'état de ses travaux ne lui permettait pas d'être en mesure de fournir un rapport complet sur la question pour le Congrès prochain et qu'il valait mieux arriver avec un ensemble de suggestions et une étude bien préparée devant un Congrès national.

*Section juridique.* — L'Office technique s'est préoccupé de la constitution de la société des reviseurs de comptabilité, il en a préparé les statuts, mis au point les différentes modalités et envisagé les mesures à prendre pour la constitution du Collège des reviseurs; il a abouti à la création de la Société dont la première assemblée doit concorder avec le Congrès national.

L'Office technique s'est également intéressé à la question de l'utilisation des dommages de guerre dans les régions envahies tant pour les sociétés que pour les coopérateurs. Il a pris en mains, comme base de discussion, un projet qui lui a été remis par le camarade Martin, projet qui a ensuite été soumis au Conseil central.

Une réunion générale des coopératives des régions envahies a été décidée pour voir sous quelle forme et dans quelle mesure pouvaient être utilisées les lois actuelles pour et au profit des coopératives des régions envahies, particulièrement la question du remploi.

L'Office technique s'est également occupé de la réorganisation de la statistique, des suggestions provenant d'un projet fait déjà auparavant par Fauquet ont été élaborées pour être soumises au ministère du Travail. Celui-ci en a du reste accepté les conclusions et l'enquête qui maintenant sera annuelle sur la situation des sociétés coopératives de consommation a tenu compte des suggestions de l'Office technique.

De même, l'Office s'est préoccupé en plusieurs de ses séances, de la répercussion de la loi sur l'impôt sur le chiffre d'affaires aux sociétés coopératives; il a contribué à l'élaboration des projets, contre-projets et amendements que nous avons soumis soit par délégation, soit par la voie parlementaire pour la défense des intérêts de nos sociétés.

La section financière a enfin élaboré un bilan type pour les sociétés coopératives et mis au point un compte d'exploitation, de façon à ce que les sociétés puissent s'orienter vers des voies méthodiques dans l'élaboration de leurs bilans et de leurs comptes.

*Section d'hygiène.* — La section d'hygiène a élaboré deux rapports, l'un de Mme Houdré sur « les sports pour la jeune fille dans la coopération »; l'autre du docteur Richard sur « l'organisation des sociétés sportives des coopératives pour la surveillance sanitaire et le développement rationnel des jeunes gens ». Elle a demandé au Conseil central de réunir ces deux intéressantes publications et, d'accord avec quelques grandes sociétés coopératives, d'en assurer la publication.

Elle a demandé de mettre à son ordre du jour plusieurs autres questions dont : L'étude des fraudes alimentaires, un plan d'ensemble sur l'hygiène alimentaire de la famille, cuisine coopérative.

## Conseil supérieur de la Coopération

Au cours d'une session qui a eu lieu les 14 et 15 décembre dernier, le Conseil supérieur de la Coopération a émis les vœux suivants :

1° *Impôt sur le chiffre d'affaires.* — La Section de Consommation du Conseil supérieur de la Coopération,

Faisant siennes les considérations développées dans la note présentée par la Fédération nationale des Coopératives de Consommation en ce qui concerne l'impôt sur le chiffre d'affaires,

Emet le vœu que les Sociétés coopératives de consommation, constituées dans les termes de la loi du 7 mai 1917, soient totalement exonérées de cet impôt en ce qui concerne les marchandises réparties entre leurs sociétaires.

En ce qui concerne les Unions de sociétés créées dans les termes de la même loi, le Conseil supérieur de la Coopération, d'accord avec l'interprétation donnée par M. Charles Dumont, rapporteur à la Chambre, interprétation confirmée par une interpellation de M. Chéron, au Sénat.

Emet le vœu que ces Unions ne soient imposées comme intermédiaires que sur leurs majorations comme tous les organismes d'achat et de vente, telles les coopératives de commerçants.

2° *La Chaire de la Coopération au Collège de France.* — La Section de consommation du Conseil supérieur de la Coopération,

Considérant que l'observation des règles habituelles en ce qui concerne la nomination des Professeurs au Collège de France serait de nature à empêcher d'entreprendre utilement pour 1921 l'enseignement de la Coopération.

Emet le vœu que M. le ministre de l'Instruction publique veuille bien procéder directement et d'urgence à la désignation du titulaire de la chaire créée par le décret du 3 décembre 1920, de manière à ce que l'ouverture des cours puisse avoir lieu dès les premiers jours de janvier 1921.

3° *Les offices publics d'approvisionnement.* — La Section de consommation du Conseil supérieur de la Coopération, considérant que les motifs qui avaient provoqué le dépôt par M. Albert Thomas d'une proposition de loi tendant à la création d'Offices publics d'approvisionnement n'ont encore rien perdu de leur valeur;

Emet le vœu que cette proposition, présentée lors de la précédente législature (rapport supplémentaire déposé par M. Paul Meunier le 9 novembre 1919), soit reprise et adoptée par le Parlement dans le plus bref délai.

4° *La Représentation des Consommateurs dans les Conseils des Organismes publics.* — La Section de Consommation du Conseil supérieur de la Coopération,

Considérant que les coopératives de consommation sont qualifiées pour représenter l'intérêt général des consommateurs,

Considérant, d'autre part, que les marchandises dont elles ont à assurer le transport pour les besoins de leurs sociétaires qui représentent actuellement près de deux millions de familles constituent une fraction non négligeable du trafic des chemins de fer;

Emet le vœu que les représentants les plus autorisés des coopératives de consommation soient compris parmi les représentants des usagers du Conseil supérieur prévu dans les projets de réforme du régime des chemins de fer actuellement en discussion.

⁂ La Section de Consommation du Conseil supérieur de la Coopération,

Considérant que les sociétés coopératives de consommation qui groupent actuellement près de deux millions de familles sont qualifiées pour représenter l'intérêt général des consommateurs;

Emet le vœu que dans le nouveau régime postal leurs représentants les plus autorisés soient compris parmi les représentants des usagers.

## Comité d'action parlementaire

Le Comité d'action parlementaire continue à rendre de très grands services au Mouvement coopératif. Au cours des derniers mois, ses réunions ont été un peu moins fréquentes, mais le Comité et ses membres n'en ont pas moins apporté leur concours dévoué à la Fédération nationale pour la solution de toutes les questions qui nécessitaient leur intervention.

## Crédits du Ministère du Travail

Tant sur les crédits spéciaux des Régions libérées que sur le fonds de dotation de la loi du 7 mai 1917, voici les avances qui ont été consenties aux Sociétés coopératives depuis le dernier Congrès :

| | |
|---|---:|
| *Union des Coopérateurs de l'Adour,* Bayonne.... | 100.000 |
| *L'Espérance,* Brest ............................. | 50.000 |
| *Union des Coopérateurs de Hondschoote* (Nord).. | 10.000 |
| *La Versaillaise,* Versailles ..................... | 5.000 |
| *L'Econome,* Sens ............................... | 50.000 |
| *Les Abeilles,* Balbigny (Loire) ................ | 8.000 |
| *Les Houillères réunies,* Le Gua (Aveyron)...... | 30.000 |
| *La Vie pour Tous,* Abbeville (Somme).......... | 50.000 |
| *L'Ouvrière de l'Avenir,* Le Relecq-Kerhuon.... | 10.000 |
| *Union des Coopérateurs de La Rochelle*........ | 30.000 |
| *Union Coopérative du Sud-Ouest,* Bordeaux.... | 225.000 |
| *Union des Coopérateurs,* Paris ................. | 750.000 |
| *Coopérative régionale de l'Orne,* Alençon ...... | 400.000 |
| *Les Coopérateurs unis,* Saint-Etienne .......... | 45.000 |
| *La Famille,* Vannes ............................ | 8.000 |
| *Union des Consommateurs,* Toulouse ............ | 80.000 |
| *La Solidarité Caennaise,* Caen ................. | 20.000 |

## Avances aux Sociétés d'Alsace-Lorraine

| | |
|---|---:|
| *Société Coopérative de Consommation, Mulhouse.* | 500.000 |
| *Société Coopérative de Consommation, Colmar...* | 100.000 |

A nouveau nous rappelons aux Sociétés qui veulent faire des demandes d'avances au Ministère du Travail qu'il y a intérêt à ce qu'elles s'adressent à la Fédération nationale, qui leur procurera les renseignements et les dossiers nécessaires.

La F. N. C. C. a été avisée que les crédits pour subventions, qui étaient inscrits au budget du Ministère du Ravitaillement, ont été supprimés.

## L'entente entre producteurs et consommateurs

La Fédération nationale des Coopératives de Consommation et la Fédération nationale de la Mutualité et de la Coopération agricoles, sont entrées en rapport, courant décembre dernier, dans le but de rechercher les moyens pratiques de mettre les producteurs agricoles organisés en contact direct avec les consommateurs organisés.

Il fut seulement question, dans les deux réunions qui eurent lieu entre les délégués de ces deux organisations nationales, que du fromage de gruyère, produit par les fruitières du département de l'Ain; mais il fut envisagé, si cette première étape pouvait être atteinte, d'essayer la même entente pour d'autres départements et pour d'autres producteurs agricoles.

A la deuxième réunion, qui eut lieu au siège de la Fédération nationale de la Mutualité et de la Coopération agricoles, et à laquelle assistaient: MM. Chanal, sénateur, Josserand, directeur de l'Ecole de Fromagerie de Maillat (Ain), Vimeux, secrétaire de la Fédération, Clouet et Garbado, du M. D. G., il fut présenté par les délégués des coopératives de consommation le rapport sommaire suivant:

L'entente entre les producteurs et les consommateurs, dans le but d'éli-miner les intermédiaires, inutiles et onéreux, est une chose très désirable. Elle est surtout désirée par ceux qui s'intéressent au développement des organisations de production ou de consommation.

Seulement, les moyens d'arriver au résultat cherché sont encore à trouver.

Différentes tentatives ont bien été faites, notamment entre le Magasin de Gros et certaines Coopératives de production vinicole, les résultats sont nuls et les contrats n'ont pu être renouvelés. Une seule chose est apparue nettement: la volonté des producteurs d'obtenir des consommateurs orga-nisés des prix plus élevés que ceux obtenus du commerce.

L'échec fut dû, sans conteste, à ce que les contrats ne supprimaient, à aucun degré, l'antagonisme qui fait du vendeur et de l'acheteur des adversaires.

Des essais d'achats directs aux producteurs agricoles ne donnèrent pas de meilleurs résultats; nous pouvons dire, même, qu'ils furent plus mau-vais encore; les paysans nous ayant trompé sur la qualité de la marchan-dise vendue.

Disons à ce propos, que le paysan ne se rend pas toujours bien compte que l'intérêt le mieux compris d'un vendeur, c'est d'être scrupuleusement honnête. On n'ignore pas quelles précautions les Coopératives agricoles de laiterie et d'autres produits ont dû prendre contre certains de leurs mem-bres qui mouillaient leur lait ou livraient des œufs de plusieurs jours comme œufs du jour, etc., etc.

Il apparaît donc qu'il y a lieu de soumettre les livraisons des produc-teurs à un contrôle clairvoyant, et ceci dans l'intérêt de la collectivité paysanne. De là, la nécessité d'une Coopérative de vente.

Mais, cette Coopérative, constituée et gérée seulement par l'élément producteur, ne peut pas utilement s'intéresser à l'intérêt général; sa raison d'être étant uniquement la défense des intérêts de ses membres.

Il y aurait donc lieu, pour donner satisfaction à ceux qui, comme vous, Messieurs, et nous recherchons des solutions conformes à l'intérêt général, de trouver autre chose.

Or, ainsi que nous en avons causé à notre première réunion, nous sou-mettons à votre examen l'idée de créer une Coopérative de vente de fro-mages de gruyère; mais, avec ceci de particulier qu'elle serait créée et gérée concurremment par des représentants des producteurs et des consom-mateurs; le Conseil d'administration étant composé, en parties égales, de ces deux éléments.

Cette Coopérative aurait pour mission d'acheter aux associés leurs pro-duction fromagère, de soigner ces fromages et de les expédier aux Sociétés coopératives à qui ils auraient été vendus par l'intermédiaire du *Magasin de Gros;* elle aurait donc le rôle d'un commerçant de gros.

Annuellement, la Coopérative produirait son compte d'exploitation. Les bénéfices, s'il en existait, seraient, après certains prélèvements statutaires, remboursés, par parties égales, entre le groupe vendeur et le groupe ache-teur; chacun les restituant à ses membres au prorata des ventes et des achats.

Le directeur de la Société aurait charge d'acheter au meilleur cours et de vendre de même; c'est-à-dire qu'il devrait surtout s'intéresser à faire donner un bon rendement à la Coopérative. Les vendeurs n'auraient pas à craindre de vendre moins cher qu'au commerce, ni espérer vendre plus cher. Les acheteurs, de même, ne pourraient trouver des conditions infé-rieures au commerce, ni craindre des prix plus élevés. La Société agirait donc commercialement, comme le ferait une maison de fromages en gros.

De cette façon, les bénéfices que l'on est légitimement en droit d'espérer d'une semblable organisation représenteraient assez exactement ce que garde actuellement l'intermédiaire. Ce serait là une démonstration qui aurait sa valeur.

Pour intéresser le directeur de la Société au bon fonctionnement de l'entreprise et assurer davantage son impartialité au point de vue des

achats et des ventes, on pourrait peut-être lui attribuer un pourcentage
sur les bénéfices.

Si, après examen attentif de cette proposition, il apparaissait qu'elle
puisse être retenue, nous aurions à rechercher les moyens pratiques de
la réaliser et à préciser les modalités du fonctionnement de la Société.
D'abord, de quels capitaux devra disposer la Coopérative?
Où trouvera-t-elle ces capitaux?
Ensuite:
Quels seront les droits et les obligations des acheteurs associés vis-à-vis
de la Société?
Ces différents points, ainsi que d'autres qui pourraient se présenter,
étant éclaircis, il ne nous resterait plus qu'à établir un rapport détaillé
que nous aurions à présenter à nos organisations respectives.

Nous sommes trop habitués aux réalisations pour ne pas savoir combien
d'aléas, d'imprévus pénibles, peut comporter la mise au point d'un semblable projet; cependant, il mérite, en raison du but à atteindre, que nous
y mettions toute notre bonne volonté.

Ce rapport donna lieu à une intéresante discussion et parut recevoir dans ses grandes lignes l'approbation des délégués.
Nous croyons savoir que le Comité de la Fédération nationale de la
Mutualité et Coopération agricoles a discuté depuis de la question et
que quelques modifications lui semblent nécessaires dans le projet.
Si les représentants des producteurs ne touchent pas au principe
d'égalité des deux organisations en ce qui concerne la gestion de la
Société projetée et dans la répartition des bénéfices, nous pensons
que l'entente sera facile. Nous en serions heureux, car, jusqu'à présent, il ne nous semble pas que l'on ait proposé une organisation
répondant mieux à l'intérêt associé des producteurs et des consommateurs.
La question en est là; elle n'est donc pas résolue. Néanmoins, on
peut avoir quelque espoir de la voir se réaliser; mais à la condition
absolue que les sociétés coopératives prennent la chose à cœur et
fassent le nécessaire.
La production des fruitières de l'Ain est considérable et pour
l'écouler il ne serait pas de trop de *toute* la force d'achat de *toutes*
les sociétés coopératives.
Déjà, à deux congrès coopératifs, il a été question de grouper la
force d'achat des sociétés sur quelques produits. La proposition a
été accueillie avec faveur par ces congrès; espérons que, le jour où
on fera appel aux coopérateurs pour leur demander l'exclusivité de
leurs achats en gruyère, elles répondront toutes à l'appel; car il
serait humiliant pour la coopération de consommation que la réussite
d'une telle œuvre fut compromise par sa faute.

### Les Coopératives et la Mutualité

Conformément à la résolution du Congrès de Strasbourg, la F. N.
C. C. s'est fait représenter au Congrès de la Mutualité tenu à Angers
en octobre 1920.
Elle a obtenu des mutualistes la nomination d'un commission
mixte chargée d'étudier les problèmes communs aux deux organisations. Elle n'a pas pu faire discuter ceux de ces problèmes qui lui
paraissaient urgents : assimilation à des sociétés mutuelles libres,
des coopératives ayant des œuvres sociales; extension aux coopératives de la dérogation prévue en faveur des Sociétés de Secours
Mutuels en ce qui concerne la propriété des pharmacies (lois de 1861
et de 1898); formation des Fédérations mixtes (coopératives et mu-

tuelles) en vue de buts communs précis (pharmacies, dispensaires, etc...); propagande coopérative dans les milieux mutualistes.

Ces divers problèmes ont été laissés à l'étude de la Commission mixte qui aura à en faire approuver les solutions: 1° au Conseil Central de la F. N. C. C.; 2° au Conseil d'administration de la Fédération des Mutualités françaises.

Les membres de cette Commission mixte sont au nombre de 10 :

5 pour la F. N. C. C.: Poisson, Daudé-Bancel, secrétaires de la F. N. C. C.; docteur Lévêque, Boulay, membres de l'Office technique (section d'hygiène); Yung, secrétaire de la Mutualité générale des Coopératives.

5 pour les Mutualistes : MM. Mabilleau, directeur du Musée social; Mazé Paul, Keller, président de la Fédération des Sociétés de Secours mutuels de la Seine; Leven, président de l'Orphelinat des Cuirs et Peaux de France; Porte, professeur de droit à la Faculté de Grenoble.

À l'heure présente, cette Commission se trouve devant une question qui dépasse toutes les autres en urgence et en importance : celle des assurances sociales.

La Coopération a pris position nettement en faveur d'un système qui répondait aux directives suivantes : aide à l'ouvrier depuis la maladie, quelle que soit sa durée, jusqu'à la vieillesse, services médicaux à lui et à sa famille; développement de l'hygiène sociale par l'assurance sociale; lutte active contre tous les fléaux qui menacent la santé et la race (alcoolisme, syphilis, taudis, malpropreté urbaine, ignorance, métiers malsains, etc.); gestion des caisses d'assurances, centralisées par régions économiques, laissée aux assurés eux-mêmes en leur donnant la majorité au Conseil d'administration; représentation au Conseil des grands groupements sociaux (coopératives, syndicats, mutualités, œuvres de prophylaxie et de sports, etc...).

Nous n'avons pas été suivis dans ce programme par la majorité des mutualistes, mais nous espérons amener peu à peu la Commission mixte, puis la Fédération nationale des Mutualités à partager ces conceptions.

Sur ce point particulier, nous nous sommes trouvés en accord avec les organisations syndicales centrales et sommes assurés de trouver en elles un appui.

La F. N. C. C. maintient ainsi avec les mutualistes et les syndicalistes des relations très cordiales, utiles en vue d'une action efficace et qui ne lui enlèvent rien de son autonomie et de ses habitudes de pensée.

### L'Alliance coopérative internationale

L'Alliance coopérative internationale reprend peu à peu son activité et sa vie.

Une réunion du Comité central s'est tenue à la Haye des 10 au 14 octobre 1920. Une sous-commission composée de cinq représentants des mouvements coopératifs les plus importants et où la France était représentée par notre camarade Poisson, a examiné un projet de révision des statuts de l'Alliance. Les travaux de cette sous-commission ont été étudiés à la Haye.

Les délégués français soutinrent de nombreux amendements dont quelques-uns furent votés; il fut obtenu que désormais, l'Alliance n'accepterait plus de membres individuels et qu'elle serait réservée aux organisations coopératives, en dehors même de toutes les ligues qui, moralement, peuvent travailler à son profit.

Le Comité exclusif de l'Alliance se réunira à des dates rapprochées et au lieu d'être composé uniquement comme aujourd'hui de l'élément anglais, ce sera véritablement un Comité international.

Le résultat de ces changements, s'ils sont ratifiés par le Congrès international de Bâle, sera de constituer une Alliance d'action pour le développement des principes et des méthodes coopératives à travers le monde.

Les délégués français n'eurent pas le même succès quand ils proposèrent, ce qui semble pourtant être l'aboutissement logique d'une Alliance internationale et doit être la dernière étape de toute son évolution historique, que celle-ci se compose uniquement d'organisations nationales quelles que soient du reste les formes de la coopération et non pas de sociétés locales, régionales et d'unions nationales; c'est avec toutes ses sociétés que chaque union nationale doit adhérer à l'Alliance; les délégués français n'ont pas obtenu non plus que le projet de statuts définisse le but de l'Alliance comme celui qui est dans les statuts de la Fédération nationale des coopératives françaises.

L'Alliance coopérative internationale a mis expressément dans ses statuts qu'elle se tenait en dehors de toute question d'ordre politique ou religieux, mais n'a point précisé l'idéal même des coopérateurs de Rochdale.

La réunion de la Haye n'a pas accepté non plus la définition aussi complète que nous l'aurions désiré sur les sociétés de consommation constituées conformément aux principes rochdaliens; l'Alliance a encore dans son sein de nombreuses fédérations d'habitations qui ne partagent pas notre point de vue ni l'idéal des sociétés coopératives de consommation. On n'a même pas accepté, ce qui est beaucoup plus grave, de déclarer que l'Alliance poursuivait comme but l'intérêt général des consommateurs. Il appartiendra au Congrès national de Bâle, qui doit se tenir en août 1921, que les propositions soient reprises pour que l'Alliance soit véritablement l'organisation internatonale qui serve le développement des principes coopératifs à travers le monde.

Le bureau de l'Alliance a examiné et pris toutes dispositions pour la bonne organisation du Congrès, pour préparer son ordre du jour qui doit être revu dans une prochaine réunion du Comité central; déjà, deux questions présentées par la délgation française ont été introduites dans l'ordre du jour conformément à des résolutions antérieures. La première : le droit international selon l'esprit de la coopération. La seconde : les propositions des conférences interalliées et neutres. C'est un très grand hommage rendu à l'effort du mouvement coopératif français et il indique que, dans la plus large mesure, la politique économique coopérative que nous préconisons entre les peuples reçoit, dès maintenant, un accueil sympathique dans le mouvement international.

Le Comité central de l'Alliance s'est occupé incidemment des problèmes russes et a consacré, par une résolution votée à l'unanimité, l'idée qu'à Strasbourg nous avions émise d'une enquête sur l'état du mouvement coopératif russe.

La délégation française, à la réunion du Comité central, par la voix de Poisson, a exposé tout un programme de travail et d'action pour l'Alliance coopérative internationale : établissement de statistique internationale, organisation de réunions dans les plus grands centres de l'Europe, développement du « Bulletin de l'Alliance », enquête menée par l'Alliance sur les questions les plus importantes qui intéressent le mouvement coopératif. Les suggestions des délégués français ont été accueillies favorablement et un rapport doit être présenté à la prochaine réunion du Comité central.

### Représentation à différents Comités

Le Conseil central a été représenté au Conseil supérieur des consommateurs par deux membres, Daudé et Poisson. Il a décidé de participer à ce Conseil sans aucun enthousiasme, mais pour que, cependant, la voix des consommateurs puisse se faire entendre, sachant cependant d'avance que la composition même de ce Comité et de l'organisation départementale adjointe ne pouvait aboutir qu'à d'assez médiocres résultats. Il a cru seulement qu'il importait de ne pas laisser à d'autres le soin de faire connaître les opinions coopératives.

A la réunion de ce Conseil, les délégués se sont élevés dès la première séance contre la composition de l'organisation et demandé quels étaient les buts pratiques auxquels on pouvait aboutir; toutefois, un grand nombre de questions ont été abordées et pour quelques unes, ils ont obtenu un certain résultat; c'est ainsi que grâce à l'action du Conseil supérieur, le contrôle de l'importation de la viande frigorifiée et le contrôle des stocks dans les frigorifiques a été adopté.

Également a été examiné l'établissement de cartes préférentielles pour la distribution du lait dans les grands centres où il manquait.

Une réglementation des marchés pour arrêter les agissements des mercantis a abouti également, par une circulaire ministérielle.

La question de la viande frigorifiée et du développement de l'alimentation par le poisson a fait l'objet d'importants rapports et des vœux divers, — probablement hélas! inefficaces, — ont été émis et ont tout au moins fait connaître les avis qui sont conformes à l'intérêt de la défense des consommateurs et principalement des consommateurs organisés dans les coopératives.

Notre camarade Gaston Lévy a assisté comme représentant du Conseil central aux commissions de statistiques sur le coût de la vie instituées par le ministère du Travail et a même fait à ce titre un rapport.

Wasege a été désigné au ministère du Commerce et de l'Agriculture pour défendre les intérêts des coopératives vendant de la viande frigorifiée à côté des autres organisations commerciales.

Nous avions été préalablement éliminés de ce Comité; nous avons pu obtenir de nouveau d'y être représentés.

Le Conseil central s'est, à différentes reprises, préoccupé d'essayer d'obtenir comme il avait été décidé préalablement, la représentation des consommateurs et des coopérateurs dans les Conseils techniques de la nouvelle exploitation des postes et des chemins de fer.

En ce qui concerne les chemins de fer, un engagement a été pris à la tribune de la Chambre par le ministre des Travaux publics.

### Délégations étrangères

Le mouvement coopératif a reçu, au cours de l'hiver, de nombreuses délégations des pays étrangers, en particulier d'Angleterre, de Suisse, d'Italie, de la Tchéco-Slovaquie, d'Ukraine, d'Arménie, des Indes Néerlandaises.

### Les décisions et vœux du Congrès de Strasbourg

Différents vœux avaient été renvoyés par le Congrès de Strasbourg au Congrès central qui s'est efforcé de leur donner une suite favorable. C'est ainsi notamment que la question de la « vente à

« crédit » a été mise à l'ordre du jour du Congrès. D'autre part, la F. N. C. C. va éditer le recueil des textes législatifs concernant les coopératives ainsi que cela avait été demandé par nos camarades de la Creuse.

Conformément à la décision du Congrès de septembre dernier « l'Union de Révision et de Contrôle des Sociétés Coopératives de France » a été légalement constituée.

Enfin la Fédération nationale s'est préoccupée de la question de la suppression des Economats de chemins de fer. Elle est entrée en rapport avec la Fédération nationale des Travailleurs des chemins de fer en vue d'une action commune à entreprendre dès que le décret qui doit fixer les formes de la consultation sera paru; des renseignements obtenus au cours des démarches faites à ce propos, il résulte que ce décret doit être rendu incessamment.

## Comité d'études coopératives

Nous croyons devoir signaler la constitution, à Paris, d'un « Comité d'études coopératives » fondé par les plus éminents de nos professeurs de facultés. Cette association a pour but « l'étude des questions intéressant la coopération et, d'une manière générale, toutes études sociales et économiques connexes au problème coopératif ».

Ce groupe vient de publier le « Manifeste coopératif » suivant:

*La guerre a valu à la coopération une réclame tout à fait inattendue. Les consommateurs, aux prises avec la pénurie des denrées, la hausse des prix et l'exploitation des commerçants, ont trouvé dans les coopératives de consommation des lieux d'asile. Et même, dans plusieurs des pays de l'Europe orientale, les magasins de ces sociétés ont été pour les populations affamées presque les seuls centres de ravitaillement.*

*En France, les pouvoirs publics ont commencé à reconnaître que la coopération est appelée à devenir une puissance publique et ils lui ont accordé un certain droit de contrôle. Dans la plupart des comités consultatifs institués pour lutter contre la hausse des prix ou pour s'occuper du ravitaillement de la population, de la reconstruction des régions dévastées, de l'exploitation des chemins de fer et des postes, ou même pour lutter contre l'alcoolisme et le taudis, un certain nombre de places ont été réservées aux représentants des consommateurs.*

*Néanmoins, ni l'opinion publique, ni la presse, ni les économistes n'ont accordé au mouvement coopératif l'attention qui, dans l'opinion des signataires de cette déclaration, lui est due. Ils ont continué à y voir une forme quelconque d'organisation commerciale qui a ses avantages et ses inconvénients, mais ils n'ont pas cru que, par delà ses réalisations actuelles, la coopération pût offrir un programme général de reconstitution sociale.*

*'es Sociétés de consommation sont des laboratoires d'expérimentation sociale, ainsi que les nommait Jaurès. Et depuis trois quarts de siècle que cette expérimentation se poursuit dans les pays les plus distants et les conditions économiques les plus diverses, elle nous paraît aujourd'hui suffisante pour permettre de discerner les caractères de la société future et, par là, de reconnaître ce qu'il y a d'utopique et ce qu'il y a de réalisable dans les revendications sociales qui grondent de toutes parts.*

*On peut, croyons-nous, dès à présent, dégager les directives que voici: nous disons les directives, car il ne s'agit pas de tracer un programme aux cadres rigides. La coopération est un mouvement, comme disent les Anglais, non une charte.*

*Les Sociétés coopératives nous enseignent d'abord qu'une entreprise peut vivre et prospérer en dehors des conditions que l'économie politique posait comme inéluctables, à savoir sans l'appât du profit ni la pression de la concurrence. Les entreprises coopératives travaillent en effet sans le stimulant du profit, puisqu'elles ont pour règle de le restituer à ceux à qui il a été pris et, quant à la concurrence, partout où elles le peuvent, elles s'efforcent d'y substituer la fédération et même la fusion. La compétition pour le profit n'ayant plus d'objet le jour où le profit lui-même aurait disparu, il ne resterait plus que la concurrence sous forme d'émulation.*

*Les Sociétés coopératives nous montrent aussi qu'il n'est pas indispensable au succès d'une entreprise que le capital y soit le maître et en recueille les fruits. Elles n'excluent pas le capital, elle l'appellent même, en attendant qu'elles aient pu constituer leurs propres capitaux et sont disposées à payer ses services par un intérêt fixe, mais elles se refusent à lui reconnaître le droit de commander et de s'attribuer les profits de l'entreprise sous prétexte qu'il les aurait créés.*

*Elles luttent, dans la faible mesure où leur développement le permet, contre le nationalisme économique sous la forme protectionniste comme aussi contre le soi-disant internationalisme du capitalisme qui n'est qu'une forme d'impérialisme. En créant, il y a trente ans, l'Alliance coopérative internationale, elles ont devancé la Société des Nations et elles visent à ramener le commerce international de sa forme actuelle qui est la lutte pour le profit, à sa forme vraie qui est la coopération des peuples résolus à utiliser leurs ressources au mieux des intérêts de tous.*

*Les Sociétés de consommation ne sont pas disposées à remplacer la dictature du capital par celle du travail, même en prenant ce mot dans le sens le plus large, c'est-à-dire en entendant par là non seulement les travailleurs manuels, mais les autres producteurs. Il y a, en ce moment, une tendance à réclamer pour eux non seulement le gouvernement dans l'ordre économique — syndicalisme, — mais aussi dans l'ordre politique — représentation professionnelle. — Les Sociétés coopératives ne croient pas que les producteurs aient seuls qualité pour représenter l'intérêt public parce qu'ils sont nécessairement préoccupés ou même dominés par des intérêts professionnels ou corporatifs. Au contraire, les consommateurs organisés ne peuvent avoir d'autre intérêt que ceux de tout le monde. Leurs groupements ont donc qualité pour devenir des organes de l'intérêt public, allégeant ainsi le rôle de l'Etat qui s'est montré tout à fait au-dessous de sa tâche, tout au moins dans l'ordre économique.*

*Il va de soi qu'entre producteurs et consommateurs, nous n'établissons ici qu'une opposition de principe, nullement un antagonisme de personnes ou une lutte de classes, et cela d'autant moins que parmi les Sociétés de consommation, celles-là ont eu les succès les plus éclatants, qui sont composées presque entièrement de travailleurs.*

*Si même, comme il devrait être, tout consommateur est en même temps un producteur, il importe que chacun apprenne à distinguer et à peser dans son for intérieur ces intérêts opposés et à sacrifier ceux qui sont particuliers à ceux qui sont généraux. C'est là ce que lui apprend la Société de consommation par une leçon de choses quotidienne. Et c'est là l'enseignement moral autant qu'économique que nous voudrions propager.*

Ce manifeste a été signé par MM. AFTALION, Faculté Droit, Lille; ALQUIER, secrétaire général, Société scientifique d'Hygiène alimentaire; AMIAUD, Faculté Droit, Lille; Ch. ANDLER, Faculté Lettres, Sorbonne; AUERBACH, Faculté Lettres, Nancy, Correspondant de l'Institut; AULARD, Faculté Lettres, Sorbonne; BEAULAVON, professeur, Lycée Louis-le-Grand, membre du Conseil supérieur de l'Instruction publique; BERTHOD, président de la Société des Agrégés de l'Enseignement secondaire; Emile BOREL, Faculté Sciences, Sorbonne, directeur honoraire de l'Ecole normale supérieure; BOUGLÉ, Faculté Lettres, Sorbonne; BRUNET, Faculté Droit, Caen; Ferdinand BRUNOT, doyen Faculté Lettres, Sorbonne; BRUNSCHVICG, Faculté Lettres, Sorbonne, membre de l'Institut; CAULLERY, Faculté Sciences, Sorbonne; CERNESSON, professeur honoraire, Lycée, président de la Coopérative de Lons-le-Saunier; CESTRE, Faculté Lettres, Sorbonne; CHARMONT, Faculté Droit, Montpellier; DELACROIX, Faculté Lettres, Sorbonne; DUEZ, Faculté Droit, Lille; Georges DUMAS, Faculté Lettres, Sorbonne; Fernand FAURE, Faculté Droit, Paris; GEMAHLING, Faculté Droit, Strasbourg; Charles GIDE, professeur honoraire, Faculté Droit, Paris; Emile GLEY, Collège de France, membre de l'Académie de Médecine; GUY-GRAND, agrégé de l'Université; Elie HALÉVY, professeur à l'Ecole des Sciences politiques; H. HAUSER, Faculté Lettres, Sorbonne, correspondant de l'Institut; Louis HAVET, Collège de France, membre de l'Institut; R. HUBERT, Faculté Lettres, Lille; KERGOMARD, professeur, Lycée Louis-le-Grand; LALANDE, Faculté Lettres, Sorbonne; Ernest LAVISSE, de l'Académie française, directeur honoraire de l'Ecole normale supérieure; LÉVY-BRUHL, Faculté Droit, Lille; Henri LICHTENBERGER, Faculté Lettres, Sorbonne; MALAPERT, professeur, Lycée Louis-le-Grand; Charles MARIE, docteur ès-sciences; MARTINO, Faculté Lettres, Alger; MATRUCHOT, Faculté Sciences, Sorbonne; Maxime LEROY; MAUSS, directeur d'études, Hautes Etudes pratiques; Emile MEYERSON; Henri MONNIER, Faculté Théologie protestante, Paris; A. MOREL, Faculté Droit, Lille; MOUCHET, doyen Faculté Droit, Lille; PFISTER, doyen Faculté Lettres, Strasbourg; Roger PICARD, agrégé des Facultés de Droit; PIGANIOL, Faculté Lettres, Strasbourg; B. RAYNAUD, Faculté Droit, Aix; G. RENARD, Faculté Droit, Nancy; Charles RIST, Faculté Droit, Paris; Th. RUYSSEN, Faculté Lettres, Bordeaux; SAUVAIRE-JOURDAN, Faculté Droit, Aix; Gabriel SÉAILLES, professeur honoraire, Faculté Lettres, Sorbonne; Ch. SEIGNOBOS, Faculté Lettres, Sorbonne; Sylvain LÉVI, Collège de France; VERMEIL, Faculté Lettres, Strasbourg; Bernard LAVERGNE, Faculté Droit, Nancy; CLEUET, administrateur délégué du Magasin de Gros des Coopératives de France; E. POISSON, secrétaire général de la Fédération nationale des Coopératives de consommation; Gaston LÉVY, RAMADIER, membres du Conseil central de la Fédération nationale des Coopératives de consommation.

# Rapport de la Commission de Surveillance

CAMARADES,

En conformité du mandat que vous lui avez confié, la Commission de surveillance a vérifié les comptes de la Fédération nationale des Coopératives de Consommation et procédé à l'examen du bilan de l'année 1920.

Vous trouverez d'autre part ce bilan, détaillé par postes, et pourrez constater, comme nous, de l'excellence des résultats de l'exercice.

Nous attestons l'exactitude et la sincérité des chiffres qui vous sont soumis et concluons à l'adoption du bilan tel qu'il vous est présenté.

*, Le Rapporteur,*

E. DRONEAU.

*La Commission de Surveillance:*

DAVID, DRONEAU, DUCROCQ, LÉVY (Isidore), TUTIN.

## Bilan au 31 Décembre 1920

| ACTIF | | VALEURS IMMOBILISÉES | PASSIF | |
|---|---|---|---|---|
| | 13.703 66 | Matériel et Agencement. | | |
| | 85 » | Actions de Sociétés ouvrières. | | |
| 13.788 66 | | | | |
| | | AMORTISSEMENTS | | |
| | | Amortissement matériel et agencement . . . . | 13.073 66 | |
| | | Amortissement actions de Sociétés ouvrières. | 85 » | |
| | | | | 13.788 66 |
| | | VALEURS RÉALISABLES à court terme | | |
| | 112.726 50 | Débiteurs divers. | | |
| | 66 » | Fêtes et excursions. | | |
| | 33.311 60 | Chaire de la Coopération | | |
| | 10.245 10 | Alliance Coopérative internationale. | | |
| 156.349 20 | | | | |
| | | VALEURS DISPONIBLES | | |
| | | 1º Mobilisées : | | |
| | 3.842 25 | *Caisse:* Espèces en caisse. | | |
| | 120.098 71 | Magasin de Gros, en compte courant. | | |
| | 2.394 96 | Chèques postaux. | | |
| 126.335 92 | | | | |
| 296.473 78 | | | *A reporter* 13.788 66 | |

| | | | |
|---|---|---|---|
| 296.473 78 | | | Report . 13.788 66 |
| Actif | Valeurs disponibles | | Passif |
| | 2o A réaliser : | | |
| 12.205 05 | *Stock* librairie : marchandises. | | |
| | — librairie : fournitures diverses. | | |
| 85 25 | | | |
| 7.713 15 | — *Action coopérative.* | | |
| 20.003 45 | | | |
| | Exigible a court terme | | |
| | Frais et factures à payer. | 13.717 05 | |
| | Dû par Fédérations régionales.. . . . . . . | 8.836 15 | |
| | Créditeurs divers. . . . | 8 50 | |
| | | | 22.561 70 |
| | Exigible a long terme | | |
| | Orphelins. . . . . . . . | 94.174 75 | |
| | Comité des régions libérées . . . . . . . . . . | 23.877 68 | |
| | | | 118.052 43 |
| | Réserves | | |
| | Excédents des exercices antérieurs . . . . . . . | 44.662 89 | |
| | Excédent de l'exercice . | 117.411 55 | |
| | | | 162.074 44 |
| 316.477 23 | | | 316.477 23 |

# Comptes d'exploitation

## L'Action Coopérative

*Dépenses :*

| | |
|---|---|
| Frais d'impression .................................. | 192.187 46 |
| Frais d'expédition .................................. | 38.539 30 |
| Affranchissements .................................. | 13.570 40 |
| Appointements .................................. | 4.590 » |
| Frais divers .................................. | 513 75 |
| Circulaires .................................. | 54 » |
| Frais de bureau .................................. | 1 85 |
| Pourboires .................................. | 17 50 |
| Timbres quittance .................................. | 6 20 |
| Pointage du journal .................................. | 532 » |
| | 250.012 46 |

*Pertes et profits :*

| | |
|---|---|
| Abonnement irrécouvrables ..................... | 303 » |
| Total des dépenses ..................... | 250.315 46 |

*Recettes :*

| | | |
|---|---:|---:|
| Abonnements 1920 perçus | 219.577 | 05 |
| Abonnements 1920 dus | 4.671 | » |
| Service abonnements F. N. C. C. | 7.935 | » |
| Publicité | 2.038 | 15 |
| Fermage M. D. G. | 5.411 | 10 |
| | **239.632** | **30** |
| Stock au 31 décembre (papier et bandes) | 7.713 | 15 |
| | **247.345** | **45** |
| Déficit de l'exercice | 2.970 | 01 |

## Librairie

| | | |
|---|---:|---:|
| Stock en magasin au 1er janvier 1920 | 6.493 | 70 |
| Total des achats de l'exercice | 52.634 | 25 |
| | **59.127** | **95** |
| Stock au 31 décembre 1920 | 12.205 | 05 |
| Prix d'achat des marchandises vendues | 46.922 | 90 |
| Total des ventes de l'exercice | 56.800 | 51 |
| Bénéfice brut | 9.877 | 61 |

*Frais généraux :*

| | | |
|---|---:|---:|
| Salaires | 4.139 | 50 |
| Pourcentages | 625 | 65 |
| Frais d'expédition | 741 | 45 |
| Frais de bureau | 34 | 45 |
| Frais de postes | 1.306 | 75 |
| Déplacements | 114 | 50 |
| Pourboires | 37 | 60 |
| Timbres quittance | 6 | 20 |
| Frais d'emballage | 236 | 95 |
| | **7.243** | **05** |

*Pertes et profits :*

| | | |
|---|---:|---:|
| Clients irrécouvables | 18 | 55 |
| | **7.261** | **60** |
| Bénéfice net de l'exercice | 2.616 | 01 |

# Cotisations

| | | |
|---|---:|---:|
| Cotisations de sociétés coopératives | 198.179 | 50 |
| — — de production et divers | 13.452 | 30 |
| — M. D. G. | 63.088 | » |
| | **274.719** | **80** |

# Détail des frais de la F. N. C. C.

### *Frais généraux Ch. I*

| | | |
|---|---:|---:|
| Loyer et frais accessoires | 3.500 | |
| Contributions | 411 | 30 |
| Assurances | 604 | 15 |
| Entretien | 332 | 15 |
| Blanchissage | 62 | 10 |
| Eclairage | 48 | 50 |
| Timbres retraite | 213 | » |
| | **5.171** | **20** |

### *Frais généraux Ch. II*

| | | |
|---|---:|---:|
| Frais administratifs, traitement et comptabilité | 69.570 | 45 |
| | **69.570** | **45** |

### *Frais généraux Ch. III*

| | | |
|---|---:|---:|
| Pourboires et étrennes | 390 | 50 |
| Timbres quittances | 20 | » |
| Fournitures de bureau | 10.644 | 75 |
| Femme de ménage | 1.365 | » |
| P. T. T. | 6.620 | 05 |
| | **19.040** | **30** |

### *Frais généraux Ch. VI*

| | | |
|---|---:|---:|
| Amortissement du matériel | 2.903 | 80 |
| Achat de matériel et divers | 207 | 35 |
| | **3.111** | **15** |

### *Propagande, Ch. IV*

| | | |
|---|---:|---:|
| Conférences interalliées et neutres | 1.027 | » |
| Service gratuit de l'*Action* | 7.935 | » |
| Service renseignements administratifs et commerciaux | 1.893 | 50 |
| Librairie et perte sur brochures coopératives militaires | 2.730 | 40 |
| Circulaires | 503 | » |
| Cotisations diverses | 25 | 60 |
| Abonnements à journaux divers | 448 | 80 |
| Frais exposition à Strasbourg | » 182 | » |
| Congrès | 10.718 | 95 |
| Frais de délégation des secrétaires, tournées conférences | 24.187 | 10 |
| Cotisation Alliance internationale | 3.500 | » |
| | **54.151** | **35** |

### *Statistique et Office technique, Ch. V*

| | | |
|---|---:|---:|
| Salaires | 6.950 | » |
| Frais de bureau | 207 | 55 |
| P. T. T. | 57 | 50 |
| | **7.215** | **05** |

**Pertes et profits**

| | Doit | Avoir |
|---|---|---|
| Divers ......................... | 25 « | |
| Intérêts s/compte-courant M. D. G. . | | 1.256 25 |
| Solde du compte colonies de vacances à résultat ............:..... | 1.305 25 | 74 » |
| | 1.330 25 | 1.330 25 |

## Récapitulation

| | DOIT | AVOIR |
|---|---|---|
| Cotisations. . . . . . . . . . . . . . | | 274.719 80 |
| Pertes et Profits . . . . . . . . . . . . . | | 1.305 25 |
| Librairie. . . . . . . . . . . . . . . . | | 2.616 01 |
| *Action Coopérative* (déficit). . . . . . . | 2.970 01 | |
| Frais généraux : Chap. I . . . . . . . . | 5.171 20 | |
| Frais administratifs : Chap. II . . . . . | 69 570 45 | |
| Frais de bureau : Chap. III . . . . . . . | 19.040 30 | |
| Propagande . . . . . . . . . . . . . . | 54.151 35 | |
| Statistique et Office technique . . . . . . | 7.215 05 | |
| Frais généraux : Chap. VI. . . . . . . . | 3.111 15 | |
| Réserve : Excédent de l'exercice . . . . . | 117.411 55 | |
| | 278.641 06 | 278.641 06 |

## Rapport sur la Caisse fédérale

La Caisse fédérale entre maintenant dans sa septième année d'existence. Son développement n'a cessé de s'accroître et le nombre des adhérents dépasse maintenant 4.000.

La situation financière est tout à fait favorable ainsi que l'atteste son bilan arrêté au 31-12-19 et vérifié par le Service de contrôle du ministère du Travail.

Le total des fonds placés s'élève à 115.561 fr. 40.

L'actif accuse 126.808 fr. 56, le passif 108.636 fr. 78 ce qui fait ressortir un excédent de 18.171 fr. 78, soit une augmentation de 2.077 fr. 23, par rapport à l'exercice 1918. C'est une situation intéressante qui nous permettra d'élever notre taux de capitalisation pour pouvoir fournir à nos sociétaires des rentes plus fortes. Dès cette année, nous le porterons à 5 %, alors que la Caisse nationale des Retraites et la plupart des autres caisses similaires ne donnent que 4,50 %. L'an prochain, il est infiniment probable qu'il sera de 5,50 %. Cette situation très prospère tient à ce que nos placements ont été faits dans les conditions les meilleures tout en offrant les garanties de sécurité les plus sérieuses. Nos fonds sont en effet déposés à la Caisse des dépôts et consignations qui les gère, conformément aux ordres que nous lui donnons.

Nous avons la grande satisfaction de constater que la moyenne des versements par sociétaire est de plus en plus élevée. Aucune autre caisse n'a obtenu un pareil résultat. C'est une preuve du développement de l'esprit de prévoyance chez nos coopérateurs.

Nous avons déjà 150 retraités.

Ce chiffre peut paraître dérisoire, mais il convient de remarquer que nos retraités actuels ont versé pendant 8 ans, au plus, une cotisation minime — 9 francs par an. — La rente viagère qu'ils se sont acquise est supérieure à la totalité de leurs versements. C'est donc un placement très avantageux.

La Caisse fédérale est chargée de la gestion du compte de retraites du personel du Magasin de Gros, de l'Union des Coopérateurs et d'un certain nombre de sociétés de fusion.

Les nombreuses demandes de renseignements qui nous sont parvenues de tous côtés à ce sujet, nous font croire que la plupart des organisations sont désireuses de garantir la vieillesse de leurs employés. Elles ne sauraient trouver dans une société capitaliste d'assurances, dont le but est de réaliser d'importants bénéfices pour distribuer de gros dividendes, des avantages comparables à ceux que nous leur offrons:

« Capitalisation à 5 % minimum;

» Pas de limitation de versements (minimum légal : 9 francs pour les hommes; 7 fr. 50 pour les femmes);

» Retraite pouvant aller jusqu'à 6.000 francs;

» Réserve du capital versé au profit des ayants droit;

» Allocation en cas de décès à la veuve et aux enfants;

» Retraite anticipée à tout âge par suite de maladie entraînant l'incapacité de travail;

» Bonification des retraites 100 francs par an par l'Etat, auxquels peuvent s'ajouter des prélèvements faits sur l'actif de gestion répartis entre les assurés ».

La Caisse fédérale est donc en pleine prospérité, mais si nous avons lieu de nous montrer satisfaits des résultats obtenus, il nous faut reconnaître cependant que son développement n'a pas pris l'ampleur que nous étions en droit d'espérer.

L'indifférence ou l'imprévoyance de nos camarades s'explique difficilement. On reproche à la loi de 1910 ses imperfections, ses complications, son insuffisance. Elle doit être nécessairement modifiée. Le ministère du Travail en étudie une refonte complète, mais telle qu'elle est, elle offre aux travailleurs, en échange de cotisations infimes, des avantages appréciables, dont ils auraient tort de ne pas profiter.

La Caisse fédérale tient à la disposition de chacun tous les renseignements concernant la question des retraites.

## Deuxième Partie

# Nécessité d'une refonte de la Législation concernant les Assemblées générales

## (Sociétés coopératives de consommation et Unions de Coopératives)

### RAPPORT D'ALFRED NAST

La loi du 7 mai 1917, qui détermine le Statut juridique des Sociétés coopératives de consommation, ainsi que celui de leurs Unions, parle des Assemblées générales ou y fait allusion dans trois articles.

D'abord, dans l'article 4 : « Aucun associé ne pourra avoir pour les parts sociales ou actions dont il est titulaire plus d'une voix aux Assemblées générales de la Société coopérative de consommation à laquelle il adhère. »

L'article 6, deuxième alinéa, déclare que cet article 4 s'applique aux Unions de Sociétés coopératives de consommation. « Toutefois, continue ce texte, le nombre des voix attribuées aux Sociétés adhérentes pourra être proportionné au nombre des membres de ces Sociétés ».

Enfin, dit l'article 7, « les Sociétés et Unions de Sociétés prévues aux articles précédents sont administrées par des délégués nommés et révocables par l'Assemblée générale des sociétaires, dans les conditions prévues par les statuts ».

Ce texte, comme on le voit, est particulier à la question administration. Nous n'avons pas, par conséquent, à le retenir ici.

Seuls les articles 4 et 6 concernent, à proprement parler, le mécanisme des Assemblées.

L'article 2 de la loi du 14 juin 1920, modifiant celle du 7 mai 1917, vise également les Assemblées générales, mais pour une hypothèse toute particulière. Lorsque, dans un délai de deux ans à dater de la cessation des hostilités (c'est-à-dire jusqu'au 24 octobre 1921), il s'agira, pour une Société coopérative de consommation constituée avant la loi du 7 mai 1917, d'adapter ses statuts aux dispositions de ladite loi, « les formalités à remplir pour la validité des réunions où sera discutée cette adaptation seront celles fixées par les statuts pour les Assemblées générales ordinaires de la Société ». (Loi du 7 mai 1917, article 17, nouveau, résultant de la loi du 14 juin 1920).

Laissons ce dernier texte, qui n'est que transitoire.

Pour le surplus, les quelques dispositions précitées qui, seules, dans la loi du 7 mai 1917, ont rapport aux Assemblées de sociétaires, sont très insuffisantes.

Par où la loi pèche-t-elle à cet égard? C'est ce que, précisément, nous nous proposons de démontrer.

Mais nous ne pouvons pas nous borner à signaler les défectuosités théoriques et pratiques. Il est vraiment étrange et troublant de constater le silence à peu près complet de la loi de 1917 sur un sujet aussi important que celui des Assemblées, sujet qui est même fondamental en matière de coopération. D'où provient ce silence ? Il faut le rechercher. Une lacune aussi énorme doit avoir une cause d'ordre général. Et cette cause, ne la trouve-t-on pas, exactement, dans le système adopté par le législateur en ce qui concerne la forme juridique que peuvent revêtir les Sociétés coopératives de consommation ?

Après ce double examen, nous terminerons en suggérant quelques modifications qu'on pourrait apporter à la loi du 7 mai 1917 pour opérer, au point de vue des Assemblées, le redressement dont elle a grand besoin.

Les Coopératives de consommation s'opposent nettement aux Sociétés dont les membres ont pour principal objectif la fructification de leurs capitaux.

Nous donnerons ci-après, comme chapitre d'ouverture, un exposé de principes sur les Assemblées générales : 1° dans les Sociétés coopératives; 2° dans les Sociétés de capitaux.

Cette dissertation ne paraîtra pas un hors-d'œuvre inutile. On comprendra qu'elle était indispensable quand nous passerons ensuite à la critique du régime hybride qui est, en vertu de la loi du 7 mai 1917, le lot des Sociétés coopératives de consommation.

## PRINCIPES ESSENTIELS
### EN MATIÈRE D'ASSEMBLÉES GÉNÉRALES

1. *Les Assemblées de sociétaires dans les Coopératives de consommation.*

Il doit y avoir, dans toute institution coopérative, un organe souverain, et cet organe, c'est l'Assemblée des sociétaires.

Les statuts de la *Fédération Nationale des Coopératives de consommation* reconnaissent formellement ce principe. Article 4: « Seront acceptés (dans la Fédération) toutes les Sociétés constituées conformément à la Déclaration commune d'Unité coopérative. En conséquence, ne pourront être admises: les Sociétés... qui ne confèrent pas la souveraineté à l'Assemblée des sociétaires ».

Les prérogatives attachées à cette souveraineté sont nombreuses et diverses.

L'Assemblée exerce, tout d'abord, le pouvoir constituant. Nous la trouvons donc à l'origine de la Société. Dans la suite, elle peut modifier les statuts, c'est-à-dire procéder à la révision de la constitution.

L'Assemblée des sociétaires nomme l'exécutif, les représentants de la Coopérative: ce sont les administrateurs.

A l'Assemblée, ces administrateurs doivent rendre compte de leur gestion; ils en sont responsables devant elle, qui leur donne ou leur refuse quitus.

C'est encore l'Assemblée des sociétaires qui désigne les membres de la Commission dite de surveillance ou de contrôle, véritable petite cour des comptes.

D'autre part, l'Assemblée prend, dans les limites de la charte sociale, toutes décisions qui excèdent le mandat statutaire des administrateurs; elle confère à ces derniers les pouvoirs supplémentaires qu'elle juge utile. Elle autorise le Conseil d'administration à établir et appliquer, elle sanctionne et déclare en vigueur tout règlement intérieur pour l'exécution des statuts et le fonctionnement de la Coopérative.

La réunion des sociétaires présente ainsi, très nettement, la physionomie et le caractère d'une Assemblée législative, assez analogue à ces *Landsgemeinde* instituées depuis un temps immémorial dans certains cantons suisses : mode de gouvernement direct et populaire, pour nous servir d'une expression empruntée à la langue du droit constitutionnel.

Enfin, dans une Coopérative, l'Assemblée des sociétaires peut même être investie, du moins dans une certaine mesure, du pouvoir judiciaire: elle deviendra cour de justice, ayant compétence pour prononcer la peine du bannissement. Les statuts peuvent lui permettre, en effet, d'exclure des membres de la Société (loi du 24 juillet 1867, article 52, deuxième alinéa). Véritable jugement; d'ailleurs contradictoire, car, en bonne règle, on doit, par convocation spéciale, inviter l'intéressé à se présenter à l'audience et à fournir ses explications (voir en ce sens : tribunal civil de Blois, 5 mai 1897, dans la *Revue des Sociétés*, 1897, p. 549; cour de Lyon, 19 mars 1897, *Journal des Sociétés*, 1898, 60; etc.). A moins que les statuts n'aient, en les spécifiant, limité les causes de radiation, la décision de l'Assemblée n'a même pas besoin d'être motivée (jurisprudence et doctrine dans ce sens) : voilà un système qui passe les bornes du droit commun en matière de procédure! « Les arrêts qui ne contiennent pas les motifs sont déclarés nuls », dit en effet, dans son article 7, la loi du 20 avril 1810 concernant l'organisation judiciaire et l'administration de la justice. La sentence de l'Assemblée est donc, dans ce cas, sans appel: aucun tribunal ne peut la casser, à condition — cela va de soi — que cette Assemblée ait été régulièrement tenue et sa résolution prise à la majorité requise par la loi (art. 52 précité). Ainsi, quand l'Assemblée des sociétaires se prononce sur une exclusion, elle accomplit, comme on le disait tout à l'heure, une fonction juridictionnelle au sens absolu de ce terme.

Le rôle multiple et de prime importance dévolu, dans une Coopérative de consommation, à l'Assemblée des sociétaires vient d'être simplement esquissé. Mais, si l'on veut bien se souvenir maintenant qu'aucun membre ne peut avoir, dans l'Assemblée, plus d'une voix pour son compte personnel, quel que soit le montant de sa contribution au capital social (cpr. loi du 7 mai 1917, art. 4), elle suffit, cette esquisse, pour nous fonder à considérer la coopération comme la seule formule sincère et vraie d'organisation de la démocratie économique (1).

Certes, la coopération a besoin de capitaux, et même de beaucoup de capitaux. Elle tend précisément à remettre les moyens d'échange et de production entre les mains de tous les consommateurs, c'est-à-dire de la masse. Nouveau régime qui réaliserait enfin l'administration des choses en vue, essentiellement, des besoins de chacun, — tout intéressé, par conséquent tout le monde, ayant voix au chapitre. On ne peut, bien entendu, concevoir l'instauration et le main-

---

(1) Les *Unions* de Sociétés coopératives peuvent, dans leurs assemblées générales proportionner le nombre des voix des sociétés adhérentes au nombre des membres de ces sociétés (Loi du 7 mai 1917, art. 6). Ce mode de calcul se justifie parfaitement. Les Unions sont des sociétés de sociétés, non pas des sociétés d'individus. La part d'influence, dans leurs assemblées générales, correspond ainsi à l'importance de l'élément humain que représente chacune des sociétés adhérentes. C'est donc bien encore une application du principe démocratique, égalitaire, tenant compte essentiellement de la personnalité humaine.

tien de ce régime sans présupposer l'existence d'un statut juridique des consommateurs, statut établissant le suffrage universel et égalitaire au sein de l'Assemblée des coopérateurs. Peut-on penser un seul instant que ce mode de consultation et de délibération populaire soit susceptible, en matière économique, d'entraîner le désordre ? Oh! d'abord, quelle pire anarchie pourrait-on imaginer que celle déchaînée actuellement par le système compétitif ? Certes, nous ne voulons pas remplacer l'incohérence par le chaos. Mais, à cet égard, il n'y a rien à craindre : le règne du consommateur ne saurait advenir sans une discipline sociale résultant précisément de ce statut juridique dont nous parlions tout à l'heure.

Le régime coopératif a pour fin essentielle d'établir la justice dans les rapports économiques. Le capital, grâce à lui, change de rôle. Au lieu d'exercer sa domination sur les institutions humaines pour son profit particulier, il est asservi à son tour à l'élément humain pour des buts d'intérêt général. Il faut donc que le consommateur, l'usager, puisse disposer d'une voix, — et d'une seule, car, humainement parlant, il n'est qu'une unité, — pour exercer sa part d'influence sur les destins du patrimoine social. Mais la règle du suffrage universel et égalitaire ne suffit pas encore. Une seule et même personne peut avoir souscrit un apport en numéraire qui représente une fraction de capital supérieure au montant minimum que les statuts exigent de chaque associé. Pour assurer complètement la subordination de l'élément financier à l'élément personnel, ainsi qu'il convient en régime coopératif, il est nécessaire que la pratique puisse empêcher les titulaires de plusieurs parts sociales de faire échec à la constitution d'une l'Assemblée et de mettre ainsi obstacle à des dispositions qui étaient susceptibles de réunir la majorité, grâce à la règle : une voix par sociétaire. La législation française actuelle permet pourtant cette anomalie, avec son obligation du *quorum* en capital, sur lequel on reviendra plus loin.

Une atteinte quelconque, en faveur de l'élément financier, à la suprématie de l'élément humain, et c'est, dans l'organisation, la porte ouverte, en une certaine mesure, à la ploutocratie: or, celle-ci est absolument incompatible avec la conception coopérative, qui doit sa préexcellence à son principe même de justice économique et sociale. Remarquez que nous ne contestons pas le droit pour l'associé de recevoir un intérêt limité pour son apport pécuniaire : c'est là une simple rémunération, étrangère au sujet qui nous occupe et qui est bien plus grave. Il s'agit ici, en effet, d'une question d'autorité. L'acquisition et la maîtrise des instruments d'échange et de production par la masse organisée des consommateurs, ce serait bien l'avènement de la République sur le terrain économique, — et cela étymologiquement : *res publica*, la chose publique...

### 2. *Les Assemblées d'actionnaires dans les Sociétés de capitaux.*

Au temps présent, la production et la circulation des richesses dépendent, pour une énorme part, du vouloir très puissant d'autres collectivités, qui sont essentiellement des Sociétés de capitaux. La doctrine juridique ne s'y trompe pas, et sa terminologie les qualifie ainsi. Elles apparaissent comme une des manifestations du capitalisme se développant surtout de la fin du XVIIIe siècle à nos jours. Elles créent, en représentation de leur fortune, des valeurs mobilières, circulantes, qu'on appelle des actions.

Le type le plus accompli de la Société par actions est la Société anonyme. C'est donc ce type seul que nous voulons prendre ici en considération.

Une Société de capitaux, en raison de sa nature même, fait prédominer l'élément financier sur l'élément personnel; on peut même dire que, dans la réalité, celui-ci est écrasé par celui-là, dont l'influence majeure va s'exercer précisément dans les Assemblées générales.

Cette influence normale, nécessaire, quand il s'agit d'une Société de capitaux, a été admirablement marquée par plusieurs orateurs au Corps législatif, lors de la préparation de la loi du 24 juillet 1867.

A la séance du 5 juin de cette année 1867, sont venus en discussion les articles 27 à 31, relatifs aux Assemblées générales dans les Sociétés anonymes.

Sur l'article 27, M. de Janzé présentait un amendement ainsi conçu : « Il est tenu, chaque année, une Assemblée générale à l'époque fixée par les statuts; tout actionnaire peut prendre part aux délibérations; son vote, quel que soit le nombre des actions dont il est porteur, ne peut jamais être compté pour plus d'une voix ». L'auteur de cette proposition expliqua nettement qu'il voulait faire reposer la Société anonyme, à l'image du régime politique, sur le suffrage universel, « chaque intérêt, quelle que soit son importance, ayant un droit égal à imprimer une bonne direction à l'administration d'une Société ».

Mais cette prétention devait se heurter à des résistances énergiques.

Celle d'abord du rapporteur de la loi, M. Mathieu. « Dans une Société commerciale, dit-il, dans une Société commerciale, anonyme ou en commandite par actions, quelle est la mesure véritable du droit d'émettre son opinion et son vote sur les résolutions à prendre, et qui doivent, soit constituer la Société, soit assurer sa marche, soit la développer, soit supprimer les obstacles qu'elle rencontre en chemin? Cette base rationnelle, c'est l'intérêt; et la vérité, selon moi, serait en effet, au sein des Assemblées générales, la représentation proportionnelle à l'intérêt ».

Puis M. Paul Bethmont formula cette observation: « Dans la Société anonyme, c'est le capital qui est en vue, qui est en cause, qui est en jeu, et ce ne sont pas les personnes. Dans les circonstances où le capital est en vue, en cause, et non par les personnes, où le capital est représenté par cette sorte d'individualité argent qui se nomme des actions, je trouve très légitime, très rationnel, très vrai, que chaque personne qui a un nombre déterminé d'actions ait autant de voix qu'elle a de fois ce nombre, et voici pourquoi : c'est que, dans les Sociétés anonymes, les personnes disparaissent derrière l'action ». L'orateur insistait, en disant que, dans ces Sociétés, « c'est le capital qui constitue réellement l'association ».

Le commissaire du Gouvernement, M. Cornudet, s'étant déclaré d'accord avec les préopinants pour combattre l'amendement, la Chambre refusa de prendre celui-ci en considération.

Les articles 27 à 31 étaient adoptés, tels que les présentait la Commission, d'accord avec le Conseil d'Etat.

Aucune de ces dispositions ne prescrivait, pour le vote dans les Assemblées, un rapport de proportionnalité quelconque entre le nombre de voix et celui des actions, thèse chère à M. Mathieu et à M. Bethmont. L'on se bornait à écarter le système de M. de Janzé, préconisant le suffrage universel et égalitaire. La loi laissait aux statuts, en principe, toute latitude pour décider à cet égard.

Pour les Assemblées générales constitutives seulement, la loi imposait une double règle : 1° droit d'accès à l'Assemblée pour tout actionnaire, quel que soit le nombre de ses actions; 2° droit de voter avec le nombre de voix déterminé par les statuts, mais sans que ce nombre puisse être supérieur à dix (art. 27, second alinéa). Le rapport de la Commission voulait bien reconnaître que, dans ces Assemblées, « où le contrat reçoit sa consécration finale, où la Société se constitue et s'organise, l'élément personnel doit prédominer sur l'élément financier ».

Après la formation de la Société, la fameuse liberté des conventions reprenait le dessus. On devine en quel sens les Sociétés de capitaux allaient en user pour déterminer dans leurs statuts la composition de l'Assemblée et le nombre de voix appartenant à chaque actionnaire.

Pour pouvoir voter dans une Assemblée générale, il faut d'abord — c'est de toute évidence! — être admis à cette Assemblée. La remarque peut paraître naïve, mais elle est nécessaire. La loi de 1867 n'exigeait, en effet, la convocation de tous les actionnaires que pour l'Assemblée constitutive (art. 27) ou pour la réunion qui, en cas de perte des trois quarts du capital social, doit être appelée à statuer sur la dissolution ou la continuation de la Société (art. 37). La loi permettait donc de fermer la porte de toute autre Assemblée à ceux que l'on appelle les petits actionnaires, c'est-à-dire à ceux qui ne possèdent pas un certain nombre d'actions fixé par les statuts.

Et c'est ainsi que faisaient généralement les Sociétés de capitaux. Voilà bien, s'opposant au suffrage universel dont on parlait tout à l'heure, le régime censitaire. De même, en France, avant 1848, existait le cens électoral.

En matière de Sociétés, l'application peut-être la plus remarquable du système censitaire est celle faite à la Banque de France par les lois du 24 germinal an XI et du 22 avril 1806, décidant que l'universalité des actionnaires sera représentée par les deux cents plus forts d'entre eux qui, réunis, formeront l'Assemblée générale. Mais, — chose également digne d'attention, — dans cette Assemblée dont les membres devaient être ainsi sélectionnés par l'importance de leur participation au capital de la Banque, les mêmes lois prescrivaient le suffrage égalitaire, en n'accordant à chacun d'eux qu'une voix. quelque nombre d'actions qu'il possède.

Fermons la parenthèse ouverte sur le cas de cette institution *sui generis*, et revenons maintenant aux Sociétés anonymes de la loi de 1867.

Une réforme intervient, — modification de l'article 27 par la loi du 1er août 1893, — pour protéger, dans une certaine mesure, les petits actionnaires. Elle ne leur ouvre pas à tous, personnellement, l'accès de l'Assemblée, mais elle donne à tous propriétaires d'un nombre d'actions inférieur à celui exigé par les statuts pour y être admis la faculté de se réunir pour former le nombre nécessaire et se faire représenter par l'un d'eux.

Ainsi, dorénavant, présence ou, tout au moins, représentation possible de tous les actionnaires dans toutes les Assemblées.

En conséquence, droit de vote reconnu à tous, isolés ou groupés, selon le cas; droit qui, dans la dernière hypothèse, ne peut forcément être exercé que par un mandataire commun.

Cette faculté de réunion accordée par la loi aux petits porteurs de titres ne constitue pas, d'ailleurs, en toute occurrence, un obstacle certain à la prépondérance absolue des gros actionnaires, puisque les Sociétés de capitaux peuvent toujours, dans leurs statuts, proportionner, sans limitation, le nombre de voix dont disposera chaque membre de l'Assemblée à la quantité d'actions possédée ou représentée par lui.

Il est vrai que très souvent, dans la pratique, les statuts ne vont pas aussi loin et fixent le maximum de voix pouvant appartenir à chacun des membres de l'Assemblée, tant en son nom personnel que comme mandataire: dix, vingt ou cinquante, par exemple.

Cette fixation d'un maximum, destiné à servir de frein à la puissance des gros détenteurs d'actions, pouvait, jusqu'à une date relativement récente, s'appliquer à toutes les délibérations, notamment aux plus importantes : celles qui ont pour objet la modification du pacte social.

Elle n'est plus valable pour les résolutions de cette dernière catégorie dans les Sociétés constituées depuis la loi du 22 novembre 1913 (nouvelle article 31 de la loi du 24 juillet 1867), qui décide: « Nonobstant toute clause contraire de l'acte de société, dans les Assemblées générales qui ont à délibérer sur les modifications aux statuts, tout actionnaire, quel que soit le nombre des actions dont il est porteur, peut prendre part aux délibérations avec un nombre de voix égal aux actions qu'il possède, sans limitation ».

Ainsi, dans les Sociétés anonymes, double règle posée impérativement par la loi, quand il s'agit de modifier les statuts :

D'abord, tous les actionnaires sont appelés à prendre part aux délibérations. Pour les moindres d'entre eux, ce n'est plus la simple faculté de groupement, le système représentatif. La loi institue le suffrage direct et universel;

Soit, mais aussi le vote plural. Tout membre de l'Assemblée dispose au moins d'une voix: il n'a peut-être qu'une action. En tout cas, il lui est attribué un nombre de voix coïncidant exactement avec celui des actions qu'il possède ou qu'il représente. (La suite du texte précité montre, en effet, que la loi n'exclut point la procuration).

Cette proportionnalité rigoureusement mathématique entre l'influence et l'intérêt financier eût transporté d'aise MM. Mathieu et Paul Bethmont, dont j'ai cité plus haut l'opinion émise au cours des travaux préparatoires de la loi de 1867.

On remarquera d'autre part que, — considéré sous ce double rapport : suffrage universel et direct, vote plural et proportionnel, — le régime prescrit pour les Assemblées modificatives des Sociétés anonymes par la loi de 1913 constitue très précisément l'opposé du système pratiqué dans les Assemblées générales de la Banque de France, tel que je l'ai indiqué tout à l'heure, — c'est-à-dire recrutement censitaire, puis, pour les deux cents plus forts actionnaires admis, droit de vote rigoureusement égalitaire.

Au fond, sans aucun doute, les deux régimes se valent: l'un et l'autre ont pour résultat et, d'ailleurs, pour objet de conférer l'omnipotence aux plus gros actionnaires.

A la Banque de France, il est vrai, les plus gros, quelles que puissent être les différences entre eux, se partagent également, fraternellement, leur souveraineté. Puis cette institution, bien qu'établissement privé, ne jouit pas d'une entière autonomie vis-à-vis de l'Etat.

Certes, la loi du 22 novembre 1913 a beaucoup mieux réussi dans son genre.

Grâce à elle, dans la Société anonyme, il peut y avoir enfin un maître absolu, dont le pouvoir ne souffre aucun partage, ne s'incline devant aucune majorité, puisque ce monarque forme à lui seul toutes les majorités que loi et statuts se permettent d'exiger: c'est le plus gros actionnaire, — au singulier, — celui qui peut et qui sait le mieux pratiquer entre ses mains le bloquage des actions.

La loi de 1913 couronne supérieurement l'œuvre ébauchée par la législation antérieure. L'ébauche a fini par paraître un peu pâle, à cause de son libéralisme. Les lois de 1867 et de 1893 laissaient au pacte social beaucoup trop d'initiatives. C'est ainsi qu'on pouvait doser savamment les influences respectives du financier cossu et du simple épargnant. Par contre, ces lois n'empêchaient point, à vrai dire, d'assurer statutairement aux plus gros actionnaires la prépondérance absolue. Mais enfin elles n'y contraignaient pas! Le législateur de 1913 a vu là un scandale et, décidé à le faire cesser en employant la manière forte, il a lui-même créé l'obligation : ordre absolu de proportionner le nombre de voix au nombre d'actions, « sans limitation... nonobstant toute clause contraire de l'acte de Société » (on a lu le texte plus haut). Les commentateurs de la loi sont unanimes, d'ailleurs, à critiquer cette interdiction draconienne des clauses limitatives.

Mais ce système légal, pourrait-on soutenir en jouant du paradoxe. n'est-il point le triomphe éclatant de l' « égalitarisme » en une pareille matière? N'oubliez donc pas que les Sociétés dont il s'agit ici sont éminemment des groupements de capitaux. Dès lors, « une action, une voix », c'est l'égalité même... puisqu'on vous dit que, dans la société anonyme, les personnes disparaissent derrière les actions et s'effacent comme des fantômes. C'est l'action qui vote, et elle a juste une voix, ainsi que chacune de ses camarades.

N'empêche que cela se traduit de la façon suivante pour les titulaires qui, tout de même, sont intéressés à cette opération arithmétique: 1 action, 1 voix; 100 actions, 100 voix; 1.000 actions, 1.000 voix, et ainsi de suite. Aussi, comme on a pu l'écrire, est-elle bien inutile, cette obligation légale d'appeler les petits actionnaires à faire partie de l'Assemblée « dès lors que l'adoption ou le rejet des propositions qui lui sont soumises doit toujours dépendre de la volonté d'actionnaires importants formant la majorité » (1).

Nous trouvons, pour dire toute notre pensée, deux fois cynique le législateur qui, d'un côté, encourage formellement les gros à étrangler les petits, et qui, d'autre part, d'un air gracieux, invite ceux-ci, perdus d'avance, à venir assister à la cérémonie où leur exécution doit être décidée. En tout cas, moyen expéditif, puisqu'il permet aux petits, présents à la réunion, de connaître immédiatement leur sort.

Ajoutons, pour être complet, qu'un autre ensemble de règles vient marquer nettement la prépondérance du capital dans les sociétés anonymes: ce sont les prescriptions visant la composition même des Assemblées générales. Comme condition de validité de la réunion, la loi exige l'obtention d'un *quorum*, c'est-à-dire la représentation, par les présents, d'une portion déterminée du capital social. Quorum variable suivant l'importance des délibérations mises à l'ordre du jour, la loi distinguant à cet égard entre les assemblées constitutives, les assemblées modificatives des statuts et les autres assemblées (celles que, dans la pratique, on appelle ordinaires). La loi de 1867 a fixé les divers quorums, dans les articles 29 à 34. Dans les assemblées des deux premières catégories (consti-

---

(1) Houpin et Bosvieux, *Traité général des Sociétés*, 5ᵉ édit., t. II, nᵒ 970.

tutives et modificatives), la représentation d'une fraction minima du capital social est toujours indispensable (1). S'agit-il d'une assemblée dite ordinaire ? Nécessité d'un quorum en capital quand la réunion a lieu sur première convocation; si ce quorum n'est pas atteint, une nouvelle assemblée peut délibérer valablement, quel que soit le capital représenté par les actionnaires présents (art. 29, loi de 1867). Il faut dire que cette dérogation au régime des quorums ne compromet pas l'influence que les gros actionnaires veulent exercer dans la société. Sans doute, une clause des statuts peut, valablement, limiter le nombre de voix dont disposera l'actionnaire dans une assemblée de cette nature. Mais l'assemblée ordinaire a pour principale mission de statuer sur les comptes présentés par les administrateurs, et il faut bien que ces derniers puissent obtenir une solution. Au surplus, une assemblée de cette espèce ne délibérera que sur des questions d'ordre, peut-on dire, secondaire, dans ce sens qu'elles ne doivent intéresser que le fonctionnement de l'entreprise, qui est lui-même conditionné par les statuts. Puis les gros actionnaires peuvent aisément tourner la clause limitative des voix en procédant, avant la réunion, à une savante répartition de leurs actions entre des comparses qui voteront dans le sens indiqué. Ces gros actionnaires pourront ainsi se faire élire eux-mêmes administrateurs. Et, s'il leur plaît, ils pourront dès lors changer le fonctionnement, toucher aux directives de la société, en convoquant une assemblée modificative, dans laquelle cette fois, sans machination, grâce à la loi de 1913, comme on l'a vu, ils feront pencher la balance du poids total de leurs actions. Inversement, supposons qu'un actionnaire ne puisse, à lui tout seul, former la majorité dans une assemblée modificative: s'il détient cependant une assez forte partie du capital social, cet actionnaire sera capable d'annihiler toute proposition de changement statutaire qui ne lui plairait pas, et cela, simplement, en empêchant par son absence de réunir le quorum nécessaire.

En somme, sur toute la ligne, l'évolution législative qu'on vient de retracer fait aujourd'hui de la société anonyme l'expression juridique la plus perfectionnée du capitalisme.

Formée sur ce type accompli, la société de capitaux provoque l'établissement d'une oligarchie sur le terrain économique. Elle favorise même l'existence, dans son sein, d'une véritable autocratie.


Ainsi, entre la société de capitaux et la coopérative de consommation, celle-ci foncièrement démocratique, il y a un contraste absolu. L'antithèse est parfaite.

## VICE CAPITAL DE LA LOI DU 7 MAI 1917

## SUR LES SOCIÉTÉS COOPÉRATIVES DE CONSOMMATION

L'erreur fondamentale, à mon avis, de la loi du 7 mai 1917, c'est de n'avoir pas fait, de la coopérative de consommation, un type juridique nouveau, une société *sui generis*, ayant par conséquent, à

---

(1) Le quorum exigé pour la modification des statuts (art. 31) a été revisé par la lo du 22 novembre 1913.

Voir les quotités requises dans les différents cas par les art. 29, 30 et 31 (modifié) de la loi du 24 juillet 1867 : textes que nous reproduisons un peu plus loin, dans un autre chapitre.

tous égards, ses règles propres et une structure originale, complètement inspirée par les caractères et les fins économiques de l'organisation.

Va-t-on nous objecter qu'il y aurait eu trop de hardiesse à procéder ainsi ? Mais non: cette méthode n'eût pas été sans précédent, et même sans plusieurs précédents. C'est elle qu'on avait suivie pour un certain nombre d'institutions à mécanisme coopératif : les Sociétés de crédit mutuel agricole (loi du 5 novembre 1894, aujourd'hui loi du 5 août 1920); les Sociétés de crédit mutuel maritime (loi du 4 décembre 1913); les Sociétés de caution mutuelle entre petits et moyens commerçants (loi du 13 mars 1917). Bien que baptisées « mutuelles » par le législateur, voilà des institutions qui répondent nettement au critérium précis de la coopération (excédents sociaux répartis entre les clients au prorata de leurs opérations, après prélèvement de l'intérêt du capital et, déduction des sommes attribuées aux réserves). On a doté ces coopératives de crédit d'un type juridique spécial et adéquat. Que n'a-t-on créé, pour nos Coopératives de consommation, une forme légale qui leur convînt ?

Quel est donc, à l'égard de ces dernières, le système tout différent adopté par la loi du 7 mai 1917 ? Celle-ci, dès son article premier, renvoie, pour la constitution et, par conséquent, pour le régime des Sociétés coopératives de consommation, au titre III de la loi du 24 juillet 1867. Ce titre, composé des articles 48 à 54, a pour rubrique : « Dispositions particulières aux Sociétés à capital variable ». Il ne range point les sociétés qu'il désigne de ce nom dans un compartiment à cloison étanche, qui les isolerait des autres sociétés organisées par la législation civile ou commerciale. Dans les statuts « de toute société », dit l'article 48, alinéa premier, on peut stipuler que le capital social sera susceptible d'augmentation et de diminution, de telle et telle manière que le texte précise. Donc, cette variabilité apparaît simplement comme une modalité admissible dans les sociétés appartenant, sous tous autres rapports, à l'une des espèces définies légalement. Par conséquent, les sociétés dont les statuts contiennent la stipulation ci-dessus restent soumises, indépendamment des dispositions particulières du titre III, aux règles générales concernant la forme juridique qu'on leur aura choisie. Ainsi s'exprime l'article 48, deuxième alinéa.

Dès lors, là loi du 7 mai 1917, en se référant au titre III de la loi du 24 juillet 1867, oblige toute coopérative de consommation à emprunter son type à l'une des catégories classiques du droit des sociétés.

Il ne suffit pas qu'une coopérative s'affirme société à capital et personnel variables, expression incomplète, comme on vient de l'expliquer. Elle doit être en même temps, par exemple, Société civile ou Société anonyme.

De cette conception erronée du législateur de 1917 provient le plus grand mal.

Puisque, à propos des avances de l'Etat aux coopératives de consommation, on se préoccupait enfin d'assurer à ces organisations un statut dans la loi, c'était le moment, pourtant, de leur donner une physionomie juridique propre et un régime convenable.

Je ne crois pas que la tâche eût été malaisée.

On pouvait bâtir, pour nos sociétés, un système de toutes pièces, conforme aux besoins, à l'idéal, aux caractères spécifiques de la coopération. Et cela sans grand' peine, car la théorie et la pratique étaient suffisamment avancées pour que l'on pût savoir exactement ce qu'il fallait. Cette loi, intransigeante sur les principes, aurait créé un régime des plus souples, permettant aux statuts de grandes initiatives, pour pouvoir faire face éventuellement à des nécessités nouvelles.

Aux résistances problématiques des misonéistes, on aurait répondu par le précédent : la législation sur le crédit coopératif, *alias* crédit mutuel.

Sans doute, cette législation, du point de vue de la technique juridique elle-même, n'atteint pas, en tous points, à la perfection absolue. Toutefois, bien conçue d'abord, elle présente, d'autre part, un ensemble vraiment satisfaisant. Qu'il s'agisse des sociétés de crédit agricole, de crédit maritime, de caution mutuelle entre commerçants, la loi leur donne un cadre approprié, *sui generis*, tranché comme il convient. Ainsi, par dérogation aux règles ordinaires imposées aux sociétés commerciales, elles sont soumises à un régime de publicité extrêmement simplifié. Les parts d'associé n'y peuvent pas être des actions, et voilà, coopérativement parlant, une notion très exacte. Par ailleurs, les statuts ont une grande latitude. Exemples : ils déterminent eux-mêmes l'étendue de la responsabilité des membres; ils organisent, comme il leur paraît bon, les rouages internes de la société, non seulement l'administration proprement dite, mais encore les assemblées générales. Un reproche, toutefois, que méritent les diverses lois concernant le crédit mutuel, c'est de ne point exiger l'application rigoureuse de ce principe essentiellement coopératif: « un sociétaire, une voix »; au demeurant, les statuts, fixant eux-mêmes les règles de l'Assemblée, peuvent n'accorder à chaque membre, quelle que soit l'importance de sa mise, qu'un seul vote, même pour modifier l'acte de société, sans que soit opposable, dans ce dernier cas, aucune prescription capitaliste comme celle de la loi du 22 novembre 1913, qui — on l'a vu plus haut — est spéciale aux actions. En somme, la législation sur le crédit mutuel, c'est-à-dire coopératif, est un modèle à approuver, en ce double sens que: 1° elle crée, pour les institutions dont elle s'occupe, un type de société très nettement spécifique; 2° tout en leur traçant ainsi un cadre juridique défini, elle fait preuve, à l'égard de l'organisation pratique, d'un grand libéralisme. Double service, par conséquent.

Je m'excuse d'avoir insisté là-dessus, mais c'était nécessaire pour la comparaison.

La loi du 7 mai 1917 procède en effet tout différemment vis-à-vis des coopératives de consommation.

Elle les revêt d'un costume d'arlequin.

Quelques rares morceaux de ce costume sont fournis par la loi de 1917 elle-même. Ainsi la règle interdisant le vote par part de capital.

D'autres morceaux sont empruntés par cette loi au titre III de la loi du 24 juillet 1867, à laquelle elle renvoie formellement. Ce sont les dispositions particulières aux sociétés à capital variable.

D'autres morceaux proviennent enfin d'une catégorie quelconque, plus générale, du droit des sociétés, civiles ou commerciales. Au choix! (Voir explication donnée précédemment au sujet du titre III de la loi de 1867.)

Le régime juridique des coopératives de consommation apparaît ainsi comme un amalgame surprenant. On dirait avec raison, en langage familier : une véritable « salade ». Bon nombre des règles contenues dans la loi de 1917 se présentent, expressément ou implicitement, sous forme de dérogations à telle ou telle autre loi, et même de dérogations à des dérogations, de telle sorte que, par ce beau circuit, on en revient tout simplement au droit commun lui-même! En vérité, c'est bien comme je l'affirme : témoin, en ce qui concerne le montant du capital social et de ses augmentations successives, le nouveau paragraphe final de l'article premier, modifié par la loi du 14 juin 1920.

Sans doute, si l'on avait voulu modeler un type juridique inédit, à l'usage propre des coopératives de consommation, il eût fallu un assez grand effort, — non pas d'idée, je me suis précédemment expliqué sur ce point, — mais de rédaction législative. On a jugé plus expéditif de renvoyer aux textes préexistants, sous réserve de quelques modifications opérées d'une façon plus ou moins empirique.

Peut-être a-t-on cherché aussi à donner l'impression d'un certain esprit de largesse en laissant aux organisateurs le soin de choisir eux-mêmes une forme légale dans le catalogue habituel des sociétés (nous verrons tout à l'heure à quoi se réduit positivement ce choix); cependant qu'on espérait faciliter l'adaptation des régimes de droit commun au mécanisme et aux besoins des coopératives, grâce précisément à l'expédient des dérogations.

Mais il est arrivé ce qui devait se produire à peu près fatalement. Les préparateurs de la loi de 1917, si avisés qu'ils aient pu être, n'ont pas prévu tous les changements qu'il convenait d'apporter aux règles du droit commun.

La loi de 1917 s'est vite avérée insuffisante à cet égard. Elle n'a donc fait qu'ouvrir l'ère des dérogations. Le Conseil supérieur de la Coopération, institué un an après, a commencé aussitôt la poursuite des réformes. Une loi est intervenue le 14 juin 1920. Un nouveau projet de loi vient d'être déposé. Cette loi et ce projet concernent des questions que nous n'avons pas à relater ici.

Aujourd'hui, nous abordons le problème des ASSEMBLEES GENERALES. C'est bien son tour.

J'ai rappelé, dès les premières lignes de la présente étude, le laconisme de la loi sur les Sociétés coopératives de consommation, relativement à cette matière d'une si haute importante, — laconisme dont nous allons montrer les principaux inconvénients.

On ne songera pas, je pense, à me reprocher les développements consacrés ci-dessus à la critique du système bâtard auquel se sont ralliés les auteurs de la loi du 7 mai 1917. Il fallait bien nous dresser contre lui, puisque ce système est la cause première, la source même de graves mécomptes comme ceux qui ont déjà provoqué certaines modifications à la loi, comme ceux que nous constaterons en matière d'assemblées générales, comme d'autres enfin dont il y aura lieu quelque jour de se préoccuper (1).

Quelle est donc, sur l'Assemblée des sociétaires, — **organe essentiel et souverain** de l'institution coopérative, — la répercussion du procédé juridique inscrit dans la loi de 1917 ?

---

(1) Un système analogue, frappé par conséquent de la même bâtardise, avait été admis auparavant pour les sociétés coopératives ouvrières de production (loi du 18 décembre 1915). Nous n'avons pas à en traiter ici. Disons toutefois que ces organisations ont des caractères, des principes, des besoins très différents de ceux des coopératives de consommation. Par conséquent, les éléments positifs d'un examen de la situation juridique des deux catégories d'institutions ne peuvent être les mêmes.

Voici d'abord le principe, aussi bien pour les Coopératives de consommation que pour leurs Unions (argument des art. 1 et 6, deuxième alinéa) :

L'Assemblée se trouve conditionnée par la forme dont s'est revêtue, en l'empruntant au droit commun des sociétés, l'organisation coopérative dont il s'agit.

Principe d'application stricte, à moins d'une disposition contraire dans la loi sur tel ou tel point déterminé.

Or, comme nous l'avons fait observer, la loi de 1917 ne contient, à cet égard, d'autre prescription particulière que celles relatives au nombre de voix dont peut disposer chaque membre de l'Assemblée. Une voix au plus par sociétaire, pour l'ensemble de ses parts sociales, s'il s'agit d'une Coopérative de consommation (art. 4). Même règle pour les Unions : une voix par sociétaire, membre individuel ou coopérative, à moins que l'union n'ait préféré proportionner le nombre des voix attribuées aux sociétés adhérentes au chiffre des membres dont se composent ces sociétés (art. 6). Nous avons montré comment, du point de vue coopératif, se justifiaient l'une et l'autre solution.

Pour tout le reste, le silence de la loi spéciale oblige les Assemblées à se conformer aux règles générales de la catégorie juridique dont relève l'institution coopérative par l'effet de son propre choix. Or, ces conditions varient beaucoup suivant les types de sociétés.

Ainsi le problème est complexe.


Il nous impose immédiatement, comme corollaire des explications précédentes, le rapide examen d'une question préalable :

Comment les institutions coopératives de consommation se classent-elles au point de vue juridique ?

Sociétés ou unions, la loi de 1917 se borne à déclarer qu'elles sont des sociétés à capital et personnel variables (art. 1 et 5). Mais n'insistons plus sur ce phénomène, puisque — comme on le sait — la variabilité n'est qu'un mode, un attribut, un aspect particulier, présupposant l'existence de la société sous une forme de droit commun.

En définitive, les espèces légales de sociétés auxquelles se rattachent nos institutions sont seulement au nombre de deux.

Elles se ramènent :

1° A la société civile;

2° A la société anonyme, celle-ci étant toujours considérée comme commerciale, quel que soit son objet (loi du 24 juillet 1867, art. 68, ajouté par la loi du 1ᵉʳ août 1893).

D'autres sortes de sociétés reconnues par le Code de commerce ne seraient pas incompatibles, théoriquement, avec les dispositions de la loi du 7 mai 1917 sur les coopératives de consommation: la société en nom collectif, la société en commandite sous l'une quelconque de ses formes (par intérêts ou par actions). Mais la pratique de nos organisations ne saurait s'accommoder des caractères propres à l'un et à l'autre de ces types. Elle frappe ces derniers d'un ostracisme dont il est inutile de préciser ici les motifs impérieux, notre sujet se limitant au fonctionnement des Assemblées générales sous les seuls régimes adoptés en fait par les coopératives.

Société civile, société anonyme, disions-nous.

L'éclectisme juridique affiché par la loi de 1917 se borne donc, réellement, à embrasser ces deux catégories. Dans chacune de ses dispositions visant les parts des sociétaires, cette loi, éprise d'exactitude, met une louable coquetterie à spécifier : « Part sociale ou action » (v. art. 4 et 12, modifié par loi du 14 juin 1920). Part sociale: c'est pour les sociétés civiles. Action: pour les sociétés anonymes.

L'alternative laissée aux coopératives de consommation entre ces deux formes de société n'est certes pas fameuse. Et cependant, comme nous l'avons expliqué, il ne pouvait pas y en avoir d'autre, dès lors qu'on ne s'était pas attaché à créer pour nos institutions un type juridique propre. C'est donc, depuis la loi de 1917, le système antérieur... qui continue!

La société civile. Dangereuse pour ses membres, chacun d'eux étant, par part égale, tenu des dettes sociales personnellement et indéfiniment (art. 1863 du Code civil. Jurisprudence de la Cour de Cassation). Régime adopté cependant par maintes coopératives, surtout autrefois, pour diverses considérations qu'il serait trop long, et d'ailleurs inutile, d'énumérer ici complètement: par exemple pour échapper à la patente, avant la loi du 19 avril 1905; par préjugé aussi contre la législation commerciale. Ce genre de société ne peut guère convenir qu'à de petites coopératives, et à condition qu'elles ne vendent pas à d'autres que leurs membres. On le rencontre, notamment, parmi les organisations réservées à certaines catégories d'acheteurs (fonctionnaires, cheminots, personnel de telle ou telle usine, etc.)

Depuis plusieurs années, les coopératives de consommation se tournent de préférence vers la forme anonyme, et, entre autres, celles qui figurent aujourd'hui parmi les plus considérables. Sous cet aspect juridique se présentent la plupart de nos modernes institutions, dites sociétés de développement, à succursales multiples; sur le domaine des unions, c'est le cas également du Magasin de Gros des Coopératives de France. Pourquoi ? D'abord, une précieuse garantie: seule la société anonyme restreint la responsabilité de chaque membre au montant de sa mise (Code de commerce, art. 33). Puis, dans l'état actuel du droit, c'est uniquement sous cette forme légale que la coopération peut prétendre à un plus large essor : la société anonyme, en vertu de son caractère commercial, a pleine licence de vendre au public et, par ce moyen, d'atteindre, en dehors de ses membres, toute une clientèle qui sera elle-même comme une pépinière de coopérateurs.

Mais quelle situation, paradoxale et inconséquente, que celle provoquée par cette morphologie juridique, à laquelle obéit si platement la loi de 1917, que rien n'y obligeait! La coopérative ou l'union de coopératives, sociétés anonymes! L'une et l'autre amenées, contraintes pratiquement pour les raisons susdites, à se modeler sur le prototype de la société de capitaux, dont l'organisation des consommateurs, par son but, ses besoins, son mécanisme, son caractère démocratique et essentiellement personnel, est une vivante contradiction!


Le régime des Assemblées générales va être examiné maintenant d'après le plan suivant :

D'abord je rappellerai quelques règles s'appliquant à toutes les sociétés coopératives de consommation et unions de coopératives;

Je traiterai ensuite, successivement, des coopératives civiles et des coopératives anonymes (1).

*Observation.* — Sous le nom générique de coopératives, on parlera aussi bien des sociétés que de leurs unions. D'ailleurs, légalement, les unions sont des sociétés; ce que nous dirons des sociétés s'appliquera donc aux unions. Dans les rares cas où il y aura lieu de les distinguer les unes des autres, nous le spécifierons formellement.

## CONDITIONS JURIDIQUES ACTUELLES
## DES ASSEMBLÉES GÉNÉRALES
### Règles communes à toutes les Coopératives

D'abord, deux règles formulées par la loi du 7 mai 1917.

I. *Nombre de voix.* — « Aucun associé ne pourra avoir pour les parts sociales ou actions dont il est titulaire plus d'une voix aux assemblées générales de la Société coopérative de consommation à laquelle il adhère. » (Art. 4.) Pour les parts sociales ou actions « dont il est titulaire », dit ce texte; par conséquent, s'il est mandataire, il a, en plus de la sienne, autant de voix qu'il représente de sociétaires.

L'article 6 (2e alinéa) déclare la règle de l'article 4 applicable aux unions de coopératives. Ceci est obligatoire, du moins, pour les membres individuels que peut admettre l'union dans les termes du premier alinéa (c'est-à-dire des personnes faisant partie d'une société coopérative adhérente à l'union). Pour les membres collectifs, la disposition du second alinéa continue ainsi: « Toutefois, le nombre des voix attribuées aux sociétés adhérentes pourra être proportionné au nombre des membres de ces sociétés. »

Il ne faut pas se méprendre sur le sens et la portée de ces articles de la loi. Ils n'interdisent qu'une chose: l'établissement d'un rapport quelconque d'égalité ou de proportionnalité entre les voix et les actions ou parts sociales. Qu'on relise attentivement ces textes: on s'aperçoit qu'ils n'ont pas d'autre but, et que cela est vrai aussi bien pour les unions que pour les coopératives de consommation. Comme il est de principe que les exceptions au droit commun, à la liberté des conventions, doivent être interprétées strictement, la teneur même des articles précités ne permet de conclure qu'à la seule prohibition que nous venons de formuler.

Par conséquent, ne serait pas contraire à la loi de 1917:

a) Une clause des statuts qui accorderait à chaque sociétaire un nombre de voix en proportion du montant des achats faits par lui à la coopérative. Ceci paraîtrait assez logique dans une société de consommation! L'article 4 de la loi ne limite nullement le nombre des voix pouvant appartenir à un associé; il se borne à dire que cet associé ne pourra pas avoir plus d'une voix « pour les parts

---

(1) Notre étude suppose connues toutes les caractéristiques, soit de la société civile, soit de la société anonyme, d'après la loi et la jurisprudence. De même, nous n'avons pas à indiquer les signes distinctifs de l'« action »; quand les parts dans la société ne constituent pas des actions, on les appelle simplement « parts sociales ». Peut-on former des sociétés anonymes sans actions, c'est-à-dire avec des parts sociales? Question controversée. En tout cas, la législation sur les sociétés anonymes ne vise expressément que l'hypothèse où il y a des « actions », des « actionnaires ». Mais bornons-nous à en faire la remarque. Ces divers points, en effet, sont extérieurs à notre sujet qui se résume ainsi: on admet qu'une coopérative est une société civile, qu'une autre est une société anonyme; quel est le sort de chacune d'elles, en ce qui concerne ses assemblées?

sociales ou actions dont il est titulaire »; ceci n'empêche donc pas l'attribution de plusieurs voix, si la mesure en est déterminée par tout autre élément que le nombre des parts.

Et le sociétaire qui n'a rien acheté, dira-t-on? Pour n'exclure personne de l'assemblée, on pourrait donner à chaque associé une voix d'abord en sa seule qualité de souscripteur, puis des voix supplémentaires, en nombre susceptible de varier avec le chiffre de ses achats.

Si l'on interdisait l'accès de l'assemblée à ceux qui n'auraient pas fait, au cours de l'exercice, un minimum de consommation (1.000 fr. par exemple), un problème juridique se poserait, du moins dans les sociétés à forme anonyme: les petits consommateurs n'auraient-ils pas le droit de bloquer leurs chiffres d'achats de façon à atteindre la somme nécessaire pour être admis à l'assemblée, où ils se feraient représenter par l'un d'eux? Ceci par analogie avec la faculté de groupement accordée par la loi du 1er août 1893 (nouvel art. 27 de la loi du 24 juillet 1867) aux petits actionnaires, quand les statuts n'ouvrent la porte de l'assemblée qu'aux propriétaires ou représentants d'un certain nombre d'actions.

En tout cas, le système qui proportionnerait le nombre des voix au chiffre de la consommation nécessiterait de multiples calculs, renouvelés pour chaque sociétaire à chaque assemblée générale, et serait ainsi d'une application fort compliquée, surtout dans une coopérative à effectif nombreux.

On conçoit mieux l'application de ce procédé à une union de coopératives. Précisément, le Magasin de Gros anglais vient de décider une modification importante en ce sens. Jusqu'alors le principe de la représentation des sociétés aux assemblées générales de la Wholesale était celui prévu par l'article 6 de notre loi de 1917: un délégué par cinq cents membres ou fraction de cinq cents membres de chaque société actionnaire, chacun de ces délégués ayant droit à une voix. D'après la nouvelle disposition, chaque société aura droit d'abord à une voix en sa qualité de membre de la Wholesale; puis à une voix supplémentaire pour la première somme entière de 10.000 livres sterling d'affaires, et une autre voix supplémentaire pour chaque somme entière de 20.000 livres sterling d'affaires annuelles avec la Wholesale (1).

*b*) Voici maintenant une hypothèse tout à fait pratique. Supposons une coopérative dont l'assemblée générale est, d'après les statuts, composée exclusivement de délégués des sociétaires qui se seront, au préalable, répartis en plusieurs groupes à l'effet de les choisir; ne violerait pas la loi de 1917 la clause qui, à chacun de ces délégués, ne compterait qu'une voix par tant de sociétaires — mettons-en dix — représentés par lui. Le texte de l'article 4, en effet, ne prescrit pas l'attribution d'une voix entière à chaque associé; il ne se prononce point contre l'emploi d'un procédé qui, en dernière analyse, ne laisse à chacun des membres de la société qu'une fraction de voix.

Nous retrouverons plus loin ce procédé à propos du sectionnement pratiqué dans certaines de nos grandes organisations; nous donnerons alors, concernant son application, les précisions juridiques nécessaires.

En résumé, la disposition de l'article 4 bannit catégoriquement des assemblées coopératives, ainsi qu'il convient, le vote capitaliste. Mais c'est tout; elle ne va pas plus loin. Elle ne consacre point, elle

---

(1) D'après le *Coopérateur Suisse* du 16 mars 1921.

n'oblige pas à respecter cette règle que je considère comme essentielle et qui figure, à ce titre, dans l'exposé de principes en tête de la présente étude: un sociétaire, un vote, pas plus, pas moins, comme droit attaché à la personnalité humaine, droit qui, par conséquent, dans une démocratie, doit être égal pour tous.

II. *Nomination et révocation des administrateurs*. — Article 7: « Les sociétés et unions de sociétés prévues aux articles précédents sont administrées par des délégués nommés et révocables par l'assemblée générale des sociétaires, dans les conditions prévues par les statuts. »

Ce texte prohibe la désignation d' « administrateurs statutaires », c'est-à-dire d'administrateurs nommés par les statuts avec stipulation formelle que cette nomination ne sera point soumise à l'approbation de l'assemblée générale. Dérogation, par conséquent, pour les coopératives anonymes, à la loi du 24 juillet 1867, art. 25, 3ᵉ alinéa; et, pour les autres sociétés, à l'article 1856 du Code civil.

III. *Exclusions*. — Voici maintenant une disposition relative à toutes les sociétés à capital variable, insérée dans la loi du 24 juillet 1867, art. 52, alinéa 2 (c'est-à-dire au titre III auquel renvoient, pour les sociétés coopératives de consommation et les unions, les art. 1 et 5 de la loi du 7 mai 1917):

« Il pourra être stipulé que l'assemblée générale aura le droit de décider, à la majorité fixée pour la modification des statuts, que l'un ou plusieurs des associés cesseront de faire partie de la société. »

IV. *Adaptation à la loi du 7 mai 1917 des sociétés coopératives de consommation constituées avant cette loi*. — Un article ajouté à la loi de 1917 par celle du 14 juin 1920 favorise temporairement cette adaptation : celle-ci peut être opérée en vertu d'une décision prise dans les conditions de validité exigées seulement des assemblées ordinaires, pourvu que cette résolution intervienne dans un court délai (qui expirera le 24 octobre 1921).

A défaut de l'exercice de cette faculté dans le temps ainsi prescrit, la société ne sera pas forclose; mais, pour pouvoir mettre ses statuts en harmonie avec la loi de 1917, il lui faudra observer le droit commun en matière de modifications.

### Coopératives civiles

En dehors des dispositions qui viennent d'être signalées comme s'appliquant aux coopératives, les réunions des membres des sociétés civiles ne sont l'objet d'aucune réglementation légale.

C'est là, uniquement, affaire de statuts.

L'art. 1859, C. civ., édicte bien certaines règles sur « le mode d'administration », mais seulement « à défaut de stipulations spéciales ».

Comme la loi de 1917 exige, quand il s'agit d'une coopérative de consommation ou d'une union, que l'administration soit déléguée par l'Assemblée générale, il faudra, de toute nécessité, que les statuts prévoient et organisent les réunions de sociétaires en vue de la mission tracée dans l'exposé de principes figurant aux premières pages de la présente étude.

Mais, attention! L'usage de cette liberté est redoutable. Car il n'y a pas de liberté absolue. On ne doit pas oublier un grand principe : la force légale des conventions (art. 1134, Code civil). Ainsi la liberté enchaîne, d'une façon ou d'une autre. Quand la loi formule, comme elle le fait pour les sociétés par actions, des règles strictes et impératives, mais suffisamment explicites, on peut au moins prévoir comment on sera ligoté. La société civile n'est pas coulée par la loi elle-même dans un moule aussi rigide; mais ses statuts, suivant la manière dont on les aura rédigés, produiront pour elle des conséquences inéluctables. Aussi a-t-elle besoin du concours d'un juriste éprouvé, connaissant bien la théorie générale des obligations.

La maladresse et l'inexpérience, dont leur constitution portait le témoignage, ont valu à beaucoup de coopératives civiles des difficultés inouïes, qui ont même placé parfois ces sociétés en des situations juridiques absolument inextricables. Et cela, spécialement, quand il s'agissait du fonctionnement ou des pouvoirs de l'assemblée.

### Coopératives anonymes

La législation dresse, pour les sociétés par actions, et notamment pour la société anonyme, une armature compliquée aux parties inflexibles.

Ainsi, pour les assemblées générales, toutes les conditions imposées par la loi sont des minimums. Les statuts n'y peuvent apporter aucune atténuation; ils ne pourraient qu'ajouter à leur rigueur, s'ils le jugeaient utile.

Par conséquent, et aux fins mêmes de notre examen critique, il est nécessaire que nous mettions tout d'abord, sous les yeux du lecteur, les textes relatifs à la matière des assemblées générales dans les sociétés anonymes. On pourra ainsi se reporter facilement aux articles qui seront cités au cours de notre argumentation.

*Extrait de la loi du 24 juillet 1867, modifiée par celles du 1ᵉʳ août 1893 et du 22 novembre 1913.*

#### TITRE II. — *Des Sociétés anonymes.*

«*Art.* 27. — Il est tenu, chaque année au moins, une assemblée générale à l'époque fixée par les statuts. Les statuts déterminent le nombre d'actions qu'il est nécessaire de posséder, soit à titre de propriétaire, soit à titre de mandataire, pour être admis dans l'assemblée, et le nombre de voix appartenant à chaque actionnaire, eu égard au nombre d'actions dont il est porteur. (*Ajouté par L. 1ᵉʳ août 1893, art. 4*): Tous propriétaires d'un nombre d'actions inférieur à celui déterminé pour être admis dans l'assemblée pourront se réunir pour former le nombre nécessaire et se faire représenter par l'un d'eux. (*L. 22 novembre 1913, art. 3*): Cette disposition est applicable même aux sociétés constituées avant le 1ᵉʳ août 1893.

« Néanmoins, dans les assemblées générales appelées à vérifier les apports, à nommer les premiers administrateurs et à vérifier la sincérité de la déclaration des fondateurs de la société, prescrite par le deuxième paragraphe de l'article 24, tout actionnaire, quel que soit le nombre des actions dont il est porteur, peut prendre part aux délibérations avec le nombre de voix déterminé par les statuts, sans qu'il puisse être supérieur à dix. »

« *Art.* 28. — Dans toutes les assemblées générales, les délibérations sont prises à la majorité des voix.

« Il est tenu une feuille de présence; elle contient les noms et domiciles des actionnaires et le nombre d'actions dont chacun d'eux est porteur.

« Cette feuille, certifiée par le bureau de l'assemblée, est déposée au siège social et doit être communiquée à tout requérant. »

« *Art.* 29. — Les assemblées générales qui ont à délibérer dans des cas autres que ceux qui sont prévus par les deux articles qui suivent, doivent être composées d'un nombre d'actionnaires représentant le quart au moins du capital social.

« Si l'assemblée générale ne réunit pas ce nombre, une nouvelle assemblée est convoquée dans les formes et avec les délais prescrits par les statuts, et elle délibère valablement, quelle que soit la portion du capital représentée par les actionnaires présents. »

« *Art*. 30. — Les assemblées qui ont à délibérer sur la vérification des apports, sur la nomination des premiers administrateurs, sur la sincérité de la déclaration faite par les fondateurs aux termes du paragraphe 2 de l'article 24, doivent être composées d'un nombre d'actionnaires représentant la moitié au moins du capital social.

« Le capital social, dont la moitié doit être représentée pour la vérification de l'apport, se compose seulement des apports non soumis à vérification.

« Si l'assemblée générale ne réunit pas un nombre d'actionnaires représentant la moitié du capital social, elle ne peut prendre qu'une délibération provisoire. Dans ce cas, une nouvelle assemblée générale est convoquée. Deux avis publiés à huit jours d'intervalle, au moins un mois à l'avance, dans l'un des journaux désignés pour recevoir les annonces légales, font connaître aux actionnaires les résolutions provisoires adoptées par la première assemblée, et ces résolutions deviennent définitives si elles sont approuvées par la nouvelle assemblée, composée d'un nombre d'actionnaires représentant le cinquième au moins du capital social. »

« *Art*. 31. — (*Ainsi modifié par L.* 22 *novembre* 1913, *art*. 1er): Sauf dispositions contraires des statuts, l'assemblée générale, délibérant comme il est dit ci-après, peut modifier les statuts dans toutes leurs dispositions. Elle ne peut toutefois changer la nationalité de la société ni augmenter les engagements des actionnaires.

« Nonobstant toute clause contraire de l'acte de société, dans les assemblées générales qui ont à délibérer sur les modifications aux statuts, tout actionnaire, quel que soit le nombre des actions dont il est porteur, peut prendre part aux délibérations avec un nombre de voix égal aux actions qu'il possède, sans limitation. — (*Dérogations apportées par L.* 7 *mai* 1917: — 1° SOCIETES COOPERATIVES DE CONSOMMATION. Art. 4: Aucun associé ne pourra avoir pour les parts sociales ou actions dont il est titulaire plus d'une voix aux assemblées générales de la société coopérative de consommation à laquelle il adhère. — 2° UNIONS. Art. 6, § 2: Elles seront soumises aux règles établies par les articles 1, 2, 3 et 4 de la présente loi. Toutefois, le nombre des voix attribuées aux sociétés adhérentes pourra être proportionné au nombre des membres de ces sociétés).

« Les assemblées qui ont à délibérer sur les modifications touchant à l'objet ou à la forme de la société ne sont régulièrement constituées et ne délibèrent valablement qu'autant qu'elles sont composées d'un nombre d'actionnaires représentant les trois quarts au moins du capital social. Les résolutions, pour être valables, doivent réunir les deux tiers au moins des voix des actionnaires présents ou représentés.

« Dans tous les cas autres que ceux prévus par le précédent paragraphe, si une première assemblée ne remplit pas les conditions ci-dessus fixées, une nouvelle assemblée peut être convoquée dans les formes statutaires et par deux insertions, à quinze jours d'intervalle, dans le *Bulletin annexe* du *Journal Officiel* et dans un journal d'annonces légales du lieu où la société est établie. Cette convocation reproduit l'ordre du jour en indiquant la date et le résultat de la précédente assemblée. La seconde assemblée délibère valablement si elle se compose d'un nombre d'actionnaires représentant la moitié au moins du capital social. Si cette seconde assemblée ne réunit pas la moitié du capital, il peut être convoqué, dans les formes ci-dessus, une troisième assemblée qui délibère valablement, si elle se compose d'un nombre d'actionnaires représentant le tiers du capital social. Dans toutes ces assemblées, les résolutions, pour être valables, devront réunir les deux tiers des voix des actionnaires présents ou représentés. »

« *Art*. 37. — En cas de perte des trois quarts du capital social, les administrateurs sont tenus de provoquer la réunion de l'assemblée générale de tous les actionnaires, à l'effet de statuer sur la question de savoir s'il y a lieu de prononcer la dissolution de la société.

« La résolution de l'assemblée est, dans tous les cas, rendue publique.

« A défaut par les administrateurs de réunir l'assemblée générale, comme dans le cas où cette assemblée n'aurait pu se constituer régulièrement, tout intéressé peut demander la dissolution de la société devant les tribunaux. »

*Anomalies et inconvénients de la législation sur les sociétés anonymes pour les Coopératives de consommation et leurs Unions.*

Constituées sous la forme anonyme, les sociétés coopératives de consommation, ainsi que les unions de coopératives, doivent plier leurs assemblées, pour qu'elles soient régulières, à la rigidité des dispositions reproduites ci-dessus.

La loi du 7 mai 1917 se borne à sauvegarder le principe coopératif contre la prescription de la loi du 22 novembre 1913 (nouvel art. 31 de la loi du 24 juillet 1867) relative au nombre de voix dans les assemblées appelées à délibérer sur des modifications aux statuts. « Autant de voix que d'actions, sans limitation », dit la loi de 1913. Cette règle ne s'appliquera jamais aux sociétés coopératives de consommation, ni aux unions; ainsi en décide la loi de 1917. En principe, « un membre, une voix »; les unions pourront cependant proportionner le nombre des voix des sociétés adhérentes au nombre des membres de ces sociétés.

La loi de 1917 ne déroge ainsi aux règles de la loi de 1867, modifiée en 1913, qu'en ce qui concerne le nombre de voix dans les assemblées modificatives.

Pour toutes les autres assemblées (constitutives ou ordinaires), la loi de 1867 permet de limiter statutairement le nombre de voix appartenant à chaque actionnaire (art. 27) et, par conséquent, de le réduire à une seule, conformément au principe coopératif. Mais ce n'est là qu'une faculté, tandis que la loi de 1917 vise, en imposant cette règle, toutes les assemblées générales. (1)

Sous réserve de l'exception qui vient d'être rappelée, la loi de 1917 laisse les coopératives anonymes aux prises avec l'ensemble des dispositions des lois de 1867 et de 1913. Or, ces dispositions, normales quand il s'agit de sociétés de capitaux, se révèlent, en un certain nombre de points, comme particulièrement illogiques et insupportables pour nos organisations coopératives.

Il s'agit, d'une part, des prescriptions qui confèrent au capital une influence inconciliable avec l'idée même de la coopération, dont la mission est précisément de subordonner les richesses aux besoins et à la vonlonté des consommateurs groupés sur un plan démocratique.

D'autre part, certaines formalités, qui, à tort ou à raison, peuvent être considérées comme une garantie pour les actionnaires dans les sociétés dont les membres n'ont en vue que la fructification de leurs capitaux, sont excessives à l'égard de nos institutions.

Enfin, la loi sur les sociétés anonymes n'offre pas aux coopératives un mécanisme assez souple pour leur permettre, du moins dans toutes les circonstances, de fractionner la masse des consommateurs associés, à une époque telle que la nôtre, où plusieurs de

---

(1) Il est heureux encore que le législateur de 1917 ait pensé à poser le principe! Car les statuts auraient été impuissants, pour les assemblées modificatives, à le faire prévaloir contre la loi de 1913. L'auteur de ces lignes avait signalé la situation, dans une interview publiée par l'*Action Coopérative* du 15 janvier 1914; situation anormale qui a duré jusqu'en 1917. Il est vrai de dire que, pendant ces trois ans de guerre, les sociétés coopératives se sont généralement abstenues de modifier leurs statuts.

ces organisations, très agrandies déjà, grandissent encore chaque jour, voient se multiplier magnifiquement le nombre de leurs membres et poussent parfois leurs ramifications sur une région entière. Le sectionnement de l'assemblée constitue alors une mesure d'ordre et de méthode; il est même commandé par une nécessité pratique impérieuse à partir d'une certaine affluence: comment ne pas s'en rendre compte par l'exemple de l'*Union des Coopérateurs*, de Paris, avec ses 60.000 sociétaires? D'autres encore, parmi nos sociétés de développement, pourraient être citées à l'appui de notre observation.

Voilà donc une série de questions sur lesquelles il convient de s'expliquer maintenant.

## I. — Quorum.

La loi du 24 juillet 1867 exige, pour la composition régulière de l'assemblée générale, qu'une certaine fraction du capital social s'y trouve représentée. Il s'agit donc là d'un *quorum* en *capital*. L'importance de ce quorum diffère suivant le but de l'assemblée.

Pour les assemblées dites ordinaires, il n'y a que demi-mal, puisque, à défaut du quorum sur première convocation, une seconde réunion délibère valablement, quelle que soit la portion de capital représentée (v. ci-dessus art. 29 de la loi). Mais, aux assemblées constitutives (art. 30), aux assemblées modificatives des statuts (art. 31, modifié par la loi du 22 novembre 1913), la représentation d'une certaine part du capital social est toujours requise, sous peine de nullité des délibérations. Qu'on se reporte à ces textes: on verra que, pour certaines assemblées, la loi admet, en cas de non-réussite sur une ou plusieurs convocations, des quorums décroissants; mais ce sont toujours là quorums en capital.

Pourtant la présence obligatoire d'une certaine quotité du capital social, qui s'explique dans les sociétés... capitalistes, n'a plus aucun sens, n'est qu'une absurdité dans les réunions de consommateurs-coopérateurs, pour la raison d'ordre économique et démocratique évoquée il y a un instant. Le capital mis à la disposition de l'organisation par ses membres ne doit être et demeurer qu'un serviteur de la coopération; il reçoit, comme tel, sa rémunération dénommée « intérêt ». Sans doute, cette rémunération n'est pas due en toute occurrence, elle n'est prélevée que sur les excédents nets (art. 3 de la loi de 1917); cela ne change rien à son caractère, car on demande à l'associé d'apporter quelques fonds en qualité non de capitaliste, mais de coopérateur. Il ne doit donc pas appartenir au capital de pouvoir influer d'une manière quelconque sur la validité des assemblées de sociétaires; le principe même de la coopération exige que ce capital n'ait aucune prédominance, par quelque moyen, sous quelque forme, dans quelque mesure que ce soit.

Lorsque le pacte social, comme il arrive parfois, n'autorise le coopérateur à ne posséder qu'une action, il est évident que la représentation du capital exigée par la loi devient, en fait, un véritable quorum en sociétaires. Nous rechercherons plus loin ce qu'il faut penser d'un quorum personnel.

Mais le quorum-capital est plus qu'un non-sens, il devient un danger, quand les statuts, comme c'est le cas fréquemment, laissent à chaque sociétaire la faculté de souscrire telle quantité d'actions qu'il lui plaira: stipulation examinée et justifiée maintes fois dans des congrès ou des articles, car elle est un appel à l'épargne et permet de soutenir financièrement la coopérative, organisation d'intérêt collectif. Mais la loi, quelle que soit l'importance du quorum requis par elle suivant l'objet des délibérations, est susceptible de provoquer ce résultat: mettre le capital en mesure, par son absence voulue et systématique ou même simplement involontaire à l'assemblée générale, de tenir en échec des résolutions qui pourtant seraient utiles, peut-être même indispensables, pour le bien général. Et, cela, nous le jugeons absolument inadmissible.

## II. — Formalités requises pour la modification des statuts.

La loi du 22 novembre 1913 (nouvel art. 31 de la loi de 1867) prescrit tout un luxe de formalités, lorsqu'il s'agit, après une convocation sans succès, de réunir à nouveau l'assemblée générale aux fins de modifier les statuts; au cas d'insuccès encore de cette seconde convocation, mêmes formalités en vue de la réunion d'une troisième assemblée. Après quoi, c'est fini: la proposition de modification est votée dans les conditions légales; sinon, elle est tenue pour repoussée. Ces deuxième et troisième réunions ne sont possibles, d'ailleurs, que si les modifications ne doivent pas toucher à l'objet ou à la forme de la société. En parlant de l'insuccès de la première et de la deuxième assemblée, nous faisons allusion au défaut d'obtention du quorum (capital représenté) dans ces deux réunions. La rigueur du quorum légal va s'atténuant à la seconde, puis à la troisième assemblée. C'est ce que nous appellerons le système des quorums décroissants. Il suffit de lire ci-dessus l'article 31 pour pénétrer cette procédure.

Elle s'accompagne de formalités coûteuses: convocation de la deuxième et de la troisième assemblées, non seulement dans les formes statutaires (par exemple au moyen de lettres individuelles à tous les membres), mais encore par une insertion: 1° dans un journal d'annonces légales du siège social; 2° dans le « Bulletin des Annonces légales obligatoires » (annexe du *Journal Officiel*).

Ainsi, d'un côté, répétition de ces formalités à deux reprises peut-être, parce que la loi veut son quorum en capital, dont elle ne fait qu'atténuer successivement l'importance. Possibilité, en bonne législation coopérative, de les supprimer ou de les économiser en partie, si l'on modifie les bases mêmes du quorum.

D'un autre côté, pour chacune des convocations, la loi exige deux insertions. Elle a cru, par le déploiement de toute cette publicité, mieux protéger les droits des actionnaires, diminuer le nombre des abstentions et ainsi faciliter le quorum. Moyen d'avertissement utile surtout s'il y a des titres au porteur. Mais, dans une coopérative, les actions ne peuvent être que nominatives (loi du 24 juillet 1867. art. 50). D'abord, donc, toute publication semble superflue si les statuts exigent l'envoi de lettres individuelles. Il est vrai que des lettres peuvent ne pas parvenir. Dans tous les cas, que l'on fasse ou non cet envoi, une seule insertion suffirait.

## III. — Droit d'accès a l'assemblée. — Sectionnement de la société.

Nous avons formulé jusqu'à présent nos objections, du point de vue coopératif, à certaines règles légales qui ne sont fondées qu'à l'égard des sociétés de capitaux, mais qui s'appliquent cependant à toute société fonctionnant sous la forme anonyme.

Nous abordons maintenant un énorme problème, d'un tout autre caractère, un problème organique. Il s'agit des *assemblées à deux degrés*. Autrement dit: assemblées de sections et assemblées des délégués de sections, assemblées primaires et assemblées secondaires.

Nous avons expliqué déjà la nécessité pratique du *sectionnement* pour nos grandes sociétés, dont les membres se comptent par milliers et même par dizaines de mille. Imagine-t-on, même à Paris, une salle assez vaste pour les réunir en assemblée plénière, pour les contenir tous, ou la moitié, ou encore seulement le quart d'entre eux? Et quel mauvais travail, au milieu du tumulte!

Le système des assemblées à deux degrés est maintenant chose entrée dans les mœurs coopératives. Ici, comme très souvent, le fait, — le fait nécessaire, inéluctable, — aura précédé le droit écrit.

Mais que de tâtonnements et que de divergences encore dans l'application! On peut s'en apercevoir par l'étude et la comparaison des statuts de plusieurs sociétés. Nous ne saurions songer à présenter ici une analyse de leurs dispositions. Elle serait trop longue et sans autre profit que de faire constater la diversité dont nous parlons. Toutefois, quelques exemples tirés de ces statuts vont être intéressants, parce qu'ils illustrent fort bien deux tendances qui s'opposent, du moins en apparence. Laissons de côté, pour l'instant, le fonctionnement des sections elles-mêmes; aussi bien n'ont-elles pas pour mission exclusive la préparation de l'assemblée générale: elles sont chargées encore d'organiser la propagande coopérative, d'établir un contact permanent entre les sociétaires, etc. Mais considérons la représentation des sections dans les assemblées générales: c'est ici tout le nœud de la question.

*Statuts. Conceptions différentes: mandats de sociétaires ou délégations de sections.* — Un certain nombre de statuts contiennent une clause analogue à celle-ci: « Tout sociétaire peut prendre part à l'assemblée générale à condition d'être porteur d'au moins cinquante pouvoirs et de quatre-vingt-dix-neuf au plus; il a droit à une voix pour lui-même et autant de voix qu'il représente de sociétaires » ; ou bien: « il a droit à une voix par dix actionnaires représentés par lui », — lui-même étant alors, bien entendu, compris parmi ces dix. Et les statuts, aussitôt, ajoutent: « Pour faciliter l'obtention de ces pouvoirs, les associés seront répartis par sections (fixées de telle ou telle manière). Les membres de chaque section se réuniront antérieurement à l'assemblée générale par les soins du conseil d'administration, afin d'étudier et discuter l'ordre du jour de cette assemblée générale. Chaque section dresse un procès-verbal de la séance. »

Ainsi présenté, le mandat ne s'écarte point, apparemment, de la pratique admise dans n'importe quelle société : procuration donnée individuellement par tout actionnaire qui veut se faire représenter à l'Assemblée générale, une même personne étant d'ailleurs susceptible d'avoir entre les mains de nombreux pouvoirs. Toutefois, la coopérative a ceci d'original que, de la représentation, elle entend faire la règle: un actionnaire peut bien assister à l'Assemblée générale, y voter pour lui-même, mais à une condition, c'est qu'il soit en même temps le mandataire d'un grand nombre de ses coassociés. On « facilite » l'obtention des pouvoirs en formant des sections entre les sociétaires. Et voilà bien le principe des Assemblées à deux degrés.

Les traits caractéristiques de ce régime représentatif sont beaucoup moins estompés dans une certaine coopérative de consommation, dont les statuts décrivent et précisent le mécanisme des réunions de sections et de l'Assemblée générale dans un ensemble de dispositions dont voici les plus saillantes: « Chaque section nomme à mains levées ou au bulletin un délégué par fraction entière de dix sociétaires inscrits à la section, auxquels elle donne mandat de représenter à l'Assemblée générale les sociétaires faisant partie de ladite section et d'y exposer les décisions prises dans cette réunion préliminaire. Toute minorité comptant tout au moins dix membres a droit à une représentation et élit son ou ses délégués dans les mêmes conditions que la majorité... Les sociétaires s'engagent à considérer comme leurs mandataires dûment accrédités pour les représenter à l'Assemblée générale ceux qui auront été régulièrement délégués à cet effet par la réunion de la section... L'Assemblée générale souveraine, composée des délégués des sections, représente l'universalité des sociétaires... Les délégués justifieront de leurs pouvoirs par un extrait du procès-verbal de la séance de leur section, signé des membres du bureau et relatant le mandat qui leur a été confié par leurs co-associés... Les délégués des sections n'ont chacun qu'une voix et doivent voter conformément au mandat qu'ils ont reçu de la section par laquelle ils ont été nommés ».

Voilà toute une procédure qui, à première vue, diffère considérablement de la précédente : la première nous montre des mandataires porteurs de procurations données par chaque associé; dans la seconde hypothèse, les mandataires nous apparaissent comme de véritables délégués de la section elle-même, nommés — c'est entendu — à raison d'un par dix sociétaires inscrits à la section, mais ceci uniquement pour en fixer le nombre : tel, sur une plus vaste échelle, le système électoral en matière politique, et encore, si l'on veut poursuivre la comparaison avec ce dernier, les sections de la coopérative ont une supériorité, elles appliquent strictement la représentation proportionnelle, puisque, parmi les délégués, il y a, comme on l'a vu, des représentants de la « majorité » et des représentants de la « minorité », désignés dans les mêmes conditions, et c'est de toute justice.

Procurations individuelles des associés ou délégations des sections, les résultats de l'une et l'autre procédures sont, pratiquement, à peu près identiques :

D'abord, quant au nombre des voix dont disposera chaque mandataire, les mêmes règles sont possibles dans les deux cas. La coopérative dont nous avons parlé en dernier lieu n'accorde qu'une voix à chaque délégué de section, mais il y a un délégué par dix sociétaires; par conséquent, à l'Assemblée générale, une voix égale dix sociétaires: or, nous avons vu que ce compte pouvait être celui admis pour les porteurs de procurations individuelles dans les coopératives qui emploient ce système. De même, serait applicable, indifféremment dans l'un ou l'autre cas, si les statuts en décidaient ainsi, le grand principe : une voix par sociétaire.

Seconde remarque : les délégués de sections ont un mandat impératif. Les statuts que nous avons cités l'établissent très nettement. La section, dans sa réunion précédant l'Assemblée générale, « prend des décisions » et charge ses délégués de les exposer à cette Assemblée; les délégués « doivent voter conformément au mandat qu'ils ont reçu de leur section ». Par contre, les statuts des coopératives qui prévoient seulement les « pouvoirs de sociétaires » sont muets sur le caractère impératif du mandat; mais croit-on que, pratiquement, les mandataires choisis au beau milieu d'une réunion de section, convoquée « pour faciliter l'obtention des pouvoirs », ne se sentiront pas liés par les opinions qui se seront dégagés, qui auront peut-être fait l'objet d'un vote au sein de cette réunion ? D'ailleurs, on expliquera tout à l'heure que les sociétaires pourraient, dans ce cas encore, donner catégoriquement et valablement un mandat impératif à leurs représentants.

La différence entre les deux procédures que nous avons exposées réside, en définitive, uniquement dans la forme du mandat. Tantôt les statuts déclarent que les délégués à l'Assemblée générale justifieront de leurs pouvoirs par un extrait du procès-verbal de la séance de leur section, signé des membres du bureau de ladite réunion et spécifiant le mandat : ceci pour les représentants auxquels nous avons donné proprement le nom de délégués de section. Tantôt, se bornant à indiquer que, pour avoir le droit de prendre part à l'Assemblée générale, il faudra être porteur d'un certain nombre de pouvoirs de sociétaires, les statuts ne précisent pas la manière dont ces pouvoirs devront être établis. Dans ce cas, il est évident que la procuration, étant conférée par les sociétaires à titre individuel, devra être signée par chacun des mandants. Il est donc nécessaire, en pratique, de déterminer la forme des pouvoirs dans un règlement intérieur. C'est ainsi que je lis dans le règlement de plusieurs sociétés qui ont adopté ce système de représentation le paragraphe suivant, qui tient très bien compte de la nature du mandat prévu par les statuts : « A l'entrée de la salle où se réunit la section, il est dressé une feuille de présence et de délégation, disposée de manière à ce que sur chaque feuille soient inscrites cinquante signatures ».

*Le régime représentatif ainsi organisé a-t-il une base légale?* — Actuellement, la loi ne prévoit pas les Assemblées à deux degrés dont on vient d'exposer le fonctionnement : réunions de sections et Assemblée générale des délégués ou des porteurs de pouvoirs.

Sans doute, sauf dérogation légale ou conventionnelle, toute personne peut se faire représenter. C'est le droit commun, et c'est vrai notamment dans les Assemblées générales des Sociétés.

Mais que penser de la représentation que les statuts veulent rendre obligatoire ?

La loi la permet-elle ou bien la condamne-t-elle, implicitement au moins?

A mon avis, la réponse ne peut être uniforme. On doit distinguer suivant la nature de l'Assemblée, c'est-à-dire suivant l'objet de ses délibérations.

S'agit-il d'une Assemblée générale dite ordinaire ? Le système représentatif organisé par les statuts peut jouer librement.

En sens inverse, pour la constitution de la Société ou la modification des statuts, tout actionnaire a le droit de participer à l'Assemblée générale et d'y voter pour son compte personnel.

Il nous reste à démontrer le bien-fondé de notre discrimination. Elle s'applique d'ailleurs dans les mêmes termes, qu'il s'agisse de l'une ou de l'autre des deux procédures que nous avons signalées : Assemblée générale de porteurs de procurations individuelles ou Assemblée générale de délégués de sections. Il y a mandat dans les deux hypothèses, et peu importe que ce mandat émane d'une personne ou d'un groupe de personnes.

*L'Assemblée générale d'après l'article 27 (alinéa 1er) de la loi du 24 juillet 1867.* — Ce texte vise les Assemblées générales qu'on appelle ordinaires. Il porte ceci: « Les statuts déterminent le nombre d'actions qu'il est nécessaire de posséder, soit à titre de propriétaire, soit à *titre de mandataire*, pour être admis dans l'Assemblée... »

J'en conclus d'abord que le droit d'accès à l'Assemblée peut, en vertu du pacte social, n'appartenir qu'à des mandataires (qu'on les désigne sous le nom de délégués ou autrement), qui voteront tant pour leur compte personnel que pour celui de leurs mandants.

Mais, épiloguant sur la lettre du texte, on essaiera peut-être de nous embarrasser par l'objection suivante : Soit, l'article 27 permet de faire fonctionner, dans les Assemblées qu'il concerne, votre régime représentatif. Mais voyez en quels termes ce texte est conçu : les statuts déterminent « le nombre d'actions » que devra représenter le mandataire pour être admis dans l'Assemblée. Or, vos statuts se réfèrent au nombre des sociétaires représentés, mais non à celui des actions. Et comme vos Sociétés accordent fréquemment aux associés la faculté de souscrire plusieurs actions, comme par suite le mandataire peut ainsi représenter en définitive un nombre d'actions infiniment variable par rapport au nombre de ses mandants, le vœu de la loi ne se trouve pas satisfait.

Nous répondons qu'un tel argument porterait à faux, et cela pour deux raisons dont chacune, d'ailleurs, est suffisante :

*a)* D'abord, la disposition légale dont il s'agit n'a pas le sens étroit qu'on voudrait lui prêter; on n'a qu'à considérer dans leur ensemble, qu'à rapprocher les diverses parties formant le premier alinéa de l'article 27, pour comprendre que ce texte laisse tout simplement aux statuts le soin de régler comme il leur paraît bon aussi bien la composition de l'Assemblée générale ordinaire que le nombre de voix appartenant à chaque actionnaire dans la dite Assemblée. Au sujet des mandataires, il n'y a rien d'étonnant à ce que la loi parle spécialement des actions représentées, puisque cette loi est faite pour s'appliquer surtout à des sociétés de capitaux; elle traite ainsi *de eo quod plerumque fit.* La seule chose qu'entend ici le législateur, c'est que des actionnaires qui ne pourraient avoir accès à l'Assemblée aient le droit de se grouper pour s'y faire représenter (voir art. 27, alinéa 1er, complété par la loi du 1er août 1893). C'est bien le cas des Coopératives dont les Assemblées générales ne sont composées que de mandataires;

*b)* Au surplus, quand la loi dit que les statuts détermineront le nombre d'actions qu'il faudra posséder ou représenter pour l'admission aux Assemblées, cela signifie évidemment : le nombre *minimum.* On ne sera pas exclu parce qu'on en posséderait ou représenterait davantage! Les Coopératives qui organisent le système représentatif que nous avons décrit sont précisément, à cet égard, dans le cas prévu à l'article 27. En effet, chaque sociétaire a *au moins* une action (peu importe qu'il en ait souscrit plusieurs); chaque délégué devant représenter *au moins* le nombre de sociétaires que fixent les statuts, ceux-ci déterminent par ce fait même le nombre *minimum* d'actions qu'on doit représenter pour prendre part à l'Assemblée.

Ce qu'il est vrai de dire, — mais ceci est quelque chose de tout à fait différent, — c'est que la loi ne consacre pas tous les éléments du régime représentatif que j'ai analysé. Elle ignore les sections et leurs réunions. Elle ne connaît que l'*Assemblée générale des mandataires,* grâce à l'article 27 précité.

D'où, au point de vue pratique, certaines conséquences qui vont retenir notre attention pendant quelques instants.

*Forme du mandat.* — Pas de formule sacramentelle.

La loi fiscale exige que la feuille de pouvoir soit timbrée.

Ceci dit, chaque sociétaire n'est pas obligé d'établir une procuration séparée. Un même pouvoir peut contenir un grand nombre de signatures, cinquante par exemple (nous avons montré précédemment une application de cette espèce).

Le mandat peut aussi résulter de la délibération d'une section. On en justifiera au moyen d'un extrait du procès-verbal signé des membres du bureau (nous avons également cité un exemple de ce cas). En pareille hypothèse, les délégués sont nommés à la façon des administrateurs que choisit l'Assemblée générale elle-même; ces délégués sont bien des mandataires, au sens juridique du mot : un texte le dit expressément des administrateurs (loi, du 24 juillet 1867, art. 22). Ce qui est vrai pour les uns doit l'être pour les autres.

A tout cela, aucune objection plausible, puisqu'on admet que le mandat pourrait même être verbal... à charge, éventuellement, d'en fournir la preuve, ce qui ne serait guère commode (1). En pratique, on ne saurait donc se dispenser d'un écrit pour constater le pouvoir.

*Mandat impératif.* — Nous avons signalé les statuts d'une coopérative qui, en organisant les délégations de section, stipulent catégoriquement que le mandat sera impératif, c'est-à-dire obligera le mandataire à voter dans le sens indiqué par ses mandants.

Il n'y aurait pas plus de raison pour méconnaître la validité du mandat impératif dans les Assemblées générales qu'en toute autre matière, quelle que soit d'ailleurs la forme du pouvoir (2).

*Feuilles de présence, quorum, procès-verbaux.* — La loi de 1867 ne reconnaît, je l'ai dit, que l'Assemblée générale des mandataires. Les réunions des sections sont purement préparatoires.

En conséquence, la feuille de présence dont la tenue est requise par l'article 28 ne se trouve ainsi prévue que pour l'Assemblée générale.

De même, à cette Assemblée générale, s'applique l'article 29 concernant le quorum.

Toutefois, le système employé pour l'attribution des mandats peut exiger l'accomplissement de semblables conditions (feuille de présence, quorum) dans les réunions de section elles-mêmes; et cela, précisément, pour que toute garantie soit prise en vue de la régularité de l'Assemblée générale.

Ceci ne peut être établi que par une distinction. Pour s'en rendre bien compte, il faut se rappeler que la feuille de présence a pour but de prouver l'obtention du quorum exigé par la loi. (Nous avons traité du quorum dans un paragraphe précédent.)

*a)* Supposons d'abord que les mandataires soient, conformément aux statuts, porteurs de pouvoirs signés par chacun des sociétaires représentés.

Dans ce cas, les réunions de section, utiles pour faciliter l'obtention des pouvoirs, ne présentent aucun intérêt juridique pour l'Assemblée générale des mandataires.

Ceux-ci arrivent à l'Assemblée munis de leurs pouvoirs: l'ensemble de ces pouvoirs servira immédiatement à mettre au point la liste des présences et ainsi à vérifier si le quorum est atteint.

*b)* Prenons maintenant l'autre hypothèse : l'Assemblée générale formée de délégués nommés par les sections elles-mêmes.

Ici, encore, l'article 28 de la loi, en requérant l'établissement d'une feuille de présence, ne s'applique formellement qu'à cette Assemblée générale, puisque — je le répète — la loi ne connaît pas les

---

(1) V. WAHL, *Journal des Sociétés*. 1905, p. 155 et 199; HOUPIN et BOSVIEUX, *Traité général des Sociétés*, 5e édit., t. II, n° 925.

(2) WAHL, *op. cit.*, p. 193 ; HOUPIN et BOSVIEUX, *loc. cit.*

sections. C'est également dans cette Assemblée que, pour la même raison, le quorum doit être constaté.

Mais quels seront les éléments nécessaires à cette constatation ? La question est bien plus complexe que dans le cas précédent.

On ne peut pas faire, ici, abstraction de ce rouage essentiel qu'est la section organisée par les statuts, avec ses réunions délibérantes. avec ses délégations nanties, sous forme d'un extrait de procès-verbal, de pouvoirs émanant collectivement d'une majorité ou d'une minorité.

Le droit n'interdit pas les mandats collectifs, qu'il y ait pluralité des mandants ou des mandataires, ou même des deux parts à la fois.

Il devient nécessaire, dans notre hypothèse, de relever, grâce à l'établissement d'une feuille de présence dans chacune des réunions de section précédant l'Assemblée générale des délégués, le quorum obtenu à cette réunion.

En totalisant les quorums des sections représentées à l'Assemblée, on détermine le quorum général, c'est-à-dire celui-là même dont la loi fixe le minimum pour la validité des délibérations.

La liste de présence, dressée par chaque section en vue de sa réunion préliminaire, doit évidemment contenir les noms de tous les actionnaires inscrits à la section. Mais *quid*, en ce qui concerne la feuille de présence à l'Assemblée générale des délégués elle-même? Il ne faut pas oublier que cette feuille doit rigoureusement répondre à la prescription de la loi, article 28, deuxième alinéa : « Elle contient les noms et domiciles des actionnaires et le nombre d'actions dont chacun d'eux est porteur ». La feuille ne pourrait donc pas se borner aux indications concernant les délégués, puisqu'ils ne sont que des mandataires. Certes on est d'accord pour faire observer que la forme de la feuille de présence n'est nullement solennelle et qu'elle est fixée par l'usage. Mais les tribunaux sont très sévères pour la tenue de cette feuille, sur laquelle on doit faire figurer les noms de tous les actionnaires (1). Dans le cas dont nous nous occupons, la feuille ne sera émargée que par des mandataires. Il y aura lieu de disposer sur la liste les noms des sociétaires, en les groupant par sections, de manière à faciliter les signatures que devront donner. pour chaque section, les délégués, mandataires collectifs.

L'accomplissement des formalités, ainsi que les résultats obtenus. seront constatés avec précision: d'une part, en ce qui concerne les sections, dans les extraits de procès-verbaux remis aux délégués; d'autre part, dans le procès-verbal de l'Assemblée générale, qui, quant à lui, présentera, d'une façon claire et complète, la situation dans son ensemble.

*Assemblées plénières.* — Il y a, d'après la législation actuelle, un certain nombre de cas dans lesquels, nonobstant toute clause contraire des statuts, on ne peut se dispenser de convoquer tous les actionnaires à l'Assemblée générale. Nous visons ici :

1° Les Assemblées constitutives (loi du 24 juillet 1867, art. 27, deuxième alinéa);

2° Les Assemblées appelées à délibérer sur des modifications aux statuts (art. 31, deuxième alinéa : texte nouveau résultant de la loi du 22 novembre 1913. — V. aussi l'art. 37, pour une hypothèse toute particulière: la perte des trois quarts du capital social, qui oblige les administrateurs à provoquer la réunion de l'Assemblée, à l'effet

______

(1) Voir l'article de Paul RAMADIER, dans l'*Action Coopérative* du 9 octobre 1920.

de statuer sur la question de savoir s'il y a lieu de prononcer la dissolution de la société).

Dans tous ces cas, l'Assemblée générale est nécessairement plénière par application des textes précités.

Du moment que l'actionnaire doit être convoqué à l'Assemblée, c'est évidemment pour qu'il puisse y jouer un rôle actif. On ne peut donc lui refuser le droit de vote, qu'il soit présent ou se soit fait représenter. C'est ce que disent très bien les textes susvisés : « Tout actionnaire peut prendre part aux délibérations... » Il y dispose donc au moins d'une voix : une fraction de voix — un dixième, par exemple — ne saurait suffire, car un vote, c'est une opinion qui s'affirme, et on ne peut pas affirmer seulement un dixième d'opinion. Ici, il ne s'agit pas d'un vote, d'une opinion à émettre pour le compte de dix personnes: auquel cas une seule voix, celle du mandataire, suffirait à exprimer l'avis commun ou censé tel. Combien la chose est différente quand vous avez le droit de prendre part personnellement à une délibération (sauf à vous y faire remplacer, mais là encore pour y trouver tout votre compte)! Force est alors de vous reconnaître une voix qui est indivisible.

Ceci dit, comme il s'agit d'une coopérative de consommation, la règle applicable au nombre de voix que peut avoir chaque sociétaire sera celle édictée par la loi de 1917 (art. 4 que nous avons précédemment commenté).

Enfin, seule une Assemblée générale plénière pourra exclure un associé. En effet, la décision doit être prise à la majorité fixée pour la modification des statuts (loi du 24 juillet 1867, art. 52). Ce qui signifie que, pour pouvoir ordonner valablement contre un sociétaire une mesure aussi grave, la majorité comprenant au moins, d'après le nouvel article 31 de la loi de 1867, les deux tiers des voix des actionnaires présents ou représentés, doit se dégager d'une Assemblée délibérant, selon une formule empruntée au tribunal civil de la Seine (1), « dans les conditions et dans les formes exigées pour la modification des statuts ». Ceci, par conséquent, s'applique non seulement au quorum (2), mais encore à la composition même de l'Assemblée générale. Cette Assemblée, ainsi qu'on vient de le voir, est ouverte obligatoirement, depuis la loi du 22 novembre 1913, à tous les sociétaires (3).

*Résumé.* — On ne peut légitimement dénier aux consommateurs la faculté de s'organiser pour leurs propres affaires. On ne peut dès lors leur refuser les moyens juridiques d'y réussir dans l'ordre, selon leur doctrine et leurs méthodes. La concentration des forces coopératives de consommation, provoquée par l'évolution économique et hâtée par la conscience réalisatrice des militants, se manifeste sous un aspect dès aujourd'hui imposant, grâce à la substitution de grandes Sociétés de développement aux petites autonomies farou-

---

(1) 15 avril 1897, aff. Viollette. « L'Avenir de Plaisance » *(Journal des Sociétés*, 1897, p. 326).

(2) C. cassation, Ch. des req., 31 octobre 1892, Briet c. La Brasserie Roubaisienne *(Revue des Sociétés*, 1893, p. 10). Lyon-Caen et Renault, *Traité de Droit commercial*, t. II. n° 1041 *bis*. Houpin et Bosvieux, *op. cit.*, t. II, n° 1183. — Voir la série des quorums décroissants, des trois quarts au tiers du capital social (nouvel art. 31, l. 1867.)

(3) La nécessité d'une assemblée plénière pour prononcer sur des modifications ou sur des exclusions s'impose-t-elle à une Société dont les statuts contiennent des dispositions contraires (n'admettant, par exemple, que des réunions générales de mandataires ou délégués), dans le cas où ladite société a été constituée *antérieurement* au 22 novembre 1913 ? Sur cette question de rétroactivité, il y a controverse (v. Houpin et Bosvieux, *op. cit.*, t. II, n° 996 et suiv.)

ches, dispersées par localité, par quartier ou par rue. Ces vastes réseaux coopératifs, couvrant toute une ville et parfois même toute une région, ne pouvaient se former sans le concours d'importants effectifs, et ces effectifs, toujours, vont grossissant.

Une telle situation commande de sectionner la Société. Il faut que les Assemblées puissent fonctionner sur la base même du sectionnement.

Or, en son état actuel, la législation sur les Sociétés anonymes entrave dans une certaine mesure ce fonctionnement normal et nécessaire. Elle exige la convocation de tous les actionnaires à une même réunion pour la constitution de la société, pour la modification des statuts (ce qui comprend la dissolution anticipée), enfin pour les exclusions.

La tenue d'une Assemblée plénière devient, pratiquement, de plus en plus impossible dans une Société coopérative nombreuse. Impossibilité d'ordre matériel, par conséquent obstacle de fait, absolument insurmontable. Va-t-on, tout de même, continuer d'opposer à nos organisations le jeu de la loi de 1913 et, par là, les empêcher d'apporter régulièrement à leurs statuts des changements utiles, peut-être indispensables ? Veut-on aussi les priver effectivement de cette prérogative suprême, que leur confie la loi de 1867 : le droit de chasser un sociétaire indigne ?

Pour procéder à la constitution de la société, l'Assemblée générale à double degré paraît moins nécessaire. C'est même, dira-t-on, une hypothèse où l'on n'en conçoit pas facilement le mécanisme! D'ailleurs, la société étant à capital et personnel variables, on peut toujours ne la fonder qu'entre quelques membres, et accepter, dès le lendemain, des adhésions nombreuses, qui autoriseront aussitôt, pour l'avenir, le sectionnement de l'organisation. Aussi, je n'insisterai point sur ce cas.

Mais il importe absolument, pour les raisons que nous avons développées, qu'une intervention législative reconnaisse aux Coopératives de consommation la faculté d'instituer le système représentatif pour toutes les Assemblées qui auront lieu pendant le cours de la Société, qu'il s'agisse des Assemblées dites ordinaires ou de celles dites extraordinaires; il importe que soit ainsi consacrée , à toutes fins utiles, la pratique du sectionnement, des réunions de sections et des Assemblées générales de délégués. C'est bien ici le cas de dire : « Nécessité fait loi ! »

## DIRECTIVES POUR UNE REFONTE DE LA LÉGISLATION
## APPLICABLE AUX ASSEMBLÉES GÉNÉRALES
## ¡DES COOPÉRATIVES DE CONSOMMATION

La série des réformes désirables, et dont les circonstances autant que la doctrine coopérative nécessitent l'adoption en cette matière fondamentale, s'inspire de deux idées :

D'une part, il est convenable de mettre une fois pour toutes le régime des Assemblées générales des Sociétés coopératives de consommation et des Unions de coopératives en harmonie avec les principes essentiels tendant à réaliser la démocratie économique, et dont nous avons fait l'exposé dès le premier chapitre de ce travail;

D'un autre côté, il est indispensable de faciliter sans retard à nos grandes Sociétés coopératives de développement la pratique des

Assemblées à deux degrés, pour toute délibération sur quelque objet que ce soit.

Les réformes que nous proposons doivent prendre place dans la loi du 7 mai 1917; puisqu'aussi bien c'est cette loi qui offre aux institutions coopératives de consommation un statut juridique. Malgré la préférence que nous avons marquée pour un système légal qui ferait de la coopérative de consommation un type de société *sui generis*, et par conséquent sans aucun mélange de substance empruntée au dehors, nous ne croyons pas devoir demander aujourd'hui, à propos des Assemblées générales seulement, cette création nouvelle, qui impliquerait la revision totale de la loi de 1917. Allons pour le moment au plus pressé. Restant dans la voie indiquée par cette loi dès son article premier, nous continuons à tenir les coopératives de consommation et leurs unions pour des sociétés à capital et personnel variables soumises aux conditions du titre III de la loi du 24 juillet 1867; mais, nous réclamant aussi d'une méthode que les caractères et les besoins de nos organisations ont fait inaugurer dans la loi de 1917 elle-même et encore utiliser depuis, nous proposerons, au sujet des Assemblées, des règles spéciales qui constitueront autant de dérogations aux dispositions des lois de 1867 et de 1913, partout où ces dispositions sont inconciliables, comme nous l'avons démontré, avec les principes certains et le mécanisme nécessaire de la coopération.

Nous n'avons pas, d'ailleurs, à provoquer des textes légaux exprès sur tous les points pour lesquels suffisent le droit commun ou la liberté laissée lors de la confection des statuts. Il n'est pas utile d'avoir, sur ces points, dans notre loi coopérative, une réglementation outrancière. Nous ne dirons rien, par exemple, ni sur la forme et le délai des convocations (sauf pour les Assemblées modificatives des statuts, pour lesquelles nous demandons une simplification des formalités exigées par la loi du 22 novembre 1913); ni sur les organes convocateurs; la détermination précise de l'ordre du jour; la composition du bureau de l'Assemblée (1).

### I. — *Substitution du quorum-personnel au quorum-capital.*

J'ai expliqué pourquoi la représentation obligatoire d'une certaine fraction du capital social, — exigence formulée par la loi de 1867 pour les Assemblées générales des sociétés anonymes, — était incompatible avec l'idée pure de la coopération de consommation. Par conséquent, nécessité de la suppression, par voie législative, du quorum-capital dans nos sociétés et dans nos unions.

La seule notion acceptable ici est celle d'un quorum en sociétaires. Quorum, d'ailleurs, variable selon l'importance de l'objet soumis aux délibérations de l'Assemblée générale. Ce sera :

Pour les Assemblées constitutives, la moitié du nombre des souscripteurs (dérogation à la loi de 1867, art. 30);

Pour les Assemblées dites ordinaires, le quart du nombre des sociétaires (dérogation à l'art. 29);

Pour les Assemblées modificatives des statuts, les trois quarts des sociétaires (dérogation à l'art. 31, modifié par la loi du 22 novembre 1913).

L'exigence d'un quorum-sociétaires lorsque l'Assemblée se réunit sur première convocation me paraît nécessaire pour éviter les sur-

---

(1) Sur ces diverses questions, consulter les articles de RAMADIER, qui paraissent dans l'*Action Coopérative* depuis 1920.

prises, pour déjouer les manœuvres, pour empêcher qu'une minorité ou une trop faible majorité impose sa volonté à tous.

Et encore cette considération ne vaut réellement que pour l'Assemblée générale réunie sur première convocation. Les sociétaires sont avertis des questions à l'ordre du jour par cette première convocation : à eux d'assister en nombre à l'Assemblée. Dans le cas où le quorum personnel minimum n'y serait pas atteint, ils sont encore prévenus, par une seconde convocation, qu'il y aura une nouvelle réunion avec le même programme. Tant pis pour eux s'ils n'y viennent pas. Il n'y a donc pas de raison plausible pour ne point généraliser, quels que soient les objets inscrits à l'ordre du jour, même la constitution de la Société, même la modification des statuts en l'une quelconque de leurs parties, la règle admise actuellement par la loi de 1867 (art. 29) pour les seules Assemblées ordinaires, et suivant laquelle, à défaut de quorum, une première fois, l'Assemblée générale, convoquée à nouveau, peut délibérer valablement, quel que soit le nombre des membres présents. Il ne faut pas que la marche, l'action de la Société soient entravées par l'insouciance, la négligence, peut-être même la mauvaise volonté des gens. Si l'on veut s'opposer à l'adoption d'une résolution, ce qui est le droit de tout sociétaire, le moyen ne doit pas être l'absence pour empêcher le quorum: qu'on prenne au moins la peine de venir à l'Assemblée pour voter! Donc, à mon avis, suppression de la nécessité d'un quorum quelconque, alors qu'il a fallu convoquer l'Assemblée une seconde fois. Suppression d'autant plus légitime qu'elle ne prive pas le sociétaire qui ne peut assister à l'Assemblée, d'y faire entendre sa voix; car, nous n'exigeons pas absolument la présence personnelle, nous n'avons aucune raison d'empêcher l'associé de se faire représenter, conformément au droit commun (1).

En tout cas, indépendamment de la nécessité du quorum sur première convocation, indépendamment de la possibilité du vote par procuration, nous donnerons, dans les Assemblées les plus importantes par leur objet (la modification des statuts), une autre garantie: le renforcement de la majorité pour la validité de la délibération. Au lieu de la simple majorité, prévue par l'art. 28, premier alinéa, de la loi de 1867 pour les autres Assemblées, on exigera les deux tiers des voix des membres présents ou représentés, quand il s'agira de modifier les statuts (comme le prescrit l'art. 31 nouveau).

Des législations étrangères vont, pour les Sociétés coopératives, bien plus loin encore dans le sens que nous préconisons. Elles n'imposent absolument aucun quorum (tandis que nous en maintenons un toutes les fois que l'Assemblée se réunit sur première convocation). Sans parler des lois qui laissent toute latitude au pacte social en ce qui concerne les conditions de majorité (exemples: Angleterre, Bel-

---

(1) On pourrait songer, du moins pour les cas importants, par exemple pour la modification des statuts, à instituer le *referendum*, de façon, si l'on n'obtient pas le quorum prévu (les trois quarts) dans la seconde assemblée elle-même, à recueillir, dans un certain délai après la réunion (un mois, je suppose) l'avis des absents. La question du referendum avait été posée lors des travaux préparatoires de la loi du 24 juillet 1867 : M. Chevandier de Valdrôme avait demandé sur l'art. 31 (assemblées modificatives) qu'on permit de parfaire le quorum par des adhésions écrites postérieures à la réunion. La proposition fut enterrée par le corps législatif. Personnellement, je suis l'adversaire aussi d'une pareille solution, car je considère comme décisive et toujours vraie cette raison qui fut donnée par le rapporteur de la Commission, M. Mathieu : Le procédé peut devenir trop aisément abusif, qui autorise le conseil d'administration "à s'en aller *per domos* quêter les adhésions, les solliciter de personnes qu'on pourra circonvenir, auxquelles on pourra facilement faire illusion sur leurs intérêts"; seules les assemblées générales "assureront l'expression véritable, loyale, sincère des sentiments et des intérêts des associés".

gique, Suisse), j'indique le paragraphe 16 de la loi allemande du 1<sup>er</sup> mai 1889, qui se borne à prescrire, pour la modification des statuts, une majorité composée des trois quarts des sociétaires présents.

Je fais observer que nos lois françaises concernant le crédit coopératif (Sociétés de crédit mutuel agricole ou maritime, Sociétés de caution mutuelle) ne formulent pour les Assemblées générales aucune condition de quorum ou de majorité. Elles octroient, à cet égard, toute liberté aux statuts, puisqu'elles créent un type spécial de société, non assujetti aux règles édictées par les lois du 24 juillet 1867 et du 22 novembre 1913 uniquement pour les Sociétés par actions.

Dernier argument: on ne comprend absolument pas qu'une coopérative de consommation qui, par essence, n'est jamais une société de capitaux, quelle que soit sa forme juridique, soit soumise à des conditions légales de quorum ou de majorité quand elle est société anonyme, alors que les statuts peuvent régler en toute liberté les délibérations des Assemblées générales quand la société est civile. Or, cette anomalie caractérise précisément l'état actuel de la législation. Il convient donc, dans un projet comme celui que je soutiens, d'éviter les deux extrèmes, de trouver une commune mesure, qui devra dorénavant s'imposer à toutes nos institutions, qu'elles soient civiles ou anonymes : les mêmes raisons de décider valent pour les unes et pour les autres. On peut exiger légitimement des coopératives civiles qu'elles accomplissent les conditions modérées que je propose pour les coopératives anonymes; et je crois avoir justifié, d'autre part, les atténuations que je voudrais voir apporter, à l'égard des coopératives anonymes, au régime établi pour les sociétés de capitaux.

Une objection pourrait nous être faite, au sujet du droit d'exclusion conféré à l'Assemblée générale par l'article 52 de la loi du 24 juillet 1867. L'Assemblée ne peut exclure un sociétaire qu'à la majorité fixée pour la modification des statuts. Nous avons expliqué plus haut la portée de cette disposition. La loi veut ainsi offrir au sociétaire visé le maximum de garantie contre une décision qui pourrait être inconsidérée, passionnée, méchante même. le droit de juridiction attribué à l'Assemblée étant déjà en lui-même assez exorbitant. Or, nous dira-t-on, puisque vous admettez qu'à défaut de quorum sur première convocation l'Assemblée, réunie à nouveau, pourra se prononcer même sur une modification aux statuts, quel que soit cette fois le nombre des présents, vous allez supprimer en dernier ressort la garantie des sociétaires sous le coup d'une exclusion. Ainsi qu'on le voit, j'ai bien songé à l'objection. Elle n'aurait de valeur que si on l'oubliait! Je veux dire si l'on oubliait d'y obvier dans la loi. Autrement, la réponse est facile: on ne manquera pas d'insérer dans le texte à rédiger une disposition aux termes de laquelle l'Assemblée générale ne pourra exclure un ou plusieurs sociétaires, par application de l'article 52 de la loi de 1867, qu'à la condition de réunir toujours les trois quarts au moins des membres de la Société. la décision n'étant d'ailleurs valable, comme pour modifier les statuts, qu'à une majorité formée par les deux tiers au moins des voix des présents ou des représentés.

II. — *Simplification des formalités pour les Assemblées modificatives des statuts.*

J'ai dit que les formalités requises par le nouvel article 31 de la loi du 24 juillet 1867 (en conséquence de la loi du 22 novembre 1913)

étaient exagérées pour les coopératives de consommation; il ne
s'agit là, d'ailleurs, que des sociétés constituées sous le régime anonyme.

Singulier effet, encore, de la forme juridique adoptée, quand elle
couvre une coopérative de consommation, c'est-à-dire une société
qui, en raison de sa nature, ne peut avoir pour objet de procurer à
ses membres un gain capitaliste. Je reprends mon argument de tout
à l'heure: aucune raison d'imposer aux coopératives anonymes ce
qui n'est pas exigé des coopératives civiles.

Et j'ajoute ceci : un tel formalisme n'existe pas pour les Sociétés
de crédit agricole (loi du 5 août 1920), pour les Sociétés de crédit
maritime (loi du 4 décembre 1913), pour les Sociétés de caution mutuelle entre petits commerçants (loi du 13 mars 1917) : toutes organisations qui, par leurs caractères, — je le rappelle encore, — sont
de véritables institutions coopératives.

Il n'est pas nécessaire d'énumérer ici les formalités imposées par
l'article 31 aux Sociétés anonymes, car il suffit de lire ce texte qui
a été reproduit plus haut dans un paragraphe spécial.

D'ailleurs, il n'y a pas grand chose à dire quant à la simplification
possible de ces formalités pour nos Coopératives de consommation.

En effet, on s'aperçoit tout de suite qu'il s'agit là de diverses conditions (insertions, délais) occasionnées par le système des quorums
décroissants imaginé par la loi de 1913. Dans la réforme que nous
demandons, la réduction des exigences concernant le quorum va déjà
simplifier, par voie de conséquence, pour les coopératives anonymes,
les dites formalités. Car il faut remarquer que ces Sociétés n'auront
plus jamais besoin de convoquer une troisième réunion, puisque, sur
seconde convocation, la délibération sera valable quel que soit le
nombre des sociétaires présents.

La question des formalités de l'article 31 ne se pose donc plus que
pour la seconde convocation. Nous devons accepter, à mon avis, le
principe de la publication. Mais nous ne voyons aucune utilité, pour
les coopératives, à maintenir la double insertion renouvelée à quinze
jours d'intervalle, ce qui fait, en somme, quatre insertions, dont deux
dans le *Bulletin des annonces légales obligatoires* (annexe du *Journal
Officiel*), pour une convocation! Qui est-ce qui lit, dans le monde
des coopérateurs, le Bulletin annexe du *Journal Officiel?* Le prix
du numéro est élevé : 75 centimes. Ce bulletin paraît tous les lundis, mais il n'est pas facile de se le procurer, à moins d'être à Paris,
ou de s'y abonner (40 francs par an). En vérité, ce périodique n'est
bon que pour les communications et les appels aux capitalistes.

Il devrait donc suffire, pour nos Sociétés coopératives, de convoquer la nouvelle Assemblée dans les formes statutaires et par une
insertion dix jours à l'avance dans un journal d'annonces légales du
lieu du siège social; éventuellement, aussi, dans un journal d'annonces du lieu de chaque succursale établie dans un autre département
que celui du siège de la société. Le délai que j'indique permettrait
facilement de convoquer la seconde réunion dans la quinzaine par
exemple, ce qui est impossible avec la loi actuelle. Un délai de hui-
taine me paraîtrait trop court; la publication serait ainsi trop pres-
sée, car il faut d'abord que les gens soient prévenus tout de même
suffisamment à l'avance pour prendre leurs dispositions, et l'on ne
doit pas oublier que la nouvelle convocation doit non seulement reproduire l'ordre du jour, mais encore indiquer la date et le résultat
de la précédente Assemblée (celle-là même qui n'a pas réussi) :
on a besoin d'un certain temps, si réduit qu'il puisse être, pour préparer cet appel aux coopérateurs.

Bien entendu, il conviendra, en ce qui concerne l'accomplissement des formalités, ainsi ramenées au minimum, de placer toutes les coopératives relevant de la loi de 1917, qu'elles soient civiles ou anonymes, devant le même devoir; nous avons donné, dans notre paragraphe précédent, le motif de l'égalité de traitement qu'il sied d'établir entre elles toutes les fois qu'il se peut.

On trouvera encore l'occasion d'instituer un régime commun aux coopératives des deux catégories.

### III. — *Faculté de sectionnement de la Société. Réunions des Sections et Assemblée générale des délégués. (Système représentatif.)*

Les Assemblées à deux degrés supposent la répartition des sociétaires par sections. Les Assemblées du premier degré, ce sont les réunions des sections. L'Assemblée du second degré, c'est la réunion générale des délégués de sections.

Au stade auquel sont parvenues nos Sociétés coopératives de développement, par suite de leur croissance depuis quelques années, l'institution de ce régime représentatif répond, comme je l'ai montré, à une nécessité organique, vitale, puisque, sans lui, ces grandes Sociétés seraient dans l'impossibilité matérielle d'assurer le fonctionnement de leurs Assemblées générales.

J'ai, plus haut, décrit et examiné juridiquement ce mécanisme si attachant, déjà préparé par la coutume. Nous n'avons pu que constater, d'une part, les tâtonnements et les incertitudes de la pratique; puis même, concernant divers points d'importance capitale, des oppositions absolues de la législation actuelle sur les sociétés anonymes.

Il est vraiment étrange que la loi du 7 mai 1917, sur les coopératives de consommation, n'ait rien prévu à cet égard. Pourtant, dès avant cette loi, et même depuis déjà un certain nombre d'années, le système dont nous parlons n'était pas inconnu.

Il est temps de sortir de l'impasse. La question des assemblées à deux degrés réclame une solution que la loi coopérative lui doit à bref délai.

Il faut donc que cette loi *organise* enfin le *régime représentatif* dans les assemblées générales des coopératives de consommation, en le mettant — facultativement, bien entendu — à la disposition de toutes ces sociétés, et même des unions, qu'elles soient civiles ou qu'elles soient anonymes. Et il faut que le régime représentatif puisse fonctionner pour toutes les assemblées, ordinaires ou extraordinaires, postérieures à la constitution de la société. Nous nous sommes suffisamment expliqué là-dessus dans notre étude critique des dispositions des lois de 1867 et de 1913.

Certes, nous repoussons l'idée d'une réglementation légale tâtillonne et « caporaliste », qui irait, sans aucun doute, à l'encontre du but. Ce que nous désirons, c'est que la loi *prévoie expressément*. C'est qu'elle contienne quelques règles générales, très claires, et s'en rapporte aux statuts pour les détails d'application. Or, on est d'ores et déjà en mesure, grâce à la connaissance de la pratique et des principes, de formuler ces règles.

Il nous suffira donc, à nous-même, de suggérer ci-après les grandes lignes du projet.

*Sectionnement de la coopérative.* — Le groupement des sociétaires par sections est à la base du régime représentatif.

La loi doit laisser, la plus grande liberté en ce qui concerne la formation et l'activité des sections.

Les statuts diront si les sections se constituent par magasin de vente ou par localité. Ils préféreront peut-être autoriser les sociétaires à s'inscrire eux-mêmes dans telle ou telle section suivant leurs « affinités ». A mon sens, la circonscription territoriale mérite plutôt d'être encouragée, du point de vue de la doctrine coopérative; car les « affinités » ont une singulière tendance à créer l'esprit de coterie et à maintenir le groupe fermé, à la limite du nombre minimum de membres exigé par le règlement.

En somme, la loi ne doit s'ingérer dans le fonctionnement de la section qu'autant qu'il convient pour la préparation de l'assemblée générale de la société.

*Réunions des sections et assemblée générale des délégués.* — Nous avons signalé deux procédés différents dans la pratique actuelle :

1° L'usage établi par la plupart des statuts consiste à n'admettre à l'assemblée générale que des mandataires porteurs d'au moins cinquante pouvoirs *de sociétaires*. Le groupement des sociétaires par sections a pour but, dit-on, de « faciliter l'obtention de ces pouvoirs ».

2° Nous avons rencontré des statuts qui, au contraire, mettent la section au premier plan, qui envoient ouvertement à l'assemblée générale une délégation *de la section*, ou même deux délégations, celle de la majorité et celle de la minorité.

A notre avis, c'est pour le second procédé qu'en bonne législation il conviendra d'opter.

D'abord, j'ai eu l'occasion d'indiquer précédemment que le résultat pratique était sensiblement le même dans l'un et l'autre cas. Donc, ce n'est pas à ce point de vue-là que nous devons juger les mérites respectifs des deux procédés.

Or, le premier de ces procédés (pouvoirs donnés par un certain nombre de sociétaires) n'est qu'un moyen tortueux, que l'on croit — à tort ou à raison — plus prudent d'employer dans l'incertitude de la légalité actuelle sur les délégations émanant proprement des sections.

Le second procédé, au contraire, se caractérise par sa netteté, par sa franchise.

Et, puisqu'il s'agit pour nous précisément de provoquer une loi nouvelle, il faut demander la consécration de ce qui est franc, de ce qui est net.

La loi organisera donc en pleine clarté le régime représentatif en reconnaissant ainsi, officiellement, les assemblées des deux degrés:

1.° Les réunions des sections;

2° L'assemblée générale des délégués.

*Mandat impératif ou non.* — Maintenant se pose la question de savoir si la loi nouvelle doit permettre ou refuser aux sections de donner à leurs délégués un mandat impératif.

Nous avons fait remarquer déjà que le mandat impératif est licite.

Or, en notre matière, je pense que la loi devra bien se garder d'exercer à cet égard une influence quelconque; elle devra laisser le choix aux statuts.

Il est intéressant d'observer que lorsque les sections lieront leurs délégués par un mandat impératif, les seules réunions *délibérantes* seront celles du premier degré; en d'autres termes, la véritable assemblée générale se trouve constituée au fond par les différentes réunions de sections, matériellement séparées. c'est entendu, mais que l'on peut, par la pensée, considérer dans leur ensemble; ce sont leurs votes rapprochés qui feront connaître dans quel sens est prise une décision. Il est évident que la réunion générale des délégués n'aura plus qu'un rôle: comparer les résultats obtenus dans chaque section et entériner les résolutions sur lesquels s'est formée la majorité. C'est la conséquence, précisément, du mandat impératif. Il est vrai que le conseil d'administration pourrait procéder seul à cette besogne d'enregistrement, après avoir recueilli dans toutes les sections les votes émis sur l'ordre du jour; ce qui semble démontrer l'inutilité des délégués de sections. Mais ce n'est pas exact, car il s'agit ici essentiellement d'une mission de contrôle que l'on ne peut pas confier aux administrateurs.

Pour ma part, je crois que le mandat impératif est ici la meilleure méthode à adopter. Car c'est par elle seulement que peut se dégager la volonté générale des membres de la coopérative, et alors vraiment les délégués, dans la réunion commune, « représentent » leurs sections respectives, en sont l'image fidèle.

Sans mandat impératif, les délégués des sections formeraient, dans leur assemblée, l'organe délibérant de la société. Les sociétaires n'auraient été que consultés aux réunions de leur section; ils auraient remis le pouvoir de décision entre les mains de « remplaçants ».

*Nombre de voix dont peuvent disposer les sociétaires et les délégués.* — Le principe est que, dans les sections, un sociétaire a une voix.

Mais beaucoup de statuts n'accordent à chaque mandataire à l'assemblée générale qu'une voix par groupe de tant de sociétaires. dix par exemple, « représentés par lui ».

Cela ne paraît pas contraire au texte de l'article 4 de la loi de 1917, nous avons essayé de le démontrer.

Mais, en vertu du caractère représentatif de l'assemblée générale des délégués, il serait beaucoup plus normal de leur attribuer exactement une voix par sociétaire, comme le décident d'ailleurs un certain nombre de statuts. Cette concordance me paraît seule respecter la règle essentiellement coopérative sur laquelle j'ai tant insisté dans mon exposé de principes au début de cette étude, et qui veut que tout sociétaire ait une part d'influence absolument égale à celle de chacun de ses co-associés.

Or, ce n'est pas ce qui se passera toujours avec la stipulation n'accordant à un représentant qu'une voix par dix sociétaires. Je suppose, en effet, qu'il ait les pouvoirs de quinze membres. Il y aura un déchet de cinq membres, c'est-à-dire d'une demi-voix. Et cela peut se produire pour un certain nombre de délégués. Il suffit parfois de peu de chose pour déplacer la majorité. Tout procédé est critiquable qui peut fausser une délibération.

J'estime que, puisqu'il s'agit de refondre à l'usage de nos coopératives la législation sur les assemblées générales, on ferait bien de modifier, dans la loi de 1917, la disposition de l'article 4, afin de proclamer catégoriquement et d'imposer la règle: « un sociétaire, une voix ».

On ne toucherait pas, d'ailleurs, à l'article 6, alinéa 2, qui permet, dans les assemblées générales des unions, de proportionner le nombre des voix attribuées aux sociétés adhérentes au nombre des membres de ces sociétés. Nous nous sommes expliqué, dans nos principes essentiels au début de cette étude, sur le cas dont il s'agit.

Les sociétés, en tant que membres collectifs de l'union, jouent un rôle économique différent de celui des simples personnes physiques dans une coopérative de consommation ou même dans une union, à titre de membres individuels.

*Formalités indispensables à remplir dans les réunions des sections et à l'assemblée générale des délégués.* — La législation nouvelle devra se borner, en fait de formalités, au strict minimum qui permettra toutes les justifications nécessaires.

Une liste de présence, contenant les noms, domiciles, etc. de tous les sociétaires, sera tenue à chaque réunion de section. Le rapprochement des feuilles de présence des différentes sections permettra de savoir si l'ensemble de ces sections a bien fourni le quorum en sociétaires que nous. avons proposé plus haut pour les réunions sur première convocation.

Il sera tenu un procès-verbal, signé par les membres du bureau de la réunion. Un extrait. de ce procès-verbal relatera le mandat conféré aux délégués choisis par la section pour la représenter à l'assemblée générale.

Dans cette assemblée générale, il suffira, sur la feuille de présence, de faire figurer les noms des délégués avec l'indication de la section qu'ils représentent et une mention relative au nombre des sociétaires qui ont participé à la réunion de la section représentée.

Il sera dressé aussi, bien entendu, un procès-verbal de l'assemblée des délégués.

L'accomplissement de ces quelques formalités, tant dans les réunions des sections qu'à l'assemblée générale, permettra de vérifier si les conditions de la législation nouvelle ont été respectées.

*Exclusions de sociétaires.* — Avec le système du sectionnement prévu pour la préparation de l'assemblée générale de la coopérative, la question de savoir dans quelles conditions un membre pourra être exclu de la société est assez embarrassante.

Nous avons commenté le texte de l'article 52 de la loi du 24 juillet 1867 au sujet des exclusions.

C'est évidemment l'assemblée générale des délégués qui prononcera la radiation. Si les délégués ne sont pas tenus par un mandat impératif, ils pourront juger impartialement, le sociétaire intéressé dûment appelé à fournir ses explications. On sait, en effet, qu'on ne peut pas exclure un sociétaire sans l'avoir convoqué pour l'entendre.

Mais si le mandat impératif est de règle dans la société, il est évident qu'en réalité ce sont les sections qui décideront souverainement de l'exclusion. C'est donc devant elles que devra être invité à comparaître le sociétaire en cause. Supposons que la société ait quelque chose comme 150 sections. (Je n'exagère pas: cet exemple pourrait être emprunté à l'*Union des Coopérateurs* de Paris.) On ne se représente pas très facilement le malheureux se rendant devant chacun de ces 150 tribunaux. Impossibilité pratique, soit; mais dès lors, pour l'accusé, le droit de défense devient purement illusoire. On pourrait songer à ériger en un même tribunal un certain nombre de sections; quelques sociétés seraient peut-être susceptibles de juger toutes chambres réunies! Ainsi, on ne sait pas jusqu'où conduirait l'arbitraire.

Mais il y aura un moyen de lever la difficulté. La loi nouvelle décidera qu'en cas de sectionnement de la société coopérative, l'Assemblée générale des délégués aura seule compétence pour prononcer, dans les conditions légales, l'exclusion d'un ou plusieurs sociétaires, et que ces délégués ne pourront recevoir des sections, à cet effet, aucun mandat impératif.

### IV. — *Rétroactivité.*

La loi devra déclarer que tous ses articles s'appliquent aux sociétés coopératives de consommation et aux unions déjà constituées, pourvu que leurs statuts s'accordent avec les dispositions de la loi du 7 mai 1917, modifiée par celle du 14 juin 1920.

## PROPOSITION DE RÉSOLUTION

I. — *Le VIII<sup>e</sup> Congrès de la Fédération nationale des Coopératives de consommation, considérant que la Coopération a pour mission essentielle de réaliser, par l'organisation générale des consommateurs, la véritable démocratie économique, rappelle d'une part que, dans toute coopérative de consommation, la souveraineté doit appartenir à l'Assemblée des sociétaires (statuts de la Fédération nationale, art. 4), et pose, d'autre part, en principe absolu, que chaque sociétaire y a droit à une voix, mais à une voix seulement. Les unions de coopératives peuvent toutefois proportionner le nombre des voix attribuées aux sociétés adhérentes au nombre des membres que possèdent ces sociétés; une telle règle, d'ailleurs, ne représente, quand on l'analyse, qu'une application pure et simple du principe qui vient d'être formulé, car il s'agit de la part d'influence à consentir, dans les assemblées de l'union, à des êtres collectifs, qui, eux, doivent suivre strictement, dans leur propre sein, la maxime : une voix par sociétaire.*

*Les institutions coopératives de consommation s'opposent donc, de par leur nature même, aux sociétés dites de capitaux. Certes, les coopératives de consommation et leurs unions savent parfaitement qu'elles on besoin de capitaux considérables pour atteindre leurs fins; mais le patrimoine qu'elles constituent, qu'elles entretiennent et qu'elles accroisent, ne doit être et demeurer qu'un instrument docile au service de l'intérêt général. Or, cet intérêt général est justement celui des consommateurs. Tout ce qui concerne les destinées de l'organisation, les conditions d'emploi de ses moyens et de ses facultés, doit donc être entièrement subordonné à la volonté autonome des sociétaires pris en leur seule qualité de coopérateurs: il est inadmissible que, pour déterminer la régularité de la composition des assemblées ou la valeur des votes émis, on soit obligé d'avoir égard à l'importance du capital représenté par les souscriptions.*

*Au surplus, on ne peut accepter que l'action et le progrès de la coopérative soient susceptibles de gêne ou même de paralysie, parce que des sociétaires, volontairement ou involontairement, sont absents aux réunions. Toutes précautions employées pour éviter les surprises et déjouer les manœuvres, il faut que, en dernière épreuve, les sociétaires actifs, quel que soit leur nombre, aient plein pouvoir de décision, même pour apporter à l'armature statutaire les changements, les améliorations que suggèreront les circonstances, car l'avenir de la coopération en dépend; ces sociétaires actifs sont seuls capables de tirer la leçon des événements : on doit donc leur accorder la possibilité de triompher de l'inertie et, après avoir été bons juges, d'être bons artisans.*

*Il importe enfin, pour répondre à une nécessité pratique inéluctable, que les sociétés coopératives de consommation à gros effectifs*

*aient la faculté, sans contestation possible, quand elles ont été amenées à répartir leurs membres par sections, de ne réunir en assemblée générale que les délégués nommés par ces sections, quels qu'
soient les objets inscrits à l'ordre du jour.*

*II. — Le Congrès national constate que la législation française,
dans son état actuel, n'offre pas la souplesse indispensable pour
satisfaire, en matière d'assemblées générales, aux principes et aux
desiderata impérieux de la Coopération de consommation;*

*Qu'en effet, la loi du 7 mai 1917 sur les sociétés coopératives de
consommation et les unions de coopératives est à peu près complètement muette sur les questions concernant l'organisation et le fonctionnement des assemblées de sociétaires; qu'elle se borne à poser le
principe qui refuse à tout membre d'une société coopérative de
consommation plus d'une voix pour les parts sociales ou actions
dont il est titulaire (art. 4) et à permettre aux unions de proportionner le nombre des voix attribuées aux sociétés adhérentes au
nombre des membres de ces sociétés (art. 6, 2e alinéa);*

*Que pour tout le reste, la carence de la loi de 1917 soumet les
assemblées des sociétaires des dites coopératives et unions au régime déterminé par la forme juridique dont sont revêtues ces institutions et qui doit être empruntée aux types ordinaires du droit
des sociétés, par application de l'article 1er et de l'article 5 de cette
même loi de 1917;*

*Qu'ainsi obligées de choisir elles-mêmes leur cadre légal, les
coopératives de consommation et les unions sont amenées très fréquemment, pour divers motifs d'ordre pratique, à se placer sous
l'empire de la législation régissant les sociétés anonymes, et tel est,
entre autres, le cas général des sociétés de développement;*

*Que, par suite, ces coopératives et unions se voient imposer l'observation des prescriptions rigides formulées par les lois du 24 juillet 1867 et du 22 novembre 1913 pour les assemblées générales des
sociétés anonymes;*

*Que, notamment, deux catégories de dispositions sont formellement incompatibles avec les caractères et les besoins propres des
dites institutions coopératives:*

*1° Il est illogique et dangereux de maintenir, pour la validité des
assemblées de sociétaires dans ces institutions, l'exigence d'un quorum basé sur une fraction quelconque du capital social (loi du 24
juillet 1867, art. 29, 30 et 31, modifié par la loi du 22 novembre
1913): une telle exigence crée, pour les porteurs de titres qui veulent s'opposer par leur absence au vote de certaines résolutions, une
prérogative qui ne peut se comprendre que dans les sociétés de
capitaux;*

*2° L'obligation de tenir des assemblées générales plénières pour
apporter des modifications aux statuts (loi du 24 juillet 1867, art. 31,
nouveau texte résultant de la loi de 1913) est matériellement impossible pour les sociétés coopératives de développement qui comptent leurs membres par milliers, quelquefois même par dizaines de
milliers. Il est abusif et intolérable de les empêcher légalement de
modifier leurs statuts pour ce motif de fait, c'est-à-dire en raison
même de leur succès et de leur extension.*

*II. — En conséquence, le Congrès national, approuvant les directives proposées dans le rapport qui a précédé la présente résolution,
donne mandat au Conseil central de faire préparer par l'Office technique un projet de refonte de la législation relative aux assemblées*

*générales, de manière à instituer, en cette matière fondamentale, un régime adéquat à la nature propre et aux besoins des sociétés coopératives de consommation et des unions de coopératives, définies les unes et les autres par la loi du 7 mai 1917. Le Conseil supérieur de la Coopération sera saisi de ce projet de réforme en vue de le faire aboutir.*

# La vente au comptant,
# à crédit et par abonnement dans les Coopératives

La question de la vente au comptant, à crédit et par abonnement ayant soulevé, devant le Conseil central, une discussion au cours de laquelle deux opinions se sont nettement opposées, le Conseil a décidé que celles-ci seraient également soumises au Congrès.

Deux rapports ont donc été rédigés: le premier par Daudé-Bancel, le second par Gaston Lévy et Garbado.

## I. — RAPPORT DE DAUDÉ-BANCEL

Jamais nos institutions coopératives (sociétés ou organisations de gros) n'ont eu autant besoin d'argent que maintenant. Les sociétés anglaises qui sembleraient avoir moins besoin que d'autres de faire appel au crédit des coopérateurs (sociétés individuelles) ou aux coopératives (magasin de gros), se livrent à une demande extraordinaire (sans cesse accrue) de fonds, et cette demande n'est pas vaine. Les coopérateurs anglais dressés à l'effort personnel et conscients de leurs obligations envers leurs entreprises d'émancipation sociale, se sont rendus compte de la nécessité d'accroître la puissance de leurs sociétés et de leur magasin de gros et ils sanctionnent les appels dont ils sont l'objet par des versements extrêmement importants.

En Angleterre, un effort considérable est fait pour attirer, par tous les moyens, même les plus humbles des coopérateurs, à réaliser des économies, sous la forme de tickets d'économie. Grâce à eux, en cas de détresse pécuniaire, la ménagère la plus pauvre, mais fidèle à sa coopérative, pourra trouver au fond d'un tiroir des tickets d'économie qui lui permettront d'acheter quelques denrées à la coopérative.

En Italie, Buffoli a aussi organisé le système des économies systématiques. Nous devons imiter dans cette voie nos amis d'Angleterre et d'Italie.

### Contre le crédit direct

Or, si la coopération britannique a besoin de fonds, la coopérative française n'en a pas moins besoin. Elle en a même plus besoin que l'anglaise; que ce soient les sociétés individuelles ou la coopérative nationale des coopératives, notre M. D. G. Et c'est au moment où ces besoins se manifestent pour accroître notre puissance économique et financière, au moment où il faudrait songer à accroître nos capitaux, que des coopérateurs nous proposent soit de maintenir le crédit dans les sociétés qui le pratiquent, soit de l'étendre aux

fournitures qui n'ont pas encore fait l'objet d'un semblable crédit!
Il semble qu'il y ait, de leur part, comme une gageure, et même
un sentiment d'imprévoyance tel qu'il friserait l'immoralité, si on
ne les connaissait pleins de bonnes intentions.

Plutôt même que de maintenir, d'organiser ou d'étendre le crédit,
il faudrait, ajoutent certains camarades, non seulement le supprimer,
au contraire, tendre vers le paiement par anticipation des marchandises qu'achèteront les sociétaires, ainsi que cela se pratique en
Belgique et dans le nord de la France notamment. Ainsi, ajoutent-ils,
la coopérative, même si elle ne disposait que de peu de capital,
aurait toujours à sa disposition beaucoup de fonds, et les achats
des sociétaires étant payés par anticipation, la coopérative retien-
drait par devers elle une clientèle qui, souvent mal instruite des
idées coopératistes, n'a que trop de tendance à acheter trop chez
les concurrents. Une coopérative régionale à succursales va même
pratiquer ce système.

Mais, à défaut du payement par anticipation, beaucoup de coopérateurs demandent le payement au comptant. Mais, par payement
comptant, il n'entendent pas le payement plus ou moins différé, huit
jours, quinze jours ou un mois, (que certains camarades appellent
du comptant), mais le payement au comptant strict, celui qui se
pratique par échange formel d'argent contre les marchandises
achetées..

Ce payement au comptant est donc tout à fait contraire au payement à crédit, qui a été et qui est même encore pratiqué dans de
nombreuses coopératives. Le payement à crédit a une apparence
de raison dans un milieu à population stable, dressée depuis de
longues années à la pratique coopérative et dont l'existence est
assurée par un gain régulier. Lorsqu'on agit dans un tel milieu, le
crédit limité au montant du capital souscrit ou déposé par le sociétaire à la caisse d'économies de la société, ne peut, en principe, pas
être un danger pour la coopérative qui la pratique. Le sociétaire
possède, en quelque sorte chez sa société, un compte-courant auquel
il emprunte la valeur de ses achats pendant le mois, et il les rem-
bourse à la fin du mois.

Le succès considérable de la grande coopérative l'*Union*, de Limoges, est expliqué, aux dires de certains camarades, par la pratique systématique du crédit garanti par les fonds déposés par l'a-
cheteur dans la caisse de sa société.

Bien des coopératives de fonctionnaires, de cheminots, d'acheteurs à salaire fixe, ne trouvent généralement pas d'ennuis à pratiquer, pendant le mois courant, des découverts *garantis par des
sommes*. Elles retiennent même tellement leur clientèle que celle-ci.
même payant plus cher quelquefois que chez les commerçants, leur
reste fidèle. Cette clientèle sait, en effet, qu'à la fin de l'année.
elle sera remboursée des sommes perçues en trop au cours de l'année. Et, dans ce cas, le crédit est un lien puissant entre la société
et les sociétaires.

Néanmoins, si ce crédit garanti est un lien puissant quand il s'agit
d'une clientèle stable, il ne peut en être question quand la clientèle
est extrêmement flottante, ainsi que cela se produit dans les grandes
agglomérations ouvrières où, par la force des choses, les compagnons
sont malheureusement mobiles et soumis aux très nombreuses fluc-
tuations de l'embauchage et du débauchage qui sont la caractéristique des entreprises modernes.

Le crédit *garanti* peut donc se pratiquer *exceptionnellement* dans
certaines coopératives, sans qu'il y ait pour elles beaucoup de danger

à l'accorder. Mais, dans l'ensemble des cas, il présente de graves inconvénients: matériels et moraux.

Le crédit *direct* au sociétaire empêche les coopératives de pratiquer la gérance responsable. Il va donc contre une règle essentielle de la coopérative moderne. D'autre part, il oblige les coopératives qui vendent à crédit à demander elles-mêmes du crédit à n'importe quelles conditions à des fournisseurs qui abusent de leur gêne financière pour pratiquer des prix onéreux à leur égard; et les acculent trop souvent à la culbute et, en tout cas, les éloignent du M. D. G.

Le crédit direct oblige l'inscription des achats sur un carnet individuel. Et comme l'acheteur à crédit est généralement exigeant *dans sa société*, (pas chez le commerçant), il faut inscrire le détail de ses achats sur son carnet. Cette inscription complique donc les écritures et est une cause fâcheuse de retards dans la distribution des marchandises. L'inscription détaillée des achats crée une source de conflits entre le sociétaire et la société, dès que la moindre erreur est commise.

L'action de crédit *direct* oblige le personnel et les administrateurs à suivre, à contrôler, à espionner pour tout dire, les achats des sociétaires, afin d'éviter des dépassements de crédits. Et cela est contraire aux principes de droiture et de confiance qui doivent être à la base de l'action coopérative.

Si, par manque de surveillance ou par relâchement de cette surveillance, le sociétaire « marchant à crédit » a dépassé le montant du crédit qui lui a été octroyé, il arrive très souvent qu'il néglige de se ravitailler régulièrement auprès de sa Société et qu'il omet quelquefois volontairement d'y retourner. Il laisse donc vieillir son compte débiteur à sa Coopérative et porte son argent frais chez les concurrents de celle-ci, qui perd à la fois la clientèle et les intérêts sur le dû du sociétaire défaillant. Le débiteur, ayant ainsi commis une mauvaise action contre sa Société, tâche de légitimer par devers lui et par devers les autres son attitude mauvaise, en débinant la Coopérative et son Conseil, dont le tort essentiel a été d'obliger *sans garantie* des inconscients et des ingrats. En outre, en cas de défaillance des mauvais payeurs, les bons coopérateurs payent pour les mauvais.

Mais alors, dira-t-on, il faut prendre des garanties contre les mauvais payeurs. La meilleure garantie à leur égard est d'ordre pécuniaire. Mais ils se chargent le plus souvent de l'esquiver. Comment? En achetant assez de marchandises pour faire la contrepartie de leur avoir social. Et, lorsque de tels inconscients sont mis au pied du mur et invités à payer leur dû, ils répondent cyniquement que si la Coopérative veut se faire payer, elle n'a qu'à le faire sur leur avoir à la Société. Si la Coopérative accepte ce singulier raisonnement, elle perd ses sociétaires et sa clientèle. L'exemple alors se généralise, et la Coopérative est obligée de liquider. 90 % au moins des Sociétés disparues, dans le Midi de la France surtout, sont mortes pour cette raison.

Certes, la loi interdit formellement le départ à contre-temps; mais que deviennent les lois, même si les juges interviennent pour les faire appliquer, si les citoyens sont décidés à n'en point tenir compte?

Des camarades nous objectent que, par le crédit direct, ils agissent en faveur des coopérateurs. Il n'en est rien, puisque, une fois la Coopérative mangée par le crédit, les commerçants du pays pratiquent des prix forts aux dépens des mauvais coopérateurs et des acheteurs inorganisés.

Le crédit *direct* est donc une mauvaise affaire (matérielle et morale) pour la Coopérative qui le pratique; d'autant plus que tous ses membres seraient en droit et en possibilité (au moins théorique) de le demander. *Or, nous sommes formellement contre tout crédit direct.*

### Pour le crédit indirect

Et pourtant il y a par le monde des consommateurs intéressants et nombreux qui, parce que des Coopératives ne leur consentent pas de crédit et bien qu'ils aient des sympathies réelles pour la coopération, ne peuvent pas s'approvisionner dans nos Sociétés. D'autres fois, la situation de certains consommateurs est pire. Ils sont coopérateurs convaincus et dévoués. Ils ont libéré leur action et même constitué, un moment donné, un fonds personnel de prévoyance, en versant leurs disponibilités à la caisse d'économie de leur Coopérative, ou à cette Coopérative elle-même. Mais ils ont été obligés à des dépenses imprévues, soit par suite de mariage, de naissances, de décès, de maladies, de chômage, de déménagements, de service militaire, ou de tous autres événements que chacun de nous peut supposer.

### Crédit indirect à court terme

Peu à peu, sous l'influence de ces événements divers, qui peuvent agir (simples ou conjugués) sur le camarade intéressant en question, ses économies ont disparu de la caisse d'économie, de son fonds personnel de prévoyance chez sa Coopérative, et ce bon coopérateur, malgré son dévouement prouvé et positif à la cause coopérative, ne peut acheter à *son* magasin les marchandises qui s'y trouvent. Parce qu'il sera coopérateur, il cherchera, sans le trouver, du crédit chez des commerçants de son quartier qui le boycotteront d'autant plus qu'il aura été un champion plus fidèle de la cause coopérative dans son rayon d'action. S'ils lui accordent du crédit, notre camarade coopérateur en bénéficiera non sans quelque amertume, lorsque le commerçant lui fera observer « en douceur » que les commerçants ont tout de même du bon, tandis que les Coopératives (pour lesquelles il s'est dévoué) le laisseraient « crever de faim » s'il n'y avait pas de « bons commerçants » pour réparer les défaillances des Coopératives. Et même, en admettant que notre bon camarade entende ces comparaisons et ces observations, qui empêchera le commerçant de l'abuser et de profiter de son indigence pour l'obliger à accepter des marchandises mauvaises, vendues cher et à faux poids? Par quel moyen pourra-t-il se défendre, si la Coopérative est défaillante à son égard, comme vis-à-vis des acheteurs à crédit? La solidarité coopérative sera-t-elle, à ce moment-là, un vain mot?

Or, nous l'avons vu, la Coopérative doit, dans l'intérêt même de ses sociétaires, ne pas pratiquer le crédit direct. Elle n'a le droit de pratiquer le crédit que *sur garantie* et dans des circonstances *tout à fait exceptionnelles*.

Si la Coopérative organisait le crédit *direct* pour un seul de ses membres, elle serait obligée de l'étendre à tous les autres et, dans beaucoup trop de cas, ce serait la disparition à brève échéance de la Société.

Mais ce que la Coopérative ne peut pas faire directement, elle peut le faire *indirectement* : si elle ne peut organiser le crédit *direct*, elle peut — et donc elle doit — organiser le crédit *indirect*.

Comment cela? Il existe déjà, à côté de nombreuses Coopératives, des caisses de crédit *mutuel* et *gratuit* auxquelles tous les membres sont invités à adhérer, et dont, le cas échéant, chacun peut être appelé à bénéficier.

La caisse de crédit *mutuel* et *gratuit* est alimentée par des dons de la caisse de solidarité de la Coopérative, par des cotisations (très faibles, *de principe*) de ses membres et par les ressources qu'elle peut se procurer grâce à la propagande de ses membres et à sa propagande personnelle.

La caisse de crédit ne doit *jamais*, en principe, faire des dons, car, ainsi, ses fonds peuvent servir à l'infini pour secourir le plus grand nombre possible d'infortunes imméritées. Son capital étant sacré, il faut que tout emprunt *gratuit* lui soit remboursé intégralement.

Chaque membre de la caisse de crédit a le droit de lui emprunter des fonds, grâce auxquels il pourra lui-même acheter *au comptant strict* à la Coopérative : et cela constitue ce que nous appellerons le *crédit indirect*.

La caisse de crédit mutuel et gratuit ne devant pas perdre d'argent, tout emprunt individuel doit être garanti. Cet emprunt (ou son renouvellement) doit être garanti : 1° par le capital social de l'emprunteur; 2° éventuellement, par son fonds personnel de prévoyance; 3° par les ristournes de l'emprunteur sur ses achats à la Société; 4° par l'engagement personnel et solidaire grâce auquel ses amis ou ses camarades se substitueraient pécuniairement à lui, s'il défaillait.

Le jour où les Coopératives le voudront, elles pourront constituer à côté d'elles (Sociétés autonomes) et de chaque section (Coopératives régionales à succursales) une caisse de crédit mutuel et gratuit qui pourra rendre de réels services au Mouvement coopératif. Le sociétaire obtiendra d'elle, en effet, du crédit indirect à court terme et la Coopérative elle-même y trouvera son compte, puisque le crédit ainsi attribué aux emprunteurs pourra l'être sous la forme de bons échangeables contre les marchandises qui se trouveront dans le magasin coopératif.

Et, grâce à ces caisses de crédit mutuel et gratuit, les militants n'auront pas, en cas de crise, à tendre la main aux ennemis de la coopération et trouveront, dans leur milieu propre, l'aide solidaire qu'ils sont en droit d'y trouver toujours et que seule une organisation systématique et rationnelle du crédit pourra leur procurer.

Toutes précautions seront d'ailleurs prises pour que les avances ne soient faites qu'à des coopérateurs fidèles, comptant au moins deux ans de sociétariat et justifiant d'un minimum de consommation.

La Commission administrative de chaque caisse devra d'ailleurs enquêter et rapporter sur chaque demande d'octroi de crédit à court terme.

### Crédit indirect à long terme

Mais le problème du crédit aux coopérateurs n'est pas si simple que cela. L'action coopérative tend certes à procurer aux consommateurs les marchandises de première nécessité, parmi lesquelles figurent d'abord les denrées d'alimentation, et puis les articles d'habillement. Mais la coopération a la prétention légitime de fournir au consommateur toutes les marchandises dont il a besoin. Et bien des camarades ont songé à procurer aux coopérateurs désireux de se mettre en ménage toutes les facilités pour le faire. Ils ont été frappés de ce que, lorsque des camarades pauvres (mais dispo-

sant de quelques fonds grâce à leur travail et à leur économie)
veulent constituer un foyer, ils trouvent toujours à leur disposition
quelque capitaliste qui leur facilite l'opération, grâce à laquelle ils
seront enfin « dans leurs bois ».

On connaît la vie lamentable des célibataires et même des ménages qui ne peuvent se mettre dans leurs meubles. Ils sont obligés
de loger en garni, de subir des promiscuités répugnantes. Et même,
des locataires en garni, pour rentrer chez eux, sont obligés de passer
par un « zinc ». S'ils consomment suffisamment d'alcool, le tenan-
cier les tolère; sinon, il les met à la porte et les remplace par des
clients « meilleurs ». D'autres fois, un jeune homme, une jeune
fille, ou un ménage, ont certes le droit d'habiter dans leur garni,
mais pas de telle heure à telle heure de la journée et même de la
nuit. On devine par quels couples de clients ils sont remplacés
« chez eux ».

Ils éprouvent donc le sentiment bien légitime de sortir de ces
garnis trop hospitaliers (pour les autres) et pas assez hospitaliers
(pour eux) et d'être enfin chez eux. Quand ils trouvent une chambre
libre, les célibataires arrivent quelquefois à résoudre le problème :
à condition de n'être pas bien exigeants. Mais, quand il s'agit d'un
ménage, alors le problème est plus difficile à résoudre par les propres moyens des intéressés. Alors interviennent les obligeants capitalistes qui, moyennant un certain acompte, mais à un prix fort, et
même très fort, accordent au ménage le mobilier nécessaire. Et
tous les mois, pendant des années, le ménage est tenu de verser
entre les mains du prêteur une mensualité dont le poids pèse
d'autant plus lourdement sur les « abonnés » que les prétentions
du moderne Shylock sont plus exorbitantes. Mais, tel qu'il est,
le régime du payement par abonnement est considéré comme rendant des services aux malheureux ménages qui en « bénéficient ».
On peut même le considérer comme moralisateur, puisqu'en somme
il arrache au taudis, au garni borgne et à l'assommoir suspect des
célibataires ou des ménages...

Mais, en vérité, les « bienfaits » qu'en retirent ceux qui payent
leur mobilier à l'abonnement sont des méfaits, puisque les bénéfices des vendeurs sont tellement considérables qu'ils dépassent, et
de beaucoup, ceux qu'il est normal de prélever. L'argument du
risque à courir ne légitime pas les bénéfices scandaleux des intermédiaires qui vendent par abonnement.

Là aussi, la coopération doit intervenir, mais les Coopératives
*n'interviendront pas directement*, individuellement. Le Mouvement
coopératif français doit intervenir *en établissant la vente par
abonnement*, par des organisations spéciales : nationale ou régionales.

Mais la vente par abonnement s'inspirera des méthodes judi-
cieuses (que nous venons de préconiser) *pour l'établissement du
crédit indirect à long terme*. Ce crédit à long terme sera *gratuit*,
en ce sens que, toutes précautions prises pour éviter des pertes
sensibles à l'organisation coopérative pour constituer les réserves
indispensables, pour servir des intérêts au capital social et pour
payer le personnel du service nouveau, les meubles seront facturés
au meilleur marché possible aux acheteurs par abonnement.

Comme pour le crédit à court terme, les acheteurs devront emprunter à l'organisation coopérative de vente par abonnement, sous
la réserve de multiples garanties, afin que cette organisation de
crédit gratuit à long terme ne perde rien : 1° grâce au premier
acompte versé par l'acheteur; 2° grâce au capital social de l'em-

prunteur; 3° grâce, éventuellement, à son fonds personnel de prévoyance; 4° grâce aux ristournes accumulées de l'emprunteur sur
ses achats à sa Société; 5° grâce à l'engagement personnel et solidaire par lequel ses amis ou ses camarades se substitueraient pécuniairement à lui, s'il défaillait; 6° grâce au mobilier lui-même.

### La vente par abonnement

Nous n'avons pas à entrer ici dans les détails de l'application de
la vente par abonnement aux coopérateurs par un système de
crédit mutuel et gratuit à long terme. Il suffit d'indiquer ce qui se
pratique parmi les mercantis du mobilier pour comprendre l'importance de la vente coopérative par abonnement pour les acheteurs. Il y a un intérêt évident, au point de vue matériel et moral,
à mettre en œuvre le crédit mutuel et gratuit à long terme. Il suffit,
pour le moment, que le Congrès national en adopte le principe.

Le principe étant posé, il faudra passer à son application. Incontestablement, comme le crédit à long terme comporte des découverts
de longue durée, l'organisation coopérative qu'il impliquera devra
se munir de capitaux qui pourront, et devront, sans doute être
demandés au M. D. G., fournisseur naturel de l'entreprise; aux
Coopératives à succursales ou autonomes; aux coopérateurs et
même, éventuellement, à l'Etat (par application de la loi relative
au crédit au moyen et au petit commerce).

### Conclusions

Nous avons envisagé plus haut les besoins financiers de nos organisations coopératives et marqué la nécessité où elles sont de se
procurer des fonds de plus en plus considérables. Nous avons montré
les conditions exceptionnelles dans lesquelles peut être octroyé
le crédit direct aux coopérateurs et montré le danger grave de
généraliser ce crédit direct, *sans garantie*. Néanmoins, nous avons
montré la nécessité d'organiser le crédit indirect, mutuel et gratuit, à court terme, en faveur des coopérateurs pauvres.

D'autre part, en ce qui concerne la vente du mobilier par abonnement, nous avons reconnu la nécessité d'établir le crédit indirect,
mutuel et gratuit, à long terme, en faveur des mêmes coopérateurs.

En conséquence, nous proposons au Congrès le projet de résolution ci-dessous :

### PROJET DE RÉSOLUTION

*Le Congrès, constatant les besoins financiers sans cesse croissants
des Coopératives de consommation et de leur M. D. G., engage les
coopérateurs et les Coopératives à faire un effort considérable en
vue de mettre le plus possible de capitaux à la disposition de leurs
organisations;*

*A cet effet, il leur recommande tous les moyens d'économie indi-
viduelle et collective, grâce auxquels ils pourront renforcer systématiquement les organisations coopératives;*

*Le Congrès, constatant que le crédit direct des Coopératives à leurs
membres n'a réussi que dans quelques cas exceptionnels, là où le
crédit était garanti, met en garde les Coopératives de consommation
contre tout système de crédit direct;*

*Néanmoins, après avoir dénoncé comme il convenait les dangers
du crédit direct, le Congrès décide qu'il est de l'intérêt et du devoir*

*des coopérateurs et des Coopératives de leur recommander l'adoption du crédit* indirect, c'est-à-dire s'exerçant en dehors de la responsabilité financière des Coopératives;

*Le crédit indirect doit être établi sous deux modalités essentielles:* 1° à court terme; 2° à long terme;

*Le crédit indirect à court terme et à long terme doit reposer sur la responsabilité effective, donc financière, du bénéficiaire et de ses parents et amis, solidairement responsables des engagements de l'emprunteur éventuellement défaillant.*

*Ces principes posés, le Congrès donne mandat à la F. N. C. C. de recommander aux organisations coopératives les méthodes les meilleures, grâce auxquelles le crédit à court terme et à long terme sera organisé en faveur des coopérateurs qui en auraient besoin.*

## II. — RAPPORT DE GASTON LÉVY ET GARBADO

Il ne semble pas utile de s'appesantir longuement sur les méfaits de la vente à crédit des denrées consommables, que ce soit du point de vue des Sociétés coopératives ou du point de vue des consommateurs eux-mêmes.

Du point de vue Sociétés, il serait vraiment étrange que l'on puisse essayer de combiner la recherche toujours plus complète de capitaux toujours plus grands nécessaires au développement même de la coopération, avec le crédit aux consommateurs qui a pour effet certain d'annihiler, au fur et à mesure qu'il se forme, le capital disponible.

Du point de vue du consommateur, comment ne peut-on pas voir la misère qu'entraîne, pour la famille ouvrière, l'usage du crédit qui pousse à une consommation abusive ou inutile, qui décourage le chef de famille et qui, surtout, aboutit à la suppression de l'indépendance.

On ne peut pas donner à la coopération une telle force de vertu moralisatrice pour supposer que, par l'adhésion à une Société coopérative, un individu devienne immédiatement probe et honnête; même si cela était, la famille est entraînée progressivement à ne plus établir de rapports entre le gain et la dépense et il est à peu près certain qu'après avoir épuisé le crédit que pourra lui faire la Coopérative, la famille se livrera aux mains des commerçants jusqu'à ce que le crédit chez ceux-là soit également épuisé.

D'ailleurs, toutes les critiques qui peuvent être faites contre la vente à crédit par les Sociétés coopératives l'ont été avec beaucoup de force dans le rapport présenté par nos amis Daudé et Poisson et il semble inutile de s'appesantir davantage sur ce point.

Une seule objection peut être faite à l'inexistence du crédit dans les Sociétés coopératives, et encore s'applique-t-elle au crédit à long terme et pour des objets non consommables; c'est celle qui consisterait à empêcher un ménage de se former en raison de l'impossibilité dans laquelle il se trouverait d'acheter les meubles et ustensiles nécessaires. On semble indiquer comme une chose possible et réalisable la substitution des Sociétés coopératives aux maisons d'abonnement et de vente à crédit.

Comment fonctionnent les maisons capitalistes d'abonnement et de vente à crédit? Ou bien elles vendent les marchandises qu'elles ont en stock dans leurs magasins, ou bien elles s'entendent avec des commerçants grossistes ou détaillants, chez lesquels on reçoit les bons de crédit émis par elles; que ce soit dans n'importe lequel de ces deux cas, ces maisons sont obligées, pour établir leur majoration, de tenir compte, d'une part, de leurs frais généraux, d'autre part, des risques qu'elles courent.

Dans le premier cas, leurs frais généraux sont assez élevés du fait même de l'existence de leurs stocks; dans le deuxième cas, les conditions dans lesquelles elles achètent sont onéreuses et, dans les deux cas, ainsi qu'il est dit plus haut, elles sont obligées de tenir compte des risques de non paiement.

Dans les grandes villes, et particulièrement à Paris, ce risque est très considérable; les gens qui achètent à crédit par abonnement se divisent en deux catégories : ceux qui font appel au crédit pour essayer de sortir d'une situation difficile dans laquelle ils sont : logement en garni par exemple; les autres, qui utilisent le crédit comme un moyen de se procurer des ressources et qui s'empressent de revendre au comptant la marchandise qu'ils ont achetée et dont le paiement n'est pas immédiatement exigible.

Le Mont-de-Piété de Paris, par exemple, reçoit journellement la visite de gens qui lui apportent des bijoux, de la literie, de la toile et autres articles de ce genre, qui proviennent des achats effectués à crédit; cette dernière catégorie, plus nombreuse qu'on ne le croit, surtout dans les grandes villes et particulièrement à Paris, essaie toujours de se mettre à l'abri du paiement et des poursuites que l'on peut exercer; les uns se contentent de faire des achats dans plusieurs maisons à la fois et de laisser pratiquer sur leurs salaires une saisie-arrêt qui, en aucun cas, ne peut dépasser le dixième ou le cinquième, selon l'importance du prêt; d'autres mettent leur loyer au nom de leur femme ou d'un parent et font échapper ainsi leur mobilier et leurs gages aux mains de leurs créanciers possibles.

Pour éviter de courir par trop de risques, les maisons de crédit et d'abonnement sont donc obligées :

1° D'avoir un service de renseignements très coûteux, qui leur permet de refuser un crédit demandé;

2° D'avoir un service de contentieux également très coûteux, pour leur permettre de poursuivre la réalisation de leurs créances.

Tout cela compris, on peut bien évaluer au minimum à 25 % l'excédent de frais occasionnées par ce système de vente, y compris les risques de non-payement.

D'autre part, la lenteur du paiement oblige ces maisons à tenir compte de l'intérêt de l'argent qui est ainsi avancé.

Pour éviter d'avoir trop de capitaux à avancer, ces maisons font payer d'avance une partie de la commande et font signer des effets pour le restant. Enfin, elles augmentent graduellement leur majoration.

Il s'en suit que les acheteurs à crédit de la première catégorie sont obligés plus cher et que les avantages qu'ils croient trouver dans cette organisation ne sont qu'illusoires.

Est-ce qu'une société coopérative pourrait pratiquer d'une façon différente? Elle serait obligée de tenir compte de ses risques de non-paiement et de ses frais et elle ne pourrait pas utiliser les moyens de coercition dont se servent les maisons capitalistes; pour ne citer qu'un de ses moyens, indiquons le procédé de la location-vente en ce qui concerne les meubles, procédé qui consiste à mettre à la disposition d'un client les meubles qui lui sont nécessaires en les lui louant à raison de tant par mois, la somme payée en location venant en déduction du prix de vente total. Si le débiteur se trouve momentanément dans l'impossibilité de payer une des échéances qu'il a souscrites, le vendeur reprend purement et simplement le mobilier qu'il a loué et tout ce qui a été payé est perdu pour celui qui a acheté.

Il est incontestable qu'une société coopérative ne pourrait pas employer de tels moyens et que, par conséquent, son risque de non-paiement serait plus élevé que pour une maison capitaliste; il serait donc nécessaire d'aboutir à une majoration peut-être encore plus forte.

C'est ce qui nous fait repousser, aussi bien dans l'intérêt de la société que dans l'intérêt du consommateur, la pratique de la vente à crédit même par abonnement et pour des objets non consommables.

Le procédé indirect qui est préconisé par Daudé et Poisson dans leur rapport, ou bien aboutirait à des résultats analogues ou bien n'aboutirait pas du tout car il est basé uniquement sur le principe de la solidarité mutuelle; par conséquent, il ne peut pas songer à se substituer aux maisons de vente à crédit par abonnement et il n'est que l'organisation purement philanthropique qui n'a rien à voir avec l'organisation de crédit.

Le seul moyen de permettre, selon nous, à ceux qui ont besoin de certaines marchandises qu'ils ne peuvent pas acheter au comptant immédiatement, de les avoir à un moment donné, c'est de remplacer le paiement après achat par le paiement avant l'achat et d'organiser dans toutes les sociétés coopératives des caisses d'économie où l'on reçoit la somme la plus faible et qui permettent à un moment donné, à celui qui a réalisé ces petites économies, d'acheter au comptant sans risques pour la société et par conséquent sans majoration excessive, tous les articles dont il peut avoir besoin. Il est plus prudent pour l'un comme pour l'autre de faire des économies avant d'acheter que de s'engager à en faire après avoir acheté.

C'est dans ce sens que doivent être orientés les efforts des sociétés coopératives, si elles veulent éviter les déboires très grands, et les efforts des consommateurs, s'ils veulent sauvegarder à la fois leur indépendance et s'ils veulent se procurer peu à peu ce qui est nécessaire à leur bien-être général.

## PROJET DE RÉSOLUTION

*Le Congrès, rappelant que la Coopération a fait de l'achat au comptant un de ses principes fondamentaux, et considérant les conséquences funestes de l'achat à crédit, tant pour les Sociétés coopératives que pour les consommateurs;*

*Maintient son point de vue de toujours et condamne à nouveau la pratique de l'achat à crédit.*

*Pour les Sociétés pratiquant actuellement la vente à crédit, le Congrès recommande le procédé suivant:*

*« Consolider la dette du sociétaire vis-à-vis de la Société pour permettre la mise en pratique immédiate de la vente au comptant. Retenir le montant de la dette ainsi consolidée sur les trop-perçus à distribuer et au besoin sur le montant de l'action. »*

*De plus, il déclare:*

*Que, pour apporter un remède aux situations difficiles dans lesquelles peuvent se trouver certains consommateurs, il faut:*

*1° Recommander tous les moyens d'économie individuelle et collective;*

*2° Organiser, dans toutes les Sociétés coopératives, des caisses d'économies où l'on recevra les sommes les plus faibles et qui per-*

*mettront, à un moment donné, à celui qui aura réalisé ces écono-mies, d'acheter au comptant;*

*3° Que les cas intéressants d'extrême nécessité peuvent être faci-lement solutionnés par le fonctionnement de caisses de solidarité, et qu'il n'est nullement besoin pour cela d'essayer de réhabiliter la pratique démoralisatrice et dangereuse pour tous de l'achat à crédit.*

# Mise à l'étude de la constitution d'une Société Coopérative Nationale

## RAPPORT DE POISSON

### 1° L'idée d'une Société Coopérative Nationale

L'idée de réunir dans un société nationale les sociétés coopératives de détail d'un pays et leur Magasin de gros apparaît à un moment déterminé du développement du mouvement coopératif.

#### EN ANGLETERRE

C'est en Angleterre, en 1906, qu'elle fut d'abord préconisée par M. Grey, secrétaire général de l'Union coopérative anglaise, lors d'un discours inaugural qu'il prononça au Congrès annuel de la coopération anglaise.

A la suite de ce discours, un mouvement se dessina dans le Royaume-Uni en faveur de la propagation de l'idée d'une Société nationale; les Comités régionaux et leurs sociétés locales émirent en assez grand nombre des vœux favorables en ce sens.

Cependant, le départ de M. Grey, puis certaines résistances, mirent en sommeil l'étude de la question. Elle devait être reprise l'année dernière comme une question inévitable mûrissant avec le progrès des forces. Au Congrès de Bristol, en 1920, l'ordre du jour suivant était adopté:

« Etant donné les nombreuses associations qui se dressent tout autour du mouvement coopératif dans le monde social, l'époque est mûre maintenant pour ce mouvement de se rapprocher dans une unité intérieure par l'organisation de ses forces, formant une société nationale aussi bien pour le gros que pour le détail.

« Le Congrès suggère que les Conseils centraux de l'Union renvoient cette question aux Conseils de sections et aux Fédérations régionales afin qu'elle soit prise en considération, discutée et figure à l'ordre du jour du prochain Congrès ».

Depuis lors, une brochure a été éditée par le Conseil central de l'Union coopérative anglaise résumant tous les arguments en faveur d'une Société nationale, elle sert de base de discussion dans le mouvement coopératif anglais tout entier.

#### EN FRANCE

En France, l'idée émise par M. Grey rencontra quelque sympathie parmi les dirigeants du mouvement dès qu'elle fut énoncée; cepen-

dant, ce n'est que dans ces derniers temps et au cours des événements
qui faisaient grandir la coopération en des proportions vertigineuses
que fut agitée l'idée de créer une société naitonale qui réunirait en
elle toutes les sociétés coopératives de détail de France et le Magasin de gros des coopératives.

C'est surtout l'évolution vers les sociétés de développement et de
fusion qui a conduit logiquement à se demander si toutes les bonnes
raisons invoquées pour mettre debout les organisations puissantes à
large périmètre ne devaient pas avoir leur aboutissant logique dans
une société nationale.

Si la question ne fut discutée qu'entre militants quelque peu sou-
cieux de l'avenir du mouvement et de suivre l'évolution de ses
phases, elle n'en prit pas moins corps peu à peu et particulièrement
dans la région lyonnaise; c'est ainsi que, sur la proposition de notre
camarade Cuminal, la Fédération régionale de Lyon demandait la
mise à l'étude de ce problème, dès le Congrès de Paris de 1918, et
en réclamait la mise à l'ordre du jour du Congrès national. En 1919,
la Fédération lyonnaise pensait que l'heure était venue pour que
cette idée passe du domaine de la théorie à la réalité des faits; du
reste, si, comme un symbole, l'idée d'une société nationale a aujourd'hui d'aussi nombreux partisans parmi les militants du mouvement coopératif français, comme du reste elle a quelques dé-
tracteurs et surtout beaucoup de coopérateurs qui n'ont pas encore
l'opinion complètement faite, dans les publications et les livres,
l'idée de la société nationale est déjà venue en discussion tout au
moins dans ses principes, sinon pour l'examen de ses possibilités
de réalisation.

On peut donc dire que l'*idée* d'une société coopérative nationale est
lancée. En Angleterre, pays où les formes de la coopération ont revêtu
leur expression la plus haute et la plus progressive, elle est déjà
fortement ancrée; elle est également née en France où certes les
réalisations coopératives sont bien moins considérables mais où, fort
souvent, les concepts théoriques ou la gestation des idées précèdent
les réalisations.

Ce n'est pas, en tout cas, une idée a priori, c'est en vérité une idée
qui sort des faits et d'un degré déterminé du développement des
forces de la coopération.

## 2o  Les avantages d'une Société nationale

Les raisons qui peuvent être invoquées en faveur d'une société
nationale sont d'ordre très divers et sont nombreuses.

*a*) Tout d'abord on peut invoquer, pour une société nationale,
les mêmes arguments que pour les sociétés régionales de développement.

Aujourd'hui, il semble bien que la cause des sociétés de développement et de fusion soit, au moins théoriquement, complètement
gagnée. Seules, des raisons de circonstances ou des objections de
temps sont faites à la coordination des efforts coopératifs et si les
sociétés à succursales et à large périmètre d'action n'ont pas encore
eu leur total épanouissement ni absorbé en elles toutes les sociétés
autonomes il n'en est pas moins vrai que leur place est déjà prépon-
dérante dans le mouvement coopératif français.

Or, toutes les raisons qui militent en faveur des sociétés de développement peuvent aussi bien s'appliquer à une société nationale.

Pourquoi ne pas réclamer une seule société pour tout le pays
alors qu'on a déjà montré la supériorité des sociétés ayant pour base

toute une région et que l'on a considéré cela comme supérieur à la société autonome, la région correspondant sans doute à une limite économique, mais nos sociétés de développement, telles qu'elles sont, n'ont pas été même instituées suivant un plan économique fait par avance.

Il est vrai que le sens même de l'évolution, qui conduit logiquement de la société de détail à la société régionale et des sociétés régionales à la société nationale, ne semblerait, au premier abord, que devoir aboutir à une société nationale de détail; or, quand on parle de société nationale coopérative, il s'agit également d'une organisation qui pourrait résorber en elle les fonctions actuellement détenues par le Magasin de gros. Mais, sur ce terrain également, les plus sérieuses raisons semblent militer en faveur d'une organisation unique.

*b*) Pourquoi une société unique pour le gros et le détail?

L'existence de deux organismes séparés, l'un de détail, l'autre de gros, conduit malgré tout à ce que, comme tout organisme vivant, chacun songe d'abord à sa propre défense et à sa propre vie; il s'ensuit par là même que les intérêts du groupement de détail et les intérêts du groupement de gros, qui devraient être en tous les cas identiques puisque l'un est composé des éléments de l'autre, peuvent déterminer des conflits possibles entre eux et qu'ils semblent s'opposer à un moment donné. Le Magasin de gros, et c'est le cas le plus fréquent, tout naturellement cherchera d'abord son propre intérêt, celui de son organisme; il essaiera de réaliser le plus d'avantages possibles, en toutes circonstances sans aucun sacrifice de lui-même et l'intérêt de sociétés de détail vient ensuite. Il n'y a nullement à l'en blâmer et beaucoup plus à féliciter ceux qui ont la responsabilité d'assurer son avenir et ses progrès.

D'un autre côté, chaque société de détail verra en face du Magasin de gros son intérêt propre, elle cherchera, si elle le peut, à essayer d'être plus avantagée par l'organisme de gros en utilisant sa position géographique, l'influence du milieu; chaque coopérative tendra donc à tirer du Magasin de Gros le plus possible pour elle sans s'occuper des autres; bien des fois, du reste, les sociétés de détail ne sont-elles pas appelées à acheter en dehors de leur organisation de gros en ne voyant que leur avantage immédiat. Le Magasin de gros a-t-il fait, par exemple, un mauvais marché, la société de détail essaiera de ne pas en subir les conséquences, de même que tel service du Magasin de gros forcément, se souciera fort peu des résultats d'un contrat passé avec une société de détail, contrat qui la mettrait dans l'impossibilité pour un moment, de lutter contre le commerce privé.

Chaque partie étant de la meilleure foi du monde, la dualité des organisations empêche de voir l'intérêt général du mouvement.

*c*) Les raisons de propagande.

Incontestablement, une société nationale serait, par son existence même, une grande force de propagande.

Aujourd'hui, on est coopérateur ou de « l'Espérance » ou de la « Fraternelle »; demain, chaque consommateur serait coopérateur d'une seule société coopérative, il se rendrait par là même véritablement compte de ce qu'est la coopération, il n'y aurait plus de confusion possible entre nos grandes organisations coopératives ouvertes et servant l'émancipation du consommateur avec toutes les fausses coopératives ou pseudo-sociétés qui en prennent le titre et n'en sont que la caricature.

Impossible de se tromper; tout coopérateur français appartiendra à la même organisation et bien plus facile serait l'éducation. Aujourd'hui, les principes coopératifs sont nettement établis, ils ne diffèrent point d'une société à l'autre mais en revanche, les modifications de détail, les conditions de souscription du capital, de répartition du trop perçu, de conditions d'entrée ou de démission sont aussi variées et aussi nombreuses que les noms des coopératives. L'unité juridique du mouvement coopératif créerait une simplification énorme et permettrait à la société nationale de bénéficier de toutes les expériences qui ont pu être faites et de réaliser dans son unité le maximum de progrès.

Combien faudra-t-il de temps, dans la multiplicité des coopératives, pour aboutir à ce que toutes tendent vers une organisation stable et équilibrée ?

Un coopérateur change de lieu, d'habitation? Plus de transfert, plus d'adaptation nouvelle, il se sentirait partout dans la même famille, les avantages de la coopération apparaîtraient sous une forme beaucoup plus claire et ainsi serait établie une véritable solidarité nationale entre tous les coopérateurs, qui ne peut être que fort désirable.

D'un point de vue matériel, tous les coopérateurs se trouveraient sur le même terrain d'égalité et seraient ainsi coopérateurs aussi bien pour les avantages immédiats économiques que pour le but social final qu'ils se proposent, dans les mêmes conditions et pour les mêmes raisons. La solidarité morale permettrait à la coopération de se défendre non point d'un point de vue particulier mais en élargissant les esprits, en faisant connaître les idées fondamentales qui sont à la base du mouvement coopératif.

Plus de pertes ou de gains dus à des circonstances particulières, plus de privilèges ou de désavantages locaux, une œuvre commune à laquelle chacun se sentirait attaché et qui permettrait à tout coopérateur de sentir que d'un bout de la France à l'autre, il fait partie de la même famille.

De plus, quelle force sociale aujourd'hui représente la coopération dans l'ensemble du pays? Certes, grâce à l'action vigoureuse de notre Fédération nationale, une unité d'action peut, peu à peu être apportée, mais toutefois, la dispersion des efforts et l'émiettement des forces conduisent fatalement à réduire l'importance de notre mouvement coopératif.

En face du commerce privé qui, de plus en plus, se dirige vers des formes de trusts et de monopoles, il importe que nous puissions lui opposer une force semblable et qui puisse utilement lutter contre lui.

De même, en ce qui concerne notre position en face des pouvoirs publics pour défendre nos droits, présenter nos revendications, il est bien clair qu'une seule société pourrait parler avec une autorité infiniment plus puissante que trois mille sociétés éparses. La poussière même de nos organisations est une cause de faiblesse pour opposer au commerce privé et à ses défenseurs la puissance de la forme collective des consommateurs associés et organisés.

Un autre argument en faveur de la société nationale : si vraiment la coopération doit aboutir à une émancipation totale des consommateurs et à une nouvelle forme de société, comment concevoir cette sorte de république coopérative si ce n'est précisément sous la forme d'une société nationale? Il ne s'agit pas de la créer d'un jour à l'autre, mais de tendre à ce qu'elle se constitue au cours de l'évolution, elle-même, peu à peu, en se dirigeant vers ses fins dernières.

Du reste, l'un des meilleurs arguments qui peuvent être invoqués en faveur de la société nationale, c'est qu'en réalité, tous les corps sociaux modernes, se dirigent vers l'unité; ils ne peuvent se diriger vers l'unité sans une grande liberté des éléments qui les composent, mais il n'y a rien de contradictoire à cela, c'est du reste dans toute société moderne, sur tous les terrains, qu'à la fois on se dirige vers l'organisation unitaire et vers la décentralisation des opérations.

### 3⁰  Les objections à une Société nationale

Quelles que soient la puissance et la force des arguments en faveur d'une société nationale, ce qu'elle a peut-être, à l'heure actuelle, le plus contre elle, c'est d'être une idée neuve encore insuffisamment examinée et pour laquelle il y a lieu, par conséquent, à des précisions et à des développements. Voyons déjà, dans l'état actuel des choses, quelles sont les premières objections qui peuvent être faites.

La première consiste à dire: le jour où il n'y aura plus qu'une société nationale, n'y-t-il pas lieu de craindre que des événements graves ou une crise économique aiguë n'entraînent la disparition de cette société, ne peut-on imaginer que, soit par voie législative, sous la pression des adversaires de la coopération, c'est-à-dire des intermédiaires, des mesures ne soient prises pour en rendre impossible l'existence?

Enfin, n'y a-t-il pas lieu de craindre que le commerce privé, poussé par la concurrence grandissante des coopératives, effrayé des buts que se propose la société nationale, ne se coalise pour une lutte sans merci contre cette société nationale et ne puisse parvenir à l'abattre.

On dira: aujourd'hui, on peut briser telle ou telle société particulière et le jour où se briserait la société nationale, c'est le mouvement coopératif tout entier qui, au fond, serait atteint.

La valeur de cette argumentation n'est pas niable, mais il faut pour cela n'avoir pas confiance en l'avenir du mouvement coopératif, il faut tout de même se dire que la résistance d'une organisation qui grouperait les centaines de milliers de consommateurs serait fort difficile à vaincre et qu'en réalité, le jour où le commerce privé sera inquiet de notre développement, il pourra beaucoup plus facilement aboutir au même résultat en procédant par une sorte de grignotage systématique et régional; à ce compte, si on prenait comme valable cet argument, c'est au contraire vers l'émiettement des sociétés que l'on devrait se diriger espérant par là leur donner plus de possibilités de résistance.

La deuxième objection consiste à dire qu'une machine aussi formidable que serait celle d'une société nationale serait difficilement maniable, revisable et réformable, que ce qui fait la force du mouvement coopératif, c'est de pouvoir s'adapter à toutes les suggestions nouvelles, à toutes les expériences et que c'est un laboratoire continuel d'expérimentation sociale. La formule coopérative est extrêmement riche en réalisations diverses. A cela, on peut répondre que les erreurs commises sous le prétexte d'expériences sont extrêmement fâcheuses au mouvement; certes, toutes les réformes dans l'organisation coopérative auraient, en effet besoin, pour être admises, d'un plus grand nombre de suffrages, de passer par des cribles plus nombreux, mais elles pourraient, par là même, être mieux étudiées et n'être appliquées que dans la certitude de leur réussite.

La troisième objection qui peut être faite à une société nationale provient non pas d'elle-même, mais des abus qui pourraient en résulter. Il ne faut pas confondre unité et centralisation; si la société nationale devait avoir tous les défauts de la bureaucratie, toutes ses faiblesses, ce serait évidemment fort fâcheux, mais l'unité organique ne veut nullement dire qu'il ne faudra pas tenir compte des diversités locales, des intérêts régionaux en même temps que des besoins centraux. Il est clair que la société nationale devra être, dans sa gestion et son administration, très largement décentralisée; ainsi, au point de vue commercial, si la société nationale doit bénéficier de la centralisation des achats, il importera malgré tout que des centres régionaux ou même locaux soient constitués pour qu'en vérité le maximum de rendement soit obtenu et que les besoins divers des consommateurs puissent être satisfaits; une société nationale ne doit pas se concevoir comme une organisation impériale, il faudra trouver les rouages qui lui permettront d'avoir régionalement et localement une autonomie extrêmement importante pour que les initiatives des différents fonctionnaires soient largement encouragées, en même temps qu'établie leur responsabilité.

C'est du même point de vue que la société nationale doit se préoccuper de répondre à l'objection possible qu'avec elle le contrôle du consommateur serait insuffisant ou inefficace parce qu'il ne saurait à qui s'adresser et qu'il ne trouverait que très loin de lui les véritables responsabilités.

Il faut donc concevoir la société nationale, avec des Conseils régionaux et locaux de contrôle; il faut en vérité s'inspirer des idées d'un large fédéralisme si l'on veut qu'une société de ce genre puisse se constituer et vivre.

Un des principaux problèmes que la société nationale aurait à résoudre serait celui de son propre développement, elle aurait à régler les conditions dans lesquelles elle orienterait son essor pour la création de nouveaux magasins ou de nouvelles branches; il y aurait lieu de rechercher dans quelle mesure et suivant les capitaux disponibles, telle région, telle localité devrait être favorisée en même temps que telle proportion des efforts devrait être conduite vers les œuvres de la production, vers les services aujourd'hui détenus par le Magasin de gros.

Il semble du reste qu'une condition préalable à la possibilité d'une société nationale est qu'elle contienne en elle une organisation financière puissante. Il est indéniable que la société nationale ne peut vivre que si elle peut se passer des capitaux extérieurs, du crédit commercial des banques; on peut donc dire que la naissance de la société nationale est fonction même des capitaux que la coopération aurait acquis à sa disposition.

Quoi qu'il en soit et quels que soient les problèmes pratiques aujourd'hui encore non étudiés et qui doivent l'être au moyen d'une enquête et d'un examen de tous les militants de la coopération et de tous les organismes intérieurs, reste le principe de la société nationale à base juridique unique, à résultat financier commun et à l'unité organique assurant l'avenir de la coopération.

La dernière objection qui peut être faite à la société nationale, c'est la résistance qui sera rencontrée pour la faire réussir; à un degré au moins égal à celui que rencontrent les sociétés de développement, la société nationale trouvera en face d'elle des amours-propres blessés, des sentiments localistes, des traditions, autant d'écueils qu'il faut éviter; mais c'est la puissance de l'action qui pourra en venir à bout si le progrès le veut.

### 4° Formes de réalisation de la Société nationale

Y a-t-il lieu, si le principe était admis, si l'enquête sur les possibilités et conditions d'existence d'une société nationale avait été préalablement faite, de constituer a priori une société coopérative nationale et quelle société nationale ?

Nous pouvons dire qu'à ce point de vue, les formes de réalisation peuvent être très diverses. Nous voulons simplement les énoncer.

On peut concevoir que la société nationale, au lieu d'être créée de toutes pièces et pour un résultat total se fera au contraire par étapes, on pourrait presque dire par morceaux; cela est du reste beaucoup plus conforme à la méthode expérimentale qui, en réalité, domine l'évolution du mouvement coopératif.

On peut donc envisager :

1° Une société nationale créée de toutes pièces, en dehors de toutes les sociétés existantes et destinée, après sa construction, même sous les auspices du mouvement coopératif tout entier, à l'absorption de toutes les sociétés de détail qui le voudraient et du Magasin de gros lui-même quand l'heure serait venue.

2° On peut concevoir également que la société ainsi créée serait d'abord une société uniquement de détail, laissant de côté complètement le Magasin de gros.

3° Une hypothèse encore plus vraisemblable et peut-être plus pratique, c'est celle qu'à l'heure actuelle nos amis anglais semblent surtout préconiser, consistant à transformer les statuts du Magasin de gros pour lui permettre de faire en même temps le détail et d'avoir comme propriétaires non seulement les sociétés mais les coopérateurs ou les groupements de coopérateurs unis par localités ou par région.

4° On peut imaginer une société nationale de détail formée à côté du Magasin de gros et s'occupant simplement d'une branche d'alimentation soit le pain, la boucherie, les restaurants, la chaussure ou l'alimentation générale.

5° On peut concevoir également les ententes se faisant entre plusieurs sociétés de développement et la société nationale apparaissant comme une ultime fusion de toutes ces sociétés à un moment donné; sans aller même jusque là, on peut concevoir pour débuter une gestion commune pour plusieurs sociétés de développement avec participation du Magasin de Gros sous les formes les plus diverses.

Il est possible du reste que l'évolution vers la société nationale ne s'opère pas par l'une des formes ci-dessus mais par plusieurs à la fois; c'est peut-être en essayant des réalisations partielles que l'expérience montrerait quelle est la forme la plus heureuse; ce système aurait le grand avantage d'utiliser les expériences nombreuses sans risquer précisément la vie du mouvement coopératif tout entier. Mais ceci ne peut résulter que d'une mise au point d'une idée qui apparaît dès maintenant comme une idée force de notre mouvement; elle semble aboutir, dans sa réalisation, au but que se propose le mouvement coopératif et aux fins naturelles vers lesquelles il se dirige. Ceux-là même qui sont les plus partisans de cette idée doivent n'en vouloir la réalisation qu'après un examen mûri, une étude approfondie; il est clair du reste que la société nationale n'a de chance de réussir et de triompher que si elle est portée à la connaissance de tous et si elle correspond à un mouvement d'opinion des masses de consommateurs et des militants qui ont la garde de ses intérêts et le souci de son idéal.

# Les Caisses d'économie dans les Sociétés coopératives

## RAPPORT DE GAILLARD

Déjà en 1918, au Congrès de Paris, tenu fin septembre à la *Bellevilloise*, cette question avait été agitée.

Il s'agissait de la recherche des capitaux, dont avaient besoin les coopératives pour leur développement et, parmi les moyens propres à les leur procurer, les caisses d'économie avaient été citées en bonne place.

L'idée d'ailleurs n'était pas nouvelle. Depuis longtemps les sociétés coopératives sous des formes diverses y avaient eu recours; nombreuses étaient celles de nos associations qui en avaient obtenu d'importants résultats. La question était surtout de savoir par quels procédés la collecte des capitaux ouvriers, pourrait être le plus efficacement développée.

Il s'agissait encore d'étudier les garanties à prendre, pour que les économies que les coopérateurs consentiraient à apporter à nos organisations, soient mis à l'abri de tout emploi hasardeux, susceptible, un jour ou l'autre, de causer des déconvenues aux déposants comme aux sociétés dépositaires.

Aujourd'hui, après trois ans, on peut dire que la question n'a pas beaucoup changé d'aspect, mais il est possible déjà de constater les résultats obtenus par la mise en pratique des règles indiquées au Congrès de 1918.

***

D'abord, il est apparu clairement que toute propagande faite, en faveur du recrutement des capitaux pour la coopération, est susceptible d'aboutir à des résultats satisfaisants.

Etant donné l'importance et la diversité du public auquel s'adressent les sociétés coopératives, elles sont toujours assurées de trouver parmi leurs adhérents une fraction, plus ou moins importante de personnes qui réussissent à réaliser des économies ou qui, par suite d'héritages ou de gains exceptionnels, peuvent avoir un jour quelque argent à placer.

Où vont d'une manière générale ces placements?

Les petits déposants se dirigent, la plupart du temps, vers les Caisses d'épargne nationale ou communale, parce qu'ils ont une grande confiance dans ces institutions et aussi parce que, bien que l'intérêt qui leur y est accordé soit assez peu élevé, ils ont l'assurance de pouvoir en retirer leur argent en cas de nécessité et à leur gré.

D'autres formes de placement sont aussi assez populaires, c'est notamment pendant et depuis la guerre les bons de la Défense Nationale qui permettent aux petits déposants de retirer un intérêt un peu plus élevé de leur argent sans cependant l'immobiliser pour une trop longue durée.

Les capitaux ainsi placés, même par petites sommes à la fois, arrivent à constituer un total énorme et il est tout à fait certain qu'il y a possibilité pour les coopératives d'en attirer vers elles une part importante.

Le tout est que les coopérateurs épargnants aient confiance en leurs sociétés et que cette confiance soit méritée par une administration sage et prudente des capitaux ainsi recueillis.

⁂

Cela nous conduit à rappeler que parmi les précautions à prendre dans l'emploi par les coopératives des capitaux d'épargne il y a celle qui consiste à ne jamais les immobiliser, si ce n'est pour une portion infime, dans des constructions d'immeubles, dans des achats de gros matériel ou dans des agencements de magasins.

Il faut, pour que la confiance des déposants se maintienne intacte, que la Société soit toujours en état d'effectuer les remboursements qui seraient exigibles et qui lui seraient demandés.

Comment pourrait-il en être ainsi, s'il arrivait que les capitaux d'épargne soient immobilisés, cristallisés pour une part quelque peu importante dans des entreprises d'où il ne serait pas possible de les dégager rapidement.

Une Société qui agirait de la sorte serait à la merci de la moindre crise de trésorerie et s'il lui arrivait une fois de ne pouvoir faire face à une demande de remboursement ce serait bien vite pour elle le discrédit et la panique.

Les seuls emplois prudents pour les sociétés coopératives, des fonds déposés dans leurs caisses d'économies, sont ceux qui leur assurent le fonds de roulement nécessaire ou qui leur permettent sans avoir recours au crédit, de constituer les stocks de marchandises nécessaires à l'approvisionnement de leurs magasins et encore là, faut-il être assez sage pour éviter l'entassement des stocks inutiles et difficilement réalisables.

C'est parce que malheureusement l'histoire de la coopération nous a appris le sort funeste des sociétés qui n'avaient pas tenu compte, dans l'emploi des fonds d'épargne, des principes énoncés ci-dessus, que nous estimons nécessaire de les rappeler à celles de nos sociétés qui s'intéressent à la question.

⁂

Cela n'empêcherait pas d'ailleurs la coopérative, qui aurait agi avec la prudence que nous recommandons, d'être dans un grave embarras, le jour où, sous la poussée d'une crise économique sociale ou autre atteignant la ville ou la région dans laquelle elle exerce son action, une masse importante de ses déposants viendrait réclamer un retrait de fonds.

Sous la forme où nous les connaissons actuellement, les caisses d'économies, disséminées dans le pays et adaptées chacune à la société qui lui a donné naissance, ne réalisent qu'un stade dans l'organisation et l'emploi de l'épargne ouvrière, pour la réalisation des buts coopératifs.

Il convenait de rechercher une forme supérieure de la caisse d'économie, susceptible d'aboutir à un plus grand rendement et de donner à la collectivité des déposants les garanties les plus certaines.

Depuis longtemps le M. D. G. avait créé sa caisse de dépôts, mais les sommes qu'il y avait recueillies n'étaient jamais considérables.

En 1918, l'idée de faire de la caisse des dépôts du M. D. G. une caisse nationale d'économie ayant des guichets ou des succursales dans toutes les coopératives de France, avait été mise en avant par notre camarade G. Lévy. Cette idée se heurtait à un scepticisme quasi général et pourtant, dès qu'elle a été mise en pratique, elle a prouvé qu'elle pouvait être féconde en résultats.

Non pas sans doute que parmi les sociétés qui avaient des caisses d'économie leur appartenant en propre, il s'en soit trouvé beaucoup qui aient transformé leur caisse particulière en une succursale de la Caisse nationale du M. D. G., mais alors, qu'une opinion généralement admise était que, seule une société connue, dans une région déterminée, pouvait inspirer assez de confiance pour attirer l'épargne des coopérateurs, la preuve a été faite qu'avec une propagande active et bien conduite, les capitaux ouvriers pouvaient aller aussi bien à la Caisse nationale d'économie qu'à une caisse locale.

S'il fallait une preuve de la possibilité de recruter des capitaux par le moyen d'une Caisse nationale, nous la trouverions dans le tableau ci-dessous, qui compare le montant des dépôts au 31 mars 1918, époque où l'idée de la Caisse nationale a été mise en avant, avec ce qu'il était au 5 février dernier :

|  | 31 Mai 1918 | 5 Février 1921 |
|---|---|---|
| *Dépôts à vue :* | | |
| Individuels ........ | 272.827 66 | 7.932.555 01 |
| Groupements ..... | 570.101 61 | 2.945.306 02 |
| Sociétés .......... | 98.322 96 | 920.179 28 |
| Dépôts à terme .... | 1.463.563 10 | 10.601.327 67 |
| *Totaux* ...... | 2.404.815 33 | 22.399.467 98 |

Ainsi, dans cette période de deux ans et demi environ, le solde des capitaux d'épargne déposés au M. D. G. (et nous ne parlons pas des prêts obligataires), s'est presque décuplé attestant la force d'attraction de l'organisme créé depuis plusieurs années déjà, mais développé sur de nouvelles bases.

Mais tout n'a pas été fait dans cet ordre d'idée. Des progrès encore plus immenses peuvent être réalisés. La confiance générale entoure notre institution et le M. D. G. a fait ce qu'il fallait pour justifier cette confiance en rendant plus distincte encore que précédemment, l'exploitation financière de la caisse d'économie nationale, de l'exploitation industrielle et commerciale du M. D. G. proprement dit.

Ce qui justifiera encore davantage cette confiance, c'est le fait que la caisse étant étendue sur tout le pays, ayant poussé des ramifications sur les coins les plus divers du territoire, sera à l'abri des crises locales ou régionales.

Seule une crise nationale pourrait l'atteindre, mais elle ne l'atteindrait pas toute seule et si une alternative de cette sorte se produisait, il serait inévitable que, comme au début de la guerre, un moratorium vînt empêcher les paniques et les désastres.

*⁂*

Pour que la Caisse nationale s'étende et prospère, il lui faut évidemment le concours des sociétés coopératives et celles-ci auront d'autant plus d'intérêts à ne pas ménager ce concours que, suivant les dispositions votées au Congrès de Paris en 1918, elles pourront obtenir des prêts sur les sommes que, par leur intermédiaire, la Caisse nationale d'économie aura recueillies.

Nous rappelons que ces prêts peuvent aller jusqu'à une somme équivalente à 50 % de l'actif de la Société et que sur les sommes recueillies par leur intermédiaire les sociétés peuvent obtenir 15 %

en prêts d'argent et jusqu'à 65 % supplémentaires en compte-courant marchandises.

Si nous ajoutons enfin que les sociétés ont droit à une commission variable sur les dépôts qu'elles recueillent pour la Caisse nationale d'économie et peuvent se couvrir ainsi des frais qu'occasionne la comptabilité de la Caisse nationale, nous aurons indiqué les avantages que les sociétés peuvent trouver à favoriser le développement de la caisse d'économie coopérative, véritable base de la banque coopérative qui, recueillant les capitaux de toute provenance attirés vers la coopération, les mettra en circulation dans nos entreprises de catégories diverses pour le plus grand succès et le plus grand développement de la coopération.

Comme conclusion, nous soumettons au Congrès le projet de résolution suivant :

*« Le Congrès de Lyon,*

*« appelé à se prononcer sur la question des caisses d'économies dans les sociétés coopératives,*

*« considérant la nécessité pour les Sociétés coopératives, si elles veulent assurer leur développement, de faire appel, en de fréquentes occasions, aux capitaux d'emprunt.*

*« estime que l'appel aux économies des coopérateurs est un des moyens les plus légitimes pour réunir les capitaux indispensables.*

*« Mais considérant que la dissémination des caisses d'économies les rend plus précaires et plus vulnérables et qu'il y a au contraire intérêt à développer une caisse nationale d'économie qui, par la puissance à laquelle elle est appelée, et le contrôle auquel elle peut être soumise, sera à l'abri des crises qui ne manqueront pas d'atteindre les caisses locales et d'importance restreinte.*

*« Invite les Sociétés qui n'ont pas de caisse d'économies à se mettre en rapports avec le service de Banque du M. D. G., à l'effet de constituer une ou plusieurs caisses auxiliaires chargées de recueillir et de canaliser les fonds que les coopérateurs déposants ne demandent qu'à confier à une caisse qui, tout en offrant des avantages supérieurs aux placements les plus sûrs, donne à tous le maximum de garanties.*

*« Demande aux Sociétés coopératives qui ont créé une caisse d'économies pour leur usage personnel, de vouloir bien examiner le problème posé et d'étudier, avec le service de Banque du M. D. G., si elles n'auraient pas intérêt à tous égards à transformer leur caisse particulière en succursale de la Caisse nationale d'économie des coopérateurs. »*

# Organisation de l'éducation coopérative

### Dangers de l'inéducation

Le problème de l'éducation du coopérateur est plus urgent que jamais. Exprimons-nous nettement, l'éducation du coopérateur. — Il ne s'agit pas de l'éducation des consommateurs, ni de celle des employés, ce sont-là deux problèmes complètement distincts. — Il s'agit des coopérateurs eux-mêmes. Ceux-ci, comme il arrive dans tout mouvement de masse, se croient, par le fait qu'ils font partie de ce mouvement, non seulement possesseurs de tous les pouvoirs, qu'il n'est pas question de leur dénier, et de tous les droits, mais encore se croient pourvus, par grâce, de toutes les connaissances qu'ils devraient acquérir et au-dessus de tous les devoirs dont cependant l'observance serait leur propre intérêt.

Non seulement l'éducation de la foule des coopérateurs, mais encore celle des militants et des administrateurs, et en particulier ceux des nouvelles et même des plus grosses sociétés, est encore à faire. La masse même des militants n'a sur la coopération, au point de vue technique et moral, que des idées fort vagues; chose plus grave, elle est assez peu curieuse de s'en informer. Aux Conférences un peu techniques, même les administrateurs de sociétés ne se rendent pas. En général, et surtout en province, même dans de très grosses sociétés, les militants se contentent de contrôler la conduite d'une affaire, que les directeurs administrent pour eux.

Les faits les plus élémentaires: quantité de coopérateurs en France, chiffres d'affaires, chiffres des plus grosses sociétés, M. D. G., etc., sont peu ou point connus de la masse et même des militants. *L'Action Coopérative* fait beaucoup, mais elle n'est pas toujours lue, même des membres des Conseils d'administration et des Commissions statutaires; très souvent elle traîne sur la table du secrétaire. Les bibliothèques coopératives, même dans les sociétés très fortes, sont très faibles ou n'existent pas du tout.

Or, cet état d'ignorance des devoirs, des intérêts et des faits fondamentaux, est la source des dangers les plus graves. Tant que les coopérateurs ne sauront par ce que c'est qu'une société coopérative et, en particulier, ce qu'est leur société, ils ne lui seront pas fidèles dans leurs achats, ils ne seront pas justes dans leurs critiques, ils ne seront pas intéressés à son développement, ils ne seront pas curieux de la perfectionner intérieurement et extérieurement; ceci sera extrêmement dangereux dans une période prochaine:

1° De baisse, où les sociétaires abandonneront volontairement leur société pour du meilleur marché;

2° De crise de développement, où une masse considérable de consommateurs sont venus nous joindre dans ces derniers temps et nous abandonneront comme ils sont venus;

3° De crise économique, où il faudrait savoir concentrer les épargnes relativement considérables des classes ouvrières, leur faire avoir foi en nous; où les finances de la plupart de nos grandes sociétés composées surtout de leur caisse de dépôts pourraient être mises, faute de cette foi, en danger d'un moment à l'autre.

### Ces choses sont senties

Déjà la Fédération nationale et la Fédération de la Région parisienne ont fondé l'Ecole coopérative. Celle-ci a débuté l'an dernier. D'ici deux ans, lors de la fin du dernier cours (la scolarité étant de trois ans), elle aura déjà formé une belle équipe de jeunes employés de coopératives éduqués. Mais cet hommage étant rendu à cette institution, il faut convenir qu'elle est restée d'abord parisienne et ensuite exclusivement destinée aux employés des coopératives de la région parisienne, auxquels elle donne une éducation commerciale complète du point de vue coopératif, mais surtout une éducation commerciale. Elle est, en quelque sorte, une école d'officiers et de sous-officiers de notre personnel; elle n'est pas un centre d'éducation des coopérateurs eux-mêmes; elle n'est qu'un premier pas, le plus urgent; le deuxième pas à faire, est l'éducation des coopérateurs et des militants, et il est non moins essentiel.

### Expérience de l'étranger

A maintes reprises, les lecteurs de l'*Action Coopérative* ont pu voir les efforts faits et les résultats atteints, dans cette voie, à l'étranger. Nous ne sommes pas, en effet, sur ce point des innovateurs. Bien au contraire, nous n'avons qu'à imiter et à suivre, en les adaptant à notre condition et à notre mouvement national, les institutions réalisées dans cette voie à l'étranger:

*En Angleterre.* — Le mouvement est fort ancien, il date et fonctionne même depuis le début. Les Pionniers de Rochdale « payaient 20 centimes par membre pour leur éducation ». Le Congrès de 1869, celui de 1879, et celui de 1882, attirèrent l'attention des sociétés sur l'importance de l'éducation coopérative et la plupart, dès cette époque, ont consacré des sommes importantes à l'éducation. C'est en 1885 qu'un Comité d'éducation fut formé par l'Union coopérative. C'est en 1896 que ce Comité d'éducation reçut une organisation définitive et l'administration de ses propres fonds, qui se montaient dès lors à 46.752 livres sterling (1.168.000 francs).

L'organisation est la suivante: Chaque société a son Comité d'éducation. En général, en suivant les règles portées dans les statuts-type de l'Union Coopérative, 2 ½ % du profit net sont versés au Comité d'éducation local. Ces Comités sont reliés par districts; et au-dessus d'eux fonctionne le Comité central d'éducation, élu par les Comités locaux, par la Guilde coopérative des femmes, le bureau étant désigné par le Congrès. Notre ami, M. C.-R. Rae en est le président pour la vingtième fois.

L'éducation porte: 1° sur la coopération; 2° sur les questions générales; 3° sur des objets récréatifs. Le Comité d'éducation a, en plus, sous son autorité, les examens passés à l'intérieur du mouvement; enfin, c'est lui qui administrera les établissements supérieurs coopératifs que l'on est en train de fonder. Dès maintenant, un professeur d'Université, le professeur Hall, lui est définitivement attaché.

Les résultats ont été les suivants: En 1918, 2.840 certificats d'aptitude ont été délivrés et 3.760 certificats d'assiduité pour les classes élémentaires; au-dessus de ces classes élémentaires, il y a des classes d'adultes qui délivrèrent 83 certificats d'éducation coopérative, 175 de comptabilité coopérative et une quarantaine d'autres plus précis; au-dessus encore, il y a les certificats d'administrateurs qui ont été délivrés à 60 candidats. A côté des cours réguliers de l'année existent des cours de vacances et, d'autre part, des concours pour assister aux cours de vacances de l'Université. Le nombre des cours, en 1918-1919, a été de 666; le nombre des étudiants dans les cours élémentaires de 17.145 et dans les cours supérieurs d'environ 3.000. En particulier, les classes pour coopératrices ont été suivies, en 1918-1919, par 664 dames.

*En Belgique.* — L'éducation coopérative n'est pas administrée par le mouvement coopératif seul. Dans le numéro du 26 juin 1920 de l'*Action Coopérative*, a été décrit le fonctionnement de la Central-*Education Belge*, qui est une organisation commune au Parti ouvrier belge, à l'Union des Syndicats belges et à l'Union Coopérative belge. Non seulement les cours faits aux jeunes ouvriers, dans toutes les Maisons du Peuple belges, comportent un certain nombre de leçons consacrées à la Coopération, mais encore il existe des cours coopératifs spéciaux. En particulier, ont été instituées, depuis la guerre,

ce qu'on appelle des « semaines coopératives », où des administrateurs, des comptables, des secrétaires, de simples militants, des
employés, viennent successivement pendant huit jours se soumettre
à un entraînement intensif sous la direction de militants ou de techniciens et d'économistes distingués.

*En Allemagne.* — Jusqu'ici l'éducation coopérative, si développée
qu'elle fût, n'était qu'une émanation du Comité central. Celui-ci
déléguait, à chaque conférence des cinquante Unions d'achats dont
se compose le mouvement allemand, un ou deux professeurs spéciaux qui, chaque semestre, indiquaient aux militants, rassemblés
à l'occasion des assemblées générales de ces Unions d'achats, les
principaux problèmes de la Coopération, et les principaux faits nouveaux ou anciens; en plus, l'Union centrale des Coopératives allemandes organise des conférences et des récréations. C'est depuis
peu que s'est installée, nommée directement par le Congrès, une
Commission d'éducation disposant de fonds assez considérables :
10 pfennings (0 fr. 125 au pair) par membre de chaque société;
celle-ci administre:

1° Les conférences coopératives; 2° l'Ecole de la Coopération
(cours semestriels) ouverts à 20 ou 30 militants distingués, entre-
tenues à Hambourg aux frais communs de la Commission d'Education et des sociétés qui les délèguent pendant six mois; cette école
est destinée, en vertu des décisions du Congrès, à former les grades
supérieurs de militants et du personnel employé de la Coopération;
3° cette Commission administre les départements d'éducation des
sociétés.

## Observations générales

1° Dans tous les pays, on a été obligé de constituer un organe
spécial traitant de l'éducation, composé d'hommes compétents, travaillant d'une façon continue et sous la seule surveillance des organes centraux, tenant leur autorité du Congrès;

2° Dans tous les pays, on a observé un certain degré de centralisation et de décentralisation;

3° Dans tous les pays, il a été prévu une cotisation spéciale pour
les Commissions d'éducation.

L'expérience de nos camarades belges est particulièrement ins-
tructive sur ce point. Eux-mêmes nous ont affirmé oralement, et
avec preuves, que tout effort central est destiné à échouer s'il n'est
pas doublé d'un effort local; mais, inversement, tout effort purement
local est destiné à l'échec.

Avant l'institution de la *Central-Education Belge*, les efforts les
meilleurs ont toujours été vains, car ils dépendaient de l'énergie
d'un ou deux hommes dans une Maison du Peuple déterminée, et ils
cessaient avec le départ ou le dégoût de ces hommes. En particulier,
pour leurs bibliothèques, aussi bien fixes que circulantes, nos camarades belges ont observé que les anciennes bibliothèques des Maisons
du Peuple étaient presque toutes en mauvais état, tandis que depuis
l'organisation à la fois locale et centrale des bibliothèques fixes et
circulantes, et ces bibliothèques étant mises partout sur le même
pied, et le personnel des bibliothèques étant enfin recruté, la circulation des livres et la quantité des livres ont pu devenir considérables. A la base du mouvement doit donc être la société locale; ce
sont les délégués des sociétés locales qui forment le Comité d'éducation par société, qui doivent administrer les fonds d'éducation de

la société, provoquer son initiative, aussi provoquer les initiatives du Comité central d'Education; ils doivent par conséquent participer à son administration.

## Dispositif

Le projet suivant d'organisation d'éducation coopérative est, en grande partie, basé sur l'expérience anglaise, celle qui est d'ailleurs la plus ancienne et qui a donné les plus grands résultats; l'organisation que nous préconisons n'est pas centralisée comme les institutions allemandes actuelles, qui ne sont encore que l'émanation directe du bureau de l'Union centrale et du Congrès, quoi qu'elles aient une indépendance relative non seulement administrative, mais morale.

D'autre part, ce projet d'éducation est strictement coopératif, à la différence de l'organisation belge, qui, elle, est commune au mouvement coopératif, syndical et politique de la classe ouvrière en Belgique. Mais il est, à l'imitation du mouvement belge : 1° non seulement coopératif, mais encore intellectuel en général; 2° autonome.

⁂

Le projet, d'autre part, n'offre aucune difficulté. Il ne révolutionne rien. La plupart des sociétés consacrent des sommes importantes à l'éducation, fêtes, conférences, etc.; quelques-unes prévoient même l'emploi de ces fonds dans leurs statuts; en tout cas, celles qui pratiquent la vente au public disposent de sommes relativement considérables à cet effet. Il n'y a donc pas « innovation » en demandant de régulariser cette situation. Il n'y aura innovation que dans le fait que tous ces efforts seront organisés.

On pourra étudier les systèmes de cotisation réguliers.

Naturellement, en dehors de cette cotisation, les sociétés pourront, plus tard, donner toutes les sommes qu'elles voudraient dans des buts d'éducation. On pourrait, par exemple, également les ''       u insorire à leur budget, 5 ou 2 % de leurs bénéfices n'      plus une part plus importante du bénéfice de la vente au public, et les obliger à constituer un budget spécial d'éducation. Les rapports devront en tout cas, comme en Allemagne et en Angleterre, mentionner les efforts faits en vue de l'éducation.

Il est important que les pouvoirs appartiennent aux sociétés coopératives, car seules elles peuvent organiser les cours, conférences, fêtes éducatives, groupes d'éducation, etc. Le Comité central d'éducation ne peut donner que des directives, fournir des moyens de réalisation. Il ne peut, ni ne doit se substituer aux sociétés.

La base est donc l'autonomie des sociétés et celle de leurs Comités d'éducation.

⁂

Mais au-dessus, il faut superposer une organisation *régionale d'abord*.

La France est un pays trop vaste et trop varié, pour qu'une pareille organisation puisse être entièrement centralisée, et que tout soit administré par une correspondance directe des sociétés au Comité central d'Education. Les Fédérations régionales sont des centres tout désignés de liaison, entre le Comité d'Education de la Fédération nationale et ceux des sociétés locales; c'est à elles d'organiser des conférences, écoles régionales, promenades éducatives régionales, relations avec les pouvoirs départementaux ou régionaux, administrations, Universités, etc. Chaque Fédération régionale devrait donc avoir son Comité d'Education.

*<br>* *

L'organisation devrait être ensuite *nationale*.

Le Comité d'Education actuel, adjoint au Comité central de la F. N. C. C., pourrait servir de base à la constitution d'un Comité national de l'Education coopérative. Il suffirait d'y adjoindre les délégués réguliers des Comités d'Education régionaux dès qu'ils auraient été organisés. Ce Comité administrerait les questions de son ressort: bibliothèques circulantes, certificats, examens, écoles, professeurs et conférenciers permanents, etc.

## PROJET

### Attributions — Mode — Fonctions

Les Comités d'Education, à tous les degrés, ont dans leurs attributions tout ce qui est strictement éducation:

*A.* — Coopérative;

*B.* — Générale:

Bibliothèques fixes et circulantes; conférences; cours; écoles et examens; récréations; sports; jeux; fêtes; promenades; excursions coopératives ou éducatives.

*C.* — Il participe, d'entente avec les différents départements de la F. N. C. C., à l'édition d'ouvrages, brochures, etc.

L'expérience délimitera d'ailleurs le concours exact de chacun de ces départements.

## RÉSOLUTION

1° Les Sociétés sont invitées à former des Comités d'Education;

2° Les Comités d'Education s'organiseront le plus vite possible par rapport à des Comités régionaux d'éducation;

3° Ces Comités se mettront le plus rapidement possible en rapport avec le Comité d'Education de la F. N. C. C.

# L'adaptation des Statuts aux lois nouvelles

## RAPPORT DE PAUL RAMADIER

De nombreuses lois nouvelles ont, depuis quelques années, exigé des Sociétés coopératives qu'elles satisfassent à de multiples conditions. Ce sont tantôt des lois de fond, qui ont défini le caractère coopératif, tantôt des lois fiscales. Le Conseil central, en posant devant le Congrès la question de l'adaptation des statuts aux lois nouvelles, a voulu que des explications soient données aux Sociétés coopératives sur ces exigences diverses, sur les conséquences des règles posées et sur la méthode à employer pour régulariser la situation des Sociétés dont les statuts ne sont pas entièrement corrects. Ce rapport comprendra donc deux parties : l'une contiendra l'énumération et un rapide commentaire des règles posées; l'autre indiquera la procédure à suivre pour adapter les statuts.

Bien entendu, il ne saurait s'agir ici d'examiner dans le détail tous les cas possibles. Je me limiterai à quelques indications générales et à l'étude rapide des hypothèses les plus pratiques.

## PREMIÈRE PARTIE

Les règles nouvelles concernant les Sociétés coopératives ont été posées par les textes suivants :

1° Loi du 7 mai 1917, complétée par la loi du 14 juin 1920;

2° Article 15 de la loi du 31 juillet 1917.

### § I. Conditions posées par la loi du 7 mai 1917, complétée par la loi du 14 juin 1920

A. — RÈGLES POSÉES PAR LA LOI DU 7 MAI 1917. — Ces règles, qui ont été plus longuement commentées ailleurs, peuvent être résumées en quelques préceptes que l'on trouvera énoncés ci-dessous, avec l'énumération des clauses les plus usuelles qui leur sont contraires.

1° *Les Coopératives de consommation doivent être des Sociétés à capital variable.* — Il est rare qu'il en soit autrement. Signalons cependant quelques groupements constitués sous la forme d'associations régies par la loi du 1ᵉʳ juillet 1901. Ils sont contraires à l'article premier de la loi de 1917.

2° *Elles doivent être constituées par des consommateurs pour la répartition d'objets de consommation.* — Elles ne doivent donc pas comprendre dans leur sein des personnes qui achètent des marchandises pour les revendre, soit telles qu'ils les ont achetées, soit après les avoir transformées. Par là, les Coopératives de consommation se distinguent des Coopératives de production, des Coopératives agricoles, des groupements d'achat constitués entre commerçants. Bon nombre de Sociétés, constituées dans les milieux ruraux ou établies dans la période 1890-1900, ne sont pas en règle avec cette disposition. Conformément aux termes d'un projet voté par le Sénat en 1892, certaines Coopératives se proposent cumulativement de fournir à leurs membres les objets nécessaires à la vie et les instruments de travail nécessaires à l'exercice de leur profession. Ce but est plus large que celui qui est assigné aux Sociétés de consommation par la loi de 1917. Les Sociétés dont les statuts sont ainsi rédigés pourraient donc être considérées comme n'étant pas des Sociétés de consommation, si la fourniture des instruments de travail n'était pas tout à fait accessoire, ainsi qu'elle l'est le plus souvent.

*3° Les bonis qu'elles distribuent à leurs associés ne peuvent être répartis qu'au prorata de la consommation de chacun. Toutefois, elles peuvent distribuer au capital versé un intérêt prélevé sur les bonis et qui ne sera en aucun cas supérieur à 6 %.* — Cette règle interdit :

*a*) L'attribution aux actions d'un dividende supérieur à 6 % du capital versé (clause rare);

*b*) L'attribution aux actions d'un intérêt fixe en cas de perte ou de bénéfices insuffisants (clause répandue dans certaines Sociétés résentes);

*c*) L'attribution aux administrateurs ou aux contrôleurs de tantièmes prélevés sur les bonis; si les administrateurs ou contrôleurs sont rémunérés, leur rémunération doit être prélevée sur les frais généraux. Toutefois, si le pourcentage des tantièmes est très peu important (moins de 10 % des bonis), on peut, par extension de la jurisprudence consacrée en matière d'impôt sur les bénéfices de guerre, le considérer comme tout à fait négligeable;

*d*) La répartition des réserves ou de l'actif net, en cas de liquidation, entre les associés au prorata de leurs apports. La loi n'interdit pas la création de réserves divisibles; mais ces réserves doivent, en fin de Société, être réparties comme les ristournes, au prorata de la consommation de chacun. Ce système est d'ailleurs très peu pratique; il est rare que lors de la liquidation d'une Coopérative on ait conservé des indications suffisamment précises pour permettre la répartition entre les coopérateurs au prorata de leurs achats pendant tout le cours de la Société. Il est préférable de stipuler l'attribution de l'actif net à des œuvres sociales.

Il est à noter que, si les statuts n'ont pas réglé le sort de l'actif net, cet actif net sera réparti entre les associés proportionnellement à leurs apports, par application de l'article 1853 du Code civil. L'absence de toute clause sur ce point équivaut donc à une violation de la loi de 1917.

*4° Les bonis qui ne sont pas distribués à des associés doivent être affectés à des œuvres de solidarité sociale.* — Cette règle autorise les affectations à la propagande coopérative, à des caisses de secours, ou de maladie, ou de solidarité, à des œuvres sociales, d'une manière générale à toute œuvre présentant un caractère de solidarité ou de charité. Elle permet enfin l'affectation des réserves — qui ne sont que des bonis accumulés — à des œuvres coopératives, sociales, désintéressées, de toute espèce, et même au fonds de dotation des Sociétés coopératives de consommation créé par la loi du 7 mai 1917.

*5° Les Sociétés qui ne vendent pas qu'à leurs membres sont tenues de recevoir comme associés tous ceux qu'elles admettent comme clients, pourvu qu'ils s'engagent à remplir les obligations statutaires.* — Cette disposition interdit :

*a)* Les clauses qui donnent au Conseil d'administration le pouvoir discrétionnaires d'accepter ou de rejeter les demandes d'adhésion;

*b)* Les clauses qui excluent du droit d'adhérer à la Société certaines catégories de personnes cependant autorisées à y acheter (contremaîtres, patrons, etc.);

*c)* Les clauses qui subordonnent l'adhésion au fait d'appartenir à une usine, à une administration, à un parti politique, à une confession religieuse.

Mais bien entendu cette interdiction n'existe que si la Société vend au public ou tout au moins à certaines catégories de non-actionnaires.

*6° Nul ne peut avoir plus d'une voix aux Assemblées générales quel que soit le nombre de parts ou actions dont il est titulaire.* — Par là sont condamnées:

*a)* Les clauses qui accordent aux associés autant de voix que d'actions ou de parts, même lorsque le nombre de ces voix est limité, mais peut excéder l'unité;

*b)* Les clauses qui créent des catégories diverses d'actions avec des droits de vote différents.

*7° La part ou action sociale ne peut être supérieure à cent francs.* — Il est rare qu'il en soit autrement. Néanmoins, certaines sociétés ont créé des actions de 120 ou de 150 francs. Ces émissions sont donc contraires à la loi.

*8° Les statuts peuvent exiger au moment de la souscription un versement supérieur à ving-cinq francs.* — En général, le versement exigé n'est que d'un dixième. Néanmoins, il existe quelques cas, surtout dans ces dernières années, où les statuts exigent le versement soit de la moitié, soit de la totalité de l'action. Cette pratique, qui répond à un besoin de capitaux, souvent très justifié, a été condamnée par le législateur.

*9° Les parts ou actions doivent être libérées à l'aide des sommes revenant au souscripteur dans la répartition des bonis.* — Les ristournes ou les intérêts aux actions doivent donc automatiquement être portés au compte-action du sociétaire. Ils ne peuvent lui être distribués en marchandises ou en argent que lorsque la souscription est entièrement libérée. La pratique des Sociétés est généralement conforme à cette prescription. Mais il y a peu de Sociétés antérieures à la loi de 1917 qui contiennent une clause conforme à cette prescription. L'insertion d'une stipulation expresse est cependant exigée formellement par la loi.

*10° Si les statuts imposent au coopérateur des versements en argent, ces versements imposés ne peuvent excéder le quart de la part ou action.* — Cette règle est très souvent violée par les statuts, qui imposent aux coopérateurs des versements mensuels, dont le total annuel est souvent supérieur au quart de la souscription.

11° *Le solde non libéré devient exigible en cas de liquidation et de faillite, mais peut être versé par anticipation.*

B. — CONSÉQUENCES DE LA VIOLATION DES RÈGLES POSÉES PAR LA LOI DU 1er MAI 1917. — Les règles que je viens d'énoncer doivent être divisées en deux groupes au point de vue de leur sanction:

1er *groupe.* — Dans ce groupe, se rangent les six premières règles. Les Sociétés dont les statuts ne sont pas conformes à leurs dispositions encourent les sanctions suivantes:

a) Elles ne peuvent demander d'avances à l'Etat;

b) Elles ne participent pas à l'élection des délégués au Conseil supérieur de la Coopération;

c) Elles sont soumises, si elles ne distribuent pas de bénéfices à leurs membres, au régime de la loi de 1901 sur les Associations, et non au régime de la loi de 1867;

d) Elles doivent accorder une voix par action nonobstant toute clause contraire des statuts, dans toutes les Assemblées ayant pour objet de modifier les statuts, si la Société est anonyme;

e) Elles ne peuvent augmenter leur capital de plus de deux cent mille francs par an;

f) Elles ne peuvent se prévaloir de toutes les dispositions de la loi ou des règlements publics, applicables aux Sociétés coopératives de consommation. Cependant, ce point est contesté; un projet de loi est en préparation pour régler cette question, dans le sens que nous indiquons, et interdit aux Sociétés qui n'ont pas respecté les principes énoncés plus haut, l'usage du titre de Coopérative de consommation.

2e *groupe.* — Le second groupe comprend les cinq dernières règles. La seule sanction de leur violation est la privation des avances de l'Etat.

## § II. Règles posées par l'art. 15 de la loi du 31 juillet 1917

L'article 15 de la loi du 31 juillet 1917 est relatif à l'impôt sur les bénéfices commerciaux. Cet article s'analyse en deux dispositions. La première exonère toutes les Sociétés coopératives de consommation d'une taxe spéciale établie sur les entreprises ayant pour objet la vente au détail de denrées ou marchandises, lorsque leur chiffre d'affaires dépasse un million de francs. Cette exonération n'est subordonnée à aucune condition spéciale, en dehors de la qualité de Coopérative de consommation. Cette qualité doit, à mon sens, s'apprécier en tenant compte des règles posées par les articles 1 à 4 de la loi du 7 mai 1917 (premier groupe des règles énoncées ci-dessus). Mais il ne semble pas que l'Administration tienne compte de cette loi, que sa pratique ignore totalement.

L'article 15 ne vise pas seulement cette taxe spéciale. Son objet principal est de déterminer si les Coopératives sont ou non soumises à l'impôt sur les bénéfices commerciaux. Son alinéa 1er répond à cette question affirmativement. Il pose seulement une condition: c'est que la Société possède « des établissements, boutiques ou magasins pour la vente ou la livraison des denrées, produits ou marchandises ». L'alinéa 2 introduit cependant des restrictions à ce principe: il détermine des catégories qui échappent à la règle générale et qui bénéficient d'une exonération complète.

Une première catégorie comprend les Sociétés qui se bornent à grouper les commandes de leurs adhérents et à distribuer dans leurs magasins de dépôt les denrées, produits ou marchandises qui ont fait l'objet de ces commandes. C'est ce que l'on appelle dans la langue coopérative courante « des groupements de consommateurs ».

Quant aux Coopératives proprement dites, le texte les exonère « lorsque ne vendant qu'à leurs sociétaires, elles distribuent leurs bonis annuels auxdits sociétaires ou à des œuvres d'intérêt général, ou lorsqu'elles consacrent ces bonis à des réserves qui ne sont pas réparties entre les porteurs d'actions ». Il semble bien — et c'est l'opinion que les Coopératives soutiennent devant les tribunaux — ce sens et elle exige, pour admettre l'exonération:

Premier cas: Sociétés qui ne vendent qu'à leurs membres et qui distribuent leurs bonis annuels à leurs sociétaires ou à des œuvres d'intérêt général;

Deuxième cas: Sociétés qui consacrent leurs bonis annuels à des réserves qui ne sont pas réparties entre les porteurs d'actions.

Néanmoins, l'Administration se refuse à interpréter le texte en ce sens et elle exige pour admettre l'exonération:

1° Que la vente soit limitée aux sociétaires;

2° Que les bonis annuels soient affectés à des œuvres d'intérêt général, répartis entre des sociétaires ou consacrés à des réserves qui ne sont pas réparties entre les porteurs d'actions.

Ces deux conditions sont, ne l'oublions pas, de fait et non de droit. Il suffira donc que dans la pratique la vente soit limitée aux sociétaires, que les bonis annuels reçoivent l'affectation prévue par la loi. Peu importe, en principe, que cette limitation de la vente ou cette affectation des bonis soit ou non conforme aux statuts. L'Administration n'est pas juge de la validité des actes; elle impose des situations de fait, sans égard à leur légitimité.

Toutefois, il sera extrêmement avantageux qu'il y ait conformité entre les statuts et la pratique. Cela évitera bien des difficultés avec l'Administration. Aussi les Sociétés qui désirent échapper avec certitude à l'impôt sur les bénéfices commerciaux doivent-elles conformer leurs statuts aux règles plus haut reproduites.

L'avantage de cette exonération paraîtra avec juste raison un peu mince à la plupart des Sociétés, surtout s'il est payé de la suppression de la vente au public, ainsi que l'exige l'Administration. Cependant la loi du 25 juin 1920 qui a institué l'impôt sur le chiffre d'affaires est venu accroître cet intérêt dans des proportions considérables. Le ministre des Finances, par son instruction du 29 août 1920, a, en effet, admis que toutes les Sociétés coopératives de consommation exonérées de l'impôt sur les bénéfices commerciaux seraient en même temps exonérées de l'impôt sur le chiffre d'affaires. Le taux de l'impôt nouveau constitue évidemment une prime très alléchante à la soumission à l'article 15. Prime toutefois éphémère! Car un projet gouvernemental déposé sur le bureau de la Chambre le 7 décembre dernier tend à soumettre toutes les Coopératives, sans distinction, à l'impôt sur le chiffre d'affaires et les débats qui se sont produits au Parlement, laissent malheureusement peu de doute sur le succès probable de ce projet.

Telles sont les exigences de la législation nouvelle. Elles sont, dans l'ensemble, conformes aux purs principes de la coopération; seules, les prescriptions concernant la libération des parts ou actions et l'interprétation donnée par l'Administration à l'article 15 de la loi du 31 juillet 1917 prêtent à de sérieuses critiques. Pour le reste, respecter la loi sera en même temps se plier à la règle coopérative.

---

# DEUXIEME PARTIE

Comment les Sociétés dont les statuts présentent des irrégularités pourront-elles les faire disparaître? Tel est le problème d'ordre pratique, que nous devons maintenant résoudre. La loi offre aux Sociétés anonymes trois méthodes. La première est celle du droit commun; la seconde, toute de faveur, est proposée par l'article 2 de la loi du 14 juin 1920. La troisième enfin, est réservée aux Sociétés ayant leur siège dans les régions libérées ou dévastées. Mais ces trois méthodes coïncident sur un grand nombre de points. Il conviendra donc d'exposer tout d'abord la procédure du droit commun, et ensuite d'indiquer les faveurs assurées par les lois spéciales. Notre exposé sera fait dans toutes ces parties comme si la Société était anonyme. Nous examinerons le cas où la Société est civile dans un dernier paragraphe.

## § I. Procédure du droit commun

Les modifications aux statuts sont aujourd'hui régies par une loi du 22 novembre 1913, qui a substitué à l'article 31 de la loi du 24 juillet 1867 un texte entièrement nouveau. Je n'ai nullement l'intention d'étudier en détail et de discuter les innombrables difficultés qui résultent de ce texte. Je m'efforcerai seulement de réduire les solutions acquises à quelques règles aussi claires que possible, en examinant successivement la convocation de l'Assemblée générale qui aura à statuer sur les modifications projetées, les pouvoirs de cette Assemblée, sa composition, ses votes, la publicité à donner à sa décision.

*Convocation de l'Assemblée générale.* — L'Assemblée générale doit être convoquée dans les formes prévues aux statuts. A défaut des prescriptions statuaires, la convocation doit être publiée dans un journal d'annonces légales et envoyée par poste à tous les sociétaires. Elle doit indiquer l'ordre du jour qui sera libellé dans les termes suivants: « Proposition de modification des articles ..... des statuts en vue de leur adaptation aux lois sur les Sociétés coopératives ».

La convocation sera faite par le Conseil d'administration. Elle devra avoir lieu quelques jours au moins avant l'Assemblée, de manière que les lettres aient le temps de parvenir aux coopérateurs et qu'ils puissent se rendre au lieu où se tiendra l'Assemblée.

Le lieu de l'Assemblée sera placé au siège social de préférence et, en tout cas, dans la ville ou dans la région où se trouve le plus grand nombre de sociétaires.

*Pouvoirs de l'Assemblée.* — Il y a lieu de distinguer suivant que la Société a été constituée avant ou depuis la loi du 22 novembre 1913.

Si la Société a été constituée antérieurement à la loi du 22 novembre 1813, l'Assemblée générale ne peut, quel que soit le quorum qu'elle réunisse, modifier les bases essentielles du pacte social. La jurisprudence considère comme bases essentielles du pacte social les stipulations qui ont été la cause déterminante de l'adhésion des sociétaires. Telles sont les clauses concernant l'objet de la Société, celles réglant la répartition des bonis, celles déterminant la forme de la Société, celles déterminant les engagements des actionnaires.

L'Assemblée générale ne pourra donc, dans ces Sociétés, adapter les statuts aux exigences suivantes de la loi, si elles ne sont pas satisfaites par les statuts primitifs:

*a)* Transformer une Société à capital fixe en Société à capital variable;

*b)* Modifier la répartition des bonis, s'il est attribué aux associés un dividende supérieur à 6 % du capital versé, s'il est affecté une part des bonis à titre de tantième aux administrateurs, si l'actif. en cas de liquidation, ne reçoit pas une affectation conforme aux principes coopératifs.

Si la Société a été constituée depuis la loi du 22 novembre 1913, l'Assemblée générale a des pouvoirs plus larges; elle peut modifier les statuts dans toutes leurs dispositions. La loi n'interdit que les modifications qui changeraient la nationalité de la Société ou qui augmenteraient les engagements des sociétaires sans leur agrément. Aucune disposition des lois spéciales aux Sociétés coopératives n'exige d'ailleurs de changement de cette nature. Les Sociétés postérieures à la loi de 1913, peuvent donc adapter leurs statuts d'une manière parfaitement régulière aux termes de cette loi.

*Composition de l'Assemblée.* — L'Assemblée générale est composée de tous les sociétaires. Ils doivent tous être convoqués; ils ont tous accès à l'Assemblée, même si des restrictions ont été prévues par les statuts. Ces restrictions se rencontrent notamment dans les statuts des Sociétés de développement qui n'admettent en général que les sociétaires munis d'un nombre plus ou moins grand de pouvoirs. Ces restrictions ne sont pas applicables aux Assemblées modificatives des statuts.

Il est à noter que peuvent seuls prendre part à l'Assemblée générale les sociétaires régulièrement admis dans les formes statutaires. Il faut donc vérifier s'ils ont souscrit une action, s'ils ont été admis par l'organe chargé de se prononcer sur les admissions, si leur admission n'aurait pas eu pour effet de porter le capital social à un chiffre supérieur à celui qui aurait été admis par des décisions d'Assemblées générales régulièrement publiées.

Ne peuvent pas non plus prendre part aux Assemblées générales. les sociétaires qui ont cessé de faire partie de la Société. Tels sont ceux qui ont donné leur démission, qui ont été exclus, qui sont interdits, faillis ou en état de déconfiture; tels sont aussi les héritiers des sociétaires décédés.

Mais tous ceux qui ont le droit de participer à l'Assemblée n'y viendront pas. La loi, cependant, exige que les trois quarts du capital soient représentés. Il faudra donc que les sociétaires présents ou représentés soient titulaires des trois quarts des parts ou actions constituant le capital social. Ce quorum est parfois renforcé par les statuts. quoique ce soit assez rare; les statuts doivent alors être suivis de préférence à la loi. Si, au contraire, les statuts sont moins exigeants que la loi, s'ils se contentent par exemple de la moitié du capital social, c'est la loi qui l'emporte sur les statuts.

Un tel quorum est sans contredit très difficile à atteindre. Rares seront les Sociétés où l'on y parviendra du premier coup. Il faudra donc recourir à des Assemblées successives. La loi facilite leur réunion en permettant à ces Assemblées de délibérer avec un quorum inférieur à celui exigé de la première assemblée. La seconde Assemblée délibérera valablement si elle réunit la moitié du capital social et la troisième, si elle en réunit le tiers. Mais ces Assemblées à quorum progressivement diminué, ne sont possibles qu'à deux conditions:

1° Que l'Assemblée générale n'ait pas à se prononcer sur un changement de l'objet ou de la forme de la Société (ces modifications, possibles dans les Sociétés créées depuis la loi de 1913, ne peuvent être votées que par une Assemblée réunissant les trois quarts du capital social);

2° Que les statuts ne s'opposent pas à la diminution du quorum, prévue par la loi; tel serait, par exemple, le cas — qui est très fréquent — d'une Société dont les statuts exigeraient la réunion de la moitié du capital social; cette exigence disparaîtrait à la première convocation devant celle de la loi qui veut la réunion des trois quarts du capital; à la seconde convocation, la règle légale se confond avec la règle statuaire: la moitié du capital est nécessaire et suffisante; à la troisième convocation, la règle statuaire devient plus exigeante que la règle légale. C'est donc la première qui doit faire fléchir la seconde.

La loi qui autorise ainsi des Assemblées successives veut aussi qu'elles soient convoquées dans une forme spéciale. Les convocations doivent tout d'abord reproduire le texte initial de l'ordre du jour, sans aucune modification; elles rappelleront aussi qu'une première Assemblée a déjà été appelée à délibérer sur ces questions, mais qu'elle n'a pu remplir sa mission, à défaut du quorum légal. Les convocations seront faites dans les formes requises par les statuts. En outre, elles devront être insérées deux fois, à quinze jours d'intervalle, dans un journal d'annonces légales du département où se trouve le siège social et dans le *Bulletin annexe du Journal Officiel*, qui porte aujourd'hui le titre de *Bulletin des annonces légales*, à la charge des Sociétés financières. Il n'y a aucune difficulté pour procéder aux deux insertions dans le journal local, s'il est quotidien. Mais il arrive quelquefois que le journal auquel on s'adresse, est hebdomadaire; tel est aussi le cas du *Bulletin* annexe, qui ne paraît que tous les lundis. Il ne s'écoulerait que quatorze jours entre les deux insertions et la loi exige un délai de quinze jours. Beaucoup pensent qu'en français, l'expression « quinze jours » signifie couramment deux semaines et que les publications faites à quatorze jours d'intervalle satisfont au vœu de la loi. Mais des interprètes rigoureux veulent qu'un intervalle exact de quinze jours au moins s'étende entre les deux numéros et qu'en conséquence, pour les journaux hebdomadaires, l'intervalle soit de trois semaines.

*Votes de l'Assemblée générale.* — L'Assemblée ainsi composée délibérera conformément aux statuts et à la loi, sous la direction d'un bureau formé d'après les prescriptions du pacte social et, à défaut de clause expresse, nommé par l'Assemblée générale.

Les modifications ne seront valablement votées que si elles réunissent les deux tiers des sociétaires représentés ou présents. Cette règle s'applique, ainsi d'ailleurs que celle relative au quorum, aussi bien aux Sociétés antérieures à la loi de 1913, qu'à celles qui ont été constituées depuis.

Le calcul des voix donne lieu à une difficulté assez délicate. En général, les statuts de Coopératives, même quand ils sont défectueux sur d'autres points, décident que chaque sociétaire ne disposera que d'une voix, quel que soit le montant de sa souscription. Cette clause, qui vaut aussi bien pour les Assemblées ordinaires que pour les Assemblées appelées à modifier les statuts, est formellement autorisée par l'article 4 de la loi du 7 mai 1917 pour les Sociétés placées sous le régime de cette loi.

Mais la loi de 1913 exige que chaque actionnaire ait dans les Assemblées générales, appelées à modifier les statuts, une voix par action, quelles que soient les clauses des statuts. Cette disposition n'a pas d'effet rétroactif, tout au moins d'après l'opinion, la plus généralement admise; elle ne s'applique donc pas aux Sociétés constituées avant le 22 novembre 1913. Elle s'applique, au contraire, aux autres.

Il y a donc conflit dans ces Sociétés entre les statuts et la disposition de la loi. Le conflit est tranché par la loi de 1917, pour les Sociétés en règle avec cette loi. Mais les Sociétés dont s'occupe ce rapport sont, par hypothèse, en contravention avec les règles de cette loi. En conséquence, si elles ont été constituées avant la loi de 1913, elles devront suivre la clause des statuts et chaque coopérateur n'aura qu'une voix; si elles sont constituées depuis, on respectera la disposition légale et l'on attribuera une voix à chaque action.

*Publicité.* — Le vote, une fois acquis, la délibération devra être publiée dans le mois de sa date. A cet effet, on établira deux copies sur timbre du procès-verbal de l'Assemblée générale. On y ajoutera au bas un pouvoir au porteur de ces copies pour procéder à tous dépôts et publications. Ces copies seront certifiées par un administrateur ayant la signature sociale. Elles seront ensuite enregistrées au droit fixe de 6 francs. L'un des exemplaires sera déposé au greffe de la Justice de paix; l'autre au greffe du Tribunal de commerce. Une copie du procès-verbal sera publiée dans un journal d'annonces légales du département, dont un exemplaire certifié par l'imprimeur et légalisé par le maire devra être enregistré (coût: 8 francs) dans les trois mois de sa date.

Il sera nécessaire de remettre également, toujours dans le mois de l'Assemblée, une copie certifiée du procès-verbal au receveur d'enregistrement chargé de la perception de la taxe de transmission, et en même temps de l'impôt sur le revenu des valeurs mobilières.

### § II. Procédure de la loi du 14 juin 1920

L'article 2 de la loi du 14 juin 1920 a ajouté à la loi du 7 mai 1917 un article 17 dont les premiers alinéas sont ainsi conçus:

« Les Sociétés constituées avant la loi du 7 mai 1917 et qui répondront aux buts définis par l'article premier de ladite loi auront, pour adapter leurs statuts à ses dispositions, un délai de deux ans à dater du décret fixant la cessation des hostilités.

« Les formalités à remplir pour la validité des réunions où on a discuté cette adaptation, seront celles fixées par les statuts pour les Assemblées générales ordinaires de la Société. »

Cet article pose quatre questions: Quelles Sociétés peuvent se prévaloir de cette disposition? Pendant quel délai? Quels seront les pouvoirs accordés aux Assemblées générales réunies en vertu de ce texte? Quelles conditions devront-elles remplir?

*Quelles Sociétés peuvent se prévaloir de cette disposition?* — La loi réserve le privilège de se prévaloir de cette disposition aux Sociétés remplissant la double condition : 1° d'avoir été constituées avant la loi du 7 mai 1917; 2° de répondre aux buts définis par l'article premier de cette loi.

La première de ces deux conditions est simple. Sa réalisation ne rencontre aucune difficulté.

La seconde soulève, au contraire, plusieurs points assez délicats. L'article premier de la loi de 1917 détermine, en effet, dans les termes suivants, la mission générale des Coopératives:

« 1° Vendre à leurs adhérents les objets de consommation qu'elles achètent ou fabriquent soit elles-mêmes, soit en s'unissant entre elles;

« 2° Distribuer leurs bénéfices entre leurs associés au prorata de la consommation de chacun ou en affecter tout ou partie à des œuvres de solidarité sociale dans les conditions déterminées par leurs statuts. »

Mais les articles qui suivent l'article premier apportent à ces rigoureux principes quelques atténuations. L'article 2 autorise la vente au public pourvu que la Société reçoive comme associés tous ceux qu'elle a déjà admis comme clients habituels. L'article 3 permet l'attribution au capital versé d'un intérêt de 6 % prélevé sur les bonis.

Les Sociétés qui, dès avant la loi de 1917, auront usé de cette double faculté, pourront-elles être admises au bénéfice de l'article 17 nouveau? Un interprète rigoureux du texte pourrait le soutenir, le privilège établi par cette disposition, déroge au droit commun; on doit s'efforcer de le réduire et non de l'étendre.

C'est cependant, à mon sens, une solution trop étroite et qui doit être condamnée. En effet, la loi ne dit pas en termes précis que la Société appelée à bénéficier de cette disposition, doit satisfaire aux conditions prévues à l'article premier; elle se sert à dessein d'une expression plus lâche: « répondre aux buts... » L'intention du législateur a bien été d'ailleurs de permettre à toutes les Sociétés coopératives imparfaites de se régulariser; introduire une distinction serait aller à l'encontre de son vœu. J'estime donc que l'article 17 profite à toutes les Sociétés agissant dans le sens défini par la loi, même si elles vendent au public ou distribuent un intérêt au capital versé.

Naturellement, cette solution doit être étendue à tous les cas où la Société, tout en poursuivant dans l'ensemble un objet coopératif, dérogerait aux règles de la loi de 1917 sur des points importants. Tel est le cas des groupements qui attribueraient aux actionnaires un dividende supérieur à 6 % du capital versé, qui donnent des tantièmes importants à leurs administrations, qui vendent au public tout en n'admettant pas de plein droit dans leur sein tous ceux qu'elles admettent dans leurs boutiques. Mais ces Sociétés devront établir que l'objet de leurs fondateurs, la direction de leurs efforts ont bien été ceux que prévoit l'article premier de la loi de 1917. La disposition de la loi de 1920 a pour but de permettre aux coopérateurs bien intentionnés, mais mal instruits, de réparer leurs erreurs. C'est à l'intention qu'on devra s'attacher, non à la lettre des textes.

*Pendant quel délai les Sociétés pourront-elles bénéficier de la loi de* 1917 ?.— La loi limite le délai de son application à une période « de deux ans à dater du décret fixant la cessation des hostilités ». Or, l'on sait que la date exprimée par cette formule a été fixée au 24 octobre 1919 par une loi du 23 octobre 1919. Le délai d'application de la loi expire donc le 24 octobre 1921.

Cette disposition présente deux bizarreries. La première est que la loi promulguée le 14 juin 1920 ne sera pas en vigueur pendant deux ans, ainsi qu'elle l'annonce elle-même, mais seulement pendant seize mois et quelques jours. Cela tient à ce que ce texte rédigé par le Conseil supérieur de la Coopération au printemps de 1919, bien avant le vote de la loi du 23 octobre, n'a été voté et promulgué qu'après le début du délai fixé par elle.

La seconde singularité est que le décret fixant la cessation des hostilités dont elle parle comme d'une disposition future est, en réalité, une loi qui était déjà votée depuis plusieurs mois, le 14 juin 1920.

Peut-être cette double anomalie pourrait-elle permettre de demander au Gouvernement et au Parlement de proroger le délai accordé. Il ne serait pas sans intérêt que le Congrès émît un vœu dans ce sens.

*Pouvoirs accordés aux Assemblées générales réunies en vertu de la loi de* 1921. — Les Assemblées pourront, dit la loi, adapter les statuts de ces Sociétés aux dispositions de la loi du 7 mai 1917. Elles seront donc autorisées à introduire dans leurs statuts les clauses exigées par cette loi ou à modifier les dispositions statuaires qui lui seraient contraires. Elle doit être admise sans restriction, même s'il fallait toucher à une disposition réputée fondamentale dans une Société antérieure à la loi de 1913. Telle serait, par exemple, une modification de l'objet social ou de la forme de la Société.

Par contre, on peut se demander si l'Assemblée pourrait modifier une disposition que les statuts avaient déclaré irrévisable. Je ne le crois pas. Une stipulation de ce genre suffirait en effet à établir que les intentions des fondateurs ne sont pas conformes aux buts définis par l'article premier de la loi de 1917. On ne pourrait non plus profiter de la loi de 1920 pour modifier les droits acquis par les tiers en vertu des statuts de la Société: ces droits ne sont pas à la disposition de l'Assemblée générale, ni de la loi qui ne saurait, sauf exception expresse, avoir d'effet rétroactif.

Sous ces seules réserves, toute clause imposée aux Coopératives peut être introduite dans les statuts. Peu importe que cette clause ait été rendue obligatoire par la loi du 7 mai 1917 ou par celle du 14 juin 1920, puisque les dispositions de cette dernière ont été incorporées à la première. Mais il faut se limiter là: la loi du 31 juillet 1917 par exemple, ne saurait modifier l'application de la loi de 1920. Elle assure l'exonération de l'impôt sur les bénéfices commerciaux à certaines conditions; ces conditions ne sont pas exactement les mêmes que celles de la loi du 7 mai. La loi de 1920 qui ne vise que la loi du 7 mai ne saurait être étendue à la loi du 31 juillet.

De même, à mon sens, on ne saurait invoquer la loi de 1920 pour introduire dans les statuts certaines dispositions interdites par le droit commun et autorisées par la loi du 7 mai. Telles sont, par exemple, la faculté d'affecter la totalité des bonis à des œuvres sociales ou celle d'augmenter annuellement le capital de plus de deux cent mille francs. Ce sont là des clauses facultatives, sans lesquelles cependant, la Société pourrait bénéficier des avances de l'Etat.

*Quelles conditions devront remplir les Assemblées générales?* — La loi décide que les formalités nécessaires à la validité de leur réunion, seront celles exigées par les statuts pour la validité des Assemblées ordinaires.

Par formalités, il faut certainement entendre toutes les formes et non pas seulement les convocations ou les conditions extérieures de tenue de l'Assemblée. Notamment, le quorum et la majorité devront être déterminés d'après les règles fixées par les statuts pour la tenue des Assemblées ordinaires. En général, ces règles reproduisent les prescriptions de l'article 29 de la loi du 24 juillet 1867: un quart du capital social doit être réuni. Après une convocation infructueuse, l'Assemblée peut en une seconde convocation, quelle que soit la portion du capital représentée par les actionnaires.

De même, il suffira que la moitié plus un des actionnaires approuvent les modifications statuaires. La majorité des deux tiers n'est pas indispensable.

Le privilège de la loi de 1917 s'arrête là d'ailleurs. Il ne s'étend pas à la publication. Le droit commun reprend ici son empire et on doit procéder aux dépôts et à la publication comme il a été expliqué ci-dessus. La loi ne vise que la validité des réunions, non celle des délibérations. Au reste, si l'on conçoit l'octroi de facilités de quorum et de majorité, on ne comprendrait pas que les statuts pussent être transformés sans que les tiers en fussent avertis.

### § III. Procédure de la loi du 17 juin 1920

A côté de ces deux procédures, une loi du 17 juin 1920 en a créé une troisième par son article 2: « Les Assemblées extraordinaires des Sociétés dont le siège se trouverait en régions libérées ou dévastées peuvent, avec l'autorisation du président du Tribunal de Commerce dans le ressort duquel ces Sociétés se proposent de tenir leurs Assemblées, délibérer valablement, même sur les questions touchant à l'objet ou à la forme de la Société, pourvu qu'elles satisfassent aux conditions prescrites par l'article 29 de la loi du 24 juillet 1867 pour les Assemblées ordinaires ».

Cette disposition pose les mêmes questions que la loi du 14 juin.

*Quelles Sociétés peuvent se prévaloir de cette disposition?* — La loi du 14 juin 1920 s'applique à toutes les Sociétés quelle qu'en soit la forme; que ces Sociétés soient commerciales ou civiles; qu'elles soient ou non à capital variable; que leur esprit général soit coopératif ou qu'elles ne le soient pas. Mais la loi exige dans son article premier qu'il s'agisse d'Assemblées d'actionnaires. Une Société dont le capital ne serait pas divisé en actions ne pourrait donc invoquer ces dispositions. Que faut-il entendre par actions? La question est l'objet de controverses qui sont loin d'être vidées et dans le détail desquelles il est impossible d'entrer ici. Pratiquement, on peut s'en tenir à la formule dégagée, en matière de timbre, de l'article 23 de la loi du 5 juin 1850: Sont incontestablement des actions les titres « dont la cession est parfaite à l'égard des tiers » sans l'accomplissement des formalités déterminées par l'article 1690 C. civ., c'est-à-dire sans que la cession ait été notifiée à la Société par huissier ou qu'elle n'ait été acceptée par elle par acte authentique. On devra donc considérer comme des actions tous les titres réputés expressément ou tacitement négociables par les statuts, même s'ils subordonnent cette négociation à l'assentiment du Conseil d'administration ou de l'Assemblée générale, à moins qu'ils n'exigent que cet assentiment devra être donné par devant notaire. En fait, presque toutes les Sociétés coopératives anonymes pourront profiter de la loi; au contraire, les Sociétés purement civiles, tant par leur objet que par leur forme, en seront exclues.

Ces Sociétés peuvent invoquer la loi, si leur siège social ou leur exploitation se trouvait au moment des hostilités en régions libérées ou dévastées. Ces expressions méritent quelques éclaircissements. Eu premier lieu, que doit-on entendre par « exploitation »? Suffira-t-il d'une succursale pour invoquer la loi? Non, sans doute. La loi envisage évidemment le cas où la Société n'a qu'un lieu d'exploitation; elle n'a pas prévu expressément celui où les lieux d'exploitation sont multiples. Mais il est bien évident que dans l'hypothèse d'exploitations multiples, on devra s'attacher au centre principal de l'exploitation. (En ce sens, Cassin, dans le *Recueil juridique des Sociétés*, 1920, page 214; cf, également dans le *Bulletin de l'Association centrale* pour la reprise de l'activité industrielle dans les régions sinistrées, 1920, page 1732).

Ce siège ou cette exploitation devront se trouver « dans les régions libérées ou dévastées ». La loi n'a pas précisé la zone. Il est certain que cela pourra donner lieu à des difficultés dans de nombreux cas, lorsque le lieu du siège ou celui de l'exploitation n'auront été envahis ou dévastés que pendant de très courtes périodes. Il faudra s'attacher pour préciser, au trouble qu'auront entraîné l'invasion ou la dévastation dans la vie économique. Ainsi il est certain que Paris, bien qu'ayant reçu quelques bombes ou quelques obus, ne saurait être considéré comme une région dévastée. La question est infiniment plus délicate pour certaines régions du Nord ou de l'Est, qui quoique n'ayant pas été envahies et n'ayant été que peu bombardées ont cependant vu leur vie profondément altérée par le séjour prolongé des troupes alliées ou françaises. A mon sens, on doit y autoriser l'application de la loi.

C'est « au moment des hostilités », dit la loi, que l'on doit se placer pour déterminer le lieu du siège social ou de l'exploitation. Cette formule, malheureusement fort imprécise, peut prêter à des interprétations contradictoires. Suffira-t-il que le siège social ou l'exploitation se soient trouvés dans les régions dévastées ou envahies à un moment quelconque au cours des hostilités? Sera-t-il nécessaire qu'ils s'y soient trouvés au cours de l'invasion ou de la dévastation? Faudra-t-il au contraire qu'ils y aient été au début des hostilités? Cette dernière interprétation, soutenue par M. Cassin, paraît la plus conforme aux intentions du législateur.

*Pendant quel délai les Sociétés pourront-elles bénéficier de la loi du 17 juin?* — La solution de cette question est donnée par l'article 4: « Les dispositions de la présente loi seront applicables pendant les deux années qui suivront la date fixée par la loi du 23 octobre 1919 pour la cessation des hostilités ». Cette date est celle de la promulgation de la loi du 23 octobre, c'est-à-dire celle du 24 octobre 1919. Cette règle est la même que celle qui a été adoptée par la loi du 14 juin. En octobre 1921, on ne pourra donc plus invoquer ces dispositions.

*Pouvoirs accordés par la loi aux Assemblées générales.* — La loi décide que les Assemblées extraordinaires, réunies conformément à ses prescriptions, peuvent délibérer valablement « même sur les questions touchant à l'objet ou à la forme de la Société ».

Cette formule suffit à prouver que ces Assemblées générales auront pouvoir de modifier les statuts. Mais, ainsi que le remarque M. Cassin, dans son étude précitée, la loi vise toutes les Assemblées extraordinaires quel qu'en soit l'ordre du jour. Ainsi, une Assemblée réunie dans les conditions qu'elle détermine, pourra procéder valablement à la vérification d'une déclaration de souscription et de versement, sans avoir à respecter l'article 30 de la loi de 1867. A l'inverse, les faveurs de cette loi ne sauraient être étendues aux Assemblées ordinaires appelées à vérifier des comptes et à nommer des administrateurs et si les statuts exigeaient des conditions particulièrement sévères pour la validité de ces Assemblées, on ne saurait invoquer la loi du 17 juin pour y échapper. Notons d'ailleurs que c'est la première fois que cette classification des Assemblées en Assemblées ordinaires et Assemblées extraordinaires, créée et consacrée par la pratique notariale, est visée par une loi.

L'application de ces principes généraux ne paraît comporter de difficulté particulière qu'en ce qui concerne la modification des statuts. M. Cassin s'est demandé si la loi permettait de modifier les statuts dans toutes leurs dispositions ou si, au contraire, elle n'avait entendu porter aucune atteinte aux principes en vigueur sur la compétence de l'Assemblée générale. Sa réponse est conçue dans un esprit restrictif: « On peut dire que la loi du 17 juin 1920 est une loi modifiant le quorum normal des Assemblées extraordinaires. Ce n'est pas une loi qui touche et étend la compétence et les attributions desdites Assemblées. » Et il en conclut que, dans les Sociétés antérieures à la loi du 22 novembre 1913, la compétence de l'Assemblée devra être déterminée par la théorie des bases essentielles. Dans les Sociétés postérieures à la loi, ce seront les règles posées par elle qui s'appliqueront.

Cette théorie ne me paraît conforme ni au texte de la loi, ni aux intentions du législateur. La loi du 17 juin vise très nettement la compétence de l'Assemblée générale quand elle permet de délibérer valablement « même sur les questions touchant à l'objet ou à la forme de la Société ». Est-ce que cela ne signifie pas « sur toutes les questions ayant une importance égale ou inférieure à celles qui touchent l'objet ou la forme de la Société » ? Est-il possible de fixer plus nettement la compétence de l'Assemblée ? M. Cassin essaie d'interpréter ce texte d'une autre manière: la loi de 1913 exige pour les modifications de l'objet ou de la forme un quorum spécial; c'est donc une question de quorum que la formule examinée a voulu trancher: ces modifications, comme les autres, pourront être votées au quorum de faveur. Cette interprétation ne pourrait être exacte que si le législateur avait entendu donner à toutes les dispositions de la loi de 1913 un effet rétroactif, notamment à celles qui visent l'objet et la forme, ou si la formule de la loi du 17 juin visant l'objet et la forme ne s'appliquait qu'aux Sociétés postérieures à la loi de 1913. Cependant, il n'en est rien. D'une part, M. Cassin a démontré très justement que le texte de la loi de 1920 n'apporte aucun élément susceptible de décider si la loi de 1913 produit ou non un effet rétroactif dans toutes ces dispositions: il a relevé le soin avec lequel le législateur a évité, pour laisser cette question en suspens, toute référence à la loi de 1913: « On peut dire que si nos législateurs avaient systématiquement cherché une formule de l'article

2 laissant subsister intact le problème posé depuis la loi du 22 novembre 1913, ils n'auraient pu en trouver une meilleure par son indifférence que celle qu'ils ont trouvée ». D'autre part, il est indiscutable en présence des termes formels de la loi que toute Société, qu'elle soit ou non soumise à la loi de 1913, pourra modifier son objet et sa forme. M. Cassin est, malgré sa théorie, amené à le reconnaître. Cette interprétation très logique du texte permet donc de dire que la loi de 1920 règle la compétence des Assemblées générales et non pas seulement les formes et les conditions de leur validité.

Toutes les modifications aux statuts pourront donc être décidées par elle, pourvu qu'elles n'excèdent pas en importance la modification de la forme ou de l'objet de la Société. En raisonnant par analogie avec la loi de 1913, on est amené à réduire les cas exclus de ces prévisions à deux seulement: celui de l'augmentation des engagements des associés et celui du changement de nationalité. Tous les autres rentrent dans la compétence de l'Assemblée générale, délibérant aux conditions prévues par la loi nouvelle.

Cependant, deux hypothèses délicates peuvent se présenter.

On peut concevoir tout d'abord une Société dont les statuts autorisent les modifications sur des engagements sociaux, soit du changement de nationalité. Nous serons d'accord ici avec M. Cassin pour décider que la loi de 1920 ne saurait donner en ce cas aucune facilité particulière. Il s'agit d'une modification dont l'importance excède celle d'un changement d'objet. Ce cas est resté en dehors des prévisions du législateur.

A l'inverse, les statuts peuvent déclarer irrévisables certaines clauses des statuts qui, sans cela, auraient pu être modifiées. Sous l'empire de la loi de 1913, cette stipulation d'immutabilité est parfaitement valable; elle est même expressément visée par la loi. Si les clauses statutaires ainsi déclarées immuables, sont d'une importance inférieure à celles qui touchent l'objet et la forme de la Société, la loi de 1920 permettra-t-elle de supprimer cet obstacle conventionnel? Je n'hésite pas, pour ma part, à admettre l'affirmative. Le législateur a constaté que l'invasion avait bouleversé dans les régions libérées l'équilibre normal des rapports de droit, les bases essentielles des contrats et notamment des contrats de Société. Dans le but de permettre aux parties de rétablir cet équilibre fâcheusement rompu, il a créé, par la loi de 1920, des facilités particulières. C'est donc une révision totale du pacte social qui pourra être faite, pourvu que l'Assemblée générale se tienne dans la limite de la loi, qu'elle n'aborde pas des sujets dont l'importance excède la mesure autorisée, rien ne doit l'arrêter, ni loi, ni convention. Au demeurant, la théorie des bases essentielles repose sur une analyse juridique de la volonté des associés, qui fait présumer leur désir de rendre certaines stipulations statutaires irrévisables; si l'on autorise la modification des clauses présumées irrévisables, pourquoi interdirait-on la modification des clauses déclarées irrévisables?

L'Assemblée générale est donc investie par la loi de 1920 d'une mission de reconstruction, qui lui donne une souveraineté presque absolue.

*Conditions que devront remplir ces Assemblées générales?* — Les Assemblées, de la loi du 17 juin, sont soumises à l'autorisation préalable du président du Tribunal de Commerce. L'organisme compétent pour convoquer l'Assemblée générale, devra saisir le président du Tribunal de Commerce d'une requête sollicitant cette autorisation. Le président accordera son autorisation par ordonnance.

Le président compétent sera non pas celui du siège social ou du lieu de l'exploitation, mais celui du lieu où les administrateurs projettent de convoquer l'Assemblée générale. Le président statuera après enquête. La loi ne dit pas comment il sera procédé à cette enquête; elle pourra être faite par voie administrative, par exemple par l'intermédiaire du parquet; mais le président pourrait également entendre lui-même les témoins qui seraient cités par les requérants.

L'autorisation accordée pourra porter sur trois points:

*a*) Elle pourra autoriser la tenue de l'Assemblée en un lieu différent de celui qui est fixé par les statuts;

*b*) Elle pourra autoriser la convocation de l'Assemblée par voie d'insertions dans les journaux désignés par le président;

*c*) Elle pourra autoriser l'Assemblée à délibérer « aux conditions prescrites par l'article 29 de la loi du 24 juillet 1967 aux Assemblées ordinaires ».

*a*) La première faculté que peut donner le président du Tribunal de Commerce est de tenir l'Assemblée générale en un lieu différent de celui fixé par les statuts. En général, les statuts de Sociétés coopératives ne déterminent pas le lieu où doit être tenue l'Assemblée. Il semble donc que cette disposition soit sans intérêt pratique.

Cependant, en l'absence de toute clause statutaire, la Société n'est pas absolument libre de tenir son assemblée où bon lui plaît. Elle doit la réunir, sinon au siège social, tout au moins dans une salle voisine, en un lieu qui se trouve au centre des sociétaires. La loi du 17 juin permet-elle de déroger à cette règle, d'ailleurs assez imprécise? M. Cassin le pense (Rec. Soc. loc. cit., p. 215). J'ene partage pas son opinion. D'une part, en effet, le texte de la loi du 17 juin ne permet de dérogation qu'aux règles statutaires; elle ne fait allusion à aucune règle établie par une loi. D'autre part, la loi elle-même ne pose aucune règle absolue; elle ne dit même rien du tout en termes exprès sur le lieu des réunions; la jurisprudence a seulement induit de ses dispositions que, le siège social se trouvant au centre des sociétaires, ce serait un procédé dolosif de tenir l'assemblée loin du siège social. Mais cette règle se borne, en définitive, à exiger que la réunion ait lieu en un endroit facilement accessible au plus grand nombre de sociétaires. On trouve, dans la jurisprudence, maint exemple de l'application de cette exigence très souple des tribunaux. (Voyez, par exemple, Rouen, 6 avril 1909, S. 1910, 2, 233.) En quoi, dès lors, y a-t-il lieu d'y déroger? Supposons que la guerre ait dispersé les sociétaires; qu'ils se soient groupés sur d'autres points du territoire, que le centre de leur groupement se trouve loin de l'ancien siège social. L'application de la règle jurisprudentielle conduira à réunir l'assemblée au nouveau centre du groupement. C'est justement le résultat recherché par la loi du 17 juin; il n'était donc pas nécessaire d'une disposition nouvelle pour l'atteindre. Au contraire, si les statuts imposent inflexiblement la réunion au siège social, cette rigueur doit être fléchie par un texte spécial, et c'est pourquoi la loi du 17 juin a prévu ce cas et n'a prévu que ce cas.

*b*) La loi permet en second lieu, « dans le cas où il est impossible d'observer les formalités statutaires pour la convocation des Assemblées générales », de faire cette convocation « par voie d'insertions dans les journaux désignés par le président du tribunal de commerce ».

M. Desjardins, rapporteur de la loi devant la Chambre, a cité le cas suivant dans son rapport (p. 2) : « Les statuts prescrivent d'adresser à chacum d'eux (des actionnaires) un avis individuel par la poste : cette formalité ne peut être observée, les registres d'actionnaires et de transferts ayant été détruits, brûlés ou mis au pilon par les Allemands. » On peut également citer le cas où les statuts prescrivent la convocation dans um journal déterminé qui a cessé d'exister. Dans tous ces cas, on substituera valablement aux convocations statutaires, devenues impossibles, des insertions dans les journaux désignés par le président du tribunal de commerce. La loi ajoute que le président fixera le nombre et la forme des insertions, c'est-à-dire, sans aucun doute, leur rédaction. Naturellement, le droit de fixer le nombre et la forme des insertions implique aussi le droit de déterminer le délai, de fixer le délai qui doit séparer les insertions et celui qui doit s'écouler entre la dernière insertion et l'Assemblée générale, et le droit d'indiquer les journaux où doivent paraître les insertions.

Mais à propos de cette disposition de la loi, comme à propos de celle qui concerne le lieu de l'assemblée, se pose la question de savoir si le président dispose d'un pouvoir discrétionnaire en l'absence de toute clause statutaire. La loi de. 1867 n'a pas déterminé — du moins pour la plupart des assemblées — comment elles devaient être convoquées. Dans le silence des statuts, il appartient donc à ceux qui prennent l'initiative de l'assemblée — Conseil d'administration ou commissaires des comptes — d'aviser aux moyens de convoquer. Ils sont libres du choix de ces moyens, pourvu qu'ils soient efficaces. Les tribunaux s'attribuent un droit de contrôle et annulent les assemblées qui n'ont pas été convoquées dans une forme satisfaisante à leur gré. Ils ne fixent d'ailleurs aucune règle précise. Ils veulent seulement que la publicité donnée à la convocation soit suffisante pour avertir la majorité des coopérateurs. En ce cas, pourra-t-on s'adresser au président du tribunal pour faire fixer les moyens à employer? L'intérêt d'une requête de ce genre n'est pas nul. Les administrateurs feraient, en procédant ainsi, couvrir leur responsabilité par le président. Cependant, à mon sens, une telle décision n'est pas prévue par la loi du 17 juin. Elle ne dispose que pour « le cas où il est impossible d'observer les formalités statutaires » ; les règles à suivre, en dehors de celles qui sont fixées par les statuts, sont d'une telle souplesse qu'il ne peut y avoir de cas de force majeure rendant impossible leur observation.

Pour cette même raison de texte, je n'admets pas que la loi de 1920 autorise une dérogation aux règles prévues dans certains cas par la loi pour les convocations d'assemblées. Je fais ici allusion à la seconde assemblée constitutive prévue par l'art. 30, et qui doit être convoquée, si la première n'a pas réuni le quorum, par deux avis publiés à huit jours d'intervalle, au moins un mois à l'avance, dans l'un des journaux désignés pour recevoir les annonces (1); et à la seconde ou à la troisième assemblée, convoquée par deux insertions à quinze jours d'intervalle dans le *Bulletin annexe du Journal Officiel* et dans un journal d'annonces légales du lieu où la Société est établie, si le quorum n'a pas été atteint à l'assemblée précédente et qu'il s'agisse de modifier les statuts (art. 31). Ces règles ne peuvent être modifiées par le président du tribunal de commerce, en vertu de l'art. 1er, § 2, de la loi du 17 juin.

---

(1) On peut se demander comment une société ayant avant la guerre un siège ou une exploitation dans les régions libérées, peut arriver à tenir après la guerre une assemblée constitutive. Le cas se produira si la Société procède à une augmentation de capital.

*c)* La troisième autorisation que peut donner le président du tribunal de commerce est celle de tenir les assemblées extraordinaires « aux conditions prescrites par l'art. 29 de la loi du 24 juillet 1867 pour les assemblées ordinaires ».

Cette autorisation porte tout d'abord et essentiellement sur le quorum. Elle implique le droit de délibérer : 1° Si l'assemblée est composée d'un nombre d'actionnaires représentant le quart au moins du capital social. 2° En cas d'échec de la première assemblée, une nouvelle assemblée délibérera valablement, quelle que soit la portion du capital représentée par les actionnaires. Toutes ces dispositions se trouvent dans l'art. 29 qui est substitué à celles des art. 30 et 31.

Je pense de même que cette seconde assemblée devra être convoquée « dans les formes et avec les délais prescrits par les statuts », ainsi que le veut l'art. 29, et que l'on n'aura pas à tenir compte des règles plus strictes des art. 30 et 31. Les formes et délais statutaires pourront d'ailleurs être modifiés par ordonnance, en vertu de l'art. 1er, § 2, de la loi de 1920, alors que les formes et *délais* des art. 30 et 31 n'auraient pu l'être.

Mais l'art. 29 ne règle pas toutes les questions que pose la tenue d'une assemblée. Et, notamment, les art. 30 et 31 établissent un certain nombre de règles qui ne trouvent pas d'équivalent dans l'art. 29. Signalons, notamment, que l'art. 31 fixe le droit de vote aux assemblées (une action, une voix) et exige pour la validité des résolutions la majorité des deux tiers. L'art. 29 ne règle pas le droit de vote, qui est régi par l'art. 27; il ne détermine pas la majorité, qui est fixée par l'art. 28. Sous le régime de la loi du 17 juin, suivra-t-on l'art. 31 ou les art. 27 et 28? M. Cassin s'est prononcé pour l'application de l'art. 31, suivant la théorie que la loi du 17 juin n'était qu'une loi de quorum. Nous avons déjà montré plus haut que cette théorie, sous sa forme absolue, était fausse. La loi du 17 juin a aussi réglé la compétence de l'assemblée par une disposition expresse; elle a, en décidant l'application de l'art. 29, sans distinction, modifié le régime de la convocation des secondes assemblées. Elle touche donc à des conditions de validité très variées. L'argument de M. Cassin ne me paraît donc pas péremptoire.

Cependant, bien que ce ne soit pas sans hésiter, je crois que sa solution est juste. D'une part, en effet, cette loi déroge au droit commun; il n'y a pas lieu de l'interpréter d'une manière extensive, surtout sans utilité. D'autre part, le législateur a voulu permettre, par des décisions exceptionnelles, de résoudre des situations imprévues et sans issue; or, les circonstances créées par la guerre n'ont pas rendu impossible de réunir la majorité des deux tiers des voix, ni de posséder une voix par action. Il n'y a pas lieu de modifier ces règles, puisque les considérations qui ont déterminé le Parlement, et le texte voté par lui, n'imposent aucune modification.

Par contre, la loi du 17 juin ne déroge pas seulement aux règles des art. 30 et 31 sur les points fixés par l'art. 29. Il suffira de remplir les conditions de ce texte, même si les statuts imposent des conditions plus rigoureuses. L'impossibilité de satisfaire à ces clauses statutaires, dans les circonstances actuelles, suffira pour autoriser le président du tribunal de commerce à y déroger. La loi, d'ailleurs, est conçue en termes généraux qui ne distinguent pas entre les conditions statutaires et les conditions légales; il n'y a pas lieu d'introduire une distinction que le texte ne comporte pas.

### § IV. Des Sociétés civiles

Les Sociétés civiles sont soumises à un régime tout à fait différent de celui des Sociétés anonymes. En principe, les statuts ne peuvent être modifiés que par le consentement unanime de tous les sociétaires; ils constituent, en effet, un contrat dont les dispositions tirent leur valeur de l'accord des contractants et qui ne peut être modifié que par un nouveau contrat auquel tous les contractants devront également consentir.

Cependant, les statuts ont pu eux-mêmes prévoir qu'ils pourraient être modifiés par l'Assemblée générale, dans des conditions déterminées. Cette clause est valable et rien n'impose au pacte social les règles formalistes de la loi de 1913. Ce qu'il décidera devra seul être observé, sans que l'on puisse compléter ses décisions par la loi de 1867.

On ne devra pas cependant perdre de vue que l'autorisation donnée à l'assemblée de modifier les statuts déroge au droit commun des contrats et, sans la réduire à l'absurde, on devra cependant ne pas l'étendre au delà de ses termes. Ainsi, si l'autorisation est donnée en termes généraux, on devra la limiter aux stipulations qui ne constituent pas les bases essentielles du contrat, conformément aux distinctions établies par la jurisprudence antérieure à la loi de 1913. Par contre, les modifications statutaires n'ont pas à être publiées.

Tel est le droit commun. Aucune dérogation n'y est apportée par la loi du 17 juin 1920. Nous avons vu, en effet, que cette loi ne s'applique qu'aux Sociétés anonymes ou en commandite par actions.

Au contraire, la loi du 14 juin 1920 s'applique sans distinction aux Sociétés coopératives de consommation irrégulières, quelle qu'en soit la forme. Cependant, on peut se demander si cette loi pourrait être invoquée par les Sociétés civiles dont les statuts n'ont pas prévu qu'ils pourraient être modifiés par une Assemblée générale. Il convient, à mon sens, de distinguer suivant que les statuts ont prévu ou non l'existence d'une Assemblée générale ordinaire. La loi, en effet, permet de modifier les statuts aux conditions prévues pour la tenue d'une assemblée ordinaire. L'adaptation du pacte social ne sera complètement impossible que si les fondateurs de la Société l'ont soumise, aussi bien pour les actes d'administration que pour la révision des conventions sociales, au régime de l'unanimité.

*<br>* *

Telles sont, dans leur ensemble, les règles auxquelles doivent se conformer les Sociétés qui veulent modifier leurs statuts et les adapter aux dispositions légales nouvelles. Sans aucun doute, je n'ai pas, dans ces quelques lignes, examiné toutes les difficultés de cette matière extrêmement complexe. Ce que j'en ai dit suffira, sans aucun doute, à engager les Sociétés à profiter des facilités établies par la loi du 14 juin et à adapter leurs statuts avant le 24 octobre 1921.

# TABLE DES MATIÈRES

# ANNEXES

## PREMIÈRE PARTIE

### Rapport de la F. N. C. C. et des différents services